VENTE DU JEUDI 29 AU SAMEDI 31 OCTOBRE 1908
9, RUE DROUOT, 9
Par le Ministère de Me F. LAIR DUBREUIL, commissaire-priseur

CATALOGUE
DE LA
BIBLIOTHÈQUE
DE
FEU M. LE COMTE A*** W***

CINQUIÈME PARTIE

LIVRES ANCIENS ET MODERNES
DANS TOUS LES GENRES
PRINCIPALEMENT RELATIFS A L'HISTOIRE
DE FRANCE

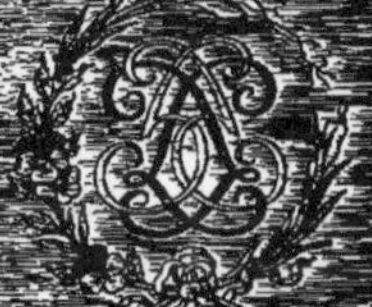

PARIS
LIBRAIRIE HENRI LECLERC
219, RUE SAINT-HONORÉ, 219
ET 16, RUE D'ALGER
1908

BIBLIOTHÈQUE DE M. LE COMTE A*** W***

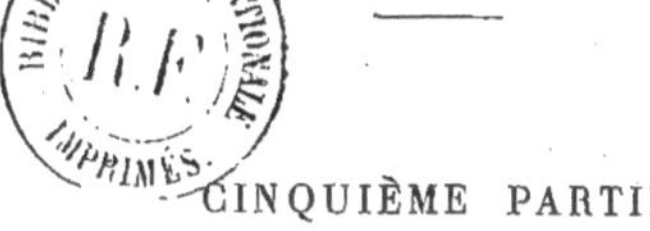

CINQUIÈME PARTIE

LA VENTE AURA LIEU

Le Jeudi 22 Octobre et les 8 jours suivants

A 2 heures précises

HOTEL DES COMMISSAIRES-PRISEURS, 9, RUE DROUOT

Salle N° 7

Par le ministère de Mᵉ **F. LAIR DUBREUIL**, commissaire-priseur

6, RUE FAVART, 6

Assisté de **M. HENRI LECLERC**, libraire

219, RUE SAINT-HONORÉ, 219

ET 16, RUE D'ALGER

VOIR L'ORDRE DES VACATIONS A LA FIN DU CATALOGUE

CONDITIONS DE LA VENTE

La vente se fait au comptant.

Les acquéreurs paieront 10 pour 100 en sus des enchères.

Les livres vendus devront être collationnés dans les vingt-quatre heures de l'adjudication. Passé ce délai, ils ne seront repris pour aucune cause.

M. Leclerc se réserve la faculté, dans l'intérêt de la vente, de réunir ou de diviser les numéros du catalogue. Il remplira les commissions qu'on voudra bien lui confier.

CATALOGUE

DE LA

BIBLIOTHÈQUE

DE

FEU M. LE COMTE A*** W***

CINQUIÈME PARTIE

LIVRES ANCIENS ET MODERNES
DANS TOUS LES GENRES
PRINCIPALEMENT RELATIFS A L'HISTOIRE
DE FRANCE

PARIS
LIBRAIRIE HENRI LECLERC
219, RUE SAINT-HONORÉ, 219
ET 16, RUE D'ALGER

1908

THÉOLOGIE. HISTOIRE DES RELIGIONS

1. BANDEVILLE (l'abbé). Œuvres choisies de M. l'abbé Bandeville, publiées sous les auspices de son Éminence le Cardinal Gousset, archevêque de Reims. *Reims, P. Regnier*, 1854, 2 vol. in-8, cartonn. toile viol., tête dor., non rognés (*Pierson*).

2. BEVERLAND. État de l'homme dans le péché originel, où l'on fait voir quelle est la source, quelles causes et les suites de ce péché dans le monde, (trad. par J.-F. Bernard). *Imprimé dans le Monde en 1714*, in-12, mar. rouge, fil., dos orné, dent. int., tr. dor. (*Smeers*).

Première édition ; le frontispice manque.

3. GERBERT. Œuvres de Gerbert pape sous le nom de Sylvestre II, collationnées sur les manuscrits, précédées de sa biographie, suivies de notes critiques et historiques, par A. Olleris. *Paris, Ch. Dumoulin*, 1867, in-4, demi-rel. chag. grenat, tête jasp., ébarbé.

4. KEMPIS (Thomas a). De Imitatione Christi, libri quatuor. *Lugduni, apud Joh. et Dan. Elzevirios, s. d.* (1653), pet. in-12, front. gravé, mar. marb., fil. et fleurons aux angles, dos orné, pet. dent. int., tr. dor. (*Rel. anc.*).

Imprimé par Jean et Daniel Elzévier, de Leyde.

5. LACORDAIRE (Le R. P.). Œuvres. *Paris, Poussielgue frères*, 1872, 9 vol. in-8, dos et coins mar. La Vall., tête dor., non rognés.

Vie de saint Dominique. — Conférences de N.-D. de Paris, 1835-1854. — Œuvres philosophiques et politiques. — Notices et panégyriques. — Mélanges.

6. MAZARINI (Jules), de la Cie de Jésus. Cent trente discours sur le psalme cinquan-

tiesme, miserere mei Deus. Traduict par G. Chapuys, tourangeau. *A Paris, chez Jean Petit-Pas*, 1611, 2 parties en un vol. pet. in-8, dos et coins mar. vert, non rogné (*Capé*).

7. MISSEL. In-fol. de 86 feuillets, rel. mar. rouge, tranches dorées.

Manuscrit du XVIe siècle, sur parchemin et papier, admirablement calligraphié et orné de nombreuses initiales en or, argent ou couleur, sur des fonds généralement rouges, décorés de rinceaux, également en or et en argent, d'une grande richesse. Il ne comprend que les messes de l'Assomption, de la Pentecôte et de la Trinité. La messe pour la fête de l'Assomption est la seule qui soit écrite sur parchemin, les autres sont sur papier. Elle est précédée de la date de 1567 « MDLXVII », en haut de la page, dans l'encadrement. Elle est, d'ailleurs, la seule, dont l'ornementation ait été faite avec luxe et complètement terminée. On remarquera que les paroles de la Consécration y sont en or sur fond bleu (*Hoc est enim corpus meum*) et en argent sur fond rouge (*Hic est enim calix sanguinis mei*...).

Rien ne permet, aujourd'hui, de déterminer, avec précision — car l'aigle et les fleurs de lis qu'on y voit dans l'ornementation d'un bas de page paraissent sans signification — le grand personnage ecclésiastique pour lequel ce Missel a été composé. Tout porte à croire, cependant, qu'il vient de la chapelle pontificale. On y relève, en effet, en deux endroits, parmi les rubriques de la messe de l'Assomption, les indications suivantes, qui ne peuvent se comprendre autrement : « Absente Papa, archiepiscopus benedicit... » Cette particularité n'avait pas échappé, il y a plus d'un siècle, au marquis de Migieu, l'un des anciens propriétaires de ce volume. Il déclare, en effet — dans le catalogue, dressé en 1760, de sa bibliothèque au château de Savigny-les-Beaune, et publié par M. H. Omont, dans la *Revue des bibliothèques* (1901, p. 270) — que ce Missel « a appartenu à quelque pape » et non pas seulement « à quelque archevêque d'Italie », comme cela est dit, ici, dans une note mise, au XVIIIe siècle, sur la dernière page.

8. MONTPENSIER (Mlle de). Un ouvrage de piété inconnu de la Grande Mademoiselle, publié par E. Rodocanachi. *Paris, Émile Paul*, 1903, in-16, mar. bleu. dent. int., tête dor., non rogné, couvert. (*Pierson*).

Tiré à cent cinquante exemplaires. Celui-ci est enrichi d'ornements, fleurons et culs-de-lampe peints à l'aquarelle par Me Jane Labrousse.

9. NOUVEAU TESTAMENT (Le), selon la Vulgate, traduit en français avec des notes par l'abbé J.-B. Glaire. *Paris, Firmin Didot frères, s. d.*, in-4, demi-rel. chagrin rouge, plats toile, fers spéciaux, tr. dor. (*Rel. des édit.*).

Édition de luxe ornée d'encadrements à chaque page et de nombreuses gravures.

10. OFFICE DE LA SEMAINE SAINTE, latin-françois, à l'usage de Rome et de Paris, pour la maison de Mgr le duc d'Orléans. *A Paris, chez d'Houry*, 1734, in-8, mar. rouge, fil. et pet. dent., dos fleurdelisé, dent. int., tr. dor. (*Rel. anc.*).

Aux armes de Louis-Philippe Ier, duc d'ORLÉANS.

11. OFFICE DE LA SEMAINE SAINTE (L'), à l'usage de la maison du roy. Conformément aux bréviaires et missels romain et parisien, en latin et en françois. *A Paris, de l'Imp. de Jacque Collombat*, 1741, gr. in-8, mar. rouge, plats entièrement recouverts de fil. courbes et de dent. au pointillé, dos orné fleurdelisé, dent. int., tr. dor. (*Rel. anc.*).

Aux armes de LOUIS XV.

12. PASCAL. Les Provinciales ou les lettres écrites par Louis de Montalte, à un provincial de ses amis, et aux RR. PP. Jésuites. Septième édition, dans laquelle on

a ajouté la lettre d'un avocat du Parlement à un de ses amis. *A Cologne, chez Nicolas Schoute,* 1669, pet. in-12, mar. brun, jans., dent. int., tr. dor.

13. PASCAL (Blaise). Les Provinciales. Avec une préface et des notes par Auguste Molinier. *Paris, Alphonse Lemerre,* 1891, 2 vol. gr. in-8, dos et coins mar. grenat, fil., dos orné, tête dor., non rognés, couvert. (*Pierson*).

Exemplaire imprimé sur PAPIER WHATMAN.

14. PIÉTÉ (Ouvrages de). 6 vol. in-12 et in-18 rel. dont 5 en mar. grenat, tr. dor.

AUGUSTIN (Saint). La vie heureuse. Lettres choisies. *Orléans,* 1873. — BOSSUET. Conseils de piété. *Tours,* 1895. — DUPANLOUP (Mgr). La femme studieuse. *Paris,* 1870. — ISOARD (Mgr). Prières recueillies et mises en ordre. *Paris,* 1873. — KINANE (R. P.). Marie Immaculée, mère de Dieu. *Paris,* 1880. — OLLIVIER (R. P.). Petites méditations sur les litanies de la Vierge. *Paris, s. d.*

15. RANCÉ (Dom Armand-Jean Le Bouthillier de). Maximes chrétiennes et morales, par le R. P. Dom Armand-Jean, ancien abbé de la Maison-Dieu Notre-Dame de la Trappe. *A Paris, chez Florentin et Pierre Delaulne et Denis Mariette,* 1698, 2 vol. in-12, réglés, mar. rouge, fil., dent. int., tr. dor. (*Rel. anc.*).

L'auteur de cet ouvrage fut secrétaire de Marie de Médicis ; il eut pour parrain le Cardinal de Richelieu. Après une vie mouvementée, il entra à l'abbaye de Perseigne ; il réforma la Trappe.

16. SIRMOND (Jacq.). Opera varia nunc primum collecta, ex ipsius schedis emendatiora notis posthumis, epistolis, et opusculis aliquibus auctoria. Accedunt S. Theodori studitae epistolae, aliaque scripta dogmatica, nunquam antea graece vulgata, pleraque Sirmondo interprete. *Venetiis, ex typographia Bartolomaei Javarina,* 1728, 5 vol. in-fol., cartonn.

Cette édition contient quelques augmentations.
Exemplaire NON ROGNÉ ; petite mouillure au premier volume.

---

17. ANTICALVINOMANTIE, ou abrégé des principaux points que les calvinistes dénient à l'Église catholique, apostolique et romaine. *A Reims,* de l'année 1694, manuscrit, pet. in-12, de 249 pp., veau brun, dos orné (*Rel. anc.*).

Manuscrit d'une jolie écriture de la fin du XVIIe siècle, dédié par Louis de Mongommery, seigneur de Corbouzon et autres lieux à Mgr. Charles de Bourbon, archevêque de Rouen.

18. CALVINI (Johannis) Institutionum christianae religionis libri quatuor. Edition postrema, innumeris mendis, quibus priores omnes hactenus scatuère, repurgata ac genuino nitori restituta. Cum indicibus, longe quam ante, auctioribus, accuratioribus. Praemissa est vita ejusdem Calvini, authore Theodoro Beza. *Lugduni Batavorum ex officina Johannis et Danielis Elsevier,* 1654, in-fol. à 2 col., vélin (*Rel. anc.*).

Belle édition.

19. APOSTRE (Georges l'). Le Tombeau des hérétiques, où le faux masque des Huguenots est descouvert : Et les 150 hérésies du ministre la Bansserie sont réfutées, par le texte de la Bible, des Conciles et des Pères. *A Rouen, chez Manassez de Préaulx,* 1614, 2 tomes en 1 vol. pet. in-12, vélin (*Rel. anc.*).

---

20. ACTA SANCTORUM, quotquot toto orbe coluntur, vel a catholicis scriptoribus celebrantur quae ex latinis et graecis, aliarumque gentium antiquis monumentis collegit, digessit, notis illustravit Joannes Bollandus... Editio novissima curante Joanne Carnandet. *Parisiis, apud V^or Palmé,* 1863-1875, 61 vol in-fol., dos et coins chagrin noir, tête dor., non rognés.

Janvier, 3 vol. — Février, 3 vol, — Mars, 3 vol. — Avril, 3 vol. — Mai, 8 vol. (deux tomes VII, le second contient : Propylaeum ad septem tomos maii. — Juin, 7 vol. — Juillet, 7 vol. — Août, 6 vol. (le tome II porte au dos Februarii et il n'a pas de titre). — Septembre, 7 vol. (le tome IV manque). — Octobre, 13 vol. (Le tome VII est en 2 vol.). Supplément des tomes I, V et VI du mois d'octobre. 1 vol.

21. BASILIDES, D'ATH (Le Frère). Histoire de la vie, mort et miracles de s^te Aldegonde, vierge, fondatrice, patronne et première abbesse des nobles dames chanoinesses de la ville de Maubeuge, par un frère capucin de la province wallonne (Frère Basilides, d'Ath.). *En Arras, de l'Imp. de Guillaume de la Rivière,* 1623, pet. in-8, front. gravé, veau brun, dos orné, tr. rouges (*Rel. anc.*).

A la fin du vol. se trouve un arbre généalogique démontrant que s^te Aldegonde est issue des premiers rois de France.

22. BAUNARD (L'Abbé). Histoire de Madame Barat, fondatrice de la Société du Sacré-Cœur de Jésus. *Paris, Poussielgue,* 1877, 2 vol. in-8, portrait, cartonn. toile rouge, tête dor., non rognés (*Pierson*).

23. BAUNARD (Mgr.). Histoire du cardinal Pie, évêque de Poitiers. *Poitiers et Paris, H. Oudin,* 1886, 2 vol. in-8, portraits, demi-rel. mar. bleu, tête dor., non rognés (*Pierson*).

24. BESSON (Mgr). Vie du cardinal de Bonnechose, archevêque de Rouen. *Paris, Reteaux-Bray,* 1887, 2 vol. in-8, port et fac-simile, dos et coins mar. brun, tête dor., non rognés (*Pierson*).

25. BONY (Le R. P. Louis de). La Vie de la Bienheureuse Jeanne de Valois, reine de France, et fondatrice des religieuses de l'Annonciade. *A Paris, chez Jean François Du Bois,* 1685, in-8, mar. brun, fil., fleurons aux angles, dos orné, dent. int., tr. dor. (*Rel. anc.*).

26. BOUGAUD (L'abbé). Histoire de sainte Monique. *Poussielgue,* 1866. — Clair (le P. Ch.). La jeunesse de saint Augustin. *Oudin,* 1883, papier vergé. — Ens. 2 vol. in-8, demi-rel., mar. violet et brun, tête dor., non rognés (*Pierson*).

27. CALMET (R. P. D. Augustin). Histoire de l'ancien et du nouveau Testament, et des Juifs pour servir d'introduction à l'histoire ecclésiastique de M. l'abbé Fleury. *A Paris, chez Emery fils, Saugrain*, 1725, 7 vol. in-12, fig. et cartes, veau brun, dos orné, tr. rouges (*Rel. anc.*).

28. COMMANVILLE (Abbé de). Tables géographiques et chronologiques de tous les archeveschez et eveschez de l'Univers, où l'on voit dans un abrégé méthodique et succinct l'état ancien et présent tant de l'Église latine que de l'Église grecque... avec des tables alphabétiques très amples, tant des noms latins que des noms vulgaires. *A Rouen, chez Nic. et Rich. Lallemant*, 1755, in-8, veau marb., dos orné, tr. rouges (*Rel. anc.*).

29. CONCILES DÉVOILÉS (Les) par leur ivresse, ou tableau historique des plus fameux buveurs qui aient existé parmi les saints pères, les papes, les cardinaux, les évêques, etc. et les abbés de la cour de France, sous les règnes de Louis XIV, Louis XV et Louis XVI, par M. l'abbé M... *A Londres, chez Molini*, 1790, in-18, mar. vert, jans., dent. int., tr. dor. (*E. Thomas*).

30. CONSTITUTIONS (les) du monastère de Port-Royal du S. Sacrement (ordre de Cisteaux). *A Mons, chez Gabriel Migeot*, 1665, pet. in-12, de 8 ff. prél., y compris le titre, 528 pag. et 1 f. pour l'erratum, veau fauve, fil., dos entièrement orné, dent. int., tr. dor. (*Petit, succ^r de Simier*).

Le corps de ces constitutions est de la mère Agnès Arnauld, le règlement pour les enfants est de la mère Euphémie Pascal, sœur de Pascal, l'Institution des novices est de la sœur Gertrude.

31. DU TILLET (Jean). Sommaire de l'histoire de la guerre faicte contre les hereticques Albigeois, extraicte du Trésor des Chartres du roy, par feu Jehan du Tillet... *A Paris, chez Robert Nivelle*, 1590, pet. in-8, de 8 ff. non chiff. et 88 pp., vélin blanc (*Rel. anc.*).

Bel exemplaire.

32. DU TILLIOT. Mémoires pour servir à l'histoire de la fête des foux, qui se faisoit autrefois dans plusieurs églises. *A Lausanne et à Genève, chez Marc-Michel Bousquet*, 1741, in-4, vélin blanc, fil., milieux ornés, fleurons aux angles, dos orné, tr. rouges (*Rel. anc.*).

Fleuron sur le titre et 12 figures non signées.

33. GAILLARDIN (Casimir). Les Trappistes ou l'ordre de Citeaux au XIXe siècle. Histoire de la Trappe depuis sa fondation jusqu'à nos jours, 1140-1844. *A Paris, au comptoir des Imprimeurs réunis*, 1844, 2 vol. in-8, demi-rel. mar. rouge, tête dor., non rognés (*Pierson*).

34. GALLIA CHRISTIANA in provincias ecclesiasticas distributa qua series et historia archiepiscoporum, episcoporum et abbatum Franciæ vicinarumque ditionum ab origine ecclesiarum ad nostra tempora deducitur et probatur ex authenticis instrumentis ad calcem positis opera et studio domni Dionysii Sammarthani...

Editio altera labore et curis Domni Pauli Piolin. *Parisiis, apud Victorem Palme,* 1870-1874, 7 vol. in-fol. brochés.

Tomes 1 à 5, 11 et 13.

35. GALLONIO (Antonio). Tortures et tourments des martyrs chrétiens. Traité des instruments de martyre et des divers modes de supplice employés par les païens contre les chrétiens. Traduit sur les originaux italien et latin. Ouvrage orné de quarante-six planches d'après les gravures sur cuivre d'Ant. Tempesta. *Paris, Charles Carrington,* 1904, in-8, cartonn. toile noire, tête dor., non rognés, couvert. (*Pierson*).

36. HAVET (Ernest). Le Christianisme et ses origines. *Paris, Michel Lévy frères,* 1871, 2 vol. in-8, demi-rel. chag. vert., tr. jasp.

37. HERMANT (Godefroy). La Vie de saint Basile le Grand, archevesque de Cesarée en Cappadoce, et celle de saint Gregoire de Nazianze, archevesque de Constantinople... *A Paris, chez Jean Du Puis,* 1674, 2 vol. in-4, veau fauve, dos orné, tr. rouges (*Rel. anc.*).

Portraits des deux évêques gravés par Edelinck, d'après J.-B. de Champagne.

38. HISTOIRE DE L'ÉGLISE. 7 vol. in-8, cartonn. toile et demi-rel. chag. vert et grenat, tête dor., non rognés (*Pierson*).

Aubé (B.). L'Église et l'état dans la seconde moitié du IIIe siècle (249-284). *Perrin,* 1885. — Bougaud (Ém.). Le Christianisme et les temps présents. *Poussielgue,* 1874, 2 vol. — Douais (C.). Les Albigeois, leurs origines, action de l'église au XIIe siècle. *Didier,* 1879. — Duchesne (L.). Origines du culte chrétien. *Fontemoing,* 1898. — Godard (André). Le Positivisme chrétien. *Bloud et Barral,* 1900. — Schmidt (Charles). Précis de l'histoire de l'église d'occident pendant le moyen âge. *Fischbacher,* 1885.

39. HISTOIRE DES PATRIARCHES DE JÉRUSALEM. Manuscrit, de 678 pp. in-4, veau fauve, dos orné, tr. rouges (*Rel. anc.*).

Manuscrit d'une bonne écriture du milieu du XVIIIe siècle. Cette histoire des Patriarches de Jérusalem commence à saint Jacques le Mineur et se termine à Chrétien, dernier patriarche d'Antioche.

On y remarque d'intéressants détails sur les croisades et les persécutions.

40. HISTOIRE DES RELIGIONS PAYENNES. 5 vol. in-8, dont 4 cartonn. toile grise et 1 dos et coins mar. La Vall., tête dor., non rognés (*Pierson*).

Bertrand (Alex.). La Religion des Gaulois. *Leroux,* 1897. — Bertrand (Alex.). et Reinach (S.). Les Celtes dans les vallées du Pô et du Danube. *Leroux,* 1894. — Oldenberg (H.). La religion du Véda. *Alcan,* 1903. — Schuré (Ed.). Les grands initiés. Esquisse de l'histoire secrète des religions. *Perrin,* 1889. — Ujfalvy. Les Aryens au nord et au sud de l'Hindou-kouch. *Masson,* 1896.

41. HUBNER (Le Baron de). Sixte-Quint, d'après des correspondances diplomatiques inédites tirées des Archives d'État du Vatican, de Simancas, Venise, Paris, Vienne et Florence. *Paris, Franck,* 1870, 3 vol. in-8, demi-rel. chagrin bleu, tr. jasp.

42. JURIEU (Pierre). La Politique du Clergé de France, ou entretiens curieux de deux catholiques romains, l'un parisien, et l'autre provincial, sur les moyens dont on se sert aujourd'hui, pour destruire la religion protestante dans ce royaume.

Deuxiesme édition, reveue corrigée et augmentée de cincq lettres sur le mesme sujet et principalement de celle de M. de Spon. *A La Haye, chez Abraham Arondeus*, 1681, pet. in-12, mar. bleu foncé, fil., et fleurons aux angles, dos orné, dent. int., tr. dor. (*Delaunay*).

Petit cachet sur le titre.

43. LAGRANGE (L'Abbé F.). Vie de Mgr Dupanloup, évêque d'Orléans, membre de l'Académie française. *Paris, Poussielgue*, 1883, 2 vol. in-8, 2 portraits, demi-rel. mar. brun, tête dor., non rognés (*Pierson*).

44. LÉON XIII (Ouvrages sur le pape). 3 vol. in-8, demi-rel. ou dos et coins mar. bleu foncé, tête dor., non rognés (*Pierson*).

Boyer d'Agen. La Prélature de Léon XIII d'après sa correspondance inédite. *Paris*, 1900, figures. — Cesare (Raphael de). Le Conclave de Léon XIII. *Calmann-Lévy*, 1887, 4 portraits. — Des Houx (Henri). Joachim Pecci (1810-1878). *Ollendorff*, 1900.

45. MALAN (César). Les grands traits de l'histoire religieuse de l'humanité. *Paris, Fischbacher*, 1885, in-8, dos et coins mar. noir, tête dor., ébarbé (*Reymann*).

46. MANSUET (le P.). Histoire critique et apologétique de l'ordre des chevaliers du temple de Jérusalem dits Templiers. *Paris, Guillot*, 1789, 2 vol. in-4, br.. non rognés.

Publié par le P. Joly.

47. MEURIER (H.). Traité de l'Institution et vray usage des processions tant ordinaires qu'extraordinaires, qui se font en l'Église catholique, contenant ample discours de ce qui s'est passé pour ce regard en la province de Champaigne, depuis le 22 de juillet iusques au 25 octobre 1583. *A Rheims, chez Jean de Foigny*, 1584, in-8, dos et coins toile grise, tête dor., non rogné (*Pierson*).

48. MONTALEMBERT (Comte de). Les Moines d'Occident, depuis Saint Benoit jusqu'à Saint Bernard. *Paris, Lecoffre*, 1863-1867, 7 vol. in-8, demi-rel. veau fauve, tr. jasp.

Les tomes 6 et 7 sont brochés.

49. PASTOR (Dr Louis). Histoire des Papes, depuis la fin du moyen âge. Ouvrage écrit d'après un grand nombre de documents inédits extraits des Archives secrètes du Vatican et autres. Traduit de l'allemand par Furcy Raynaud. *Paris, Plon, Nourrit et Cie*, 1888, 2 vol. in-8, demi-rel. mar. bleu, tête dor., non rognés (*Pierson*).

50. PERSONNAGES RELIGIEUX : 4 vol. in-8, demi-rel. mar. rouge et bleu, et cartonn. toile grise, tête dor., non rognés (*Pierson*).

Hébrard (Mgr). Histoire de Sainte Jeanne de France. *Poussielgue*, 1890. — Histoire et vie de Madame de Maillefer. *Montreuil-sur-Mer*, 1893. — Madame André-Walther, 1807 1886. — Monlaur (R. M.) Angélique Arnaud. *Plon*, 1901.

51. PERSONNAGES RELIGIEUX : 3 vol. in-8, demi-rel. et dos et coins mar. rouge et marron, tête dor., non rognés (*Pierson*).

Dumesnil (A.-J.). Histoire de Jules II. Sa vie et son Pontificat. *Renouard*, 1873. — Duruy (G.). Le Cardinal Carlo Carafa (1519-1561). *Hachette*, 1882. — Verlague (L'abbé V.). Jean XXII. Sa vie et ses œuvres. *Plon*, 1883.

52. PICARD (Bernard). Cérémonies et coutumes religieuses de tous les peuples du monde, représentées par des figures dessinées et gravées par Bernard Picard et autres habiles artistes... Nouvelle édition enrichie de toutes les figures comprises dans l'ancienne édition en 7 volumes et dans les 4 publiés par forme de supplément, par une société de gens de lettres. *A Amsterdam et se trouve à Paris, chez Laporte,* 4 vol. in-fol., veau marbr., tr. rouges (*Rel. anc.*).

Bel exemplaire.

53. PILLIERS (Dom Pierre-Marie-Raphaël des). Les Bénédictins de la congrégation de France. Mémoires. *Paris et Genève, Joël Cherbuliez,* 1869, 2 vol. in-8, cartonn., toile brune, tête dor., non rognés (*Pierson*).

54. PROTESTANTS (Ouvrages relatifs aux). 7 vol. in-8, dont 3 demi-rel. mar. vert et La Vall., 3 cartonn. toile ou demi-toile de diverses couleurs, tête dor., non rognés, et 1 cartonn. de l'éditeur (*Champs* et *Pierson*).

Bostaquet (Dumont de). Mémoires inédits, publiés par MM. Ch. Read et Fr. Waddington. *Lévy,* 1864. — Bonet-Maury (G.). Les Précurseurs de la Réforme et de la liberté de conscience dans les pays latins du XIIe siècle. *Fischbacher,* 1904. — Caraman-Chimay (Prince Eug. de). Gaspard de Coligny, d'après ses contemporains. *Beauvais,* 1873, portrait. — Lacombe (Bernard de). Catherine de Médicis entre Guise et Condé. *Perrin,* 1899. — Laugel (Aug.). La Réforme au XVIe siècle. *Plon,* 1881. — Meaux (Vte de). Les Luttes religieuses en France au XVIe siècle. *Plon,* 1879. — Schickler (F. de). Les Eglises de refuge. *Fischbacher,* 1882.

55. PUISEUX (l'abbé). Vie et lettres de Mgr de Prilly, évêque de Châlons. *Châlons-sur-Marne, Imp. Martin,* 1887, 2 vol. in-8, port., demi-rel. mar. noir, tête dor., non rognés, couvert. (*Pierson*).

56. RAVELET (Armand). Le Bienheureux J.-B. de La Salle, fondateur de l'Institut des frères des écoles chrétiennes. Introduction par Mgr. d'Hulst. *Tours, Mame et fils,* 1888, gr. in-8, demi-rel. chagrin rouge, plats toile, fers spéciaux, tr. dor. (*Rel. des éditeurs*).

Nombreuses gravures sur bois hors texte et dans le texte.

57. RÉFLEXIONS sur les antiquitez des chanoines. *Paris,* 1672-1673, in-4, dos et coins veau brun, tr. rouges (*Rel. anc.*).

Collection complète des 24 réflexions; les 12 premières traitent des chanoines en général et chanoines séculiers; les 12 autres traitent des chanoines réguliers.

58. RELATION de l'estat de la religion et par quels desseins et artifices elle a esté forgee et gouvernee en divers estats de ces parties occidentales du monde. Tiree de l'anglais, du chevalier Edwin Sandis. Avec des additions notables (extraites de Paolo Sarpi, le tout traduit en français par Jean Diodati). *Amsterdam, Louys Elzevier,* 1641, pet. in-12 de 3 ff. prél., 418 pag. et 4 ff. pour la table, mar. vert, fil., dos orné, dent. int., tr. dor. (*Adolphe Bertrand*).

A la suite : La sainte chorographie, ou description des lieux où réside l'Église chrétienne par tout l'univers, par P. Geslin. *Ibid., id.,* 1641, 101 pag.

59. REMONSTRANCES faictes au roy de France par Messieurs de la Court de Parlement de Paris, sur la publication de l'édit au moys de janvier. *A Cambray,*

par Nicolas Lombard, s. d. (1561), in-8, de 22 ff. chiff., cartonn. toile rouge (*Pierson*).

Pièce rare sur le fameux édit de janvier contre les Protestants.

60. RICARD (Mgr). Vie de Mgr de la Bouillerie (1810-1882). Avec une préface de Monseigneur Mermillod et plusieurs lettres épiscopales approbatives. *Paris, Société générale de Librairie catholique,* 1887, gr. in-8, dos et coins mar. violet foncé, tête dor., non rogné, couvert. (*Pierson*).

61. ROZET. Véritable origine des biens ecclésiastiques. Fragmens historiques et curieux, contenant les différentes voies par lesquelles le Clergé séculier et régulier de France s'est enrichi, accompagnés de notes historiques et critiques. *A Paris, chez Desenne,* 1791, 2 vol. in-12, cartonn. toile bleue, tête dor. (*Pierson*).

Bel exemplaire NON ROGNÉ.

62. SAINTE-BEUVE (C.-A.). Port-Royal. Deuxième édition. *Paris, Hachette et Cie,* 1860, 5 vol. in-8, demi-rel. veau brun, tr. jasp.

63. SAINT PÈRÈS (De). Le vray trésor de l'histoire saincte, sur le transport miraculeux de l'Image de Nostre-Dame de Liesse. Nouvellement composé par quatre pelerins, faisans ce sainct voyage, en l'année 1644... *A Paris, par Ant. Estienne, et se vendent chez la veuve Denis Moreau,* 1647, in-4, réglé de 6 ff. non chiff. et 47 pp., mar. brun, jans., dent. int., tr. dor. (*Hardy*).

Curieux volume dédié à la princesse de Bourbon-Condé et orné de 7 figures dessinées par *Stella*, gravées par *Poilly* et *Couvay*. Le bas du dernier feuillet de la dédicace est réparé et il manque du texte.

64. SAINT-PÉRÈS (De). Le vray Trésor de l'histoire saincte sur le transport miraculeux de l'image de Notre-Dame de Liesse... *Paris, par Antoine Estienne,* 1647, in-4, demi-rel. veau fauve.

Figure représentant Saint-Louis, par *Jean Messager*, ajoutée. Les planches de cet exemplaire, qui est mouillé, ont été coloriées.

65. SECHÉ (Léon). Les derniers jansénistes depuis la ruine de Port-Royal jusqu'à nos jours (1710-1870). *Paris, Perrin et Cie,* 1891, 2 vol. in-8, figures, demi-rel. mar. brun, tête dor., couvert. (*Pierson*).

66. SLEIDAN (J.). De l'Estat de la religion et république chrestienne, et des quatre monarchies. Traduit nouvellement de latin en françois. Plus un discours des roys de France iusques au roy Charles neuviesme. De nouveau reveue et augmentée. *A Strasbourg,* 1564, 3 parties en 1 vol. in-8, veau marb., fil., dos orné, tr. marb. (*Rel. anc.*).

Traduction de Robert Le Prévost « *Les trois livres des quatre Empires* » et le « *Discours des roys de France* » ont chacun une pagination et un titre particuliers.

67. SURIN (Le P. Jean-Joseph). L'Histoire de la possession des relligieuses de la ville de Loudun, écrite par le révérend père Jean-Joseph Surin, de la Compagnie de Jesus, exorciste. Divisée en trois parties. Manuscrit in-4, de 301 pp., vélin blanc à recouv.

Copie manuscrite des deux premières parties, exécutée au milieu du XVIIIe siècle ; la première traite de cette possession en général ; la seconde, traite en particulier de la possession de la mère Jeanne-des-Anges, prieure des Ursulines de Loudun. A la fin se trouve quelques lettres du père Surin à un sien ami dans lesquelles il se plaint d'être lui-même possédé.

On sait que le père Surin fut envoyé comme directeur du couvent des Ursulines de Loudun après le supplice d'Urbain Grandier.

68. VANEL (L'Abbé J.-B.). Les Bénédictins de Saint-Maur à Saint-Germain-des-Prés, 1630-1792. Nécrologe des religieux de la congrégation de Saint-Maur décédés à l'Abbaye de Saint-Germain-des-Prés, publié avec introduction, suppléments et appendices par M. l'abbé J.-B. Vanel. *Paris, H. Champion*, 1896, in-4, cartonn. toile orange, tête dor., non rogné, couvert. (*Pierson*).

69. VILLETTE. Histoire de l'image miraculeuse de Notre-Dame de Liesse. Avec un discours préliminaire sur la vérité de cette histoire et sur l'antiquité de la chapelle de Liesse, et l'histoire des faveurs et des grâces obtenues par l'intercession de Notre-Dame de Liesse. *A Laon, chez Jean Calvet*, 1769, pet. in-8, veau rac., tr. rouges (*Rel. anc.*).

Frontispice et 8 figures.

JURISPRUDENCE

70. BALUZIUS (Stephanus). Capitularia regum Francorum. Additae sunt Marculfi monachi et aliorum formulae veteres, et notae doctissimorum virorum... curante Pietro de Chiniac. *Parisiis, ex typis Fr. Aug. Quillau,* 1780, 2 vol. in-fol., veau marb., dos orné, tr. rouges (*Rel. anc.*).

La meilleure édition de cet ouvrage.

71. CORAS (Jean de). Arrest mémorable du Parlement de Tolose, contenant une histoire prodigieuse, de nostre temps, avec cent belles et doctes annotations, de Mõsieur maistre Jean de Coras, conseiller en ladicte Cour, et rapporteur du procès. Prononcé es arrestz généraulx le XII septembre 1560. *A Paris,* 1565, in-8, de 8 ff. non chiff. prélim. et 75 ff. chiff., veau jasp., pet. dent., tr. jasp. (*Rel. anc.*).

Titre dans un encadrement gravé sur bois.
Exemplaire interfolié de papier blanc.

72. DISCOURS sur les moyens de rendre la meilleure justice. Manuscrit de 386 pp. en 2 vol. in-fol., vélin blanc à recouv. non rognés (*Champs*).

Manuscrit d'une belle écriture du commencement du XIXe siècle.
Ce travail a été fait en réponse à la question suivante, posée au concours de l'Académie de Châlons-sur-Marne : « Quels seraient les moyens de rendre la Justice en France, avec le plus de célérité et le moins de frais possibles. »
Le premier volume contient le discours proprement dit, et le second les notes.

73. DU CHALARD (Joachim). Sommaire exposition des ordonnances du roy Charles IX sur les plaintes des trois estats de son royaume, tenz à Orleans l'an 1560. *A Paris, pour Lucas Brayer,* 1562, in-4 réglé de 4 ff. non chiff., 393 pp. et 14 ff. non chiff. d'index, veau fauve, fil., médaillon doré sur les plats, tr. dor. (*Rel. anc.*).

74. ORDONNANCES (Les) statuts ꝫ instructions royaulx | faictes par feux de bonne mémoire les Roys sainct Loys | Philippe le bel Jehan | Charles le Quint | Charles sixiesme | Charles septiesme | Loys unziesme | Charles huytiesme | Loys douziesme et François premier de ce nom : Extraictes et collationnees aux registres de la court souveraine du Parlemẽt a Paris | Ensemble plusieurs declarations et edictz faictz par les dessusditz Roys. Avec le repertoire ꝫ table alphabétique selon l'ordre des feuilletz. Davantaige y sont mises et adjoustées (oultre les precedentes impressions) plusieurs ordonnances | faictes | tant par le roy nostre sire | que aussi par la court... Faict | ordonne | crye ꝫ publye de par le Roy nostre sire | ceste presente année Mil cinq cens trente ꝫ huyt. *On les vend à Paris par Arnoul et*

Charles les Angeliers freres : tenans leur boutique au premier ; second pillier de la grand salle du palais devant la chapelle de messieurs les presidents. (A la fin) : *Imprimees a Paris par Estienne caveiller imprimeur demourant a la rue du Bon Puys* (1538), in-fol. goth. de 12 ff. prél. et 158 ff. chiff., marque des Angeliers sur le titre, veau br., comp. d'encad. à fr. (*Rel. du XVI*[e] *siècle, fatiguée*).

Cette édition est plus complète que l'édition de 1539, également imprimée chez Cavelier. Elle contient plusieurs ordonnances qui ne se trouvent pas dans celle-là, notamment l'ordonnance sur les légions du moys de juillet 1534.

Exemplaire très grand de marges.

75. PROCÈS CRIMINEL de Jehan de Poytiers seigneur de Saint-Vallier, publié d'après les manuscrits originaux de la Bibliothèque impériale, avec une introduction et des notes par Georges Guiffrey. *Paris, Lemerre,* 1867, in-8, dos et coins mar. rouge, tête dor., non rogné.

76. PROCÈS CRIMINEL fait à messire Louis de Luxembourg, comte de Saint-Pol, connestable de France, 1475. Manuscrit de 137 ff. d'une bonne écriture du milieu du XVIIe siècle, in-fol. vélin (*Rel. anc.*).

Le Connétable de Saint-Pol fut condamné comme criminel de lèse-majesté, à avoir la tête tranchée sur un échafaud devant l'hôtel de ville ; il subit quatre interrogatoires, et le Parlement, toutes chambres assemblées, assista à l'eux d'eux.

77. RECUEIL des actes, titres et mémoires concernant les affaires du Clergé de France, augmenté d'un grand nombre de pièces et d'observations sur la discipline présente de l'Église (recueil formé par Le Merre père et fils). *A Paris, chez Guillaume Desprez,* 1768-1771, 14 vol. in-4, veau marb., tr. marb. (*Rel. anc.*).

78. VINNII (Arnoldi-J.-C.) de pactis tractatus, edente Simone Vinnio A.-F., philologo. *Lugd. Batavor., ex officina Elzeviriorum,* 1646, pet. in-12, mar. bleu, fil., dos orné, dent. int., tr. dor. (*Closs*).

Imprimé par Abr. et Bonav. Elzévier, de Leyde.

SCIENCES ET ARTS

A. — PHILOSOPHIE. — MORALE

79. BOETII (An. Manl. Sever.) Consolationis philosophiae libri V. ejusd. opuscula sacra auctiora Renatus Vallinus recensuit et notis illustravit. *Lugd. Batavorum, apud Franciscum Hackium,* 1656, pet. in-8, titre gravé, mar. rouge, fil., dos orné, dent. int., tr. dor. (*Rel. anc.*).

On a relié avec cet exemplaire la traduction de la *Philosophie* de Boèce, par F. N. Régnier. *A Paris, chez Estienne Loyson,* 1676.
Sur le feuillet de garde ces mots : *Ex dono Domini de Phelypeaux.*

80. CHARRON (Pierre). De la Sagesse. Trois livres. *A Leide, chez les Elzeviers,* 1646, pet. in-12, titre gravé, mar. rouge, fil., fleurons aux angles, dos orné, tr. dor. (*Rel. anc.*).

Imprimé par Bonaventure et Abraham Elzévier, de Leyde.
Le titre est réparé.

81. DESCARTES. Renati Descartes principia philosophiæ. *Amstelodami, apud Ludovicum Elzevirium,* 1644, in-4, figures, veau brun (*Rel. anc.*).

Première édition des *Principes*.
Exemplaire aux armes et au chiffre du président Achille de Harlay.

82. EPICTETI Enchiridion græce. Ex editione Joannis Upton accurate expressum. *Glasguae, exc. Rob. et And. Foulis,* 1751, in-64, mar. olive, fil., fleurons aux angles, dos orné, dent. int., gardes de soie rouge, tr. dor. (*Rel. anc.*).

Edition imprimée en caractères grecs très fins.

83. GÉNARD. L'École de l'homme ou parallèle des portraits du siècle, et des tableaux de l'écriture sainte. Ouvrage moral, critique et anecdotique. *A Londres,* 1753, 2 tomes en 1 vol. in-12, mar. rouge, fil., fleurons aux angles, dos orné, dent. int., tr. dor. (*Rel. anc.*).

L'Epitre adressée « à la vertueuse et aimable Mlle F. L. D. (Françoise Le Duc, suivant une note manuscrite) est signée de Gran..., anagramme du nom de Génard. Chacun des volumes est accompagné d'une « Clef naturelle des portraits » (Barbier. *Anonymes*, tome II, col. 14).

84. HOBBES (Thomas). Elemens philosophiques du citoyen. Traicté politique, où les fondemens de la Société civile sont descouverts, par Thomas Hobbes et traduicts en françois par un de ses amis (Sorbière). *A Amsterdam, de l'Imp. de Jean Blaeu,* 1649, 2 part. en 1 vol. pet. in-8, portrait de T. Hobbes, mar. vert, fil. à froid, dent. int., tr. dor. (*Kœhler*).

Exemplaire contenant l'épître dedicatoire au comte de Devonshire.

2

85. LA BRUYÈRE. Œuvres. Nouvelle édition revue sur les plus anciennes impressions et les autographes, et augmentée de morceaux inédits, de variantes, de notices, de notes, d'un lexique des mots et locutions remarquables, d'un portrait, d'un fac-simile, etc., par M. G. Servois. *Paris, Hachette et Cie*, 1865-1882, 4 parties en 3 vol. in-8, et un album de portraits et fac-simile, dos et coins mar. grenat, tête dor., non rognés (*Pierson*).

La notice biographique et l'album sont brochés.

86. MERCURE TRISMÉGISTE. Le Pimandre de Mercure Trismégiste de la philosophie chrestienne, cognoissance du verbe divin, et de l'excellence des œuvres de Dieu, traduit de l'exemplaire grec, avec collation de très amples commentaires, par François Monsieur de Foix, de la famille de Candalle. *A Bourdeaux, par S. Millanges*, 1579, in-fol., mar. rouge, fil., grande plaque à froid, dos orné, dent. int. tr. dor. (*Rel. anc.*).

87. MONTAIGNE. Les Essais, accompagnés d'une notice sur sa vie, ses ouvrages, d'une étude bibliographique, de variantes, de notes, de tables et d'un glossaire par E. Courbet et Ch. Royer. *Paris, A. Lemerre*, 1872-1877, 4 vol. in-8, dem.-rel. mar. vert jans., tête dor., non rognés, couvert. (*Pierson*).

Un des 150 exemplaires (n° 76) imprimés sur PAPIER DE HOLLANDE.

88. MONTAIGNE. L'homme et l'œuvre, par Paul Bonnefon. Deux planches hors texte et 80 gravures dans le texte. *Paris, J Rouam et Cie*, 1893, pet. in-4, fig., demi-rel. mar. beige, tête dor., non rogné, couvert. (*Pierson*).

89. MORALE (Ouvrages relatifs à la). 4 vol. in-8, demi-rel. mar. olive ou brun et cartonn. toile grise, tête dor., non rognés (*Pierson*).

DESJARDINS (Albert). Les moralistes français du XVIe siècle. *Didier*, 1870. — FEUGÈRE (Léon). Etienne de la Boëtie. *Labitte*, 1845. — LEVALLOIS (Jules). Senancour. *Champion*, 1897. — RUEL (Ed.). Du sentiment artistique dans la morale de Montaigne. *Hachette*, 1901.

90. LIVRES CLASSIQUES (Les) de l'empire de la Chine, recueillis (et traduits du chinois en latin) par le P. Noel, jésuite (du latin en français par l'abbé F. A. A. Pluquet), précédés d'observations (du traducteur français) sur l'origine, la nature et les effets de la philosophie morale et politique de cet empire. *Paris, de Bure, Barrois l'aîné*, 1784-1786, 7 vol. in-18, dos et coins mar. grenat, non rognés.

---

91. BODIN (J.). Les six livres de la République de J. Bodin, angevin. *A Lyon, par Gabriel Cartier*, 1693, 3 parties en 2 vol. in-8, veau marb., dos orné, tr. rouges (*Rel. anc.*).

Cette édition renferme l'Apologie de René Herpin pour la République de J. Bodin, et le « Discours sur le rehaussement et diminution tant d'or que d'argent et le moyen d'y remédier, aux paradoxes du sieur Malestroit. ». — L'Apologie fut publiée par Bodin lui-même sous le nom de Herpin. — A la mort du duc d'Anjou (1576) Bodin se retira à Laon où il se maria ; il y obtint la charge de procureur, puis fut nommé par le Tiers-État du Vermandois, député aux États de Blois.

92. BOURDONNÉ (De). Le Courtisan désabusé, ou les pensées morales d'un gentilhomme qui a passé une grande partie de sa vie à la cour et à la guerre. Ouvrage rempli d'érudition, et nécessaire à toutes les personnes de qualité (par le comte de Bourdonné, parisien, gouverneur de La Bassée et ensuite de Moyenvic). *A Paris, chez Jérosme Bobin,* 1694, in-12, mar. rouge jans., dent. int., tr. dor. (*Rel. anc.*).

93. ÉRASME. Codicille d'or, ou petit recueil tiré de l'institution du prince chrestien, composé par Érasme. Mis premièrement en françois sous le roy François I ; et à présent pour la seconde fois avec d'autres pièces énoncées en la page suivante. *S. l.* (*Amsterdam*), 1665, pet. in-12, mar. rouge, fil., dos orné, dent. int., tr. dor. (*Rel. mod.*).

Imprimé par Daniel Elzévier, d'Amsterdam.

94. FRANKLIN (Alfred). La vie privée d'autrefois. *Paris, Plon, Nourrit et Cie,* 1894-1899, 7 vol. in-12, cartonn. toile de diverses couleurs, tête dor., non rognés (*Pierson*).

La vie de Paris sous Louis XIV et sous Louis XV. — Les Animaux. — L'Enfant. — Les Magasins de nouveautés. — Variétés chirurgicales.

95. LACLOS (Choderlos de). De l'éducation des femmes, publié d'après le mss. de la Bibliothèque nationale avec une introduction et des documents par Édouard Champion. *Paris, Vanier,* 1903, in-12, cartonn. dos et coins toile bleue, tête dor., non rogné, couvert. (Un des 40 exempl. imprimés sur PAPIER DU JAPON). — Lettres inédites publiées par Louis de Chauvigny. *Paris, Mercure de France,* 1904, in-8, cartonn. toile bleue, tête dor., non rogné, couvert. (*Pierson*). — Ens. 2 vol.

96. LIPSIUS (Juste). Les Politiques de Juste Lipsius comprenant en six livres la doctrine qui concerne principalement le devoir du prince et magistrat souverain, en temps de paix et de guerre, au gouvernement de l'estat mis de latin en françois. *S. l.* (*Genève*), *pour Pierre et Jacques Chouet,* 1613, pet. in-12, veau vert, fil. or et à froid, dos orné, dent. int., tr. dor. (*Lefebvre*).

97. LIVRE DE COMPTES 1395-1406. Guy de la Trémoille et Marie de Sully. Publié d'après l'original par Louis de la Trémoille. *Nantes, Émile Grimaud,* 1887, in-4, dos et coins mar. grenat, tête dor., non rogné (*Pierson*).

Imprimé à petit nombre sur papier de Hollande.

B. — *SCIENCES NATURELLES. — BOTANIQUE. — ZOOLOGIE*

98. ALPHAND (A.) Arboretum et fleuriste de la ville de Paris. Description, culture et usage des arbres, arbrisseaux et des plantes herbacées et frutescentes de plein air et de serres employées dans l'ornementation des parcs et jardins. *Paris, Rothschild,* 1875, in-fol., monté sur onglets, dos et coins mar. La Vall., tête dor. non rog. (*Pierson*).

99. BARILLET (J.). Les Pensées, histoire, culture, multiplication, emploi. Ouvrage orné de nombreuses vignettes et de 25 chromolithographies exécutées d'après les spécimens de F. Lesemann, jardinier en chef à Hietzing, tiré à 200 exemplaires à l'imprimerie impériale d'Autriche, publié sous la direction de J. Rothschild. *Paris, J. Rothschild*, 1869, in-4, broché (*Couvert.*).

100. BERGERET. Phytonomatotechnie universelle, c'est-à-dire l'art de donner aux plantes des noms tirés de leurs caractères. Nouveau système au moyen duquel on peut soi-même, sans le secours d'aucun livre, nommer toutes les plantes qui croissent sur la surface de notre globe. *A Paris, chez l'Auteur, Didot le Jeune*, 1783-1784, 3 vol. in-fol., veau porph., fil., dent. int., tr. dor. (*Rel. anc.*).

Ouvrage qui n'a pas été terminé. Cet exemplaire contient 310 planches coloriées (au lieu de 328) et le 3e volume n'a pas de titre.

101. BOIS (D.). Atlas des plantes de jardins et d'appartements exotiques et européennes. 320 planches coloriées inédites dessinées d'après nature représentant 370 planches accompagnées d'un texte explicatif donnant la description, l'origine, le mode de culture, de multiplication et les usages des fleurs les plus généralement cultivées. *Paris, Klincksieck*, 1896, 1 vol. de texte et 2 atlas de planches. — Ens. 3 vol. in-8, demi-rel. mar. vert., dos orné mosaïqué, tête dor., non rog. (*Pierson*).

320 planches en couleurs.

102. D'ORBIGNY (C.). Dictionnaire universel d'histoire naturelle résumant et complétant tous les faits présentés par les encyclopédies, les anciens dictionnaires scientifiques, etc., etc. *Paris, Houssiaux et Cie*, 1861, 13 vol. in-8 de texte et 3 vol. in-8 de planches coloriées, dos et coins mar. rouge, tr. jasp.

Les volumes d'atlas contiennent, ensemble, 286 planches gravées sur acier et coloriées.

103. DUFOUR (L.). Atlas des Champignons comestibles et vénéneux, 80 planches coloriées représentant 191 champignons communs en France, avec leur description, les moyens de reconnaître les bonnes et les mauvaises espèces et de nombreuses recettes culinaires. *Paris, Klincksieck*, 1891, in-8, monté sur onglets, demi-rel. mar. vert, tête dor., non rogné (*Pierson*).

104. HARIOT (Paul). Atlas des algues marines les plus répandues des côtes de France. 48 planches en héliotypie tirées en couleur, représentant 108 espèces d'algues faciles à récolter, avec leur description ainsi que celle des espèces les plus voisines ; les moyens de les préparer et de les conserver. *Paris, Klincksieck*, 1892, in-8, monté sur onglets, demi-rel. mar. vert, tête dor., non rogné (*Pierson*).

105. KERCHOVE DE DENTERGHEM (Cte O. de). Le Livre des orchidées. *Gand, Hoste ; Paris, Masson*, 1894, gr. in-8, demi-rel. mar. vert, dos orné et mosaïqué, tête dor., non rog., couvert. (*Pierson*).

310 gravures et 31 planches en chromolithographie.

106. MARÈS (H.). Description des cépages principaux de la région méditerranéenne de la France. *Montpellier, Coulet*, 1890, gr. in-fol. en feuilles.

120 pp. de texte et 30 planches en chromolithographie.

107. MASCLEF (A.). Atlas des plantes de France utiles, nuisibles et ornementales. 400 planches coloriées représentant 450 plantes communes avec de nombreuses figures de détail et un texte explicatif des propriétés des plantes, de leurs usages et applications en médecine, agriculture, horticulture, dans l'industrie, l'économie domestique, etc. *Paris, Klincksieck,* 1893, 3 vol. in-8 montés sur onglets, demi-rel. mar. vert, tête dor., non rognés (*Pierson*).

108. MOUILLEFERT (P.). Traité des arbres et arbrisseaux forestiers, industriels et d'ornement cultivés ou exploités en Europe et plus particulièrement en France, donnant la description et l'utilisation de plus de 2400 espèces et 2000 variétés. *Paris, Klincksieck,* 1892-1898, 3 vol. gr. in-8, dont un atlas de 195 planches, demi-rel. mar. vert, tête dor., non rognés (*Pierson*).

109. NEANDER (J.). Tabacologia : hoc est, tabaci, seu nicotianae descriptio medico-chirurgico-pharmaceutica... *Lugduni Batavorum, ex officina Isaaci Elzeviri,* 1622, in-4, portrait et figures, veau brun, dos orné, tr. rouges (*Rel. anc.*).

Imprimé par Isaac Elzévier, de Leyde.
On a relié avec dans le même volume : Paul (Simon). Commentarius de abusu tabaci americanorum veteri, et herbae thee asiaticarum in Europa novo, quae ipsissima est chamae leagnos dodonaei, etc... *Argentorati,* 1665.

110. PASTEUR (L.). Études sur la bière, ses maladies, causes qui les provoquent, procédé pour la rendre inaltérable avec une théorie nouvelle de la fermentation. *Paris, Gauthier-Villars,* 1876, in-8, demi-rel. chag. grenat, tr. jasp.

Nombreuses illustrations hors texte et dans le texte.

111. PLINII (C.) Secundi historiae naturalis libri XXXVII. *Lugduni Batavorum, ex officina Elzeviriana,* 1635, 3 vol. pet. in-12 réglés, titre gravé au premier volume, mar. rouge, fil., dos orné, tr. dor. (*Rel. anc.*).

Imprimé par Bonaventure et Abraham Elzévier, de Leyde.

112. PUYDT (E. de). Les Orchidées. Histoire iconographique. Organographie, classification, géographie, collections, commerce, emploi, culture avec une revue descriptive des espèces cultivées en Europe. *Paris, Rothschild,* 1880, gr. in-8, dos et coins mar. bleu, tête dor., non rognés (*Pierson*).

244 vignettes et 50 chromolithographies.

113. REYMONDIN. L'Art du vigneron. Pour servir de direction aux propriétaires de vignes. *Lausanne,* 1798, in-12, veau fauve, fil., dos orné, dent. int., tr. dor.

Sur le titre, signature de Pierre Reymondin.

114. RICHON (Charles) et ROZE (Ernest). Atlas des champignons comestibles et vénéneux de la France et de pays circonvoisins contenant 72 planches en couleurs... dessinées d'après nature avec leurs organes reproducteurs amplifiés. Accompagné d'une monographie de ces 229 espèces et d'une histoire générale des champignons comestibles et vénéneux. Texte illustré de 62 photogravures, de dessins primitifs des anciens auteurs et de figures organographiques des auteurs récents. *Paris, Doin,* 1888, 2 vol. in-4, demi-rel. mar. olive, tête dor., non rognés (*Champs*).

L'Atlas contient les 72 planches montées sur onglets.

115. ROUX (J. A. Cl.). Traité historique, critique et expérimental des rapports des plantes avec le sol et de la chlorose végétale, avec une préface de M. le Dr Ant. Magnin. *Paris, Masson et Cie*, 1900, in-8, dos et coins mar. vert, fil., dos orné, tête dor., non rogné (*Champs*).

21 planches en phototypie.

115 *bis*. VAN TIEGHEM (Ph.). Recherches sur la structure du pistil et sur l'anatomie comparée de la fleur. *Paris, Imp. nat.*, 1871, 2 vol. in-4, dont un de planches, demi-rel. mar. La Vall., tête dor., non rognés (*Champs*).

L'Atlas se compose de 16 planches gravées sur acier et montées sur onglets.

---

116. BUFFON. Œuvres complètes de Buffon avec la nomenclature linnéenne et la classification de Cuvier, revues sur l'édition in-4 de l'Imprimerie royale et annotées par M. Flourens. *Paris, Garnier frères*, 1853-1855, 12 vol. gr. in-8 à 2 col., demi-rel. mar. vert, tr. marb.

Planches coloriées.

117. GERVAIS (H.) et BOULART (R.). Les Poissons. Synonymie, description, mœurs, frai, pêche, iconographie des espèces composant plus particulièrement la faune française. Avec une introduction par Paul Gervais, poissons d'eau douce et d'eau de mer. *Paris, J. Rothschild*, 1876-1877, 3 vol. gr. in-8, planches, demi-rel. mar. grenat, tête dor., non rognés (*Champs*).

Ouvrage contenant 260 planches coloriées hors texte et des vignettes dans le texte.

118. GESNER (Conrad). Fischbuch das ist ein Kurtze doch voltkomne beschrenbung aller fischen so in dem Deer unnd fussen wafferen... *Getrucht zù Zürych bey C. Groschower im Jar als man zalt*, 1585, in-fol., vélin blanc, tr. rouges (*Rel. anc.*).

Édition rare traduite du latin, ornée d'environ 700 figures de poissons dans le texte, gravées sur bois.

119. KRAEMER (Hans). Weltall und menschheit. Geschichte der Erforschung der natur und der verwertung der naturkräfte im Dienste der völker. *Berlin, Leipzig, Bong et Co. S. d.*, 2 vol. in-4, cartonn., dos de veau, plats toile, fers spéciaux, tr. rouges (*Rel. des éditeurs*).

Nombreuses gravures hors texte et dans le texte en noir et en couleurs.

120. RACES BOVINES (Les) au concours universel agricole de Paris en 1856, études zootechniques publiées par ordre de S. Exc. le Ministre de l'agriculture et des travaux publics, par M. Émile Baudement. *Paris, Imprimerie impériale*, 1862, 2 vol. in-4 oblong, dont un vol. de planches, demi-rel. chag. noir.

87 planches lithographiées et tirées sur Chine.

C. — SCIENCES MÉDICALES

121. BICAIS (Michel). La Manière de régler la santé par ce qui nous environne, par ce que nous recevons, et par les exercices ou par la gymnastique moderne. *Aix,* 1669. — DIGBY (Chevalier). Discours touchant la guérison des playes et la composition de la poudre de sympathie. *Utrecht,* 1681. — FOUQUET (Mme). Recueil des remèdes faciles et domestiques choisis, expérimentés et très approuvés, pour toutes sortes de maladies... *Dijon,* 1690. — Ens. 3 vol. in-8 et pet. in-12, vélin blanc anc. et cartonn., non rogné.

122. BIENVILLE (D.-T. de). La Nymphomanie ou traité de la fureur utérine, dans lequel on explique avec autant de clarté que de méthode les commencemens et les progrès de cette cruelle maladie, dont on développe les différentes causes... *A Amsterdam, chez Marc-Michel Rey,* 1771, pet. in-8, dos et coins mar. rouge, tête dor.

Exemplaire NON ROGNÉ.

123. CARDAN (H.). La Metoposcopie, de H. Cardan, medecin milanois, comprise en treize livres, et huit cens figures de la face humaine : à laquelle a esté adjousté, le traicté des marques naturelles du corps, par Melampus ; le tout traduit en françois, par le sieur C.-M. de Laurendière. *Paris, chez Thomas Jolly,* 1658, in-fol., figures gravées sur bois, vélin blanc (*Rel. anc.*).

Bel exemplaire.

D. — ART MILITAIRE

124. DUMONT. Histoire militaire du prince Eugène de Savoye, du prince et duc de Marlborough, et du prince de Nassau-Frise ; où l'on trouve un détail des principales actions de la dernière guerre et des batailles et sièges commandez par ces trois généraux. *A La Haye, chez Isaac Van der Kloot,* 1729-1747, 3 vol. gr. in-fol., veau fauve, tr. marb. (*Rel. anc.*).

Ouvrage estimé orné de 4 portraits, 13 vues de batailles et 82 plans ou cartes.
Exemplaire imprimé sur GRAND PAPIER.

125. FEUQUIÈRE. Mémoires de M. le marquis de Feuquière, lieutenant-général des armées du roi ; contenans ses maximes sur la guerre, et l'application des exemples aux maximes. *A Londres, et se trouve à Paris chez Ch.-Ant. Jombert,* 1775, 4 vol. in-12, plans, cartonn. demi-toile blanche, tête dor. (*Pierson*).

Exemplaire NON ROGNÉ.

126. GIFFART (P.). L'Art militaire françois. *A Paris, chez P. Giffart, s. d.*, pet. in-8, veau brun, dos orné, tr. jasp. (*Rel. anc.*).

Titre gravé et 85 figures représentant les diverses positions de maniement d'armes, dessinées et gravées par P. Giffart. La planche 65 « *Portez bien vos armes* » manque.

127. MAUVILLON (Eleazar de). Histoire du prince François-Eugène de Savoye... enrichie de figures en taille-douce. *A Vienne en Autriche*, 1741, 5 vol. in-12, veau fauve, dos orné, tr. rouges (*Rel. anc.*).

Exemplaire de Lavoisier, avec son ex-libris au premier volume.

128. VAUX (Baron de). Les Écoles de cavalerie. Versailles. L'École militaire. L'École de Saint-Germain. Saint-Cyr. Saumur. Étude des méthodes d'équitation des grands Maîtres de l'époque, Baron de Bohan, Colonel D'Auvergne, Vicomte d'Abzac, etc. Préface de Son Altesse Impériale le Prince Roland Bonaparte. *Paris, J. Rothschild*, 1896, in-8, demi-rel. mar. vert, fil., dos orné, tête dor., non rogné, couvert. illust. (*Pierson*).

Nombreuses illustrations dans le texte et hors texte.

E. — SCIENCES OCCULTES

129. BOIS (Jules). Le satanisme et la magie, avec une étude de J.-K. Huysmans. Illustrations de Henry de Malvost. *Paris, Léon Chailley*, 1895, in-8, cartonn. toile, tête dor., non rogné (*Pierson*).

130. INDAGINE. Chiromancia. 1. Physiognomia, ex aspectu membrorum hominis. 2. Periaxiomata de faciebus signorum. 3. Canones astrologici, de judiciis ægritudinum. 4. Astrologia naturalis. 5. Complexionum notitia, juxta dominium planetarum *S. l. (Paris), apud Petrum Regnault*, 1543, in-8, de 112 ff., demi-rel. veau brun, dos orné.

Édition ornée de nombreuses figures sur bois dans le texte et d'un joli portrait d'Indagine sur le titre.

131. REGNARD (Dr Paul). Les maladies épidémiques de l'esprit. Sorcellerie, magnétisme, morphinisme, délire des grandeurs. Ouvrage illustré de 120 gravures. *Paris, Plon, Nourrit et Cie*, 1887, gr. in-8, demi-rel. mar. bleu foncé, dos orné, tête dor., non rogné.

F. — ARTS

1. — BEAUX-ARTS

132. — ARMAND (Alfred). Les Médailleurs italiens des quinzième et seizième siècles. Deuxième édition revue, corrigée et considérablement augmentée. *Paris,*

Plon et Cie, 1883, 2 vol. in-8, cartonn. toile verte, tête dor., non rognés, couvert. (*Pierson*).

133. AURIOL (George). Le premier livre des cachets, marques et monogrammes, dessinés par G. Auriol. *Paris*, 1901. — BOUVENNE (Aglaüs). Les monogrammes historiques d'après les monuments originaux. *Paris*, 1870. — Ens. 2 vol. in-12, demi-rel. mar. La Vall. et cartonn. toile grise, tête dor., non rognés (*Pierson*).

134. BERTAUX (Émile). L'Art dans l'Italie méridionale. Tome I. De la fin de l'Empire romain à la conquête de Charles d'Anjou. Ouvrage accompagné de 404 figures dans le texte, 38 planches hors texte en phototypie et 2 tableaux synoptiques. *Paris, A. Fontemoing*, 1904, in-4, broché.

135. CATALOGUE des Aquarelles et Dessins originaux de Julien Le Blant pour les « Cahiers du Capitaine Coignet ». *Paris*, 1896, in-8, dos et coins toile crème, tête dor., non rogné, couvert. (*Pierson*).

Exemplaire sur PAPIER du JAPON, contenant une double suite de toutes les gravures.

136. COLLIGNON (Max.). Histoire de la sculpture grecque. Tome II. L'Influence des grands maîtres du Ve siècle. Le quatrième siècle. — L'époque hellenistique. — L'art grec après la conquête romaine. *Paris, Didot*, 1897, gr. in-8, broché.

Nombreuses illustrations hors texte et dans le texte.

137. DEHAISNES. Documents et extraits divers concernant l'histoire de l'art dans la Flandre, l'Artois et le Hainault avant le XVe siècle par M. le chanoine Dehaisnes. 627-1401. *Lille, L. Danel*, 1886, 2 vol. in-4, dos et coins mar. gren., fil., dos orné, tête dor., non rognés, couvertures (*Champs*).

138. GUIFFREY (Jules). Antoine Van Dyck, sa vie et son œuvre par Jules Guiffrey. *Paris, A. Quantin*, 1882, in-fol, mar. rouge, compart. de filets et grand compart. de fers azurés, chif. mosaïqué sur les plats, dos orné, doublé de mar. vert orné d'un encad. de 17 filets, gardes en étoffe brochée, tête dor., non rogné (*Allô*)

Un des 10 exemplaires (No 1 au nom de M. le Cte A. Werlé) imprimé sur PAPIER DU JAPON, contenant les figures hors texte en 3 états.

139. HABERT-DYS. Fantaisies décoratives. *Paris, J. Rouam, s. d.*, 11 livraisons in-fol., br. (*Couvert. illust.*).

Ouvrage contenant 44 planches hors texte tirées sur Chine.

140. HAVARD (Henry). Dictionnaire de l'ameublement et de la décoration depuis le XIIIe siècle jusqu'à nos jours. *Paris, Quantin, s. d.*, 3 vol. très gr. in-8, nombreuses figures hors texte et dans le texte, en noir et en couleurs, brochés.

Tomes 2 à 4.

141. JOUBIN (André). La sculpture grecque entre les guerres médiques et l'époque de Périclès. *Paris, Hachette et Cie*, 1901, in-8, demi-rel., mar. olive, tête dor., non rogné, couvert. (*Pierson*).

Nombreuses illustrations.

142. LAMI (Stanislas). Dictionnaire des sculpteurs de l'école française sous le règne de Louis XIV. *Paris, Honoré Champion*, 1906, in-8, broché.

143. LEGRAND (Aug.). Galerie des antiques, ou esquisses des statues, bustes et bas-reliefs, fruit des conquêtes de l'Armée d'Italie. *A Paris, chez Ant.-Aug. Renouard*, an XI (1803), in-8, veau racine, pet. dent., dos orné, dent. int., tr. dor. (*Rel. anc.*).

Portrait, dédicace gravée et 92 planches gravées au trait représentant 167 sujets.

144. MALE (Émile). L'Art religieux au XIIIe siècle en France. Étude sur l'iconographie du moyen âge et sur ses sources d'inspiration. Ouvrage illustré de 96 gravures dans le texte ou hors texte. *Paris, Leroux*, 1898, in-8, broché.

145. MICHEL (André). Histoire de l'art depuis les temps chrétiens jusqu'à nos jours *Paris, A. Colin*, 1905-1906, 3 vol. gr. in-8, brochés.

Nombreuses illustrations hors texte et dans le texte. Tome I : Des débuts de l'art chrétien à la fin de la période romane, 2 vol. — Tome II, 1re partie : Formation, expansion et évolution de l'art gothique, 1 vol.

146. MODERN ARTISTS. Illustrated biographies. Published under the direction of F. G. Dumas. *London, Chapman and Hall*, 1882, 3 fascicules in-fol., planches en feuilles dans un carton des éditeurs.

Sir Frederick Leigton — Hubert Herkomer. — Iohn Everett Millais.
9 eaux-fortes hors texte et figures dans le texte.

147. MOLINIER (Émile). Histoire générale des arts appliqués à l'industrie du Ve à la fin du XVIIIe siècle. II. Les meubles du moyen âge et de la Renaissance. Les sculptures microscopiques. Les Cires. *Paris, E. Lévy et Cie, s. d.*, pet. in-fol., broché (*Couvert.*).

Nombreuses planches hors texte en héliogravure et figures dans le texte, gravées sur bois.

148. MUNTZ (Eugène). Histoire de l'art pendant la Renaissance. Tome II. Italie. L'âge d'or. *Paris, Hachette et Cie*, 1891, gr. in-8, dos et coins mar. grenat, tête dor., non rogné, couvert. (*Pierson*).

Nombreuses illustrations hors texte et dans le texte, en noir et en couleurs.

149. PALUSTRE (Léon). La Renaissance en France. Dessins et gravures sous la direction de Eugène Sadoux. *Paris, A. Quantin*, 1879-1881, 2 vol. in-fol., montés sur onglets, dos et coins mar. grenat, tête dor., non rognés (*Champs*).

Un des 20 exemplaires imprimés sur PAPIER DE CHINE, contenant un tirage à part, sur Japon, des gravures du texte et les gravures hors texte en 2 états.

150. PEINTRES : 3 vol. in-8, dont 1 en demi-rel. mar. brun, 1 cartonn. toile grise, et 1 mar. vert, encad. de fil. à froid, fleurons aux angles, tr. dor.

ALVIN (L.). L'Enfance de Jésus, tableaux flamands, poème... *Aubry*, 1860. — HUYSMANS (J. K.). Trois primitifs. *Vanier*, 1905. — GALERIE de saint Bruno, fondateur de l'ordre des Chartreux, peinte par E. Le Sueur. *Paris*, 1808, nombreuses reproductions.

151. PEINTRES : 4 vol. in-8, cartonn. toile de couleurs diverses et demi-rel. chagrin, tête dor., non rognés (*Pierson*).

HOUSSAYE (Arsène). Histoire de Léonard de Vinci. *Didier*, 1869. — CAMPARDON (Ém.).

Un artiste oublié. J.-B. Massé, peintre de Louis XIV. *Charavay*, 1880. — Recherches sur Louis de Bruges. *De Bure*, 1831. — Valabrègue (A.). Les frères Le Nain. *Paris*, 1904.

152. PERROT (Georges) ET CHIPIEZ (Charles). Histoire de l'art dans l'antiquité. *Paris, Hachette et Cie*, 1894-1904, 3 vol. gr. in-8, nombreuses illustrations, brochés.

Tome VI. La Grèce primitive, l'art mycénien. — Tome VII. La Grèce de l'épopée. La Grèce archaïque (Le Temple). — Tome VIII. La Grèce archaïque. La sculpture.

153. RICHER (Dr Paul). Anatomie artistique. Description des formes extérieures du genre humain au repos et dans les principaux mouvements. Avec 110 planches renfermant plus de 300 figures dessinées par l'auteur. *Paris, Plon, Nourrit et Cie*, 1890, gr. in-4, demi-rel. mar. noir, tête dor., non rogné (*Pierson*).

154. ROBAUT (Alfred). L'Œuvre de Corot. Catalogue raisonné et illustré précédé de l'histoire de Corot et de ses œuvres par Étienne Moreau-Nélaton, ornée de dessins et croquis originaux du maître. *Paris, Floury*, 1905, 4 vol. gr. in-4, plus 1 vol. pour la table, brochés, couvert.

Un des 25 exemplaires imprimés sur papier du Japon Shizuoka premier choix de Perrigot-Mazure, contenant 10 dessins originaux sur verre par Corot, et un portrait photographique inédit.

155. SZENDREI (Dr Jean). Catalogue descriptif et illustré de la collection de bagues de Mme Gustave de Tarnoczy, avec 300 gravures. *Paris, A. Lévy*, 1889, in-12, mar. rouge, fil. et dent., chiffre sur le premier plat, dos orné, tête dor., non rogné, étui de mar. rouge (*Rel. souple*).

156. TETIUS. Aedes Barberinae ad Quirinalem a Comite Hieronymo Tetio Perusina descriptae. *Romae, excudebat Mascardus*, 1642, in-fol., vélin blanc (*Rel. anc.*).

Première édition estimée ornée de vignettes, de portraits dans le texte et de grandes planches hors texte, en belles épreuves. On a ajouté un portrait d'Urbain VIII, remonté.

2. — LIVRES ILLUSTRÉS (SUITES DE FIGURES, PORTRAITS)

157. ABRÉGÉ du faux clergé romain. *S. l. n. d.* (vers la fin du XVIIe siècle), in-4, cartonn. toile brune, tête dor., non rogné (*Pierson*).

Série de 50 caricatures gravées à l'eau-forte ; elles sont avant la lettre.
La planche 38 manque.

158. ALBUMS de J.-L. Forain, Bac, A. Guillaume, Boutet, Gerbault, etc., etc. 23 vol. in-4, brochés (*Couvert.*).

159. ALBUMS ILLUSTRÉS. 5 albums in-4, cartonn. des éditeurs.

Job. Les épées de France. *Geffroy, s. d.* — Le bon roi Henry, *Mame, s. d.*, ensemble 2 vol. — Mars. La Vie de Londres, côtés riants. *Plon, s. d.* — Quatrelles. Colin Tampon, illustrations d'après les aquarelles et les dessins d'Eugène Courboin. *Hachette*, 1885. — Robida. Le voyage de M. Dumolet. *Decaux, s. d.*

160. ALMANACH par Henri Boutet, pour les années 1892 et 1895. *Paris*, 1892-1895, 2 vol. in-16, figures, cartonn. étuis.

161. ARÈNE (Paul). Le Secret de Polichinelle. Enluminé par A. Robida. *Paris, Floury*, 1897, in-4, broché (*Couvert.*).

Un des 50 exemplaires (n° 24) imprimés sur PAPIER DU JAPON.

162. CALLOT (Jacques) et autres. Recueil de 184 figures, montées sur bristol, en 1 vol. in-4 oblong, veau brun, plats entièrement couverts d'ornements à froid, dos orné, fil. et dent. int. (*Thouvenin*).

Parmi les planches qui composent ce recueil, nous citerons : La Tour de Bois, La Tour de Nesle, La Chasse; Bailli di Sfessani, suite complète des 24 pièces (second tirage); La Vie de l'Enfant prodigue, 1635, suite d'un titre et 9 pièces; les Misères et les malheurs de la guerre, suite complète des 18 pièces; Parterre au Palais de Nancy, 1624, 1 pièce, etc., etc.

163. CAZOTTE. Suite de 7 eaux-fortes par Ad. Lalauze, dont un portrait pour le « *Diable amoureux* ».

Suite en 3 états, tirée de format in-4 : EAUX-FORTES pures sur Japon et avant toutes lettres avec remarques sur Japon et sur Hollande.
Toutes ces épreuves, qui n'ont été tirées qu'à 4 exemplaires, sont signées par le graveur à la mine de plomb.

164. CERVANTES. Suite de 37 eaux-fortes, dont un portrait par Ad. Lalauze, pour l'édition anglaise de *Don Quichotte*, publiée à Édimbourg.

Épreuves d'artiste en deux états sur Japon : EAUX-FORTES pures et épreuves terminées AVANT LA LETTRE, signées par Ad. Lalauze.

165. CHAM. La Civilisation à la porte. *Paris, Aubert et Cie, s. d.*, in-4, cartonn. original des éditeurs.

24 lithographies.
On y joint : Les Rébus comiques. Folie générale. *Paris, Aubert et Cie, s. d.*, in-4, 64 lithographies, cartonn. original des éditeurs.

166. COLERIDGE (Samuel). The Rime of the ancient mariner. Illustrated by Gustave Doré. *London, Doré Gallery*, 1876, in-fol. cartonn. toile rouge de l'éditeur.

167. COMIC ALMANACK (Le). Keepsake comique pour 1843, par Louis Huart; orné de 12 gravures à l'eau-forte sur acier, par Trimolet, et d'un grand nombre de dessins comiques dans le texte par Ch. Vernier. *Paris, chez Aubert, s. d.* (1843), in-12, dos et coins mar. rouge, tête dor., non rogné (*Pierson*).

PREMIER TIRAGE.
Les planches hors texte appartiennent à l'année 1842.

168. COTTIN (Eugène). Drôleries du Palais. Album humoristique. *Plon, s. d.* — HERMANN-PAUL. Deux cents dessins, 1897-1899. *Revue Blanche*, 1900. Ens. 2 vol. in-12, cartonn. toile violette et grise, tête dor., non rognés (*Pierson*).

169. DE FER. Histoire des rois de France depuis Pharamond jusqu'à notre Auguste Monarque Louis XV, enrichie de leurs portraits et faits les plus mémorables. *A Paris, chez le Sr Danet*, 1722, in-4, veau jasp., dos orné, tr. rouges (*Rel. anc.*).

Ouvrage entièrement gravé, orné d'un frontispice et de 65 planches en taille-douce.
Exemplaire fatigué.

170. GERBAULT (Henry). Ach'tez-moi, joli blond. Contenant 100 dessins. Préface

de Charles Mongel. *Paris, H. Simonis Empis,* 1900, in-12, broché (*Couvert. illust.*).

Un des 10 exemplaires (n° 3) imprimés sur PAPIER du JAPON.

171. GERBAULT (Henry). Bonjour, M'sieurs dames. Contenant 100 dessins. — GUILLAUME (Albert). Contre le spleen. Contenant 100 dessins. *Paris, Simonis Empis,* 1902-1903, 2 vol. pet. in-8, cartonn., dos et coins toile orange, tête dor., non rognés (*Pierson*).

Exemplaires imprimés sur PAPIER DE CHINE.

172. GOETHE. Reineke fuchs von Wolfgang von Goethe, mit zeichnungen von Wilhelm von Kaulbach geftochen von R. Rahn und A. Scheich. *Stuttgart und Tübingen, J.-G. Gotta'scher verlaq,* 1846, in-4, demi-rel. chagrin rouge, plats toile, tr. dor.

Frontispice et 36 figures hors texte grav. sur acier.

173. GOETHE'S frauengestalten von W. von Kaulbach mit erläuterndem, texte von Adolf Stahr. *Munchen, Bruckmann, s. d.* (1860), in-fol., dos et coins chagrin vert, tête dor., non rogné.

Recueil de 1 frontispice et de 20 planches gravées sur acier d'après *Kaulbach,* avec un texte explicatif. Le titre est placé au milieu du volume.

174. GOHORY (Jacques). Liure de la conqueste de la Toison d'or, par le prince Jason de Tessalie : faict par figures auec exposition d'icelles. *A Paris,* 1563, in-fol. oblong, de 4 ff. de texte et 26 planches, veau vert, fil. et dent. à froid, tr. marb.

26 gravures d'après *Léonard Tyri,* gravées en taille-douce par *René Boyvin.* La planche 13 est réenmargée et n'a pas les légendes.
Marges consolidées à plusieurs planches et petites mouillures.
Exemplaire de Secousse, avec sa signature sur le titre.

175. GUILLAUME (Albert). Les unes et les autres, contenant 100 dessins. *Paris, Garnier frères,* 1905, pet. in-8, cartonn. toile rouge, tête dor., non rogné, couvert. illust. (*Pierson*).

Un des 25 exemplaires (n° 20) imprimés sur PAPIER de CHINE.

176. HENRIOT. L'Année parisienne, texte et dessins par Henriot. *Paris, L. Conquet,* 1894, in-12, cartonn. toile rouge, tête dor., non rogné, couvert. illust. (*Pierson*).

Un des 300 exemplaires non mis dans le commerce, offert à M. le Cte A. Werlé par M. L. Conquet.

177. HISTOIRE D'ESTHER (L.). Traduite de la Bible par Lemaistre de Sacy. *Paris, Hachette et Cie,* 1882, in-fol., 12 grandes compositions à l'eau-forte d'après les dessins de Bida, en feuilles dans un carton.

Exemplaire imprimé sur PAPIER VÉLIN.

178. HOFF (Le Major). Les grandes manœuvres, Illustrations par Édouard Detaille. *Paris, Boussod, Valadon et Cie,* 1884, in-fol., cartonn. des éditeurs, dos et coins toile grenat.

179. JUBE (Général Auguste). Le Temple de la gloire ou les fastes militaires de

la France depuis le règne de Louis XIV jusqu'à nos jours. *Paris, s. d.*, 2 vol. in-fol., demi-rel. veau rouge.

Cet ouvrage, qui n'a pas été terminé, est orné de 2 titres gravés et de 37 planches (au lieu de 38) hors texte par *Martinet*, gravées par *Bovinet, Adam, Larcher, Ruhierre, Caron, Delignon, Massard, Cazenave*, etc.

180. LAFFITTE (Pierre). Le Faust de Goethe. Illustrations de Bellery-Desfontaines et H. Vogel, gravées par Froment fils. *Paris, Édouard Pelletan*, 1899, in-8, cartonn. toile verte, tête dor., non rogné, couvert. (*Pierson*).

181. LE SAGE. Œuvres. Suite de 24 eaux-fortes, dessinées et gravées par Ricardo de Los Rios, in-4, en 4 albums.

Le Diable boiteux, 4 planches. — *Gil Blas de Santillane*, 12 planches. — *Estevanille Gonzalès*, 4 planches. — *Bachelier de Salamanque*, 4 planches.
Épreuves AVANT la lettre sur GRAND JAPON.

182. MISTRAL (Frédéric). Les Secrets des bestes. Avec trente compositions de A. Robida. *Paris, Henry Floury*, 1896, in-4, cartonn. demi-toile rose, tête dor., non rogné, couvert. illust. (*Pierson*).

Un des 50 exemplaires (n° 15) imprimés sur PAPIER DU JAPON.

183. MONCORNET (Baltazar). Portraits, noms et qualitez des ambassadeurs assemblez tant à Munster qu'Osnabruk, pour le traité et conclusion de la paix généralle. *Se vendent à Paris, chez B. Moncornet, s. d.*, in-4, cartonn.

Titre remonté et 35 portraits.
Le portrait de l'Evêque de Nassau est découpé et remonté; il ne fait pas partie de cette suite.

184. MONTORGUEIL (Georges). La parisienne peinte par elle-même. Vingt et une pointes sèches tirées hors texte et 41 compositions par Henry Somm. *Paris, L. Conquet*, 1897, in-8, broché (*Couvert.*).

Tirage unique à 150 exemplaires (n° 19) sur papier de Hollande.
Exemplaire contenant une AQUARELLE ORIGINALE de HENRY SOMM, sur le faux-titre, la suite des 21 pointes sèches en tirage avant la lettre avec remarque et le tirage à part sur Chine des 41 compositions de *Henry Somm*.

185. OUDART (Félix). La Mer. Les Litanies de la Mer, in-4, en feuilles.

Réunion de 11 aquarelles ORIGINALES, sous une couverture ornée d'une grande aquarelle.

186. RECUEIL de 24 dessins à la sanguine d'après J. Callot. Pet. in-4, oblong, vélin blanc, non rogné.

Copies des *Capitano de baroni*.

187. SAINT AUGUSTIN. Suite de 7 eaux-fortes par Ad. Lalauze pour les « Confessions ».

Suite en 3 états, tirée de format in-4 : EAUX-FORTES pures sur Japon et avant toutes lettres avec remarques sur Japon et sur Hollande. Toutes ces épreuves, qui n'ont été tirées qu'à 6 exempl., sont signées par le graveur à la mine de plomb.

188. SHAKESPEARE (William). Roméo and Juliet. Painted by Ludovic Marchetti

Lucius Rossi, Oreste, Cortazzo. *London, Raphael Tuck and Sons,* 1903, in-4, cartonn. illust. des éditeurs, tr. dor.

Illustrations en noir et en couleurs.

189. SILVESTRE (Armand), FRANCIS THOMÉ ET JULES CHÉRET. La Fée du rocher. Ballet-pantomime en deux actes et six tableaux. *Paris, L. Conquet,* 1894, in-fol., monté sur onglets, dos et coins toile verte, non rogné, couvert. (*Carayon*).

Contenant le tirage à part en couleurs de toutes les illustrations.

190. SIMON (Jules). Nouveaux mémoires des autres. Suite complète des 59 fumés sur Chine des figures de Léandre, gravées sur bois par Prunaire, pour l'édition publiée par Testard en 1891.

Exemplaire unique portant l'attestation du graveur.

191. SOCIÉTÉ FRANÇAISE des Amis des Arts. Années 1889-1897-1899-1900-1902-1906. Réunion de 6 albums in-fol., dans des cartons.

Chaque album contient 8 ou 9 eaux-fortes, gravures ou lithographies avant la lettre avec remarque ; reproduction des principales œuvres d'artistes contemporains.

192. WILLETTE. Pauvre Pierrot. *Paris, M. Magnier et Cie, s. d.,* in-4 en feuilles dans le carton illust. de l'éditeur.

3. — MUSIQUE

193. BERLIOZ (Hector). Les Musiciens et la musique. Introduction par André Hallays. *Paris, Calmann-Lévy, s. d.,* in-12, br. (*Couverture*).

Édition originale.
Un des 15 exemplaires (n° II) imprimés sur papier de Hollande.

194. CAMPARDON (Émile). L'Académie royale de Musique au XVIIIe siècle. *Paris, Berger-Levrault et Cie,* 1884, 2 vol. in-8, dos et coins mar. rouge, fil., dos orné, tête dor., non rogné, couverture (*Allô*).

Exemplaire imprimé sur papier de Hollande.

195. MUSIQUE ET MUSICIENS. 4 vol. in-8, cart. toile et demi-rel. mar., tête dor., non rognés.

Imbert (Hugues). Nouveaux profils de musiciens. Six portraits à l'eau-forte par Burney. *Fischbacher,* 1892. — Soubies (Albert). Histoire de la musique allemande. *Quantin, s. d.* — Tiersot (Julien). Histoire de la chanson populaire en France. *Plon,* 1889. — Vie d'un compositeur moderne, 1802-1861 (Niedermeyer). Introduction par Saint-Saens. *Fischbacher,* 1893.

196. MUSIQUE ET MUSICIENS : 3 vol. in-8, dont 2 demi-rel. et dos et coins mar. vert, et 1 cartonn. de l'éditeur, tête dor., non rognés (*Pierson*).

Osmond (Cte d'). Reliques et impressions. *Lib. Illustrée, s. d.* – Mozart (W. A.). Lettres. *Hachette,* 1888. — Wagner (Richard) an Mathilde Wesendonck. *Berlin,* 1904, portrait.

197. GRILLET (Laurent). Les Ancêtres du violon et du violoncelle. Les luthiers et les fabricants d'archets, précédés d'une préface par Théodore Dubois. *Paris, Schmid,* 1901, 2 vol. in-8, figures, cart. toile grise, tête dor., non rognés, couvert. (*Pierson*).

Nombreuses illustrations dans le texte.

198. RADET (Edmond). Sully, homme d'affaires, propriétaire et musicien. Notes et croquis à propos de son hôtel de la rue Sainte-Anne, et de son mausolée aux Petits-Pères. Avec onze planches en héliogravure tirées hors texte. *Paris, L. Allison et Cᵒ, s. d.*, in-4, dos et coins mar. gris, tête dor., non rogné, couverture (*Pierson*).

199. VIDAL (Antoine). Les instruments à archet. Les feseurs, les joueurs d'instruments, leur histoire sur le continent européen, suivi d'un catalogue général de la musique de chambre. Orné de planches gravées à l'eau-forte par Frédéric Hillemacher. *Paris, A. Quantin*, 1877-1878, 3 vol. in-4, mar. grenat, fil., dos ornés, dent. int., tr. dor. (*Champs*).

Un des 12 exemplaires (nᵒ 6) imprimés sur PAPIER DE CHINE.
Livre recherché et devenu très rare, même sur papier ordinaire.

---

200. PARASOLE (Elisabetta Catanea). Theatro delle nobili et virtuose donne dove si rappresentano varii disegni di Lavori novamente inventati, et disegnati da Elisabetta Catanea Parasole romana. *Venezia, F. Ongania*, 1891, in-4 oblong, papier vélin, broché (*Couvert.*).

Réimpression fac-simile de l'édition de Rome 1616.

---

201. LE VIANDIER de Guillaume Tirel dit Taillevent, 1326-1395, publié sur le manuscrit de la Bibliothèque Nationale avec les variantes des Mss. de la Bibliothèque Mazarine et des Archives de la Manche, précédé d'une introduction et accompagné de notes par le Baron Jérôme Pichon et Georges Vicaire. On y a joint des pièces originales relatives à Taillevent, les reproductions de ses sceaux et de son tombeau, etc., etc. *Paris, Techener*, 1892, in-8, demi-rel. mar. vert, tête dor., non rogné (*Pierson*).

4. — CHASSE ET PÊCHE
ÉQUITATION, NATATION

202. ALBUM CYNÉGETIQUE. Recueil de 36 planches diverses en 1 vol. in-4, dos et coins mar. rouge, tête dor., non rogné.

6 portraits de personnages divers, 19 lithographies en couleurs représentant des chevaux de courses célèbres, 5 planches de bœufs, et 4 planches de chiens de chasse également lithographiées en couleurs.

203. BOUTON (V.) Quel est l'auteur du Roy Modus et de la royne Racio ? *Paris*, 1888, in-4, de 16 pp., broché.

Plaquette autographiée sur papier vélin, contenant une feuille de blasons coloriés.

204. BRACONNAGE. 3 vol. in-8 et in-12, cartonn. toile, tête dor., non rognés (*Pierson*).

BRUS (Marc de). Les chasses aux braconniers. *Dentu*, 1886, figures. — HOUDETOT (Adolphe d'). Braconnage et contre-braconnage. *Paris*, 1858. — LECLERC (Jules). Chasseurs et braconniers. *Paris*, 1883.

205. BUDÉ. Traitte de la venerie par feu monsieur Budé. Traduict du latin en françois par Loys Le Roy dict Regius, suivant le commandement qui lui en a este faict à Blois par le roy Charles IX. Publié pour la première fois, d'après le manuscrit de l'Institut par Henri Chevreuil. *Paris, Aubry*, 1861, in-8, demi rel. mar. brun, tête dor., non rogné.

Un des 5 exemplaires imprimés sur PAPIER DE CHINE.

206. CHASSE (Ouvrages relatifs à la). 7 vol. in-12 cartonn. toile, demi-rel. chag. ou mar. de diverses couleurs, tête dor., non rognés.

DAX (Louis de). Souvenirs de mes chasses et pêches dans le midi de la France. 1858. — JOBEY (Charles). La chasse et la table. *S. d.* — LA VALLÉE (Joseph). Les récits d'un vieux chasseur. 1858. Zurga le chasseur. 1860, 2 vol. — MARGUERITTE (Le général). Chasses de l'Algérie et notes sur les Arabes du Sud. 1869. — RÉVOIL. Histoires de chasse. 1875. — TOUSSENEL (A.) Tristia. Histoire des misères et des fléaux de la chasse en France. 1863.

207. CHASSE (Ouvrages sur la). 4 vol. in-8 et in-12, dont 3 demi-rel. chagrin de diverses couleurs et rel. veau fauve.

BUC'HOZ. Méthodes sures et faciles pour détruire les animaux nuisibles ; tels que les ours, les sangliers, les loups, etc. 1783. — MARICOURT (René de). Traicté et abrégé de la chasse du lièvre et du chevreuil. *Bouchard-Huzard*, 1863. — MONTNOIS (Robert). La noble et furieuse chasse du loup. *Bouchard-Huzard*, 1863. — Traité de la chasse au gibier à poil. *Audot*, 1818.

208. CHASSE (Ouvrages relatifs à la). 6 vol. in-12, dont 5 cart. toile de diverses couleurs, et 1 dos et coins mar. rouge, tête dor., non rognés (*Pierson*).

CHAPUS (Eug.). Les Chasses princières en France de 1589 à 1841. *Hachette*, 1853. — DIGUET (Ch.). La Vision de Saint-Hubert. *Pairault*, 1884, 10 gravures. — FOUDRAS (Mis de). Les gentilshommes chasseurs. *Cadot, s. d.* — HOUDETOT (Ad. d'). Les femmes chasseresses. Galerie des chasseurs illustres. *Charpentier*, 1859-1861, 2 vol. — PRIOUX (Stan.). Saint Hubert, apôtre des Ardennes. *Belin*, 1853.

209. CHASSE (Ouvrages relatifs à la). 7 vol. grand in-8 et in-12, cartonn. toile et demi-rel. chag. de diverses couleurs.

ALMANACH du chasseur. *Paris, Royez, s. d.*, titre et airs de chasse gravés. — ALMANACH de la chasse illustrée pour 1889-1890. *Paris, Didot*, 1890, figures. — BERTRAND (Léon). La chasse et les chasseurs. *Paris, Dentu*, 1862. — BOYARD et DE MERSAN. Nouveau manuel complet du chasseur. *Paris, Roret*, 1843. — CLAMART (J. A.). Pratique de la chasse et pratique forestière. *Paris, Letellier*, 1866. — DONEAUD DU PLAN. Album du chasseur. *Paris, Le Fuel, s. d.*, titre gravé, figures. — ECOLE DU CHASSEUR (L'), suivie d'un traité sur l'oisellerie, la pêche ; et les nouveaux fusils de chasse à piston. *Paris, L'Ecrivain*, 1822, figures.

210. CHASSE A COURRE. 3 vol. in-4 et in-8, cartonn. toile grenat et bleue, tête dor., non rognés (*Pierson*).

HOUËL (Ephrem). Traité des courses au trot. *Tanera*, 1864. — ROBINSON (H.). Chevaux de selle, de chasse, de course et d'attelage. *Tanera*, 1864. — VALETTE (René). La chasse à courre et à tir, 32 planches. *Laurens, s. d.*

211. CHASSE A TIR. 5 vol. in-4, in-8 et in-12, dont 4, cartonn. toile verte et 1, dos et coins mar. vert, tête dor., non rognés.

Hédouville (Vte de). Chasse à tir. Moyens, pratique et but. *Plon,* 1880. — Lancaster. L'Art de la chasse et du tir. *Paris,* 1898, figures. — La Vallée (J.). La chasse à tir en France. *Hachette,* 1854. 30 vignettes. — Valette (René). La Chasse à courre et à tir. *Laurens, s. d.,* 32 planches.

212. CHASSE AU CHIEN D'ARRÊT, 3 vol. in-8 et in-12, cartonn. toile grise et demi-rel. mar. grenat.

Blaze (E.). Le Chasseur au chien d'arrêt. *Paris, Moutardier,* 1837. — Curel (Léonce de). Manuel du Chasseur au chien d'arrêt. *Metz,* 1857. — Neuville (Ad. de). La Chasse au chien d'arrêt. *Blois,* 1860.

213. CHASSE AU LOUP (La) de Monseigneur le Dauphin, ou la rencontre du comte du Rourre dans les plaines d'Anet. *A Cologne, chez Pierre Marteau,* 1695, pet. in-12 de 312 pag., frontispice non signé, veau fauve, fil., dos orné, dent. int., tr. marb.

Ouvrage qu'on classe ordinairement parmi les livres de chasse, mais qui est plutôt une satire contre le Grand Dauphin, fils de Louis XIV.

214. CHASSES ET PÊCHES anglaises. Variétés de pêches et de chasses. *Paris, au dépôt de la librairie, s. d.,* in-8, figures hors texte, gravées à l'eau-forte, cartonn. dos et coins mar. rouge, tête dor., non rogné (*Champs*).

215. CATALOGUE des livres, dessins et estampes de la bibliothèque de feu M.-J.-B. Huzard, mis en ordre et rédigé par P. Leblanc. *Paris, Vve Bouchard-Huzard,* 1842, 3 vol. in-8, veau grenat, fil. et dent. à froid, tr. jasp. (*Rel. de l'époque*).

Cette bibliothèque renfermait une très riche collection d'ouvrages sur la chasse.

216. CHERVILLE (Marquis G. de). Les oiseaux de chasse, description, mœurs, acclimatation, chasse, avec 34 chromotypographies et 64 illustrations par E. de Liphart. *Paris, Rothschild, s. d.* — Les Quadrupèdes de la chasse, description, mœurs, acclimatation, chasse, 30 eaux-fortes sur zinc en couleur, et 74 illustrations par Karl Bodmer. *Paris, id., s. d.* — Contes de chasse et de pêche. *Paris, Firmin-Didot,* 1878. — Ens. 3 vol., dont 2 pet. in-8, dos et coins mar. La Vall., fil., et 1 vol. in-12, cartonn. toile bleue, tête dor., non rognés (*Pierson* et *Allô*).

217. CHEVIGNÉ (Le Comte L.-M.-J. de). La chasse et la pêche, suivies de poésies diverses (le vin de Champagne; le vin de Bourgogne; le cidre, etc.). *Paris, F.-Didot frères,* 1836, in-12, demi-rel. veau rouge, tr. marb. (*Bauzonnet*).

Édition rare, ornée de 3 lithographies de *J. David,* tirées sur Chine.

218. CHIENS DE CHASSE : 5 vol. in-8, dont 3 cartonn. toile de diverses couleurs, tête dor., non rognés, et 2 demi-rel. chag. vert et grenat.

Blaze (Elzear). Histoire du chien chez tous les peuples du monde. *Tresse,* 1843. — Boisrot de Lacour (Cte de). Traité de l'art de chasser avec le chien courant. *Pairault,* 1898. — Dommanget (Robert). Le dressage de Fram. *Sedan,* 1887, figures. — La Blanchère (H. de La). Les chiens de chasse. *Paris,* 1875, figures. — Mégnin (Pierre). Les chenils et leur hygiène. *Vincennes,* 1896, figures.

219. CLAMORGAN. La chasse du loup, nécessaire à la maison rustique, par Jean

de Clamorgan, seigneur de Saaue, premier capitaine de la marine de Ponant. En laquelle est contenue la nature des loups et la manière de les prendre, tant par chiens, filets, pièges, qu'autres instruments : le tout enrichy de plusieurs figures et pourtraicts representez après le naturel. Au roy Charles IX. *Paris, Jacques du Puis*, 1589, in-4 de 20 ff., figures sur bois, dos et coins mar. gren., tête dor.

Bel exemplaire.

220. CODES DES CHASSES. 5 vol. in-8 et in-12, dont 4 rel. veau et demi-veau, et 1 cartonn.

Delisle de Sales. Dictionnaire théorique et pratique de chasse et pêche. *Musier*, 1769, 2 vol. — Henriquez (Jean). Dictionnaire raisonné du droit de chasse, ou nouveau code des chasses. 1784. 2 vol. — Mathieu de Dombasle. Du droit de chasse et du projet de loi sur cette matière. *Bouchard-Huzard*, 1843.

221. DESGRAVIERS (Messieurs) commandants des véneries de S. A. S. Mgr. le prince de Conty. L'Art du valet de limier, avec la manière la plus simple de dresser un chien de plaine et diverses recettes pour guérir les chiens des maladies les plus dangereuses. *Paris, Prault*, 1784, pet. in-12 de viii-208 pag. et 143 pag., veau brun, chiffre couronné au bas du dos, tr. jasp. (*Rel. anc.*).

Première édition.

A la suite se trouve le *Memoire sur les moyens de perfectionner les remises propres à la conservation du gibier... par M. Le Breton.* Paris, Prault, 1785, 39 pag.

222. DEYEUX. Le vieux Chasseur. *S. l.* (*Paris*), 1835, in-8, cart. toile verte, non rog.

Premier tirage.

1 Titre-frontispice lithographié, 51 lithographies hors texte par *Eug. Forest* et vignettes dans le texte.

223. DEYEUX. La Chassomanie, poème, par Deyeux. Ornée de seize grands dessins à deux teintes. Compositions de MM. Alfred de Dreux, Beaume, Forest, Toussereau et Valerio. *Paris, au comptoir des imprimeurs unis*, 1844, in-8, lithographies, demi-rel. chag. vert, tête dor., non rogné, couverture illustrée (*Pierson*).

Édition originale.

224. DU FOUILLOUX (Jacques). La Vénerie de Jacques du Fouilloux, seigneur dudit lieu, Gentil-homme du pays de Gastine, en Poictou, dédié au roy. Augmentée de la méthode pour dresser et faire voler les Oyseaux, par M. de Boissoudan, précédée de la biographie de Jacques du Fouilloux, par M. Pressac. *Niort, Robin et L. Favre*, 1864, gr. in-8, figures, demi-rel. chag. bleu, tr. jasp.

225. DUNOYER DE NOIRMONT (B[on]). Histoire de la chasse en France, depuis les temps les plus reculés jusqu'à la Révolution. *Paris, Bouchard-Huzard*, 1867-1868, 3 vol. in-8, cartonn. toile verte, tête dor., non rognés (*Pierson*).

226. ENGELHARD (Maurice). La chasse dans la vallée du Rhin (Alsace et Bade). *Strasbourg*, 1864, in-12, papier vergé, dos et coins mar. La Vall., tête dor., non rogné. — Pharond (E.). Les Chasses de la Somme. *Paris, Bouchard-Huzard*, 1858, in-8, demi-rel. mar. rouge, tête dor., non rogné. — Ens. 2 vol.

Tirage à petit nombre.

227. ENGELHARD (Maurice). La Chasse et la Pêche, souvenirs d'Alsace. Illustrés de 132 compositions par Henry Ganier. *Paris, Berger-Levrault et Cie*, 1888, gr. in-8, dos et coins mar. olive, fil., dos orné, tête dor., non rogné, couvert. illust. (*Pierson*).

228. ESTIENNE (Charles) et LIEBAUT (Jean). L'Agriculture et maison rustique... plus un brief recueil des chasses du cerf, du sanglier, du lièvre, du renard, du blereau, etc., etc. Dernière édition. *A Rouen chez Jean-Baptiste Besongne*, 1685, in-4, veau gris, fil. et dent. à froid, dos orné, dent. int.

Cette édition contient : *La Chasse du loup nécessaire à la maison rustique de Clamorgan*, avec figures sur bois.
Exemplaire de Huzard.

229. FAUCONNERIE : 4 vol. in-8 et in-4, dos et coins mar. bleu, demi-rel. bas. bleue et cartonn. toile verte, tête dor., non rognés.

Bissoudan. Méthode pour dresser et faire voler les oyseaux pour le vol de la perdrix. *Niort*, 1864. — Chenu (J.-C.). La Fauconnerie ancienne et moderne. *Hachette*, 1862, figures sur bois. — Magaud d'Aubusson (L.). La Fauconnerie au moyen âge et dans les temps modernes. *Ghio*, 1879. — Pichot (P.-A.). Les Oiseaux de sport, 1875, figures sur bois.

230. FOA (Édouard). Mes grandes chasses dans l'Afrique centrale. *Paris, Didot*, 1895, 76 gravures. — Chasses aux grands fauves pendant la traversée du continent noir, du Zambèse au Congo français. *Paris, Plon*, 1899, 46 gravures. — Ens. 2 vol. in-8, demi-rel. toile et demi-rel. mar. La Vall., tête dor., non rognés (*Pierson*).

231. FORTIN (François). Les Ruses innocentes, dans lesquelles se voit comment on prend les oyseaux passagers et les non passagers : et de plusieurs sortes de bêtes à quatre pieds. Avec les plus beaux secrets de la pêche dans les rivières et dans les estangs. Et un traité très utile pour la chasse et la manière de faire tous les rets et les filets qu'on peut s'imaginer... par F. F. F. R. D. G. (Frère François Fortin, religieux de Grandmont), dit le solitaire inventif. *A Paris, chez Charles de Sercy*, 1688, in-4, veau (*Rel. anc.*)

Bonne édition de ce livre estimé, orné de nombreuses figures sur bois. Exemplaire fatigué.

232. FORTIN (François). Amusemens de la chasse et de la pêche où l'on enseigne la manière de prendre toutes sortes d'oiseaux et d'animaux à quatre piés... On y a joint un grand nombre de belles figures, et un dictionnaire de tous les termes usités pour la chasse et la pêche. *A Amsterdam et à Leipzig, chez Arkstée et Merkus*, 1743, 2 vol. in-12, cartonn.

Exemplaire non rogné.

233. FUSILLOT. Un Début au marais par Fusillot (P. Reveilhac). *Paris, A. Ferrand*, 1892, pet. in-8, demi-rel. mar. vert, fil., dos orné, tête dor., non rogné (*Pierson*).

Exemplaire (n° 54) imprimé sur papier vélin du Marais ; contenant les eaux-fortes en deux états, avant et avec les cadres.

234. GAFFET (Antoine). Nouveau traité de venerie, contenant la chasse du cerf, celles du chevreuil, du sanglier, du loup, du lièvre et du renard, avec la connois-

sance des chevaux propres à la chasse et des remèdes pour les guérir... On y a joint un dictionnaire de la chasse du cerf et du chevreuil (par Ant. Gaffet, sieur de la Brissardière). *A Paris, chez Nyon fils,* 1750, in-8, veau fauve, dos orné, tr. rouges (*Rel. anc.*).

Ouvrage estimé, accompagné de 15 planches gravées sur bois et de 14 pages d'avis de chasse notés, grav. en taille-douce.

235. GAUCHET (Claude). Le Plaisir des champs avec la vénerie, volerie et pescherie, poème en quatre parties. Édition revue et annotée par Prosper Blanchemain. *Paris, Franck,* 1869, pet. in-8, dos et coins mar. La Vall., jans., tête dor., non rogné (*Champs*).

Papier Whatman.

236. GAUCHET (Claude). Le Plaisir des Champs, poème en quatre parties selon les quatre saisons de l'année. Édition nouvelle d'après le texte original de 1583. Introduction et notes par Ernest Jullien. *Paris, Firmin Didot et Cie,* 1879, 2 vol. in-4, brochés (*Couvert.*).

Édition dédiée à M. le Cte A. Werlé.
Exemplaire imprimé sur papier de Hollande.

237. GAZETTE DES CHASSEURS. Chasse à courre et à tir. Équitation, courses, escrime, natation, etc. Texte par le Vte E. de la Besge, P. Beurdeley, Benoit-Champy, etc. Illustrations de Félix Barrias, Le Natur, Crafty, &c., de 1883 à 1885 inclus. *Paris,* 1883-1885, 6 vol. gr. in-8, cartonn. toile verte, tête dor., non rognés (*Pierson*).

Nombreuses illustrations dans le texte et hors texte.

238. GIBIER A PLUMES. 7 vol. in-4, in-8 et in-12, demi-rel., dos et coins mar. et cartonn. toile de diverses couleurs, tête dor., non rognés.

Bechtein. Manuel de l'amateur des oiseaux de volière. *S. d.,* figures. — Garnier (P.). Traité complet de la chasse des alouettes. *Aubry,* 1866. — Le Couteulx de Canteleu. La pêche au cormoran. *Paris,* 1870, 2 planches. — Leroy (E.). Faisans et perdrix, 1872. — Lescuyer (F.). Architecture des nids, 1875. — Touchard (A.). Guide pour élever les faisans, colins, perdrix, etc. *S. d.* — Secrets de la chasse aux oiseaux. *Paris,* 1826, 8 figures.

239. HABERT. La Chasse du lièvre avecques les levriers. Au roy de France et de Navarre. *S. l.,* 1599, pet. in-4 de 16 pag., mar. vert, dos orné, dent. int., tr. dor. (*Bousquet*).

Réimpression faite à 62 exemplaires chez Crapelet (20 juillet 1849) par les soins de M. Veinant.

240. HARDOUIN DE FONTAINES GUÉRIN. Le Trésor de vénerie, poème composé en 1394, publié pour la première fois avec des notes par le baron Jérome Pichon. *Paris, Techener,* 1855, in-8, cartonn. toile verte, non rogné (*Pierson*).

Publication devenue rare, ornée d'un titre et de 21 figures gravées à l'eau-forte par Fréd. Villot, reproduisant les miniatures du manuscrit.

241. HARDOUIN DE FONTAINES GUÉRIN. Trésor de Vénerie composé l'an M.CCC.LXXXX.IV, et publié pour la première fois par M. H. Michelant. *A Metz,*

chez Rousseau-Pallez, 1856, in-8 demi-rel. chagrin vert, plats toile, tête dor. non rogné.

Tirage à 200 exemplaires numérotés.

242. HISTOIRE D'UN BRACONNIER ou mémoires de la vie de L. Labruyerre, auteur des ruses du braconnage. *A Paris, chez J. Techener,* 1844, in-8, demi-rel. mar. rouge, tr. jasp. (*Gruel*).

Édition publiée par le Baron Pichon ; elle a été imprimée à petit nombre sur papier vergé.

243. HOUDETOT (Adolphe d'). Chasses exceptionnelles. Galerie des chasseurs illustres. Nemrod, roi de par la chasse. Saint Hubert, le patron des chasseurs. Jules Gérard, le tueur de lions. Ad. Delegorgue, le tueur d'éléphants. Bombonnel, le tueur de panthères. Elzéas Blaze. Mélanges. Édition complète, avec 5 portraits gravés au burin et 3 esquisses. *Paris, au dépôt de librairie,* 1855, in-8, cartonn. dos et coins mar. rouge, tête dor., non rogné (*Champs*).

Seconde édition, complète.

244. HOUDETOT (Adolphe d'). Les femmes chasseresses. Dessin d'Horace Vernet. *Paris, au dépôt de la librairie,* 1859, pet. in-8, lithog., cartonn. toile, non rogné.

245. JULLIEN (Ernest). La Chasse, son histoire et sa législation, par Ernest Jullien, juge au tribunal civil de Reims. *Reims, Imp. de P. Dubois et Cie,* 1868, in-8, br. (*Couvert.*).

Tiré à 25 exemplaires imprimés sur papier grand-raisin.

246. LABRUYÈRE (L.). Les Ruses du braconage, mises à découvert ; ou mémoires et instructions sur la chasse et le braconage ; avec quelques figures en taille de bois. *Paris, Lottin l'aîné,* 1771, pet. in-8, cartonn., dos et coins toile.

Édition originale.

247. LA PORTE (Comte Henri de). Les Fanfares des Équipages français, paroles et musique recueillies et mis en ordre par le Comte Henri de la Porte. Illustré de cinq cents gravures ou vignettes dans le texte. *Paris, Pairault et Cie, s. d.,* pet. in-4, cartonn. demi-mar. vert, fil., dos orné, tête dor., non rogné (*Pierson*).

248. LE COUTEULX DE CANTELEU (Baron J. E. N.). La Vénerie française. Avec les types des races de chiens courants, dessinés d'après nature, par MM. le baron de Noirmont, G. Jadin et Penguilly. *Paris, Vve Bouchard-Huzard,* 1858, in-4, demi-rel. mar. vert, dent. à froid, dos orné.

14 planches.
Edition originale.

249. LE MASSON (Edmond). Traité de la chasse souterraine du blaireau et du renard, par Edmond Le Masson, auteur de la Nouvelle vénerie normande, des Souvenirs d'un chasseur touriste. Avec une préface par le comte Adolphe d'Houdetot. *Paris, Vve Bouchard-Huzard,* 1865, in-8, dos et coins mar. noir, tête dor., non rogné (*Pierson*).

5 lithographies.
Edition tirée à 275 exemplaires.

250. LEVERRIER DE LA CONTERIE. L'École de la chasse aux chiens courans. *A Rouen, Nicolas et Richard Lallemant*, 1763, 2 vol. in-8, veau rac., dos orné, tr. rouges (*Rel. anc.*).

Ouvrage estimé, orné de 16 planches hors texte et de 14 pages d'airs de chasses notés.

251. LEVERRIER DE LA CONTERIE. L'École de la chasse aux chiens courants, ou vénerie normande. Nouvelle édition, revue, annotée, précédée d'une introduction et de la Saint-Hubert. Avec un nouveau traité des maladies des chiens, les tons de chasse, un précis de la législation, des documents statistiques sur les forêts et un vocabulaire des termes de chasse par un membre de la Société royale des sciences et arts de l'Ain. Ornée de gravures intercalées dans le texte. *Paris, V*[ve] *Bouchard-Huzard*, 1845, in-8, fig., musique, demi-rel. chag. vert, tête dor., non rogné.

252. LISLE DE MONCEL. Méthodes et projets pour parvenir à la destruction des loups dans le royaume. *Paris, Imp. Royale*, 1768, in-12, demi-rel. veau marb., tête dor., non rogné (*Pierson*).

Cet ouvrage contient un grand tableau donnant diverses formules pour procès-verbaux de battues de loup.
Petit raccommodage au titre.

253. LIVRET DES CHASSES du Roi pour 1825. *Paris*, 1825, pet. in-4, veau marb., fil. et pet. dent., dos fleurdelisé, tr. jaunes (*Rel. anc.*).

Grand veneur et officiers des chasses, budget du service du grand veneur. — États détaillés du budget. — Chasses à courre. — Chasses à tir. — Conservations du Roi (bois, forêts et terres, fauve des forêts de la Couronne, etc.).

254. MAGNÉ DE MAROLLES. La Chasse au fusil... *A Paris, de l'Imp. de Monsieur, et se vend chez Th. Barrois*, 1788, in-8, demi-rel. chagrin vert, tr. jasp.

Exemplaire avec le supplément. Cette édition est ornée de 6 planches et 2 plans.

255. MAILLY (Chevalier de). L'Éloge de la chasse, avec plusieurs aventures surprenantes et agréables qui y sont arrivées. Présenté au Roy (par le chevalier de Mailly). *Paris, Jean-Luc Nyon*, 1723, in-12, mar. vert, jans., dent. int., tête dor., non rogné, chiffre sur les plats (*Thinot*).

Exemplaire, entièrement non rogné, de la première édition.

256. MONTHOIS (Robert). La noble et furieuse chasse du loup composée par Robert Monthois arthisien en faveur de ceux qui sont portez à ce royal deduict. *Suivant l'édition imprimée à Ath, chez Jean Maes*, 1643, et (*Paris, L. Techener*, 1865), pet. in-8 de 33 pag., dos et coins mar. brun, fil., dos orné, tête dor., non rogné (*Champs*).

Édition faite par les soins du baron J. Pichon et ornée d'un frontispice gravé à l'eau-forte.

257. PAIRAULT (A.). Nouveau dictionnaire des chasses. Vocabulaire complet des termes de chasse anciens et modernes. Dédié à Madame la duchesse d'Uzès. Introduction par le marquis G. de Cherville. Illustré de 50 vignettes et culs-de-lampe. *Paris, Pairault*, 1885, gr. in-8, demi-rel. mar. rouge, tête dor., non rogné, couverture illustrée (*Pierson*).

258. PENNELL-ELMHIRST (Captain). Fox-Hound, forest and prairie. Illustrated by J. Sturgess and J. Marshman. *London*, 1892. — Stonehenge. The dog in health and disease. *London*, 1859, figures. — Vyner (Robert T.). Noticia venatica a treatise on fox-hunting embracing the general management of hounds. With 12 illustrations by H. Alken and others coloured by hand. *London*, 1892. — Ens. 3 vol. in-8, cartonn. toile et demi-toile, fers spéciaux des éditeurs, non rognés.

259. PICHON (baron). Histoire d'un braconnier, ou mémoires de la vie de L. Labruyère, auteur des *Ruses du braconnage* (publiée par M. le baron Jérôme Pichon). *Paris, J. Techener*, 1844, in-8, pap. de Holl., dos et coins mar. gren., fil., dos orné, tête dor., non rogné (*Champs*).

Imprimé à 124 exemplaires.

Sur le faux titre :

Pour mon ami M. F. Villon :
J. P.

260. POÈMES SUR LA CHASSE. 6 vol. in-8, dont 2 dos et coins mar. bleu et vert, 3 cartonn. toile et 1 veau fauve.

Chasse (La) du lièvre avecques les lévriers, 1599 (réimpression). — Chasse du cerf (La) en rime françoise, 1840. — Guichard (Laurent). Traité de la chasse au lièvre, poème, suivi de la haine d'une femme, comédie, etc., 1839. — Passerat (Jean). Le Chien courant, poème. *Aubry*, 1864. — Perrault (Charles). La Chasse, poème. *Aubry*, 1862. — Oppiani, poetae cilicis. De Venatione libri IV, et de piscatione libri V. Cum paraphrasi graeca librorum de Aucupio. Graece et latine. Curavit J. G. Schneider. *Argentorati*, 1776.

261. RAIMONDI. Del Caccie di Eugenio Raimondi Bresciano libri quattro aggiuntovi'n questa nuova 'impressione il quinto libro della Villa. *S. l. n. d.* (*In Napoli, per Lazzaro Scoriggio*), in-4, mar. vert, jans., dent int., tr. dor. (*Lortic*).

Édition ornée d'un titre et de 21 planches gravés sur cuivre.
Bel exemplaire avec de nombreux témoins.

262. RÉIMPRESSIONS de pièces curieuses sur la chasse. 5 vol. in-8 et in-12, dos et coins mar. gren. et La Vall., et demi-rel. veau et mar. de diverses couleurs, tête dor., non rognés.

Brézé (Louis de). Les Chasses de François Ier, précédées de la chasse sous les Valois par le cte H. de La Ferrière. *Aubry*, 1859. — Charles IX. La Chasse royale, composée par le roy Charles IX... *Potier*, 1857. — Le Livre de la Chasse du grand Seneschal de Normandye et les ditz du bon chien souillard qui fut au roy Louis de France XIe de ce nom, publié par le Bon Jérome Pichon. *Aubry*, 1858 (2 exemplaires). — Livre du roy Charles. De la chasse du cerf, publié par Henri Chevreul. *Aubry*, 1859.

263. SOUHART (R.). Bibliographie générale des ouvrages sur la chasse, la vénerie et la fauconnerie publiés ou composés depuis le xve siècle jusqu'à ce jour en français, latin, allemand, anglais, espagnol, italien, etc., avec des notes critiques et l'indication de leur prix et de leur valeur dans les différentes ventes. *Paris, Rouquette*, 1886, in-8, papier vélin, demi-rel., mar. vert, tête dor., non rogné (*Pierson*).

264. VÉNERIE. 6 vol. in-4, in-8 et in-12, dos et coins demi-rel. mar. vert et grenat et cartonn. toile, tête dor., non rognés.

Annuaire de la vénerie française. *Paris*, 1895. — Chézelles (Henri de). Vieille vénerie. Souvenirs et traditions. *Hachette*, 1894. — Jaquier (Léon de). La vénerie moderne. Dessins de P. Malher. *Paris, s. d.* — LE COUTEULX DE CANTELEU (Le Cte). Manuel de vénerie française. *Hachette*, 1890, figures (2 exemplaires). — GAFFET. Nouveau traité de vénerie, contenant la chasse du cerf, celles du chevreuil, du sanglier, etc. *Nyon*, 1750.

265. VLITIUS. Autores rei venaticae antiqui. Cum commentariis Jani Vlitii ad christianam Augustam. *Lugduni Batav., apud Elzevirios*, 1653, pet. in-12, titre gravé, vél. (*Rel. anc.*).

Seconde édition sous un nouveau titre de la « *Venatio novantiqua* » qui parut en 1645. Celle-ci est plus complète ; elle contient à la fin : *Jani Vlitii ad rei venaticae auctores antiquos curae secundae*, 48 pag.

Marge du titre coupée.

266. WAPENBOECK ou armorial de 1334 à 1372. Les noms et armes des princes chretiens ecclésiastiques et séculiers, suivis de leurs feudataires, etc., etc. Precédé de poésies héraldiques par Gebre, héraut d'armes, publié pour la première fois par M. Victor Bouton. *Paris, N. V. Bouton*, 1896, in-4, planches, cartonn. papier gris.

Extrait, tiré à très petit nombre, relatif aux fauconniers de Souabe.

---

267. CHEVAUX (ouvrages sur les). 7 vol. in-8, dont 2 cartonn. illust. de l'éditeur, 2 demi-rel. mar. grenat et vert et 3 cartonn. toile bleue et grise (*Pierson*).

DAY (William). Le Cheval de course à l'entraînement accompagné de conseils pour les courses et de projets de réforme, traduit de l'anglais par le Vte de Hedonville. *Paris, E. Plon et Cie*, 1881. — EMSWORTH (D.). Le Cheval et le Chien. *Ch. Tanera*, 1865. — MILES (William). Le Pied du Cheval et la manière de le conserver sain, traduit sur la septième édition avec un appendice sur la ferrure en général et celle des hunters en particulier par M. Guyton, *Paris, id.*, 1864. — PIÉTREMENT (C. A.). Les Chevaux dans les temps préhistoriques et historiques. *Paris, Germer Baillière et Cie*, 1883. — SAINT-ALBIN (A. de). Les Courses de chevaux en France. Ouvrage contenant 19 gravures sur bois, 36 photogravures et 66 vignettes par Crafty. *Paris, Hachette et Cie*, 1890. — STENDART (John). Economie de l'écurie, manuel concernant les soins à donner aux chevaux, la disposition des écuries, les attributions des grooms, la nourriture. Orné de planches sur Chine et de gravures intercalées dans le tete. *Paris, Ch. Tanera*, 1864. — TOUCHSTONE (S.-F.). L'Élevage du pur sang en France, guide pratique de l'éleveur donnant les performances, les pedigrees et les prix de saillie des étalons appartenant à l'État et aux particuliers avec quatre planches. *Paris, J. Rothschild*, 1893.

268. DELCAMPE. L'Art de monter à cheval pour élever la noblesse dans les plus beaux airs du manège. *A Paris, chez Nicolas Le Gras*, 1691, 2 parties en 1 vol in-12, demi-rel. veau, tr. rouges (*Rel. anc.*).

5 planches.

La 2e partie comprend : *Le traité des remèdes les plus utiles et nécessaires pour la guérison des chevaux*, par de Beaureper.

269. DELTON (J.). Le Tour du Bois. *Paris*, 1884, in-4 oblong, monté sur onglets, cartonn. toile verte, fers spéciaux de l'éditeur.

Suite de 26 photogravures.

270. COURTIVRON (Vicomte de). Traité complet de natation, essai sur son application à l'art de la guerre. Édition augmentée d'un précis historique de la natation chez les peuples anciens, d'un recueil de faits pour servir à l'histoire de cet art chez les modernes, ornée de lithographies par M. M. Gudin. *Paris, chez A Pihan de la Forest*, 1836, in-8, demi-rel., cartonn. toile rouge, non rogné.

BELLES-LETTRES

A. — LINGUISTIQUE

271. BALBUS (Joannes) de Janua. ℭ Incipit summa que vocat Catholicon edita a || frate Johāne de Janua ordinis fratꝝ pdicatoꝝ || [P] Rosodia quedā pars || grāmatice nuncupa- || ųr... *S. l. n. d.* 2 parties en 1 vol. in-fol. à 2 col. de 398 ff. à 65 lignes, mar. rouge, fil., chiffres aux angles, dos orné avec chiffre, dent. int., tr. dor. (*Lortic*).

Très bel exemplaire aux armes du marquis de Morante.

Cette édition, imprimée en caractères demi-goth. sur du papier très fort, sort des presses de Jean Mentelin, imprimeur à Strasbourg, et a été imprimée vers 1470. Elle correspond bien à l'édition décrite par Hain (n° 2253) et par Mad. Pellechet (n° 1698), mais notre exemplaire renferme 398 feuillets imprimés au lieu de 394 annoncés par ces deux bibliographes.

272. BOISSIÈRE (Claude de). Nobilissimus et antiquissimus ludus Pypthagoreus (qui rythmo machia nominatur) in utilitatem et relaxationem studiosorum comparatus ad veram et facilem proprietatem et rationem numerorum assequendam, nunc tādem per Claudium Buxerium Delphinatem illustratus. *Lutetiæ, apud Gulielmum Cavellat,* 1556, in-8, de 52 ff., veau brun, fil. et ornements à froid (*Rel. du* XVIe *siècle fatig.*).

Édition rare, imprimée en caractères italiques.

273. DICTIONNAIRE (Le) de l'Académie françoise dédié au Roy. *A Paris, chez la Veuve de Jean-Baptiste Coignard,* 1694, 2 vol. gr. in-8, br. (*Couvert.*).

Réimpression fac-similé de la première édition.

274. DICTIONNAIRE UNIVERSEL françois et latin, vulgairement appelé Dictionnaire de Trevoux. *A Paris, par la Compagnie des Libraires associés,* 1752, 7 vol. in-fol. à 2 col., veau marb., dos orné, tr. rouges (*Rel. anc.*).

275. DU CANGE. Glossarium ad scriptores mediæ et infimæ latinitatis. Editio nova locupletior et auctior opera et studio monachorum ordinis S. Benedicti. *Venetiis, apud Seb. Coleti,* 1736-1740, 6 vol. in-fol. — Glossarium novum ad scriptores medii aevi, cum latinos, tum gallicos, seu supplementum ad auctiorem glossarii Cangiani editionem, collegit et digessit D.-P. Carpentier. *Parisiis, Le Breton,* 1766, 4 vol. — Ens. 10 vol. in-fol. vélin et cartonn., non rognés (*Rel. anc.*).

Les volumes du supplément sont cartonnés, non rognés.

276. GODEFROY (Frédéric). Dictionnaire de l'ancienne langue française et de tous

ses dialectes du IXe au XVe siècle. *Paris, F. Vieweg,* 1880, 25 fascicules, in-4, br.

De la lettre A à Ex.

277. LITTRÉ (E.). Dictionnaire de la langue française. *Paris, Hachette,* 1882, 5 vol. in-4, demi-rel. chag. rouge, plats toile, tr. jasp.

Exemplaire avec le *Supplément.*

278. MARTY-LAVEAUX (Ch.). Études de langue française (XVIe et XVIIe siècles). De l'enseignement de notre langue. La Pléiade. Corneille. Racine. La Fontaine. Molière. Remarques sur l'orthographe française. *Paris, Alphonse Lemerre,* 1901, in-8, port., demi-rel. mar. grenat, tête dor., non rogné, couvert. (*Pierson*).

Exemplaire imprimé sur PAPIER DE HOLLANDE.

279. RICHELET (Pierre). Nouveau dictionnaire françois, contenant généralement tous les mots anciens et modernes de la langue françoise, les façons de parler propres, figurées et burlesques. *A Genève, chez G. de Tournes,* 1710, 2 vol. in-4, portrait, veau brun, dos orné, tr. rouges (*Rel. anc.*).

B. — ORATEURS

280. BOSSUET. Oraison funèbre de très-haut et puissant messire Michel Le Tellier, chancelier de France, prononcé dans l'Église paroissiale de Saint-Gervais où il est inhumé, le 25 janvier 1686. *A Paris, par Sébastien Mabre-Cramoisy,* 1686, in-4, mar. brun, jans., dent. int., tr. dor. (*Chambolle-Duru*).

ÉDITION ORIGINALE.

281. BOSSUET. Oraison funèbre de très-haut et très-puissant Louis de Bourbon, prince de Condé, premier prince du sang, prononcée dans l'Église de Nostre-Dame de Paris, le 10 jour de mars 1687. *A Paris, chez Sébastien Mabre-Cramoisy,* 1687, in-4, mar. brun, jans., dent. int., tr. dor. (*Chambolle-Duru*).

ÉDITION ORIGINALE.

282. FLÉCHIER (Esprit). Panégyriques et autres sermons. *A Paris, chez Jean Anisson,* 1696, in-4, veau brun, tr. marb. (*Rel. anc.*).

Édition originale.
Ex-libris gravé de J. Roussin, médecin à Reims.

283. MANZINI. Les Harangues, ou discours académiques de Jean-Baptiste Manzini. *A Rouen, chez Jean Tieucelin,* 1662, pet. in-12, de 12 ff. prél., 442 pag. et 1 f. pour la table, mar. viol., comp. de fil. et fleurons, milieux et dos ornés, dent. int., tr. dor. (*Tripon*).

Ces Harangues de Manzini sont traduites par G. de Scudéry, qui a signé la préface.

284. MASSILLON. Oraison funèbre de très-haut, très-puissant, très-excellent prince François-Louis de Bourbon, prince de Conty, prononcée dans l'église

de Saint-André-des-Arcs, sa paroisse, le 21 de juin 1709. *Paris, chez Raymond Mazières*, 1709, in-12 réglé, vélin blanc, tr. dor.

ÉDITION ORIGINALE.

285. RECUEIL de discours et d'oraisons funèbres, 14 pièces en 1 vol. in-4, veau marb., tr. rouges (*Rel. anc.*).

Récit des principales circonstances de la maladie de feu Mgr le Dauphin, 1761. — Oraison funèbre de Mgr le Dauphin, par le R. P. Fidèle, de Pau, 1766. — Discours de M. Cotterel, pour le repos de l'âme de Mgr le Dauphin, 1766. — Oraisons funèbres du Dauphin, par Ch. Loménie de Brienne, l'abbé de Boismont, Nicolas Guérin, 1766. — Oraisons funèbres de Stanislas I, roi de Pologne, par le R. P. Élisée, l'abbé Clément, R. de Boisgelin de Cucé, 1766. — Oraisons funèbres de Marie, princesse de Pologne, par Le Franc de Pompignan, Poncet de la Rivière, l'abbé Fresneau, etc., 1768.

C. — POÉSIE

1. — POÈTES GRECS ET LATINS, ANCIENS ET MODERNES

286. ANACRÉON. Sapho, Bion et Moschus; traduction nouvelle en prose, suivie de la Veillée des fêtes de Vénus, et d'un choix de différens auteurs par M** C** (Moutonnet de Clairfond). *Paphos, et se trouve à Paris, chez J. Fr. Bastien*, 1780, in-8, demi-rel. bas., tr. marb.

2 frontispices, dont 1 pour *Héro et Léandre*, par *Eisen*, gravés par *Massard* et *Duclos*, 12 vignettes et 13 culs-de-lampe par *Eisen*, gravés par *Massard*. La marge du titre est coupée.

287. CATULLE. Odes à Lesbie et épithalame de Thétis et Pelée. Notices par A.-J. Pons. Illustrations de Poirson. *Paris, Quantin*, 1889, in-12, dos et coins mar. La Vall., tête dor., non rogné (*Couvert.*).

De la « *Petite collection antique* ».
Un des 50 exemplaires imprimés sur PAPIER DU JAPON (n° 1).

288. HORATII (Quinti) Flacci opera, cum novo commentario ad modum Joannis Bond. *Parisiis, Didot*, 1855, in-16, vignettes, front. grav. sur bois, dos et coins mar. vert, fil., dos orné, tête dor., non rogné.

289. HORACE. L'Art poétique, traduit en vers français; divisé en six chapitres, avec des notes historiques, géographiques et mythologiques; les imitations de Boileau et de divers auteurs. Orné de gravures en taille-douce. Dédié à Bonaparte, par F.-M. Cornette. *A Paris, chez Ant. Aug. Renouard*, an X, 1802, in-8, mar. vert, encad. de fil. et pet. dent., dos orné, dent. int., tr. dor. (*Rel. de l'époque*).

Exemplaire de dédicace, portant sur chaque plan cette inscription, dans un médaillon d'étoiles: « *A Bonaparte, premier Consul* ».

290. HORACE. Œuvres complètes d'Horace. Traduction de Goupy. *Paris, Firmin Didot frères*, 1857, in-18, texte encadré, mar. brun, fil., dos orné, dent. int., tr. dor. (*Amand*).

291. LUCAIN. La Pharsale, ou les guerres civiles de César et de Pompée, en vers françois par Mr. de Brébœuf. *A Leide, chez Jean Elsevier,* 1658, pet. in-12, mar. viol., fil. dor. et encad. à froid, chiffre sur les plats, dos orné, dent. int., tr. dor. (*Relié par Simier*).

Une des éditions les plus recherchées de la collection elzévirienne.

---

292. PALENGENIUS (Marcellus). Zodiacus vitae, id est de hominis vita, studio, ac moribus optime instituendis libri XII. *Rotterodami, apud Joannem Hofhout,* 1722, pet. in-8, mar. rouge, fil., dos orné, dent. int., tr. dor. (*Rel. anc.*).

Bonne édition de ce poème.
Exemplaire de J.-J. de Bure.

293. POLIGNAC (Cardinal de). L'Anti-Lucrèce, poème sur la religion naturelle, composé par M. le Cardinal de Polignac; traduit par M. de Bougainville. *A Paris, chez Desaint et Saillant,* 1749, 2 vol. in-8, portrait d'après Rigaud, veau marb., dos orné, tr. rouges (*Rel. anc.*).

Aux armes de Florent du Chatelet, comte de Lomont.

294. TEMPLUM FAMAE, S. R. E. principi eminentissimo Julio Mazarino. Carmen heroicum. *Parisiis, e typographia regia,* 1657, in-fol. de 16 pp., cartonn. toile blanche.

Très beau portrait de Mazarin.
Pièce de vers latine précédée d'une épigramme signée *Alphonsus de Mancini.*

2. — POÈTES FRANÇAIS ET POÈTES ÉTRANGERS

295. BAÏF (J.-A. de). Œuvres en rime. *Paris, Alph. Lemerre,* 1887-1890, 4 vol. in-8, papier vergé, brochés (*Couvert.*).

Tomes 3, 4, 5 seuls et notice de Marty-Laveaux.
De la *Pleïade française.*

296. BAÏF (J.-A. de). Épistre au roy, soubs le nom de la royne mère, pour l'instruction d'un bon roy, par J. A. D. B. *S. l.,* 1588, pet. in-8, de 8 ff., cartonn. toile grenat, (*Pierson*).

Épître en vers par J.-A. de Baïf.

297. BOILEAU. Œuvres diverses du sr. Boileau Despréaux : avec le traité du sublime ou du merveilleux dans le discours, traduit du grec de Longin. Nouvelle édition revue et augmentée de diverses pièces nouvelles. Avec les passages des poëtes latins imitez par l'auteur. *Amsterdam, Henri Schelte,* 1702, 2 vol. in-12, figures, mar. rouge, fil., dos orné, dent. int., non rognés.

Jolie réimpression de l'édition in-4 de 1701, dans laquelle sont ajoutés les passages des poëtes latins imités par l'auteur, le chapelain décoiffé et les deux satires faussement attribuées à Boileau.

Cet exemplaire contient de nombreuses remarques manuscrites de Claude Brossette. Son admiration pour Boileau, dont il donna 2 éditions en 1716, avec notes, est très connue. On remarque parmi ces additions manuscrites une « lette écrite en 1703 à M. Le Verrier » de 28 pages d'une écriture compacte.

298. BOUCHET (Jean). Les Triumphes de la noble dame amoureuse, et l'art d'honnestement aimer. Composés par le Traverseur des voies périlleuses. *A Lovain (sic) de l'Imp. de Jean Bogard,* 1563, pet. in-8, demi-rel. mar. vert, dos orné, non rog.

Livre mystique écrit en vers et en prose où il s'agit de l'amour de Dieu.

299. CONTES EN VERS. 5 vol. in-8, in-12 et in-18, dos et coins mar. rouge, cartonn. veau fauve et demi-rel. veau.

Boisbaudron (De). Adèle et Roger, contes en vers 1re partie contenant trois nuits. *Copenhague,* 1800. — Culant (R.-A. de). Les Trois chiens, conte en vers. *Paris,* 1722, frontispice. — Contes théologiques et gaillards, imités de Piron, par Voltaire, Boufflers, Patrat, etc. *Paris,* 1784. — Etrennes de Mnémosyne ou recueil d'épigrammes et de contes en vers, 1789. — Mercier. Les trois nouvelles. *Paris,* 1792, front. par Flotte gravé par Carrée, musique gravée.

300. CORNU (Pierre de). Les œuvres poétiques de Pierre de Cornu, dauphinois. Contenant : sonnets, chansons, odes, discours, éclogues, stances, épitaphes et autres diverses poésies. *A Lyon, pour Jean Huguetan,* 1583, in-8, de 8 ff. prélim. non chiff. et 223, pp. vélin blanc à recouv. (*Rel. mod.*).

Exemplaire fatigué, le titre et les deux derniers feuillets sont raccommodés.

301. CORROZET. Hécatomgraphie de Gilles Corrozet, libraire parisien (1540) chez Denys Janot. Préface et notes critiques de Ch. Oulmont. *Paris, H. Champion,* 1905, in-16 carré, papier vergé, demi-rel. mar. vert olive, fil., dos orné, tête dor., non rogné (*Couvert.*).

Fac-simile des bois et des encadrements de l'édition de Denys Janot.

302. DELILLE (l'abbé). Les Jardins ou l'art d'embellir les paysages, poème. *A Paris, de l'Imp. de F. Amb. Didot l'aîné,* 1782, in-4, vélin blanc, encad. de fil., fleurons aux angles, tête dor., non rogné (*Pierson*).

Bel exemplaire.

303. DU BOIS-HUS. La Nuict des nuicts. Le Jour des jours. Le Miroir du destin, ou la nativité du daufin du ciel. La Naissance du daufin de la terre et le tableau de ses avantures fortunées (par le sieur du Bois-Hus). *Paris, Jean Paslé,* 1641, in-12 de 104 et 194 pag. plus 1 f. non chiff. contenant les armes de Louis XIII, frontispice gravé, mar. rouge, jans., dent. int., tr. dor.

Ce recueil de vers est dédié au cardinal de Richelieu. Il est précédé d'un Discours panégyrique adressé au Cardinal (86 pag.) et de trois pièces de vers « A la postérité. Trois tableaux de la sagesse, de la puissance et de la gloire de Louys le Juste » suivi de l'Avertissement (p. 87-104) chiffré 106.

304. ESPARBÈS (Georges d'). Le Roi, poème épique, précédé d'une préface de Maurice Barrès. *Paris, Flammarion, s. d.,* in-12, demi-rel., mar. bleu, tête dor., non rogné, couvert. *Pierson*).

Édition originale.

Un des 20 exemplaires (n° 3) imprimés sur papier de Hollande.

305. GUERRE (La) de Metz en 1324 poème du XIVe siècle publié par E. de Bouteiller, suivi d'études critiques sur le texte par F. Bonnardot et précédé d'une préface par Léon Gautier. *Paris, Firmin-Didot et Cie*, 1875, in-8, dos et coins mar. brun, tête dor., ébarbé.

306. HYMNE DE LA PAIX (L') chantée par toute la France par les laboureurs, vignerons, et autres paysans qui l'habitent, pour l'asseurance qu'il (*sic*) ont maintenant, de paisiblement recueillir les fruicts de leurs labeurs. *A Paris, de l'Imprimerie d'Antoine Brueit*, 1614, in-8, de 15 pp., veau fauve, fil., dent. int., tr. dor. (*Vve Niédrée*).

Joli exemplaire d'une pièce en vers rare.

307. LA FONTAINE. Fables choisies, mises en vers par M. de La Fontaine, et par luy reveuës, corrigées et augmentées. *A Paris, chez Denis Thierry et Claude Barbin*, 1678-1694, 5 parties en 3 vol. in-12, figures de Chauveau et autres, mar. rouge et veau fauve, fil., dos orné, dent. int., tr. dor. (*Rel. anc.*).

Les tomes I, II et V sont seuls de premier tirage; les tomes I et II sont reliés en 1 vol., veau fauve, fil., dos et angles ornés d'un chiffre, et les tomes III à V sont reliés en 2 vol. maroq. rouge aux armes et au chiffre de J. B. Colbert.
Ces volumes sont fatigués.

308. LATTAIGNANT. Poésies de Mr. l'abbé de l'Ataignan (*sic*) jusqu'au 1er janvier 1740. Manuscrit in-4, de 367 pp. d'une belle écriture de l'époque, cartonn.

Copie manuscrite de pièces de vers adressées à la princesse de Rohan, à Mlle de Rochefort, à l'archevêque de Reims, à Mme Ste-Placide, à Mlle de Marville, à Mme de Boulogne, à la duchesse de Brissac, etc., etc. L'abbé de L'Attaignant était chanoine de Reims ; vers la fin de sa vie il se retira chez les pères de la doctrine chrétienne.

309. LE JAU (J.) chanoine d'Évreux. Recueil de plusieurs cantiques spirituels, propre pour entretenir l'âme en Dieu. *A Paris, chez Julian Jacquin*, 1621, 2 parties en 1 vol. pet. in-12, cartonn.

La seconde partie est un recueil de cantiques tirés de différents auteurs, par Daniel Adénet, parisien.

310. LORRIS (Guillaume de) et MEUN (Jean de). Le Roman de la rose, revu sur plusieurs éditions et sur quelques anciens manuscrits. Accompagné de plusieurs autres ouvrages, d'une préface historique, de notes et d'un glossaire (par Lenglet du Fresnoy). *A Paris, chez la Vve Pissot*, 1735, 3 vol. — Supplément au glossaire du Roman de la Rose... (par J. B. Lantin de Damery). *A Dijon, chez J. Sirot*, 1737, 1 vol, — Ens. 4 vol. in-12, veau brun, fil., tr. marb. (*Rel. anc.*).

Aux armes de Bréhant, comte de Plélo.

311. MAGNY (Olivier de). Les Gayetez. Réimpression textuelle de l'édition de Paris, 1554, précédée de la vie de l'auteur, par Guil. Colletet, publié pour la première fois par les soins de M. P. Blanchemain. *Turin, Gay et fils*, 1869, in-4, dos et coins chagrin La Vall., tête dor., non rogné.

De la « *Collection des Raretés bibliographiques* », tirées à 100 exemplaires. On y a joint : Favre (Jules) Olivier de Magny (1529 ?-1561). Étude biographique et littéraire. *Paris, Garnier frères*, 1885, in-8, cartonn. toile rouge, tête dor., non rogné, couvert.

312. MALHERBE. Œuvres complètes de Malherbe recueillies et annotées par

M. L. Lalanne. Nouvelle édition revue sur les autographes, les copies les plus authentiques et les plus anciennes impressions et augmentée de notices, de variantes, de notes, d'un lexique des mots et locutions remarquables, d'un portrait, d'un fac-simile, etc. *Paris, L. Hachette et Cie*, 1862, 4 vol. in-8, dos et coins mar. vert, tête dor., non rognés.

De la Collection *les grands écrivains de la France*.

313. MAROT (Clément). Œuvres, revues sur plusieurs manuscrits, et sur plus de quarante éditions, et augmentées tant de diverses poésies veritables, que de celles qu'on lui a faussement attribuées, avec les ouvrages de Jean Marot, et les pièces du différent de Clément avec François Sagon. Accompagnées d'une préface historique et d'observations critiques (par Nic. Lenglet du Fresnoy). *A La Haye, chez Gosse et Neaulme*, 1731, 4 vol. in-4, portrait, texte encadré, veau fauve, dos orné, tr. rouges (*Rel. anc.*).

Bonne édition.

314. PARNASSE CONTEMPORAIN (Le), recueil de vers nouveaux (1866). *Paris, Alphonse Lemerre*, 1866, gr. in-8, pap. de Holl., dos et coins mar. La Vall., tête dor., non rogné.

ÉDITION ORIGINALE.

315. POÉSIE. 5 vol. in-8 et in-12, dos et coins mar. bleu, fil., dos orné et cartonn. toile rouge et verte, tête dor., non rognés.

CHÉNIER (André). Œuvres poétiques. *Jouaust*, 1884. — COPPÉE (François). Les humbles. *Lemerre*, 1872 (*Éd. orig.*). — GLATIGNY (Albert). Le Fer rouge nouveaux châtiments. *France et Belgique*, 1870 (*Éd. orig.*). — RAMEAU (Jean). Nature avec une eau-forte de A. Lalauze. *Savine*, 1891. — SULLY-PRUDHOMME. Œuvres. *Lemerre*, 1883.

316. POISSON (H.-T.). Feux-follets, poésies. *Paris, Mme Louis*, 1838, 2 vol. in-8, demi-rel. mar. grains longs, dos orné, non rognés (*Pouillet*).

2 frontispices gravés par *Rouargue*.

317. RECUEIL de poésies diverses. Manuscrit pet. in-fol. de 186 ff., dont 61 seulement sont écrits, cartonn. parch. vert, forme portefeuille serrure, tr. rouges (*Rel. anc. fatiguée*).

Ce recueil, d'une bonne écriture du milieu du XVIIIe siècle, paraît autographe et être l'œuvre d'un rémois. On y remarque une ode sur le projet des fontaines de Reims, dédiée au P. Féry, sur la mort de M. Godinot, chanoine de Reims, sur la mort de Levesque de Pouilly, une épître à M. de La Salle, etc., etc., et quelques poésies libres.

318. RECUEIL des plus belles pièces des poètes françois, tant anciens que modernes, avec l'histoire de leur vie, par l'auteur des Mémoires et voyage d'Espagne (Mme d'Aulnoy). *Paris, chez Claude Barbin*, 1692, 5 vol. pet. in-12, 5 frontispices, vélin blanc (*Rel. anc.*).

Ce recueil, connu sous le nom de « *Recueil de Barbin* » parce que les notices qui en font partie passent pour être l'œuvre de Fr. Barbin, fils du libraire, comprend un choix des poésies depuis Villon jusqu'à Benserade ; ce choix a été fait par Fontenelle.

319. RECUEIL général et complet des fabliaux des XIIIe et XIVe siècles imprimés ou

inédits publiés d'après les manuscrits par M. Anatole de Montaiglon. *Paris, Librairie des Bibliophiles*, 1872-1883, 4 vol. in-8, brochés (*Couvert.*).

Exemplaire imprimé sur GRAND PAPIER DE HOLLANDE.
Tomes 1 à 3 et 5.

320. RÉGNIER. Œuvres. Édition Louis Lacour. *Paris, Librairie des Bibliophiles*, 1867, in-8, veau fauve, fil., fleurons aux angles, dos orné, tête dor., non rogné (*Tinot*).

Tirage à 500 exemplaires sur papier vergé.
On y a joint : VIANEY (Joseph). Mathurin Régnier. *Paris, Hachette et Cie*, 1896, in-8, cartonn. toile grise, tête dor., non rogné (*Pierson*).

321. RUTEBEUF. Œuvres complètes de Rutebœuf, trouvère du XIIIe siècle, recueillies et mises au jour pour la première fois par Achille Jubinal. Nouvelle édition revue et corrigée. *Paris, Paul Daffis*, 1874-1875, 3 vol. in-16, cartonn. toile, tête dor., ébarbés, couvert. (*Pierson*).

322. SALLUSTE (G. de), seigneur du Bartas. La Sepmaine, ou création du monde. *A Paris, chez Michel Gadoulleau*, 1579, in-4 de 2 ff. prél. et 224 pages, dos et coins parchemin.

323. SUBLIGNY. La Muse dauphine, adressée à Monseigneur le Dauphin, par le sieur de Subligny. *Paris, Claude Barbin*, 1667, in-12, veau fauve, fil., dos orné, dent. int., tr. dor. (*Petit, succr de Simier*).

Recueil de 31 lettres en vers dans le genre de la *Muse historique* de Loret, publiées par Subligny, du 27 mars au 24 décembre 1666. Elles avaient d'abord paru, chaque semaine, sous le titre de *Muse de la cour*.

324. PRUDHOMME (Sully). A Alfred de Vigny. Sonnet. *Paris, Edouard Pelletan*, 1898, in-8, dos et coins toile jaune, fil., tête dor., non rogné, couvert. (*Pierson*).

---

325. BÉRANGER. Œuvres complètes. Nouvelle édition revue par l'auteur, contenant cinquante-trois gravures sur acier d'après Charlet, Johannot, Pauquet, Raffet, etc.; les dix chansons nouvelles et le fac-simile d'une lettre de Béranger (et dernières chansons). *Paris, Perrotin*, 1857, 3 vol. — Ma biographie. *Ibid., Id.*, 1859. — Musique des chansons de Béranger. *Ibid., Id.*, 1858, fig. de Granville. — Ens. 5 vol. in-8, demi-rel. chag. rouge, tr. jasp.

326. BOTREL (Théodore). Chansons de « La Fleur-de-Lys » (1793). Préface de Georges d'Esparbès. Couverture-aquarelle et quinze lithographies hors texte, sur vélin, de E. Hervé Vincent. *Paris, Georges Ondet*, 1899, gr. in-8, demi-rel. mar. bleu, tête dor., non rogné, couvert. illust. (*Pierson*).

327. BOUCHOR (Maurice). Les Chansons de Shakespeare, mises en vers français. *Paris, Léon Chailley, s. d.* (1896), petit in-4, demi-rel. mar. bleu, fil., dos orné, tête dor., non rogné, couverture (*Pierson*).

Texte encadré.

328. MAC-NAB. Chansons et nouvelles chansons du Chat noir. Musique nouvelle ou harmonisée par Camille Baron. Illustrations de H. Gerbault. *Paris, Heugel, s. d.*, 2 vol. in-8, brochés (*Couvert.*).

---

329. POÈTES ITALIENS imprimés à Amsterdam par Daniel Elzevier. *Et in Parigi si vende Appresso Thomaso Jolly*, 1678, 9 vol. in-24, mar. vert, fil., dos orné or et à froid., fil. int., tr. dor. (*Simier*).

Marino. L'Adone, poema heroico, 4 vol. — Tasse. Il Goffredo, overo Gierusalemme liberata poema heroico, 2 vol. — Bonarelli. Fili di Sciro favorala pastorale, 1 vol. — Tasso. Aminta, favola boscareccia, 1 vol. — Guarini. Il pastor fido. Tragicomedia pastorale, 1 vol. Joli exemplaire de Pieters.

330. SIDNEY (Philip). The Countesse of Pembrokes Arcadia. Non the sixt time published, with new additions. *London, Imp. by H. L. for Mathew Lownes*, 1622, petit. in-fol., demi-rel., chagrin vert.

Titre dans un bel encadrement gravé sur bois.
Cette édition, de ce roman célèbre en prose et en vers, contient aussi quelques sonnets. « *Defence of poesie* », « *Astrophel and Stella* », etc.

D. — POÉSIE DRAMATIQUE

331. BRUMOY (Le P.). Théâtre des Grecs. Nouvelle édition, enrichie de très belles gravures, et augmentée de la traduction entière des pièces grecques... et de comparaisons, d'observations et de remarques nouvelles, par MM. de Rochefort et du Theil, et par M***. *A Paris, chez Cussac*, 1785-1789, 13 vol. in-8, veau marb., pet. dent., dos orné, dent. int., tr. dor. (*Rel. anc.*).

Exemplaire imprimé sur papier vélin, contenant les figures avant la lettre.

---

332. CORNEILLE (P.). Œuvres, avec le commentaire de Voltaire, et les jugements de La Harpe. *A Paris, chez Janet et Cotelle*, 1821, 12 vol. in-8, portrait, brochés.

Le 12e volume contient les Chefs-d'œuvre de Th. Corneille avec le commentaire de Voltaire.

333. DÉROULÈDE (Paul). Messire Du Guesclin, drame en vers en trois actes avec prologue et épilogue. *Paris, Calmann-Lévy*, 1896, pet. in-12, broché (*Couvert.*).

Un des 50 exemplaires (n° 13) imprimés sur papier de Hollande.

334. DUMAS FILS (Alexandre). Théâtre complet. Avec préfaces et notes inédites. *Paris, Calmann-Lévy*, 1892-1895, 3 vol. in-12, br. (*Couvert.*).

Théâtre des autres, 1894-1895, 2 vol. — Théâtre complet, tome VII.
Papier de Hollande.

335. GASSIES DES BRULIES. La Farce du pâté et de la tarte, comédie du quinzième siècle arrangée en vers modernes. Avec neuf compositions en taille-douce, hors texte, par J. Geoffroy. *Paris, Charles Delagrave, s. d.*, gr. in-8, dos et coins mar. vert à longs grains, tête dor., non rogné, couvert. (*Champs*).

336. GAUTIER (Théophile). Théâtre, mystère, comédies et ballets. *Paris, Charpentier et Cie*, 1872, in-12, dos et coins mar. La Vall., tête dor., ébarbé.

Exemplaire imprimé sur PAPIER DE HOLLANDE.

337. GONDINET (Edmond). Théâtre complet. *Paris, Calmann-Lévy*, 1893-1898. 5 vol. in-12, br. (*Couvert.*).

Tomes 2 à 6 imprimés sur PAPIER DE HOLLANDE.

338. MARIVAUX. Œuvres complètes. *A Paris, chez la veuve Duchesne*, 1781, 12 vol. in-8, portrait, veau marb., fil., tr. marb. (*Rel. anc.*).

339. MATHIEU (Pierre). La Guisiade, tragédie nouvelle. En laquelle au vray et sans passion est représenté le massacre du duc de Guise. Reveue, augmentée et dediée au tres-catholique et tres-genereux prince, Charles de Lorraine, protecteur et lieutenant général de la Coronne (*sic*) pour le Roy tres chrestien, Charles IX... roy de France, par Pierre Matthieu. *A Lyon, Jaques Roussin*, 1589, in-8, réglé, de 9 ff. prél., 90 pag. et 1 f. pour l'avertissement, portrait du cardinal de Bourbon, mar. rouge, fil., plats et dos entièrement fleurdelisés, tr. dor. (*Rel. anc.*).

Cette édition (la troisième) est la plus complète. L'exemplaire a été remis dans la reliure. Titre taché.

340. MOLIÈRE. Œuvres. Nouvelle édition enrichie de figures en taille-douce. *A Amsterdam, aux dépens de la compagnie*, 1766, 8 parties en 4 vol. in-12, demi-rel. veau fauve, dos orné, tr. rouges (*Rel. mod.*).

Édition conforme à celle de 1739 quant au texte. Les figures sont celles de *Boucher* réduites.

341. MYSTÈRE de saint Crespin et saint Crespinien, publié pour la première fois d'après un manuscrit conservé aux archives du royaume, par L. Dessalles et P. Chabaille. *Paris, Silvestre*, 1836, in-8, dos et coins mar. bleu, dos orné, tête dor., non rogné.

Un des 175 exemplaires imprimés sur papier vélin.

342. PIÈCES DE THÉATRE. 6 vol. gr. in-8 et in-12, dos et coins et demi-rel. mar. grenat rouge et vert et cartonn. toile bleue, tête dor., non rognés (*Allô, Champs* et *Pierson*).

AUGIER (Émile). La Ciguë, comédie en vers. Compositions de Guillaume Dubufe, eaux-fortes de A. Morse. *Lévy*, 1893, pl. (papier vélin). Les Fourchambault. *Lévy*, 1878. — DUMAS FILS (Alexandre). Denise, pièce en quatre actes. *Id.*, 1885 (*Ed. orig.*). Francillon, pièce en trois actes. *Id.*, 1887 (*Ed. orig.*). — LAPOMMERAYE (Henri de). La critique de Francillon, comédie en un acte en prose. *Jouaust*, 1887. — SARDOU (Victorien). La Sorcière, drame en cinq actes. *Lévy*, *s. d.* (tirage à cinquante exemplaires sur HOLLANDE).

343. PIÈCES de théâtre. *Paris, Michel Lévy*, 1861-1869, 9 pièces en 5 vol. in-8, demi-rel. chag. rouge, tr. jasp.

AUGIER (Émile). Paul Forestier, 1868. Les Effrontés, 1861. Le Fils de Giboyer, 1863.

Maître Guérin, 1865. La Contagion, 1866. Gaëtana, 1862. — Ponsard (François). Le lion amoureux, 1866. — Sardou (Victorien). Séraphine, 1869. — Bouilhet (Louis). La Conjuration d'Amboise, 1867.

Editions originales, sauf la dernière pièce.

344. PIÈCES DE THÉATRE. 6 vol. in-8 et in-12, cartonn. toile de diverses couleurs, tête dor., non rognés (*Pierson*).

Bornier (H. de). Le fils de l'Arétin. *Dentu*, 1895 (Ed. orig.). — Daudet (Alphonse). L'Obstacle. *Flammarion, s. d.* — Haraucourt (Ed.). La Passion. *Charpentier*, 1890 (Edit. orig.). — Richepin (Jean). Prologue pour la réouverture de la Comédie Française. *Fasquelle*, 1900. — Silvestre (Armand) et Morand (Eug.). Grisélidis. *Kolb* 1891 (Ed. orig.). — Zola (Emile). Renée. *Charpentier*, 1887 (Ed. orig.).

345. RACINE (Jean). Œuvres, avec des commentaires, par M. Luneau de Boisjermain. *A Paris, de l'Imp. de Louis Cellot*, 1768, 7 vol. in-8, veau marb., fil., dos orné, tr. dor. (*Rel. anc.*).

Portrait par *Santerre*, gravé par *Gaucher*, et 12 figures par *Gravelot*, gravées par *Duclos, Flipart, Lemire, Lempereur, Levasseur, Née, Prevost, Rousseau* et *Simonet*.

346. THÉATRE DE CAMPAGNE. Ernest Legouvé, Henri Meilhac, Henri de Bornier, Ernest d'Hervilly, etc., etc., préface de M. E. Legouvé. *Paris, Paul Ollendorff*, 1876-1882, 6 vol., dos et coins mar. rouge, tête dor., non rognés (*Pierson*).

Un des 50 exemplaires imprimés sur papier vergé.

La 2e et 8e séries manquent.

---

347. ALMANACHS. 8 vol. in-16 et in-18, dont 4 cartonn. toile ou demi-toile de diverses couleurs, 1 mar. rouge, 1 mar. vert avec dent. et 2 en veau (*Rel. anc.*).

Soubies (A.). Almanach des spectacles, années 1883-1895 à 1897, 4 vol. — Etat actuel de la musique du roi, années 1770 et 1772. — Les spectacles de Paris, année 1766. — Almanach historique et chronologique de tous les spectacles, 1752, titre gravé et front. d'Eisen (*Année rare*).

348. COLLECTION DES MÉMOIRES sur l'art dramatique, publiés ou traduits par MM. Andrieux, Barrière, F. Bodin, Després, Dussault, Talma, Thiers, etc., etc. *Paris, Ponthieu*, 1822-1825, 14 vol. in-8, cartonn. toile verte, tête dor., non rognés (*Pierson*).

Mémoires de Mistriss Bellamy, Brandes, Mlle Clairon, Mlle Dumesnil, sur Garrick et sur Macklin, de Goldoni, de Aug. Guil. Iffland, de Lekain, de Molé, sur Molière et sur Mme Guérin, sa veuve, de Méville et de Dazincourt.

349. COMÉDIE FRANÇAISE (Ouvrages relatifs à la), 3 vol. in-4 et pet. in-8, dos et coins mar. de diverses couleurs, dos orné, tête dor., non rognés (*Allô* et *Champs*).

Heylli (Georges d'). Journal intime de la Comédie française (1852-1871). *Dentu*, 1879. — Monval (Georges). Liste alphabétique des sociétaires depuis Molière jusqu'à nos jours. *Paris*, 1900, fac-simile. — Thierry (Edouard). La Comédie française pendant les deux sièges (1870-1871). *Tresse et Stock*, 1887.

350. FEBVRE (Frédéric). Journal d'un comédien, 1850-1894. Avec une préface de

Jules Claretie ; illustrations de M. Julian-Damazy. *Paris, Ollendorff*, 1896, 2 vol. in-8, cartonn. toile, tête dor., non rognés, couvert. (*Pierson*).

351. FLORE (Mlle). Mémoires de Mlle Flore, artiste du théâtre des Variétés. *Paris*, 1845, 3 vol. in-8, cartonn. toile rouge, tête dor., non rognés (*Pierson*).

352. MOLIÈRE (Ouvrages relatifs à). 4 vol. in-8 et in-12, cartonn. toile grise, dos et coins mar. vert, cartonn. vélin blanc, tête dor., non rognés (*Pierson*).

Guéret (Gabriel). La Promenade de Saint-Cloud. *Jouaust*, 1888. — Monval (G.). Descente de l'âme de Molière dans les Champs Elysées. *Flammarion*, 1901. — Prudhomme (A.). Molière à Grenoble, 1652-1658. *Grenoble*, 1904. — Vitu (Auguste). Le jeu de Paume des Mestayers. *Lemerre*, 1883.

353. MURET (Théodore). L'histoire par le théâtre. 1789-1851. *Paris, Amyot*, 1865, 3 vol. in-12, dos et coins mar. grenat, tête dor., non rognés.

354. THÉATRE (Ouvrages relatifs au). 5 vol. in-8, demi-rel. mar. et chagrin de diverses couleurs, ou cartonn. toile et demi-toile, tête dor., non rognés (*Pierson*).

Campardon (Emile). Les Comédiens du roi de la troupe française pendant les deux derniers siècles. *Champion*, 1879, papier vergé. — Capon (G.) et Yve-Plessis (R.). Les Théâtres clandestins. *Plessis*, 1905, papier vergé, 8 planches. — Correspondance inédite de Collé, faisant suite à son journal. *Plon*, 1864. — Funck-Brentano (F.). La Bastille des Comédiens de For l'Evêque. *Fontemoing*, 1903. — Nouvelles de la Cour et de la Ville concernant le monde, les arts, les théâtres et les lettres, 1734-1738. *Rouveyre*, 1879.

E. — ROMANS

355. APULÉE. L'âne d'or ou la métamorphose. *Paris, Didot*, 1872, figures. — L'Amante du faune. *Paris, Offenstadt*, 1902, figures. — Ens. 2 vol. in-8, dos et coins mar. vert, et cartonn. dos et coins toile rose, tête dor., non rognés (*Pierson*).

356. BARCLAII (J.) Argenis. Editio novissima. *Lugd. Bat. ex off. Elzev.*, 1630. — Euphormionis lusinini sive Io. Barclaii Satyricon... *Lugd. Bat., apud Elzev.*, 1637. — Ens. 2 vol. pet. in-12, mar. rouge et vélin (*Rel. anc.*).

357. BARCLAII (J.) Argenis. Editio novissima cum clave. Hoc est, nominum propriorum elucidatione hac tenus nondum edita. *Amstelodami, ex officina Elzeviriana*, 1659, pet. in-12, titre gravé, mar. vert, fil., dos orné, dent. int., tr. dor. (*Bertrand*).

Imprimé par Louis et Daniel Elzévier, d'Amsterdam.

---

358. ADAM (Paul). Basile et Sophia. Dessins de C.-H. Dufau, gravés sur bois par G. Lemoine. *Paris, Paul Ollendorff*, 1900, in-8, demi-rel. mar. olive, tête dor., non rogné, couvert. illust. (*Pierson*).

Un des 40 exemplaires imprimés sur vélin a la forme.

359. AMOURS des Dames illustres de notre siècle. *Cologne*, 1681. — BUSSI-RABUTIN. Histoire amoureuse des Gaules. *S. l. n. d.* — LA ROCHE-GUILHEM (Mlle de). Journal amoureux d'Espagne. *Paris*, 1675. — Ensemble 3 vol. pet. in-12, vélin blanc et veau brun (*Rel. anc.*).

360. AUCASSIN ET NICOLETTE, roman de Chevalerie provençal-picard. — LA COMTESSE DE PONTHIEU, roman de Chevalerie..., publiés avec introduction et traduction par Alfred Delvau. *Paris, Bachelin-Deflorenne*, 1865-1866. — Ens. 2 vol. in-8, papier vergé, dos et coins mar. vert, tête dor., non rognés.

Tirage à 150 exemplaires.

361. BALZAC (H. de). Œuvres complètes. *Paris, Alexandre Houssiaux*, 1855-1858, 20 vol. in-8, figures, demi-rel. veau, dos orné, tr. jasp.

362. BALZAC (Ouvrages de ou relatifs à). 5 vol. in-8 et in-12, dos et coins mar., demi-rel. chag. et cartonn. toile (*Pierson*).

BALZAC. Les contes drolatiques colligez ez abbayes de Touraine. Illustrée de 425 dessins par Gustave Doré. *Garnier, s. d.* — Les Peines de cœur d'une chatte anglaise. *Blanchard*, 1853, cns. 2 vol. — CERFBERR (Anatole) et JULES CHRISTOPHE. Répertoire de la comédie humaine de H. de Balzac. *Lévy*, 1887. — FERRY (Gabriel). Balzac et ses amies. *Id.*, 1888. — SPOELBERCH DE LOVENJOUL. La Genèse d'un roman de Balzac. Les paysans. *Ollendorff*, 1901.

363. BIBLIOTHÈQUE BLEUE. Romans de Chevalerie des XIIe, XIIIe, XIVe, XVe et XVIe siècles, publiés sur les meilleurs textes, par une Société de gens de lettres sous la direction d'Alfred Delvau, précédés d'une étude sur les romans de chevalerie et sur les origines de la langue française. *Paris, Lécrivain et Toubon*, 1860, 2 tomes en 1 vol. in-4, figures sur bois, demi-rel. veau fauve, non rogné.

Les quatre fils Aymon. Huon de Bordeaux. Gérard de Nevers. Melusine. Ogier le Danois. Amadis de Gaule, etc., etc.

364. BOURGET (Paul). Les deux sœurs. Le cœur et le métier. *Paris, Plon-Nourrit et Cie, s. d.* (1905), in-12, demi-rel. mar. brun, tête dor., non rogné, couvert. (*Pierson*).

ÉDITION ORIGINALE.
PAPIER DE HOLLANDE.

365. BOURSAULT. Le Prince de Condé, roman historique, suivi d'éclaircissements et de pièces intéressantes sur les règnes de François II, de Charles IX et de Henri III. *A Paris, de l'Imp. de Didot l'aîné*, 1792, 2 vol. in-12, dos et coins mar. rouge, fil., tête dor., non rognés (*Lanne*).

Joli exemplaire.

366. CASANOVA. Mémoires de Jacques Casanova de Seingalt, écrits par lui-même. Édition originale, la seule complète. *Bruxelles, J. Rozez*, 1871, 6 vol. in-12, demi-rel. mar. gris, tête dor., non rognés (*Pierson*).

367. CHAMPFLEURY. Monsieur de Boisdhyver. *Paris, Michel Lévy*, 1858, 3 vol. in-32, dos et coins mar. vert, tête dor., non rognés.

De la « *Petite collection Hetzel-Lévy* ».
Exemplaire bien relié.

368. CHRONIQUE DE TURPIN. Manuscrit de 62 pp. in-4, demi-rel. veau fauve.

Copie autographe de M. de Monmerqué, faite sur le manuscrit de la Bibliothèque de l'Arsenal (Paris, 16 août 1834), elle est accompagnée de nombreuses notes.

369. CONTES ET NOUVELLES en prose. 6 vol. in-8 et in-12, veau fauve et marb., vélin blanc et cartonn. non rogné (*Rel. anc.*).

Barbet. Le Grelot, ou les etc., etc. Ouvrage dédié à moi... *S. l.*, 1762. — Fanni, ou l'heureux repentir. Histoire anglaise. *Dresde*, 1765, front. — Foire de Beaucaire (La). Nouvelle historique et galante. *Amsterdam*, 1708, front., non rogné. — Histoires tragiques et galantes, ornées de figures en taille-douce. *La Haye*, 1710. — Scudéry (Mlle de). Célinte. Nouvelle première. *Paris, Aug. Courbé*, 1661, front. — Nouveaux contes à rire et aventures plaisantes de ce temps ou recréations françoises. *Cologne*, 1709.

370. DESFONTAINES. Les heureuses infortunes de Céliante et Marilinde vefves pucelles, par le sieur D. F. *A Paris, chez Nicolas Traboulliet*, 1636, in-12, veau fauve, dos orné, tr. rouges (*Rel. anc.*).

Aux armes de Mme de Pompadour.
Première édition de ce roman curieux où l'auteur y a introduit sous des noms supposés, plusieurs personnages du temps : ainsi, les deux *veuves pucelles* seraient Mme de Charny et Mme de Marigny, *Cambise*, le roi Louis XIII, *Protosilas*, le prince de Condé, etc., etc.

371. DORNIS (Jean). Les Frères d'élection. Illustrations de Myrbach, gravées sur bois par Steinmann. *Paris, Paul Ollendorff*, 1896, in-12, cartonn. toile jaune, tête dor., non rogné, couvert. illust. (*Pierson*).

Un des 60 exemplaires (no 23) imprimés sur papier de Chine.

372. GÉRARD D'EUPHRATE. Ancienne chronique, traitant, pour la plupart, son origine, jeunesse, amours, et chevalereux faits d'armes ; avec rencontres et aventures merveilleuses de plusieurs chevaliers et grands seigneurs de son temps : extraite de l'édition de Paris, 1549 ; remise en françois moderne, et augmentée de la conclusion de ce roman. *A Paris, de l'imp. de Moutard*, 1783, 2 vol. in-12, cartonn. toile olive, tête dor. (*Pierson*).

Exemplaire non rogné.

373. HERVIEU (Paul). Diogène et le Chien. Avec quatre compositions de Tofani. *Paris, Charavay frères*, 1882, in-12, dos et coins mar. orange, tête dor., non rogné (*Champs*).

Édition originale.

374. HOUSSAYE (Arsène). Les mille et une nuits parisiennes. *Paris, E. Dentu*, 1875, 4 volumes. — Les Parisiennes. *Id.*, 1869, 4 tomes en 2 vol. — Ens. 6 vol. in-8, demi-rel. chag. rouge, tr. jasp.

375. LA FORCE (Mlle de). Histoire de Marguerite de Valois, reine de Navarre. *A Paris, de l'Imp. de Didot l'aîné*, 1783, 4 vol. in-18, veau marb., fil., dos orné, dent. int., tr. dor. (*Rel. anc.*).

Bel exemplaire.

376. LANNEL (Jean de). Le Roman satyrique. *A Paris, chez Toussainct du Bray*, 1624, in-8, de 8 ff. prélim. non chiff. et 1115 pp., demi-rel. chagrin noir, tr. marb. (*Rel. mod.*).

Première édition de ce roman intéressant qui est un tableau allégorique des mœurs de la cour de Henri III et de ses successeurs.

377. LE SAGE. Histoire de Gil Blas de Santillane. *A Paris, chez Calixte Volland,* an X (1801). 4 vol. in-8, veau rac., pet. dent., dos orné, tr. marb. (*Rel. anc.*).

Exemplaire contenant les 12 figures de *Marillier*, gravées par *Villerey*, en épreuves AVANT LA LETTRE.

378. RABELAIS. Les œuvres de maistre François Rabelais. Accompagnées d'une notice sur sa vie et ses ouvrages, d'une étude bibliographique, de variantes, d'un commentaire, d'une table des noms propres et d'un glossaire, par Ch. Marty-Laveaux. *Paris, A. Lemerre,* 1808-1902, 5 vol. in-8, figures, dont 3 mar. rouge, fil., dos orné, dent. int., tête dor., non rognés, et 2 vol. brochés. (*Pierson*).

Tomes I à V. Un des 125 exemplaires imprimés sur PAPIER DE HOLLANDE contenant la suite des eaux-fortes de BRACQUEMOND.

379. RABELAIS. Pantagruel. Fac-simile de l'édition de Lyon, François Juste, 1533, d'après l'exemplaire unique de la Bibliothèque royale de Dresde. Introduction de Léon Dorez et Pierre-Paul Plan. *A Paris, par le Mercure de France,* 1903, très petit in-8, vélin blanc à recouv., fil. rouge et noir, tête dor., non rogné, couvert. (*Pierson*).

Tirage à 250 exemplaires (n° 237) sur papier vélin d'Arches.

380. RESTIF DE LA BRETONNE. Les Françaises, ou XXXIV exemples choisis dans les mœurs actuelles, propres à diriger les filles, les femmes, les épouses et les mères. *A Neuchatel, et se trouve à Paris, ches Guillot,* 1786, 4 vol. in-12, cartonnés.

34 figures par *Binet*, gravées par *Giraud l'aîné,* non signées.

381. ROMANS CONTEMPORAINS EN ÉDITIONS ORIGINALES. 6 vol. in-12, dos et coins mar. vert., et cartonn. toile de diverses couleurs, tête dor., non rognés (*Pierson*).

DAUDET (A.). Notes sur la vie. *Charpentier,* 1899. — HALÉVY. Abbé Constantin. *Calmann-Lévy,* 1882. — MAINDRON (M.). Le Tournoi de Vauplassans. *Plon, s. d.* — MARGUERITTE (Paul). Le Jardin du passé. *Chailley,* 1896. — MAUPASSANT (Guy de). Sur l'eau. *Marpon, s. d.* — PRÉVOST (Marcel). Les demi-vierges. *Lemerre,* 1895. — VILLIERS DE L'ISLE-ADAM. L'Eve future. *Charpentier,* 1891.

382. THEURIET (André). Fleurs de Cyclamens. Illustrations de Ch. Coppier. *Paris, A. Girard,* 1899, pet. in-4, br. (*Couvert. illust.*).

Publication tirée à 115 exemplaires. Un des 95 contenant les tirages successifs d'une seule eau-forte.

383. VANEL. Les Galanteries des Rois de France. *A Cologne, chez Pierre Marteau, s. d.,* 3 vol. in-18, dos et coins mar. rouge, dos orné, tr. dor. (*Allô*).

1 Frontispice, 3 titres gravés, 5 figures d'après *Bernard Picart.*

384. VANEL. Galanteries des rois de France, depuis le commencement de la Monarchie. Nouvelle édition enrichie de figures en taille-douce de B. Picart, et augmentée des amours des rois de France sous plusieurs races, tirées de l'histoire de la Ville de Paris, par M. Henri Sauval. *A Paris, chez Charles Moette,* 1738, 2 vol. in-12, cartonn. toile La Vall., tête dor., non rognés (*Pierson*).

385. VIGNY (Alfred de). Servitude et grandeur militaires. Souvenirs de grandeur militaire. 51 illustrations de L. Dunki, gravées par Clément Bellenger. *Paris, Édouard Pelletan,* 1898, in-4, br. dans un carton (*Couvert.*).

Un des 15 exemplaires imprimés sur PAPIER du JAPON ancien ; contenant une double suite sur Japon et sur Chine d'épreuves d'artiste signées par Clément Bellenger et un DESSIN ORIGINAL de DUNKI.

386. WIESENHUETTEN (Baronne Fred.-Hen.). Historiettes et conversations à l'usage des enfans qui commencent à lire un peu couramment. *A Paris, chez Ant.-Aug. Renouard,* an XI-1803, in-18, 3 figures non signées, dos et coins mar. bleu, tête dor., non rogné (*Pierson*).

On y a ajouté les 3 DESSINS ORIGINAUX à la sépia des 3 figures et une quatrième figure à l'état d'eau-forte.
Cet ouvrage a été attribué à tort à Berquin.

---

387. DELICADO (Francisco). La Lozana Andaluza (La Gentille Andalouse). Traduit pour la première fois, texte espagnol en regard, par Alcide Bonneau. *Paris, Isidore Liseux,* 1888, 2 vol. pet. in-8, cartonn. toile grise, tête dor., non rognés (*Pierson*).

Tirage à 220 exemplaires (n° 57) sur PAPIER DE HOLLANDE.

388. HURTADO DE MENDOZA (D. Diego). Aventures et espiègleries de Lazarille de Tormes, écrites par lui-même. Nouvelle édition, ornée de 40 figures dessinées et gravées par N. Ransonnette. *A Paris, de l'Imp. de Didot jeune,* an IX-1801, 2 vol. in-8, veau marb., dos orné, tr. marb. (*Rel. anc.*).

389. COOPER (Fenimore). Œuvres traduites par J.-B. Defauconpret. *Paris, Furne,* 1835-1852, 30 vol. in-8, figures sur acier, demi-rel. veau bleu, dos orné en long, tr. jasp.

390. RICHARDSON. Clarisse Harlowe. Traduction nouvelle et seule complète ; par M. Le Tourneur, faite sur l'édition originale revue par Richardson, ornée de figures du célèbre Chodowiecki, de Berlin. *A Genève, chez Paul Barde, et se trouve à Paris, chez Moutard,* 1785-1786, 10 vol. in-8, demi-rel. veau marbr. tr. jaunes (*Rel. anc.*).

Figures AVANT LA LETTRE.

391. SCOTT (Walter) illustré. Traduction nouvelle. Dessins de MM. Comte, Delort, Ad. Marie, Pellicier, H. Pille, etc. *Paris, Firmin-Didot,* 1880-1892, 13 vol. gr. in-8, demi-rel. et dos et coins mar. de diverses couleurs, tête dor., non rognés (*Champs* et *Pierson*).

Ivanhoe. — Quentin Durward. — Kenilworth. — Rob Roy. — Guy Mannering. — La jolie fille de Perth. — Les Puritains d'Écosse. — Le monastère. — L'abbé. — Le pirate. Les aventures de Nigel. — Peveril du Pic. — Richard en Palestine.
On y a joint : Cooper. Le dernier des Mohicans. — La Prairie. *Paris, Didot,* 1884-1885, 2 vol. gr. in-8, dos et coins mar.

392. ROMANS ALLEMANDS, publiés par Wiener, List, Langen, Fleischel, etc, etc. 29 vol. in-12, demi-rel. mar. bleu, jans., tête dor., non rognés, couvert. (*Pierson*).

Romans de Barsch, Bilse, Eschstruth, Hegeler, Holme, Key, Lauff, Mann Moors, Ompteda, Reike, Reuter, Rosegger, Salburg, Schlicht, Schubin, Stegemann, Stratz, Viebig, Zahn et Zur Megede.

393. SIENKIEWICZ (Henryk). Quo Vadis, roman néronien. Traduction nouvelle et complète par E. Halpérine-Kaminshy. Édition illustrée par Jean Styka. *Paris, Flammarion, s. d.*, 2 vol. in-4, brochés (*Couvert.*).

F. — *FACETIES. OUVRAGES SUR L'AMOUR, LES FEMMES ET LE MARIAGE*

394. TABOUROT (Estienne). Les Bigarrures du seigneur des Accords. *A Poitiers, par Jean Bauchu*, 1615, 2 parties en 1 vol. in-16, vélin blanc à recouv. (*Rel. mod.*).

Cette édition contient les « *Apophtegmes du S. Gaulard* » et les « *Escraignes dijonnoises, recueillies par le sieur des Accords* » ; ces dernières ont un titre particulier à la date de 1610. Petites mouillures.

---

395. DELASSEMENS du boudoir. Recueil de poésies galantes dont la plupart n'ont point encore été imprimées. Avec un frontispice en taille-douce. *S. l.* (*Paris*), 1790, in-18, cartonn. toile grise, tête dor., non rogné (*Pierson*).

Contes et poésies galantes, dont plusieurs ne se rencontrent que dans ce volume qui n'a pas été réimprimé.

396. DROUET DE MAUPERTUY (J.-B.). La femme foible, où l'on représente aux femmes les dangers auxquels elles s'exposent, par un commerce fréquent avec les hommes (par J.-B. Drouet de Maupertuy). *Amsterdam*, 1755, in-12, mar. vert foncé, jans., dent. int., tr. dor. (*Vve Brany*).

397. ELIÇAGARAY (Ed.) et MARCO SAINT HILAIRE (Emile). Mémoires d'une célèbre courtisane des environs du Palais-Royal, ou vie et aventures de Mlle Pauline, surnommée la Veuve de la Grande Armée. *Paris, Terry*, 1833, in-8, cartonn. toile saumon, tête dor., non rogné (*Pierson*).

Orné de 3 curieuses lithographies représentant l'enlèvement au boulevard du Temple, le beau règne au Palais Royal, et la décadence, place du Palais Royal.

398. HUERNE DE LA MOTTE. Histoire nouvelle de Margot des Pelotons, ou la galanterie naturelle. *A Genève*, 1775, 2 parties en 1 vol. in-8, veau marb., tr. rouges (*Rel. anc.*).

399. MARTIAL D'AUVERGNE. Les Arrests d'amour, avec l'amant rendu cordelier,

à l'observance d'amours, par Martial d'Auvergne, dit de Paris ; accompagnez des commentaires juridiques, et joyeux de Benoit de Court. Dernière édition, revue, corrigée et augmentée de plusieurs arrêts, de notes, et d'un glossaire des anciens termes (par Lenglet du Fresnoy). *A Amsterdam, chez François Changuion*, 1731, in-12, veau fauve, fil., petit fleuron aux angles, dos orné, dent. int., tr. dor. (*W. Pratt*).

Le *Glossaire* occupe les pages 625-645.

400. OUVRAGES GALANTS. 3 vol. in-18, dos et coins mar. rouge, tête dor., non rognés.

Éloge du sein des femmes. *Barba*, 1803. — Les Prémices d'Annette, par M. de S... *Paris*, 1792. — Vénus la populaire, ou apologie des maisons de joie. *Paris, s. d.*

401. OUVRAGES RELATIFS AUX FEMMES ET A L'AMOUR. 6 vol. in-8 et in-12, demi-rel. mar. rouge et grenat, et veau fauve, tr. rouges (*Rel. anc.*).

Chevrier. Le quart d'heure d'une jolie femme ou les amusements de la toilette. *Genève*, 1754, front. — Éloge des tétons (L'). Ouvrage curieux, galant et badin. *Cologne*, 1759. — Meibomius. De l'utilité de la flagellation dans les plaisirs du mariage. *Paris*, 1792. — Miroir (Le) des belles femmes ou l'art de relever par les grâces les charmes de la beauté. *Paris, Dubroca*, 1803. — Moreau de Maupertuis. Vénus physique. *S. l.*, 1745. — Roe (R.). Concubitus sine Lucina ou le plaisir sans peine. *Londres*, 1750.

402. PORTEFEUILLE de Madame Gourdan (Le), dite la comtesse, pour servir à l'histoire des mœurs du siècle, et principalement de celles de Paris. Seule édition exacte. *A Spa*, du 15 juillet 1783, pet. in-8 de 2 ff. et 96 pp., cartonn. toile grenat.

Attribué à C. Theveneau de Morande.

403. QUINZE JOYES DE MARIAGE (Les) ou la nasse, dedans laquelle sont détenus plusieurs personnages de notre temps. Mises en lumière par Fran. de Rosset. *A Rouen, par Pierre Maille, s. d.*, pet. in-12, veau fauve, fil., dos orné, dent. int., tr. rouges (*Smeers*).

404. SEWRIN (C. A.). La première nuit de mes noces. Traduit du champenois, par l'auteur de Brick-Bolding... (C. A. Sewrin). *A Paris, chez Mme Masson*, an X, 1802, 2 vol. in-12, 2 figures, cartonn.

Sur les plats du cartonnage se trouve un chiffre composé des lettres J. F.

405. TRIOMPHE DES FEMMES, tiré de plusieurs auteurs. *A Chalon, chez Antoine Delespinasse*, pet. in-12 de 12 pp., demi-rel. veau.

Petite pièce très rare imprimée à Châlon-sur-Saône.

G. — PHILOLOGIE. — CRITIQUE LITTÉRAIRE

406. CHAMPEAUX (J^h de). Devises, cris de guerre, légendes, dictons. *Dijon*, 1890. — Taussin (Henri). Supplément au dictionnaire des devises historiques et héraldiques. *Le Chevalier*, 1895, 2 vol. — Ens. 3 vol. in-8 et in-12, cartonn. toile verte et grise, tête dor., non rognés (*Pierson*).

407. CORROZET (Gilles). Les divers propos mémorables des nobles et illustres hommes de la chréstienté, par feu Gilles Corrozet, reveuz et augmentez en ceste édition. *Paris, Galiot Corrozet,* 1603, in-12, mar. vert, jans., fil à froid, dent. int., tr. dor. (*Duru*).

Cachet de la bibliothèque J. Richard, sur le titre et sur le 1er feuillet du texte.

408. LIRON (D. Jean). Singularités historiques et littéraires, contenant plusieurs recherches, découvertes et éclaircissement sur un grand nombre de difficultés de l'histoire ancienne et moderne. Ouvrage historique et critique. *A Paris, chez Didot,* 1738-1740, 4 vol. in-12, veau brun, tr. rouges (*Rel. anc.*).

Recueil curieux et peu commun.

409. MENAGIANA ou les bons mots et remarques critiques, historiques, morales et d'érudition, de Monsieur Ménage, recueillies par ses amis. Troisième édition, plus ample de moitié, et plus correcte que les précédentes (publiée par de La Monnoye). *A Paris, chez Florentin Delaulne,* 1715, 4 vol. in-12, demi-rel., veau fauve, dos orné, tr. jaunes (*Rel. anc.*).

Un des meilleurs recueils de ce genre.

410. SALLENGRE (de). Histoire de Pierre de Montmaur, professeur royal en langue grecque dans l'université de Paris. *Amsterdam, R. et G. Wetstein,* 1718, 2 vol. in-12, mar. vert à longs grains, fil et dent., dos orné, dent. int., tr. dor. (*Rel. anc.*).

2 frontispices et 8 figures dessinés et gravés par Bleyswik.
Reliure de Courteval, avec son étiquette.

411. TH. SCHREVELI Palaemon, sive diatribae scholasticae..... *Lugduni Batavorum, ex officina B. et A. Elzevir,* 1626, pet. in-8, mar. rouge, jans., dent. int., tr. dor. (*A. Bertrand*).

Imprimé par Bonaventure et Abraham Elzévier.

412. SOMAIZE (de). Le grand dictionnaire des prétieuses, historique, poétique, géographique, cosmographique, cronologique, et armoirique, ou l'on verra leur antiquité, coustumes, devises, éloges, études, etc., etc. *A. Paris, chez Jean Ribou,* 1661, 2 tomes en 1 vol., pet. in-8, vélin blanc à recouv. (*Rel. mod.*).

Exemplaire avec la *clef.* 46 pp., y compris le titre.

---

413. ARNOULD (Louis). Honorat de Bueil, seigneur de Racan. *A. Colin,* 1901. — CHARDON (Henri). Robert Garnier. Sa vie, ses poésies inédites. *Champion,* 1905. — COLLETET (G.). Notices biographiques sur les trois Marot. *Lemerre,* 1871. Ens. 3 vol. in-8, demi-rel., mar. vert et cartonn. toile, et dos et coins toile grise et bleue, tête dor., non rognés (*Pierson*).

414. CHARDON (Henri). Scarron inconnu et les types des personnages du Roman comique, avec nombreuses photogravures. *Paris, Champion,* 1903-1904, 2 vol. in-

8, dos et coins cartonn.· toile rose, fil., tête dor , non rognés, couvert. (*Pierson*.

415. DU CAMP (Maxime). Souvenirs littéraires, *Paris, Hachette et Cie*, 1882-1883, 2 vol. in-8, cartonn., demi-mar. noir, tête dor., ébarbés (*Pierson*).

416. FABRE (L'abbé A.). La Jeunesse de Fléchier, 2 vol. — Fléchier orateur, 1672-1690. Étude critique, 1 vol. *Paris, Perrin et Cie*, 1882-1886, ens. 3 vol. in-8, dos et coins mar. grenat et La Vall., tête dor., non rognés (*Pierson*).

417. GRELÉ (Eugène). Jules Barbey d'Aurévilly. Sa vie et son œuvre d'après sa correspondance inédite et autres documents nouveaux. Avec une préface de M. Jules Levallois. *Paris, H. Champion*, 1904, in-8, demi-rel., mar. vert, tête dor., non rogné, couvert. (*Pierson*).

418. GRISELLE (Eugène). L.-J. Bourdaloue, histoire critique de sa prédication d'après les notes de ses auditeurs et les témoignages contemporains, avec un fac-simile inédit de l'écriture de Bourdaloue. *Paris, Lecène, Oudin et Cie*, 1901, 2 vol. in-8, cartonn., toile bleue, tête dor., non rognés, couvert. (*Pierson*).

419. GUYOT (Joseph). Le Poète J.-Fr. Regnard en son chasteau de Grillon, étude topographique, littéraire et morale suivie de la publication des actes originaux de scellés et inventaire après décès. *Paris, Alphonse Picard et fils*, 1907, in-4, br. (*Couvert.*).

Tirage a petit nombre sur papier vergé d'Arches, portrait et figures.

420. MENDÈS (Catulle). Le Mouvement poétique francais de 1867 à 1900. *Paris, Imp. Nationale*, 1903, gr. in-8, demi-rel., mar. bleu, tête dor., non rogné, couverture (*Pierson*).

421. SÉCHÉ (Léon). Sainte-Beuve. Son esprit, ses idées, ses mœurs. *Paris, Mercure de France*, 1904, 2 vol. in-8, portraits et fac-simile, demi-rel. mar. La Vall., tête dor., non rognés, couvert. (*Champs*).

422. ROMANTISME EN FRANCE (Ouvrage relatifs au). 6 vol. in-8 et in-12, cartonn. toile de diverses couleurs, et demi-mar. bleu, tête dor., non rognés.

Chuquet (Arthur). Stendhal-Beyle. *Plon*, 1902. — Glinel (C.). Le poète Félix Arvers. *Rouquette*, 1897, papier vergé. — Jullien (Ad.). Le romantisme et l'éditeur Renduel. *Charpentier*, 1897. — Maigron (Louis). Le roman historique à l'époque romantique. *Hachette*, 1898. — Mengin (Urbain). L'Italie des romantiques. *Plon*, 1902. — Nisard (D.). Essais sur l'école romantique. *Lévy*, 1891.

H. — ÉPISTOLAIRES

423. BOSQUET (Mal). Lettres du Maréchal Bosquet a sa mère 1829-1858, publiées par la Société des bibliophiles du Béarn. *Pau, Léon Ribaut*, 1877-1879, 4 vol. — Lettres du Maréchal Bosquet a ses amis 1837-1860. *Id.*, 1879, 2 vol. — Ens. 6 vol. in-16, cartonn. toile verte, tête dor. (*Pierson*).

Cet ouvrage n'a pas été mis dans le commerce.

424. CAYLUS (de). Correspondance inédite du comte de Caylus avec le P. Paciaudi, théatin (1757-1765) suivie de celles de l'abbé Barthélemy et de P. Mariette avec le même, publiées par Charles Nisard. *Paris, Imp. Nationale,* 2 vol. in-8, portrait, demi-rel. chagrin vert, tête dor., non rognés (*Champs*).

425. COUSIN (Jules). Le Comte de Clermont sa cour et ses maîtresses, lettres familières recherches et documents inédits publiés par Jules Cousin, 2 vol. — SAINTE-BEUVE. Le Comte de Clermont et sa cour. Étude historique et critique. *Paris, Académie des bibliophiles,* 1867-1868. — Ens. 3 vol. in-12, figures, dos et coins chag. La Vallière, dos orné, tête dor., ébarbés.

426. DU NOYER (Mme). Lettres historiques et galantes. Ouvrage curieux. Nouvelle édition corrigée et augmentée de plusieurs lettres très intéressantes. *A Paris, et se trouve à Avignon chez François Séguin,* 1790, 12 vol. in-18, demi-rel., veau marb., dos orné, tête dor., non rognés (*Henry-Joseph*).

Les deux derniers volumes contiennent les «*Mémoires de Mme Du Noyer*».

427. FEUQUIÈRES. Lettres inédites des Feuquières, tirées des papiers de famille de Madame la duchesse Decazes et publiées par Étienne Gallois. *Paris, Leleux,* 1845-1846, 5 vol. in-8, demi-rel. mar. brun, tête dor., non rognés (*Pierson*).

428. LETTRES écrites en 1786 et 1787, publiées par M. Ballanche. *Paris, Didot l'aîné,* 1834, in-12, demi-rel. veau brun, dos orné, tête dor., non rogné (*Vogel*).

Ces lettres ont été écrites par la princesse Louise-Adélaïde de Bourbon-Condé, abbesse de Remiremont en 1786. M. Balanche les a publiées de concert avec Mme Récamier; elles sont adressées à M. de la Gervaisais pour lequel la princesse contracta un si sincère attachement qu'elle renonça au mariage et se fit religieuse.

429. MÉRIMÉE (Prosper). Lettres à une inconnue. *Lévy,* 1874, 2 vol. — Même ouvrage. Quatrième édition entièrement revue. *Lévy,* 1874, 2 vol. — Lettres à une autre inconnue. *Lévy,* 1875. — Ens. 5 vol. in-8 et in-12, demi-rel., chagrin vert et veau fauve, tr. jasp.

On y a joint: Lettres de l'inconnue. *Paris, Lemerre,* 1874, in-8, demi-rel. chagrin gris, tr. jasp. (Pastiche attribué à J.-M. Courmier, Jules Claye et Dr Cazin).

430. PASQUIER. Les Lettres d'Estienne Pasquier, conseiller et advocat général du roy en la chambre des comptes de Paris. *A Paris, chez Abel L'Angelier,* 1586, in-4, cartonn.

Première édition de ces lettres, divisée en dix livres; elle est ornée d'un portrait de Pasquier gravé par *Thomas de Leu.*

I. — *POLYGRAPHES, COLLECTIONS, ETC.*

431. CLASSIQUES imprimés par les Elzevier ou en Hollande: 12 vol. pet. in-12, veau fauve, brun, demi-rel. veau et vélin blanc (*Rel. anc.*).

CAESARIS (C. Julii) Quae extant. *Amst. Jansonn.,* 1657. — CONCIONES et orationes ex historicis latinis excerptae. *Amst. Jansonn.,* 1683. — PRUDENTII (Aurelii) Clementis quae exstant. *Amst. Elzev.*, 1667. — Senecae (L. Annaei). Philosophi opera omnia. *Lugd. Batav. Elzev.*, 1649, 3 vol. — Senecae (L. An.) philosophi. Flores, sive sententiae insigniores excerptae per D. Erasmum Roterod. *Amst. Elzev.*, 1642. — Suetoni (Caii) Tranquilli quae extant. *Lugd. Batav., Maire*, 1632. — Titi Livii historiarum libri ex recensione J.-F. Gronovii. *Lugd. Batav., Elzev.*, 1645, 4 vol.

432. SUETONII TRANQUILLI (Caji) Opera, ex in illa commentarius Samuelis Pitisci. *Leovardiae, excudit Franciscus Halma*, 1714-1715, 2 parties en 1 vol., front. gravé et figures. — Curtii Rufi (Quinti) De rebus gestis Alexandri magni, regis macedonum libri superstites. Cum omnibus supplementis, variantibus lectionibus, ex commentariis ac notis perpetuis, Fr. Modii, V. Acidalii, T. Popmae, Jos. Freinshemii, etc., etc. Curavit et digessit Henricus Snakenburg. *Delphis et Lug. Bat., Ad. Beman, Sam. Luchtmans*, 1724, front. gravé et figures. — Phaedri Augusti Liberti, Fabularum Aesopiarum... *Leidae, apud S. Luchtmans*, 1727, front. gravé. — Ens. 3 vol. in-4, vélin blanc, encad. de fil à la Du Seuil, dos orné, tr. jasp. (*Rel. anc.*).

Armoiries sur les plats des reliures.

---

433. ALMANACHS. 3 vol. in-12 et in-32, mar. rouge, fil., fleurons aux angles, dos orné, tr. dor. (*Rel. anc.*).

Almanach pour cette année 1779 supputé par maître Mat. Laensberg. *Liège*, 1779. — Étrennes au beau sexe, ou la constitution française mise en chansons. *Paris*, 1792. — France littéraire (La) ou Almanach des Beaux-Arts. *Paris*, 1754.

434. AUBIGNÉ (Théodore Agrippa d'). Œuvres complètes, publiées pour la première fois d'après les manuscrits originaux, accompagnées de notices biographique, littéraire et bibliographique, de variantes, d'un commentaire, d'une table des noms propres et d'un glossaire par Eug. Réaume et F. de Caussade. *Paris, Alph. Lemerre*, 1873-1892, 6 vol. in-8, demi-rel. mar. brun, tête dor., non rognés, couvert. (*Pierson*).

Tirage à 150 exemplaires sur papier de Hollande (n° 18).

435. BANVILLE (Théodore de). Le Forgeron, scènes héroïques. *Paris, Dreyfous*, 1887 (tirage à 500 exempl.). — Nous tous. Décembre 1883 — mars 1884. *Paris, Charpentier*, 1884. — Les Belles poupées. *Paris, Charpentier*, 1888. — Ens. 3 vol. in-8 et in-12, dont 2, cartonn. toile bleue et un dos et coins mar. La Vall., tête dor., non rognés (*Pierson*).

436. BARBIER. Opuscules de M. A.-A. Barbier, ancien bibliothécaire du Roi. *Paris, H. Fournier*, 1825, in-8, dos et coins mar. rouge, non rog. (*Héring*).

Recueil unique formé par M. de Chateaugiron, et pour lequel ce bibliophile a fait imprimer spécialement un titre et une table ; il contient en outre trois lettres autographes de Barbier, relatives à ce volume.

Ces opuscules sont au nombre de 20, dont 18 indiqués à la table imprimée ; les deux qui n'y figurent pas sont : *Notice des principales éditions des Fables et des œuvres de La Fontaine — Mémoire inédit remis par Louis XIV, à l'archevêque de Reims Le Tellier, sur l'inconduite du marquis de Barbesieux son neveu*. Ce volume contient aussi des opuscules sur Barbier et sur le « *Dictionnaire des Anonymes* ». Bien que le titre porte tome I, ce recueil est complet et il renferme croyons-nous tous les opuscules du célèbre bibliographe; le dernier est daté de novembre 1825 et Barbier est mort le 5 décembre de la même année.

437. BARRÈS (Maurice). 5 vol. in-8, in-12 et in-16, dos et coins cartonn. toile grise et un vol. br., tête dor., non rognés, couvert. (*Pierson*).

Sous l'œil des Barbares. *Lemerre*, 1888 (Ed. orig.). — Une journée parlementaire, comédie de mœurs en trois actes. *G. Charpentier*, 1894. — Quelques cadences. *E. Sansot*, 1904 (Ed. orig.). — Les légendes sur la maison. *Id.*, 1904. — Huit jours chez M. Renan suivi de M. Renan au purgatoire. *Id.*, 1904.

438. BARTHÉLEMY (Édouard de). Les ducs et les duchés français avant et depuis 1789. — Galerie des portraits de Mlle de Montpensier. — Mesdames de France, filles de Louis XV. — La Princesse de Conti d'après sa correspondance inédite. — La marquise d'Huxelles et ses amis. — Valentin Conrart. *Paris*, 1867-1881. — Ens. 6 vol. in-8, demi-rel. ou dos et coins mar. de diverses couleurs et cartonn. toile bleue, tête dor., non rognés (*Pierson*).

439. BIBLIOTHÈQUE ELZÉVIRIENNE. 62 vol. in-12, cartonn. toile rouge, non rognés.

Ancien théâtre françois, 1854-1857, 10 vol. — Coquillart. Œuvres, 1857, 2 vol. — Furetière. Roman bourgeois, 1854, 1 vol. — Du Pradel (A.). Le Livre commode des adresses de Paris, 1878, 2 vol. — Gaultier Garguille. Chansons, 1857, 1 vol. — Gringore. Œuvres complètes, 1858, 2 vol. — La Guette (Mme de). Mémoires, 1856, 1 vol. — Larivey (Pierre de). Les comédies, 1855, 2 vol. — L'Hermite (Tristan). Le Page disgracié, 1898, 1 vol. — Melin de Sainct-Gelays. Œuvres complètes, 1873, 3 vol. — Quinze joyes de mariage, 1857, 1 vol. — Racan. Œuvres complètes, 1857, 2 vol. — Recueil des poésies françoises des XVe et XVIe siècles, 1855-1858, 13 vol. — Ronsard. Œuvres complètes, 1857, 8 vol. — Tabarin. Œuvres complètes, 1858, 2 vol. — Variétés historiques et littéraires, 1855-1863, 10 vol. — Catalogue raisonné de la bibliothèque elzévienne, 1853-1870.

440. BIRÉ (Edmond). Légendes révolutionnaires. *Champion*, 1893, papier vergé. — L'année 1817, *id.*, 1895. — Honoré de Balzac, *id.*, 1897. — Les dernières années de Chateaubriand. *Garnier*, *s. d.* — Ens. 4 vol. in-8, dont 3 demi-rel. mar. vert et grenat et 1, cartonn. toile grenat, tête dor., non rognés (*Pierson*).

441. BRANTOME. Œuvres complètes accompagnées de remarques historiques et critiques. Nouvelle édition, collationnée sur les manuscrits autographes de la bibliothèque du roi, et augmentée de fragmens inédits. *Paris, Foucault*, 1822-1823, 8 vol. in-8, demi-rel. veau vert, dos orné, non rognés (*Rel. de l'époque*).

Bonne édition enrichie d'une excellente notice sur Brantôme par M. Monmerqué.
Le 8e volume a pour titre « *Œuvres d'André de Bourdeille* », frère aîné de Brantôme.

442. BROGLIE (Emmanuel de). Fénelon à Cambrai. — Mabillon et la Société de l'Abbaye de St. Germain des Prés à la fin du XVIIe siècle, 2 vol. — Bernard de Montfaucon et les Bernardins, 1715-1750, 2 vol. — Les Portefeuilles du président Bouhier. *Paris, Plon et Hachette*, 1884-1896, ens. 6 vol. in-8, dont 5 demi-rel. ou dos et coins mar. bleu et 1 cartonn. toile grenat, tête dor., non rognés (*Pierson*).

443. CAYLUS (Le comte de). Œuvres badines complettes avec figures. *A Amsterdam, et se trouve à Paris, chez Visse*, 1787, 12 vol. in-8, veau fauve, dos orné, tr. jasp. (*Rel. anc.*).

Portrait par *Cochin*, gravé par *Delaunay* et 24 figures par *Marillier*, gravées par *Baquoy, Borgniet, Dambrun, Fessard*, etc.

444. CLASSIQUES JOUAUST : 5 vol. in-8, demi-rel. ou dos et coins mar. de diverses couleurs, tête dor., non rognés.

MONTESQUIEU. Lettres persanes, 1869. — LA ROCHEFOUCAULD. Reflexions ou sentences et maximes morales, 1868. — NOEL (Eug.). Rabelais et son œuvre, 1870. — VILLON (François). Œuvres, 1877. — VOLTAIRE. Candide ou l'optimisme, 1869.

445. COLLECTION KISTEMAECKERS. 10 vol. in-16, papier vergé, mar. rouge, chiff. sur les plats, tête dor., non rognés, couvertures, étuis de mar. rouge (*Rel. souples*).

CLADEL (Léon). Petits cahiers, eau-forte de L. Lenain, 1879. — ELZÉAR (Pierre). La femme de Roland, eau-forte de Am. Lynen, 1882. — ENNE (Francis). D'après nature (Deuxième série), eau-forte de Brunin, 1883. — GODDE (G.). Le Scrupule du père Durieu, eau-forte de Just, 1883. — HENNIQUE (Léon). Deux nouvelles, portrait de Michiels, 1881. — LEMONNIER (Camille). Le mort, portrait de Lenain, 1882 — MAIZEROY (René). L'Amour qui saigne, portrait en héliogravure, 1882. — MAUPASSANT (Guy de). Mlle Fifi, eau-forte par Just, 1882. — MENDÈS (Catulle). Le crime du vieux Blas, portrait en taille-douce, 1882. — ROD (Edouard). La Chute de Miss Topsy, portrait par A. Descaves, 1882.
La plupart de ces volumes sont en éditions originales.

446. COUSIN (Victor). Du vrai, du beau et du bien. *Paris, Didier,* 1854. — La jeunesse de Mazarin. *Id.*, 1865. — Madame de Sablé. *Id.*, 1869. — JANET (Paul) Victor Cousin et son œuvre. *Lévy*, 1885. — Ens. 4 vol. in-8 et in-12, dos et coins mar. vert et demi-rel. chag. brun, tr. jasp. (*Pierson*).

447. DELILLE. Œuvres. *Paris, Giguet et Michaud,* 1801-1808, 17 vol. in-8, figures, veau marb., pet. dent., dos orné, tr. jaunes (*Rel. anc.*).

L'Imagination, 2 vol., 2 figures par *Monsiau*. — Les Trois règnes de la nature, 2 vol., 2 figures par *S. Mirys*. — L'Enéide, 4 vol., 4 figures par *Moreau*. — Le Paradis perdu, 3 vol., 1 figure par *Monsiau*. — Les Géorgiques, 1 vol., portrait par *Pajos*. — Les Jardins, 1 vol., 1 figure par *Monsiau*. — La Pitié, 1 vol., 4 figures par *Monsiau*. — Les Bucoliques, 1 vol., 4 figures par *Huet* et *Fragonard*. — L'Homme des champs, 1 vol. — Poésies fugitives, 1 vol., portrait.

448. ELZÉVIER (Ouvrages imprimés par les). 5 vol. in-12, vélin blanc anc., veau brun, et demi-rel. veau bleu, tr. marb.

DE L'ÉDUCATION des enfants, et particulièrement de celle des princes. *Amst. Elzev.*, 1679. — ROHAN (Duc de). Intérêts et maximes des princes et des estats souverains. *Cologne*, 1666. — SCHOMBORNERI (Georgii) Politicorum libri septem. *Amst. Elzev.*, 1660. — SILHON (sieur de). Le Ministre d'Estat avec le véritable usage de la politique moderne. *Leyde, Marci*, 1643. — WICQUEFORT. Mémoires touchant les ambassadeurs et les ministres publics. *Cologne, Marteau*, 1676.

449. ELZÉVIER (Volumes qui se joignent à la collection des), 7 vol. in-12, vélin blanc et demi-rel. chagrin vert et grenat.

ABRÉGÉ des derniers mouvemens d'Angleterre, avec un raisonnement succinct des droits tant du roi que du Parlement. *Anvers*, 1651. — ACTIONS HÉROÏQUES (Les) et plaisantes de l'Empereur Charles V. *Cologne*, 1683. — GUMBLE (Th.). La Vie du général Monk, duc d'Albemarle. *Londres*, 1672. — HISTOIRE des troubles de Hongrie depuis 1655 jusques à présent. *Amsterdam*, 1686, 2 vol. — RELATION de ce qui s'est passé dans les armées du roy en Allemagne et en Flandre, depuis 1675 jusqu'en 1676. *Cologne*, 1676. — ROCOLES (J. B.). Histoire de l'Empire d'Allemagne. *La Haye*, 1681.

450. ELZÉVIER (Ouvrages qui se joignent à la collection des). 6 vol. in-12, mar. rouge, veau fauve et vélin blanc (*Rel. anc.*).

CURTI (Corneli) De Clavis dominicis liber. *Antverpiae, Frisii*, 1670. — DAMVILLIERS (de)

Les Imaginaires ou lettres sur l'hérésie imaginaire. *A Liège, Ad. Beyers*, 1667, 2 vol. — Leti (G.). Le Népotisme de Rome. *S. l.*, 1669, 2 tomes en 1 vol. — Bayle (P.) Critique générale de l'histoire du calvinisme de Maimbourg. *Ville-Franche, Le Blanc*, 1683. — Vita del padre Paolo, dell' ordine de servi. *Leida*, 1646.

451. ELZEVIER (Volumes imprimés par) ou en Hollande : 5 vol. in-12, mar. grenat jans., tr. dor. (*Rel. mod.*).

Gellii (Auli) Noctes Atticae. *Amst. apud. Lud. Elzev.*, 1651. — Baconi (Francisci) De verulanio scripta in naturali et universali philosophia. *Amst. apud. Lud. Elzev.*, 1653. — Horni (Georgi) Arca mosis sive historia mundi. *Lugd. Batav. ex off. Hackiana*, 1668. — Lisola (de). Le Politique du temps ou le conseil fidelle sur les mouvemens de la France. *Charle-Ville, Louis François*, 1671. — Rufi (Q. Curtii) Historiarum libri accuratissime editi. *Lugd. Batav., ex officina Elzev.*, 1633.

452. GOBINEAU (Comte de). Histoire des Perses. *Plon*, 1869, 2 vol. — La Renaissance. Savonarole, Jules II, Léon X, etc. *Id.*, 1877. — Seillière (Ernest). Le Comte de Gobineau et l'aryanisme historique. *Id.*, 1903. — Ens. 4 vol. in-8 et in-12, dem.-rel. mar. rouge, grenat et cartonn. toile verte, tête dor., non rognés (*Champs* et *Pierson*).

453. GUIZOT. Washington. Fondation de la république des États-Unis d'Amérique. *Didier*, 1851, port., 2 vol. — Abailard et Héloïse. *Id.*, 1853. — L'Église et la société chrétienne en 1861. *Lévy*, 1861. — Méditations sur l'état actuel de la religion chrétienne. *Id.*, 1866-1868, 2 vol. (IIe et IIIe séries). — Mélanges biographiques et littéraires. *Id.*, 1868. — Mélanges politiques et historiques. *Id.*, 1869. — Les vies de quatre grands chrétiens français. *Hachette*, 1873. — Corneille et son temps, étude littéraire. *Didier*, 1878. — Les années de retraite de M. Guizot, lettres à M. et Mme Charles Lenormant. *Hachette*, 1902. — Ens. 11 vol. in-8, dont 8 vol. demi-rel. veau, tr. jasp., 1 dos et coins mar. rouge et 2 vol. cartonn. toile, tête dor., non rognés (*Pierson*).

454. HAUSSONVILLE (Ouvrages du Comte d'). *Paris, Calmann-Lévy*, 1869-1895, 9 vol. in-8, demi-rel. mar. rouge, vert, grenat et brun, tête dor., non rognés (*Pierson*).

Ma jeunesse, souvenirs (1814-1830). — Socialisme et charité. — L'Église romaine et le premier Empire (1800-1814), 5 vol. — Mon journal pendant la guerre (1870-1871). — Misère et remèdes.

455. HOUSSAYE (Arsène). Les grandes dames. *Paris, E. Dentu*, 1868, 4 tomes en 2 vol., port. — Les Courtisanes du monde. *Id.*, 1870, 4 tomes en 2 vol. — Histoire étrange d'une fille du monde. *Id.*, 1876. — Ens. 5 vol. in-8, demi-rel. chag. rouge, tr. jasp.

456. HOUSSAYE (Ouvrages d'Arsène). 9 vol. in-8 demi-rel. chagrin bleu, vert et olive, tr. jasp.

Histoire du 41e fauteuil de l'Académie française. *Plon*, 1861. — Mademoiselle de La Vallière et madame de Montespan. *Id.*, 1860. — Le roi Voltaire. *Id.*, 1860. — Voyage à ma fenêtre. *Id.*, 1860. — Princesses de comédie et déesses d'opéra. *Id.*, 1860. — Notre Dame de Thermidor. *Id.*, 1866. — Les Charmettes. Jean-Jacques Rousseau et Mme de Warens. *Didier*, 1863. — Le Chien perdu et la femme fusillée. *Dentu*, 1872.

457. HOUSSAYE (Arsène). Les Confessions. Souvenirs d'un demi-siècle. 1830-1890.

Paris, Dentu, 1885-1891, 6 vol. in-8, dos et coins mar. vert, tête dor., non rognés (*Pierson*).

Les tomes 5 et 6 sont brochés.

458. HUGO (Ouvrages de ou relatifs à Victor). 7 vol. in-8 et in-12, demi-rel. mar. rouge et vert, et cartonn. toile de diverses couleurs, tête dor., non rognés (*Pierson*).

Biré (Edmond). Victor Hugo après 1830. *Perrin,* 1891, 2 vol. — Chenay (Paul). Victor Hugo à Guernesey. *Juven, s. d.* — Hugo (Victor). William Shakespeare. *Lacroix,* 1864. — Hugo (Victor). Choses vues. *Hetzel, s. d.* — Larroumet (G[ve]). La maison de Victor Hugo. *Champion,* 1895. — Chez Victor Hugo, par un passant, avec 12 eaux-fortes par Max. Lalanne. *Cadart,* 1864.

459. HUYSMANS (J. K.). Le Drageoir aux épices. *Paris, Librairie générale,* 1875. — Un dilemme. *Paris, Tresse et Stock,* 1887 (*Éd. orig.*). — À vau-l'eau. Eau-forte de A. Delattre. *Id.,* 1894 (*Éd. orig.*). — Ens. 3 vol. in-18, cartonn. toile rouge, verte et grise, tête dor., non rognés, couvert. (*Pierson*).

460. JOUAUST (Ouvrages publiés par). 9 vol. in-12, demi-rel. ou dos et coins mar. de diverses couleurs, et cartonn. toile grenat, tête dor., non rognés (*Pierson*).

Aubigné (Agrippa d'). Mémoires publiés par L. Lalanne, 1889. — Bastide (J. F.). La Petite Maison. Eau-forte de Lalauze, 1879. — Epinay (M[e] d'). L'amitié de deux jolies femmes suivie du rêve de Mlle Clairon. Eau-forte de Lalauze, 1885. — Lambert (M[ise] de). Oeuvres morales. Frontispice de Lalauze, 1883. — Lonlay (Mis E. de). Anacréon. Sa vie et ses œuvres. *S. d.* — Munster (Seb.). Brieve description de la Poloigne, 1872. — Voltaire. Mémoires pour servir à sa vie, écrits par lui-même, 1886. — Sarasin (F[ois]). Poésies. Front. et portrait, 1877. — Testament politique du duc Charles de Lorraine, 1866.

461. LIVRES CONTEMPORAINS ILLUSTRÉS. 7 vol. in-8, dos et coins mar. de diverses couleurs, fil., dos orné, tête dor., non rognés, couvert. illust. (*Pierson* et *Allô*).

Deslandes (Baron). Cœurs de marins. *Paris,* 1894, pl. — Galerita. Un trousseau de clefs. *Lemerre,* 1885, pl. — La Matrone du pays de Soung avec une préface par E. Legrand. *A. Lahure,* 1884. — Le fond du sac ou recueil de contes en vers et en prose et de pièces fugitives. *Leclerc,* 1866 (sur Hollande). — Lermina (Jules). Histoires incroyables, dessins de Amédée Denisse. *Boulanger, s. d.* — Tamenaga Shounsoui. Les fidèles ronins, roman historique japonais. *Quantin,* 1882, pl. — Tessier (Henri). Sa Majesté le Printemps. Préface d'Émile Bergerat. *Dentu,* fig.

462. LIVRES ILLUSTRÉS DU XVIIIe SIÈCLE. 17 vol. in-8, in-12 et in-18, cartonn. vélin blanc, toile grise, demi-rel. mar. rouge, veau marb. et brochés.

Boufflers (Chevalier de). Oeuvres. *Paris, Briand,* 1817, 4 vol., portrait et 16 figures d'après *Marillier.* — Crillon. Mémoires philosophiques de Baron de ***. *Vienne, et Paris, Berton,* 1777, 2 vol. 4 figures (sur 7). — Lettre de la duchesse de La Vallière à Louis XIV. *Londres et Paris,* 1773. — Laujon. L'Amoureux de quinze ans. *Paris, Duchesne,* 1771, 1 figure, par *Gravelot.* — Marmontel. L'amitié à l'épreuve. *Paris, Duchesne,* 1771, 1 figure, par *Gravelot.* — Moissy. Vérités philosophiques tirées des nuits d'Young. *Paris, Pillot,* 1770, 1 figure et 1 fleuron, par *Surugue.* — Moncrif. Les Chats. *Rotterdam,* 1728. — Ovide. L'art d'aimer. *Amsterdam,* 1751, front. d'après *Vanloo* et fig. d'après *Eisen.* — Recueil de lettres héroïques. *Auguste, Stagé,* 1767, figures d'après *Eisen.* — Saint-Marc (de). Oeuvres. *Genève et Paris,* 1775, figures d'après *Moreau, Mariller, Gaucher,* etc. — Tasse. Jérusalem délivrée. *Paris, Bossange,* 1814, 2 vol., figures d'après *Le Barbier.* — Voltaire. La Henriade. *S. l. n. d.* — (Le titre manque).

463. LIVRES ILLUSTRÉS DU XIXe siècle. 6 vol. gr. in-8, demi-rel. chag. de diverses couleurs, tr. jasp.

CERVANTÈS (Miguel de). L'ingénieux hidalgo Don Quichotte de la Manche, vignettes de Tony Johannot. *Dubochet*, 1836-1840, 2 vol. — LE SAGE. Histoire de Gil Blas de Santillane, vignettes par Jean Gigoux. *Paulin*, 1835 (PREMIER TIRAGE). — LIREUX (Auguste). Assemblée nationale comique. Illustré par Cham. *Lévy*, 1850 (PREMIER TIRAGE). — Scènes de la vie privée et publique des animaux, vignettes par Grandville. *Hetzel*, 1842. 2 vol. (PREMIER TIRAGE).

464. OUVRAGES publiés par la Librairie Honoré Champion, 6 vol pet. in-8, demi-rel. et dos et coins mar. rouge, bleu et vert, et cartonn. dos et coins toile bleue, tête dor., non rognés (*Pierson*).

BROGLIE (Duc de). La Journée de Fontenoy, 1891. — BROGLIE (Duc de). Le Père Lacordaire, 1889. — DEPEYRE (G.). Les ducs de Montpensier, 1891. — NELLI (Fran[ce]). Lettres à Pétrarque, publiées par H. Cochin, 1892. — PANGE (Cte de). Le patriotisme français en Lorraine antérieurement à Jeanne d'Arc, 1889. — PIMODAN (Capitaine de). De Goritz à Sofia, 1893.

465. OUVRAGES TIRÉS A PETIT NOMBRE. 5 vol. in-8 et in-12, dos et coins ou demi-rel. mar. ou veau de diverses couleurs, et cartonn. toile grise, tête dor., non rognés (*Champs*).

CHATEAUBRIANT (Jean de Laval Cte de). Mémoires. *Bibliomaniac Society*, 1868. — QUINZE JOYES de mariage. *Techener, s. d.* — LA RAPINÉIDE ou l'atelier. Poème burlesco-comico-tragique en 7 chants. *Barraud*, 1870. — LE ROY des Ribauds. Dissertations de Du Tillet, Claude Fauchet, de Miraumont, etc., etc. *Claudin*, 1878. Ex. sur CHINE. — COSSARD (l'abbé). Le premier traité français de sténographie ou méthode pour escrire aussi vite qu'on parle. *Dorbon aîné*, 1903.

466. RECUEIL A-Z (publié par G.-L. Pérau, A.-G. Meusnier de Querlon, l'abbé Mercier de Saint-Léger, l'abbé J. de La Porte, Et. de Barbazan et B.-C. Graillard de Graville). *Fontenoy et Bruxelles* (*Paris*), 1745-1762, 24 parties en 12 vol. in-12, veau marb., tr. rouges (*Rel. anc.*).

Sur le dos des volumes les armoiries de Rohan-Soubise.

467. RECUEIL de nouveautés sur toutte sorte de sujets. Manuscrit de 213 pp. in-12, veau fauve, dos orné, tr. rouges (*Rel. anc.*).

« Collection de pièces qui n'ont jamais été imprimées », suivant un faux-titre précédant le titre ci-dessus. — On y remarque un « sermon » amusant sur le mariage ; l'auteur l'adresse aux dames qu'il compare à des perles ; puis un panégyrique de saint François, d'autres sermons en proverbes, des épîtres, quelques pièces de vers dans le genre grivois ; quelques pièces politiques en vers, des jeux de mots, etc., etc. — Les 12 dernières pages sont d'une autre écriture.

468. RECUEIL factice de pièces manuscrites diverses, en 1 vol. in-4, cartonn.

Recueil de 70 pièces du XVIIIe siècle d'écritures différentes : Calendrier républicain, contenant depuis 1789 un fait historique pour chaque jour de l'année. — Les Mannequins, conte. — Divers discours du roi. — Pièce en vers sur l'Enterrement du Parlement. — Epîtres au roi, remontrances, arrêts et remonstrances du Parlement, diverses réponses du roi, etc., etc., de 1771 à 1788. — Arrêtés de la sénéchaussée de Lyon, 1788. Arrêté de la Cour des halles de Paris, charbonniers y réunis du mercredy 22 août 1787. — Histoire du siège du Palais, par le capitaine d'Agout, etc., etc.

469. RENAN (Ernest). Marc-Aurèle et la fin du monde antique. — Qu'est-ce qu'une nation? — Discours et conférences. — L'Avenir de la Science. — Pensées de 1848. — Feuilles détachées faisant suite aux Souvenirs d'enfance et de jeunesse.

— Cahiers de jeunesse, 1845-1846. *Paris, Calmann-Lévy*, 1882-1892, 5 vol. in-8, demi-rel. mar. de diverses couleurs, tête dor., non rognés (*Champs* et *Pierson*), et 1 vol. broché.

470. RENAN (Ernest). Vie de Jésus. — Les apôtres. — Dialogues et fragments philosophiques. — Les Évangiles et la seconde génération chrétienne. — L'Ecclésiaste, traduit de l'hébreu avec une étude sur l'âge et le caractère du livre. — Le Judaïsme comme race et comme religion. — Feuilles détachées faisant suite aux souvenirs d'enfance et de jeunesse. — Lettres du Séminaire, 1838-1846. *Paris, Calmann-Lévy*, 1863-1892. — Ens. 8 vol. in-8, demi-rel. et dos et coins mar. de diverses couleurs et cartonn. toile, tête dor., non rognés (*Pierson*).

471. RETZ (Cardinal de). Œuvres. Nouvelle édition revue sur les autographes et sur les plus anciennes impressions, et augmentée de morceaux inédits, des variantes, de notices, de notes, d'un lexique des mots et locutions remarquables, d'un portrait, de fac-simile, etc., par M. Alphonse Feillet. *Paris, Hachette et Cie*, 1872-1896, 10 vol. in-8, demi-rel. mar. bleu jans., tête dor., non rognés (*Pierson* et *Champs*).

De la « *Collection des Grands Écrivains* ».
Un des 150 exemplaires (n° 29) sur papier Whatman.

472. ROLLIN. Œuvres complètes. Nouvelle édition accompagnée de notes sur les principales époques de l'histoire ancienne et de l'histoire romaine par M. F. Guizot. *Paris, chez Lequien*, 1821-1826, 30 vol. in-8 et atlas in-8, demi-rel. chagrin, tr. jasp.

Traité des Études, 4 vol. — Histoire ancienne, 12 vol. — Histoire romaine, 13 vol. — Œuvres diverses, 1 vol.

473. SAINT-ÉVREMONT (de). Œuvres meslées. *A Paris, chez Claude Barbin*, 1692-1693, 5 vol. in-12, veau brun, tr. marb. (*Rel. anc.*).

Edition augmentée de plusieurs pièces inédites.

474. SAINT-ÉVREMONT (de). Œuvres meslées. Nouvelle impression augmentée de plusieurs pièces curieuses. *A Amsterdam, chez Pierre Mortier*, 1698, 8 tomes en 4 vol. in-12, dos et coins mar. grenat, tr. dor.

475. SAINT-VICTOR (Paul de). Les deux masques. 2 vol. — Victor Hugo. — Anciens et modernes. *Paris, Calmann-Lévy*, 1880-1886. — Ens. 4 vol., demi-rel. et dos et coins mar. vert et La Vall., tête dor., non rognés (*Champs* et *Pierson*).

476. SIMON (Jules). L'École. *Lacroix*, 1865. — Dieu, patrie, liberté. *Lévy*, 1885. — Thiers, Guizot, Rémusat. *Lévy*, 1885. — Une académie sous le Directoire. *Lévy*, 1885. — Notices et portraits. *Lévy*, 1892. — Ens. 5 vol. in-8, demi-rel. ou dos et coins mar. de diverses couleurs et cartonn. toile grise, tête dor., non rog. (*Pierson*).

477. TAINE (H.). De l'intelligence. *Hachette*, 1870, 2 vol. — Notes sur l'Angleterre. *Id.*, 1872. — Carnets de voyage. Notes sur la province, 1863-1865. *Id.*, 1897. —

H. Taine, sa vie et sa correspondance. *Id.*, 1902. — Ens. 5 vol. in-8 et in-12, demi-rel. chagrin vert, demi-rel. veau, cartonn. toile et dos et coins toile.

478. THIERRY (Amédée). Récits et nouveaux récits de l'histoire romaine, 2 vol. — Saint-Jérôme, 2 vol. *Paris, Didier,* 1860-1867. — Ens. 4 vol. in-8, demi-rel. mar. La Vall. et chag. vert.

479. TOCQUEVILLE (Alexis de). Œuvres complètes publiées par Madame de Tocqueville. *Paris, Lévy frères,* 1864-1866, 9 vol. in-8, demi-rel. chagrin La Vall., tr. jasp.

480. VEUILLOT (Louis). Paris pendant les deux sièges. *Paris, Victor Palmé,* 1871, 2 vol. — Correspondance de Louis Veuillot. Lettres à son frère, à sa famille. *Id.*, 1884, 2 vol. — Ens. 4 vol. in-8, demi-rel. chag. rouge, tr. jasp. et cartonn. toile grise, tête dor., non rognés (*Pierson*).

481. VIGNY (Alfred de). 7 vol. in-8, demi-rel. mar. et chag. vert, et cartonn. toile crème (*Pierson*),

Vigny (Alfred de). Stello. *Paris*, 1856. — Servitude et grandeur militaires. *Id.*, 1857. — Théâtre complet. *Id.*, 1858. — Poèmes antiques et modernes. *Id.*, 1859. — Cinq-Mars ou une conjuration sous Louis XIII. *Id.*, 1861. — Ens. 5 vol. — Sakellaridès (Emma). Alfred de Vigny. *Paris*, 1902, fig. — Séché (Léon). Alfred de Vigny et son temps (1797-1863). *Juven, s. d.*, pl.

---

482. MACHIAVEL. Œuvres complètes, traduites par J.-V. Périès. *Paris, Michaud,* 1823-1826, 12 vol. in-8, portrait, demi-rel. veau fauve, tr. jasp.

Traduction estimée.

483. SCHILLER'S Sämmtliche Werke mit stahlstichen. *Stuttgart und Tubingen, J.-G. Cotta,* 1835-1836, 12 vol. in-8, figures, dos et coins chagrin vert, tr. dor.

484. STERNE (L.). Œuvres complètes, traduites de l'anglais par une société de gens de lettres. *A Paris, chez Ledoux et Tenré,* 1818, 4 vol. in-8, veau racine, fil., dos orné, tr. marb. (*Rel. de l'époque*).

Portrait par *Misbach* et 13 figures par *Chasselat* et *Misbach* gravées par *Saint-Aubin.*

---

485. LUDEWIG (J.-P.). Reliquiae manuscriptorum omnis aevi diplomatum ac monumentorum, ineditorum adhuc. Ex museo Io. Petri Ludewig. *Francofurti et Lipsiae,* 1720-1741, 12 vol. pet. in-8, front., cartonn., non rognés.

Collection recherchée de pièces inédites et curieuses.

HISTOIRE

A. — *GÉOGRAPHIE.*

486. APIAN (Pierre). Cosmographie, ou description des quatre parties du monde, contenant la situation, division, et estendue de chascune région et province d'icelles, escrite en latin par Pierre Apian, corrigée et augmentée par Gemma Frison, avec plusieurs autres traitez concernant la mesme matière... *En Anvers, chez Jean Bellere*, 1581, in-4, veau brun (*Rel. anc.*).

Edition ornée de nombreuses figures sur bois, dont 3 avec pièces mobiles.
Forte tache d'encre sur le titre atteignant les 5 premiers feuillets. Mouillures et dernier feuillet doublé.

487. DE FER (N.). Atlas ou recueil de cartes géographiques, dressées sur les nouvelles observations de Mrs de l'Académie des Sciences. *A Paris*, 1705-1720, gr. in-fol., monté sur onglets, veau marb., tr. rouges (*Rel. anc.*).

103 cartes ; titre remonté. Reliure fatiguée.

488. LANDTAFEL (Die) des Markgraenhumes Mähren. Auf Kosten vieler Mitglieder des begüterten Erbadels dieses Landes herausgegeben von P. Ritter v. Chlumecky, Joseph Chytil, Carl Demuth, A.-R. Wolfskron. *Brünn*, 1856, 2 vol. pet. in-fol., dos et coins vélin blanc, tr. brunes.

Nombreuses reproductions hors texte en chromolithographie. Armes du comte Leon Vandalin Mniszech, sur les plats de la reliure.

489. LEFRANC (Abel). Les navigations de Pantagruel. Étude sur la géographie rabelaisienne. *Paris, H. Leclerc*, 1905, in-8, demi-rel. mar. vert, tête dor., non rogné, couvert. (*Pierson*).

Tirage à petit nombre sur papier de Hollande.

490. LESAGE (A.). Atlas historique, généalogique, chronologique, et géographique... par A. Lesage. *Paris, Sourdon, s. d.* (vers 1808), in-fol., front. et 33 tableaux, montés sur onglets, demi-rel. mar. rouge, non rogné (*Rel. de l'époque*).

Exemplaire du duc de Montebello, avec son chiffre sur les plats de la reliure et son ex-libris à l'intérieur.

491. MUNSTER (Sebast.). Cosmographiae universalis lib. VI, in quibus, juxta certioris fidei scriptorum traditionem describuntur... (A la fin) : *Basilae, apud Henricum Petri, mense martio salutis*, 1550, in-fol. réglé, veau fauve, fil., fleuron sur les plats, tr. dor. (*Rel. anc.*).

Traduction latine faite par Munster lui-même sur l'édition allemande de 1550.
Nombreuses figures sur bois dans le texte et 14 cartes.
Exemplaire fatigué.

492. RECLUS (Élisée). Nouvelle géographie universelle. La terre et les hommes. *Paris, Hachette et Cie*, 1875-1893, 19 vol. gr. in-8, en fascicules.

Le tome II (*France*) est incomplet du fasc. 11 ; le tome XI (*Afrique sept.*), du fasc. 59, le tome XII (*Afrique occid.*), des fasc. 66 et 67, le tome XVI (*Indes Occ.*), du fasc. 85, et le tome XVII (*États-Unis*), du fasc. 92.

493. RECUEIL DE CARTES des 5 parties du monde, des provinces de France publiées à Paris et à Amsterdam, 1694-1696, 2 vol. in-fol. montés sur onglets, vélin blanc, encad. de fil., plaque à froid sur les plats, tr. rouges (*Rel. anc.*).

171 cartes de Sanson, Jaillot, Duval, F. de Wit, Visscher.
Armoiries sur les plats de la reliure.

B. — VOYAGES

494. AMBASSADES mémorables de la Compagnie des Indes orientales des provinces unies, vers les Empereurs du Japon, contenant plusieurs choses remarquables arrivées pendant le voyage des ambassadeurs ; et de plus, la description des villes, bourgs, chateaux, forteresses, temples et autres batimens, etc., etc. *A Amsterdam, chez Jacob de Meurs*, 1680, in-fol., veau brun, dos orné, tr. jasp. (*Rel. anc.*).

Nombreuses planches hors texte et dans le texte, gravées en taille-douce.

495. BINDER (Henry). Au Kurdistan en Mésopotamie et en Perse. *Paris, Quantin*, 1887, nombreuses illustrations. — Feuvrier (Dr). Trois ans à la cour de Perse. *Paris, Juven, s. d.*, figures. — Ens. 2 vol. gr. in-8, dos et coins chag. et cartonn. toile verte, tête dor., non rognés, couvert. (*Champs* et *Pierson*).

496. BLANC (Charles) Voyage de la haute Égypte, observations sur les arts Égyptien et Arabe. *Renouard*, 1876. — Latour (Antoine de). Voyage de S. A. R. Monseigneur le Duc de Montpensier à Tunis, en Égypte, en Turquie et en Grèce. *Bertrand, s. d.* (photographies). — Ritt (Olivier). Histoire de l'isthme de Suez. *Hachette*, 1869. — Ens. 3 vol. in-8, dos et coins chag. de diverses couleurs, tête dor., non rognés.

497. BREF RÉCIT et succincte narration de la navigation faite en 1535 et 1536 par le capitaine Jacques Cartier aux îles de Canada, Hochelaga, Saguenay et autres. Réimpression figurée de l'édition originale rarissime de 1545 avec les variantes des manuscrits de la Bibliothèque impériale. Précédée d'une brève et succincte introduction historique par M. d'Avezac. *Paris, Librairie Tross*, 1863, pet. in-8 de 68 pag., mar. bleu, fil., dos orné et chiffré, dent. int., doublé et gardes de tabis rouge, chiffre doré à l'int., tr. dor. (*Hardy-Mennil*).

Exemplaire aux armes et au chiffre du Prince d'Essling.

498. DUMONT-D'URVILLE. Voyage au pôle sud et dans l'Océanie sur les corvettes l'Astrolabe et la Zélée, pendant les années 1837 à 1840. Second voyage autour du monde. *Paris*, 1841-1854, 23 tomes en 21 vol. in-8 et 7 atlas en 6 grands volumes in-fol. montés sur onglets, dos et coins mar. rouge, tête dor., non rognés.

Bel exemplaire bien complet, moins les 57 cartes hydrographiques.

Relation historique. 10 vol. et 2 atlas de 198 planches lithographiées et 9 cartes, la plupart sur Chine. — Zoologie. 5 tomes en 4 vol. et 2 atlas de 140 planches gravées et coloriées. — Botanique. 2 tomes en 1 vol. et atlas de 66 planches dont 20 coloriées ou gravées en couleurs. — Anthropologie. 1 vol. et 1 atlas de 50 planches sur Chine. — Géologie. 2 vol. et atlas de 9 planches et 4 cartes. — Physique. 1 vol. — Hydrographie. 2 vol.

499. EXPÉDITION DE LA JEANNETTE (L') au pôle nord, racontée par tous les membres de l'expédition. Ouvrage composé des documents reçus par le « New York Herald » de 1878 à 1882, traduits, classés, juxtaposés par Jules Geslin, avec de nombreuses illustrations hors texte. *Paris, Maurice Dreyfous, s. d.,* 2 vol. in-8, dos et coins, mar. vert foncé, tête dor., non rognés (*Couvert.*).

500. HUBNER (Baron de). Promenade autour du monde, 1871. *Paris, Hachette et Cie*, 1873, 2 vol. in-8, demi-rel. chag. orange, tr. jasp.

501. JACQUEMONT (Victor). Voyage dans l'Inde, pendant les années 1828 à 1832. *Paris, Firmin Didot,* 1841-1844, 4 vol. in-4 de texte et 2 atlas de même format, ens. 6 vol. in-4, demi-rel. mar. vert, dos orné en long, tr. jasp. (*Rel. de l'époque*).

Texte : Journal. 3 vol. — Description des collections. 1 vol.
Atlas : Journal. 83 planches et 4 cartes. — Mammifères. 6 pl. — Oiseaux. 2 pl. — Reptiles. 4 pl. — Poissons. 6 pl. — Mollusques. 3 pl. — Crustacés. 3 pl. — Insectes. 3 pl. — Botanique. 180 pl.
Exemplaire bien complet ayant quelques planches coloriées.

502. LAFOND (de Lurcy). Voyages autour du monde et naufrages célèbres. *Paris, Lachaud,* 1870, 8 vol. gr. in-8, demi-rel. veau fauve, tr. jasp.

Ouvrage orné de 80 gravures gravées en taille-douce, dont un grand nombre coloriées.

503. LE BLANC (Vincent). Les Voyages fameux du sieur Vincent Le Blanc, Marseillois, qu'il a faits depuis l'aage de douze ans iusques à soixante, aux quatre parties du monde ; à sçavoir aux Indes orientales et occidentales, en Perse et Pégu ; aux royaumes de Fez, de Maroc, et de Guinée, et dans toute l'Afrique intérieure..., rédigez fidellement sur ses mémoires par Pierre Bergeron. *A Paris, chez Gervais Clousier,* 1658, 3 parties en 1 vol. in-4, demi-rel. veau brun, tr. rouges (*Rel. anc.*).

Édition imprimée à Troyes chez Nicolas Oudot.

504. LÉRY (Jean de). Histoire d'un voyage faict en la terre du Brésil. Nouvelle édition, avec une introduction et des notes par Paul Gaffarel. *Paris, A. Lemerre,* 1880, 2 vol. in-12, dos et coins mar. brun, fil., dos orné, tête dor., non rognés (*Pierson*).

505. LETELLIER (Maurice). A travers la Norvège et Spitzbergen. *Paris, Lamulle,* 1897, pl. — NANSEN (Fridtzof). Vers le pôle. *Flammarion, s. d.,* fig. — SVERDRUP (Otto). Second voyage du « Fram » de Nansen. Quatre années dans les glaces du pôle. *Id., s. d.,* fig. — Ens. 3 vol. in-8, cartonn. toile verte et grise, tête dor., non rognés, couvert. illust. (*Pierson*).

506. NIEUHOFF (Jean). L'Ambassade de la compagnie orientale des Provinces Unies vers l'Empereur de la Chine, ou grand Cam de Tartarie, faite par les Srs Pierre de Goyer et Jacob de Keyser ; illustrée d'une très exacte description des villes,

bourgs, villages, ports de mers et autres lieux plus considérables de la Chine..., mis en françois par Jean Le Carpentier. *A Leyde, pour Jacob de Meurs*, 1665, 2 parties en un vol. in-fol., veau marb., dos orné, tr. rouges (*Rel. mod.*).

Ouvrage orné d'un grand nombre de planches gravées en taille-douce.

507. RHONÉ (Arthur). L'Égypte à petites journées. Études et souvenirs. Le Kaire et ses environs. *Paris, Leroux*, 1887, in-8, demi-rel. mar. La Vall., tête dor., non rogné (*Pierson*).

Nombreuses gravures hors texte et dans le texte.

508. TAVERNIER. Les six voyages de J.-B. Tavernier, en Turquie, en Perse et aux Indes. *Suivant la copie imprimée à Paris*, 1678, 2 vol. — Nouvelle relation de l'intérieur du Serrail du grand seigneur. *A Amsterdam, chez Joannes Van Someren*, 1678, 1 vol. — Ens. 3 vol. pet. in-12, vélin blanc à recouv.

Les 3 volumes de cette jolie édition publiés par Van Someren, d'Amsterdam, contiennent le premier tirage des planches.

509. VOYAGES EN ASIE. 4 vol. in-8, dos et coins mar. et cartonn. toile de diverses couleurs, tête dor., non rognés, couvert. (*Pierson* et *Champs*).

Bourg de Bozas (Ctesse du). Mon tour du monde. *Plon*, 1903, pl. — Gainet (l'abbé). Étude sur la Chine, abrégé de son histoire, son état présent et son avenir. *Jacquin*, 1881. — Pimodan (Cte de). Promenades en Extrême-Orient (1895-1898). *Champion*, 1900. — Pontevès-Sabran (Jean de). L'Inde à fond de train. *Paris*, 1886, pl.

510. VOYAGES EN AFRIQUE. 4 vol. in-8, demi-rel. mar. La Vall. et cartonn. toile grise, tête dor., non rognés (*Pierson*).

Harry Alis. A la conquête du Tchad. *Hachette*, 1891. — Péroz (Ct). Au Niger; récits de campagne. *Lévy*, 1895. — Stanley (H.-M.). Dans les ténèbres de l'Afrique. *Hachette*, 1890, 2 vol.

C. — HISTOIRE UNIVERSELLE. — HISTOIRE ANCIENNE. HISTOIRE ROMAINE

511. ART DE VÉRIFIER LES DATES (L') des faits historiques, des chroniques, et autres anciens monuments, avant l'ère chrétienne... par un religieux de la congrégation de Saint Maur; imprimé pour la première fois sur les manuscrits des Bénédictins mis en ordre par M. de Saint-Allais. *A Paris, chez Moreau*, 1818-19, 5 vol. — L'Art de vérifier les Dates... depuis la naissance de Notre Seigneur. *A Paris*, 1818-1819, 18 vol. — L'Art de vérifier les Dates, depuis l'année 1770 jusqu'à nos jours, formant la continuation de l'ouvrage publié sous ce nom par les religieux de Saint-Maur, rédigée par le chevalier de Courcelles, le marquis de Fortia. *Paris, Arthus Bertrand*, 1821-1830, 19 vol., dont 1 de table. Ens. 42 vol. in-8, demi-rel. veau fauve, dos orné, ébarbés.

Bel exemplaire. Reliure uniforme.

512. CANTU (César). Histoire universelle, traduite par Eugène Aroux et Piersilvestro Léopardi, revue par MM. Amédée Renée, Baudry, Chopin, Dehèque, etc.

Troisième édition entièrement refondue par l'auteur, revue et traduite d'après la huitième et dernière édition italienne par M. Lacombe. *A Paris, chez Firmin-Didot frères,* 1862, 19 vol. in-8, demi-rel. veau brun, tr. jasp.

Bel exemplaire.

513. DUFOUR (Pierre). Histoire de la prostitution chez tous les peuples du monde, depuis l'antiquité la plus reculée jusqu'à nos jours. *Paris, Séré,* 1851-1853, 6 vol. in-8, figures, demi-rel. chagrin rouge, non rognés.

514. PUFENDORFF (Baron de). Introduction à l'histoire moderne, générale et politique de l'Univers, où l'on voit l'origine, les révolutions et la situation présente des différents États de l'Europe, de l'Asie, de l'Afrique et de l'Amérique... augmentée par M. Bruzen de la Martinière... et continuée jusqu'en 1750, par M. de Grace. *A Paris, chez Mérigot,* 1753-1759, 8 vol. in-4, frontispice, vignettes, par Eisen, et 23 cartes, veau marb., dos orné, tr. rouges (*Rel. anc.*).

---

515. FONTANE (Marius). Histoire universelle. *Paris, Lemerre,* 1881-1901, 9 vol. in-8, demi-rel., dos et coins mar. La Vall. vert et bleu, tête dor., non rognés (*Champs, Allô* et *Pierson*).

Inde védique. — Les Iraniens. — Les Égyptes, — Les Asiatiques. — La Grèce. — Athènes. — Rome. — Mahomet. — La Papauté.

516. ISRAÉLITES (ouvrages relatifs aux). 4 vol. in-8, dos et coins ou demi-rel. mar. rouge, grenat et bleu, tête dor., non rognés (*Pierson* et *Champs*).

Lémann (L'abbé J.). L'Entrée des Israélites dans la société française et les états chrétiens. *Lecoffre,* 1886. — Dunker (Max). Les nations sémitiques. Les Égyptiens. Histoire de l'antiquité. *Marpon et Flammarion, s. d.* — Rodocanachi (Em.). Le Saint-Siège et les Juifs. Le Ghetto à Rome. *Didot,* 1891. — Trocase (F.). L'Autriche Juive. *Paul Dupont, s. d.*

517. JOSEPH (Flavius). Histoire des Juifs, écrite par Flavius Joseph sous le titre de Antiquitez Judaïques, traduite sur l'original grec, revue sur divers manuscrits, par Arnauld d'Andilly. *A Bruxelles, chez Eugène Henri Fricx,* 1701-1703, 5 vol. pet. in-8, veau, jaspé, tr. rouges (*Rel. anc.*).

Jolie édition recherchée, ornée de nombreuses figures gravées en taille-douce.

518. LEBEAU. Histoire du Bas-Empire. Nouvelle édition, revue entièrement, corrigée et augmentée d'après les historiens orientaux par M. de Saint-Martin. *Paris, Firmin-Didot,* 1834-1836, 21 vol. in-8, demi-rel. veau fauve, tr. jasp.

519. LEUSSE (Comte Paul de). Études d'histoire ethnique depuis les temps préhistoriques jusqu'au commencement de la Renaissance. *Paris et Strasbourg, s.d.,* 2 vol. in-8, cartonn. toile grenat, tête dor., non rognés (*Pierson*).

520. MASPÉRO (G.). Histoire ancienne des peuples de l'Orient classique. *Paris, Hachette et Cie,* 1897, gr. in-8, figures noires et en couleurs, broché (*Couvert.*).

Tome II : *Les premières mêlées des peuples.*

521. PRIDEAUX. Histoire des Juifs et des peuples voisins depuis la décadence des royaumes d'Israël et de Juda jusqu'à la mort de Jésus-Christ. Traduit de l'anglois (par de La Rivière et du Soul). *A Amsterdam, chez Henri Du Sauzet,* 1726, 7 vol. in-12, figures et cartes, veau marb., dos orné, tr. marb. (*Rel. anc.*).

Bel exemplaire.

522. RENAN (Ernest). Histoire du peuple d'Israël. *Paris, Calmann-Lévy,* 1889-1894, 6 vol. in-8, brochés (*Couvert.*).

Tome II à V inclus.
Les tomes IV et V sont en double.

523. RELANDI (Hadriani) Palestina ex monumentis veteribus illustrata. *Trajecti Batavorum, ex libraria Guilielmi Broedelet,* 1714, 2 tomes en 1 vol. pet. in-4, vélin blanc, fil., milieu à froid, tr. jasp. (*Rel. mod.*).

Bel exemplaire de cet ouvrage estimé, orné d'un frontispice gravé, d'un portrait et de 13 cartes ou plans.

524. VIGNIER (N.). Les Fastes des anciens Hébreux, grecs et romains, avec un traité de l'an et des mois, où est amplement discouru sur la signification et diversité d'iceux entre les anciens et modernes. *A Paris, chez Abel L'Angelier,* 1588, in-4, réglé, veau brun, encad. de fil. avec chiffre aux angles, tr. dor. (*Rel. anc.*).

Aux armes de Valentin Conrart.
Reliure fatiguée.

525. VILLE-HARDOUIN (Geoffroi de). La Conquête de Constantinople, avec la continuation de Henri de Valenciennes, texte original, accompagné d'une traduction par M. Natalis de Wailly. *Paris, Firmin-Didot frères fils et Cie,* 1872, gr. in-8, dos et coins mar. orange, fil., dos orné et mosaïqué, tête dor., non rogné.

Exemplaire imprimé sur papier de Hollande.

526. VILLEHARDOUIN (Geoffroi de). La Conquête de Constantinople, texte et traduction nouvelle avec notice, notes et glossaire par Émile Bouchet. *Paris, Alphonse Lemerre,* 1891, 2 vol., pet. in-8, pap. de Holl., dos et coins mar. vert, tête dor., non rognés, couvert. (*Pierson*).

---

527. CHAMPAGNY (Cte de). Les Antonins. Ans de J.-C., 69-180, par le comte de Champagny. *Paris, Ambroise Bray,* 1863, 3 vol. in-8, demi-rel., veau fauve, tr. jasp. — Les Césars. *Paris, Ambroise Bray,* 1867-1868, 4 vol in-8, demi-rel., chag. vert, tr. jasp. — Ens. 7 vol.

528. CHAMPAGNY (comte de). Les Césars au troisième siècle. *Paris, Bray et Retaux,* 1870, 3 vol. in-8, demi-rel., mar. La Vall., tr. jasp.

529. HERODIEN. Histoire d'Herodian excellent historien grec, traitant des faicts mémorables des successeurs de Marc Aurele à l'empire de Rome. Translatée du grec en françois par Jacques des Comtes de Vintemille, Rhodien, conseiller du Roy

au Parlement de Dijon, plus, un discours et advertissement aux censeurs de la langue françoise : avec une table des choses plus remarquables. *A Paris, de l'Imprimerie de Fédéric Morel*, 1581, in-4, veau marb., fil., dos orné, tr. dor.

530. MACHIAVEL. Réflexions sur la première décade de Tite-Live. Nouvelle traduction, précédée d'un discours préliminaire par M. D. M. M. D. R. (de Menc). *A Amsterdam, et se trouve à Paris, chez Alex. Jombert*, 1782, 2 vol. in-8, mar. rouge, fil., fleurons aux angles, dos orné à petits fers, doublé et gardes de tabis bleu, dent. int., tr. dor. (*Rel. anc.*).

Exemplaire imprimé sur GRAND PAPIER et bien relié.

531. MOMMSEN (Théodore). Histoire romaine, traduite par C.-A. Alexandre. *Paris, Albert L. Herold*, 1863-1866, 5 vol. in-8, demi-rel., veau fauve, tr. jasp.

Tomes 1 à 5.

532. MICHELET. Histoire romaine. République. *Paris, L. Hachette*, 1843, 2 vol. in-8, demi-rel., mar. vert, dos orné, tête dor., non rognés (*Champs*).

533. NAPOLÉON III. Histoire de Jules César. *Paris, Imp. Imp.*, 1865-1866, 2 vol. gr. in-4, dos et coins, mar. vert, jans., tête dor., non rognés (*Champs*).

L'atlas est relié avec les volumes.

534. SEGUR (Comte de). Histoire universelle, contenant l'histoire ancienne, romaine, et du Bas-Empire. *Paris, Furne*, 1836, 12 vol. in-8, figures, demi-rel. veau brun, dos orné, tr. jasp.

535. SIGONIUS (Carolus). Fasti consulares, ac triumphi acti a Romulo rege usque ad Ti. Caesarem. Eiusdem in fastos et triumphos, id est in universam romanam historiam commentarius. *Hanoviae, typis Wechelianis apud Claudium Marnium*, 1609, in-fol., veau fauve, comp. de fil et dent, médaillon au milieu dans un losange de 2 fil., dos orné, tr. dor. (*Rel. anc.*).

Jolie reliure du commencement du dix-septième siècle.

E. — HISTOIRE MODERNE

536. AUBIGNÉ (Théodore-Agrippa). Histoire universelle (de l'an 550 jusqu'à la fin du XVIe siècle). *A Maillé, par Jean Moussat*, 1616-1620, 3 tomes en 2 vol., in-fol., veau marbr., tr. rouges (*Rel. anc.*).

Cette édition, imprimée aux frais de d'Aubigné, fut condamnée à être brûlée par sentence du 2 janvier 1620. Les exemplaires en sont rares.

537. CANTU (César). Histoire de cent ans, de 1750 à 1850 (histoire, sciences, littérature, beaux-arts). Traduit de l'Italien, avec notes et observations, par Amédée Renée. *Paris, Firmin-Didot frères*, 1852, 4 vol. in-12, demi-rel., mar. grenat, fil., dos orné, tête dor., non rognés (*Champs*).

538. GEORGISCH (Petrus). Regesta chronologico-diplomatica in quibus recensentur omnis generis monumenta et documenta publica. *Francofurti et Lipsiae*, 1740-

1742. Index geographico-topographico alphabeticus. *Halae,* 1744, 4 tomes en 2 vol. in-fol., veau jasp., dos orné, tr. rouges (*Rel. anc.*).

Ce catalogue, de toutes les pièces diplomatiques imprimées, s'étend depuis l'année 305 jusqu'en 1730.

539. HALLAM (Henry). L'Europe au moyen-âge, trad. de l'anglais par A. Borghers et P. Dudouit. Deuxième édition entièrement revue et corrigée par A. Borghers, *Paris, Ladrange,* 1837, 4 vol. in-8, demi-rel., mar. rouge, fil., dos orné, tête dor., non rognés (*Champs*).

Excellent ouvrage.

540. HIMLY (Auguste). Histoire de la formation territoriale des états de l'Europe centrale. *Paris, Hachette et Cie,* 1894, 2 vol. in-8, dos et coins mar. noir, tête dor., non rognés, couvert. (*Carayon*).

541. MACHAUT (Guillaume de). La Prise d'Alexandrie ou chronique du Roi Pierre Ier de Lusignan, publié pour la première fois pour la Société de l'Orient latin, par M. S. de Mas Latrie. *Genève, Fick,* 1877, gr. in-8, demi-rel. mar. La Vall., tête dor., non rogné (*Champs*).

542. POINSIGNON (A.-M.). Les Origines de la Société moderne ou histoire des quatre premiers siècles du Moyen-Age. *Reims, Régnier,* 1856, 2 vol. in-8, demi-rel. mar. brun, tête dor., non rognés (*Henry-Joseph*).

543. THOU (Jacques-Auguste de). Histoire universelle depuis 1543 jusqu'en 1607, traduite sur l'édition latine de Londres (par J.-B. Le Mascrier, Ch. Lebeau, l'abbé Desfontaines, etc.). *Londres* (*Paris*), 1734, 16 vol. in-4, veau fauve, fil., dos orné, dent. int., tr. rouges (*Rel. anc.*).

Bel exemplaire de cette édition estimée.

F. — *HISTOIRE DE FRANCE*

1. — HISTOIRE DE LA GAULE

544. FAUCHET (Claude). Recueil des antiquitez gauloises et françoises (par Claude Fauchet). *A Paris, chez Jacques du Puys,* 1579, in-4, veau brun, dos orné (*Rel. anc.*).

Exemplaire fatigué.

545. FAURIEL. Histoire de la Gaule méridionale sous la domination des conquérants germains. *Paris, Paulin,* 1836, 4 vol. in-8, demi-rel. veau fauve, ébarbés.

546. LE MAIRE DE BELGES (Jean). Les Illustrations de Gaulle, et singularitez de Troye, contenant troys parties, avec l'epistre du roy Hector de Troye, le traicté de la difference des scismes et des concilles, la vraye hystoire, et non fabuleuse du prince Syach Ysmail dict Sophy... Avec plusieurs autres additions nouvellement reveu et corrigé. *Imprimé à Paris, 1548. On les vend à Paris, par Poncet*

le Preux, 4 parties en 1 vol. in-4, veau fauve, encad. de fil. et dent. à froid, tr. rouges.

547. LE MAIRE DE BELGES (Jehan). Les Illustrations de Gaulle... *On les vend à Paris... en la bouticque de Jehan André*, 1540, 4 parties en un vol. in-8, demi-rel. veau fauve, tr. rouges (*Rel. anc.*).

548. VALESII (Hadriani) Historiographi regii noticia Galliarum ordine litterarum digesta. *Parisiis, apud Fredericum Léonard*, 1675, in-fol. à 2 col., vélin blanc (*Rel. anc.*).

Ouvrage estimé.

549. ORIGINES DE LA FRANCE. 5 vol. in-8, dos et coins et demi-rel. mar. vert-grenat, et cartonn. toile de diverses couleurs, tête dor., non rognés (*Champs* et *Pierson*).

Héricault (Charles). Origines du peuple français. *Bloud et Barral, s. d.* — Kleinclausz (Arthur). L'Empire Carolingien, ses origines et ses transformations. *Hachette*, 1902. — Lecoy de la Marche (A.). La Fondation de la France du quatrième au sixième siècle. *Desclée*, 1893, pl. — Prou (M.). La Gaule mérovingienne. *May, s. d.* — Tourlet (Georges). Onomastique de la Gaule sceltane. *Rouen*, 1884.

2. — COLLECTIONS DE MÉMOIRES HISTORIQUES. — MÉLANGES

550. BOUQUET (Dom Martin). Recueil des historiens des Gaules et de la France. Nouvelle édition publiée sous la direction de MM. Léopold Delisle, Grigniaut et de Wailly. *Paris, Vve Palmé*, 1869-1879, 23 vol. in-fol., dos et coins chagrin vert, tête dor., non rognés.

Les tomes XXI à XXIII sont brochés.

551. BRÉQUIGNY (de). Mémoires sur les recherches relatives à l'histoire de France, faites à Londres par M. de Bréquigny. Manuscrit in-fol. de 16 pages, demi-rel. parchemin.

Manuscrit autographe signé de Louis-George Oudard-Feudrix de Bréquigny, né à Granville en 1716, mort à Paris le 3 juillet 1795. — A la paix de 1763, le gouvernement français l'envoya en Angleterre pour y recueillir dans la tour de Londres, les titres relatifs à l'histoire de France. Ce manuscrit est le résultat d'une partie de ses recherches; il est relatif au siège de Calais par Edouard III, roi d'Angleterre, en 1346, et du dévouement des six bourgeois de la ville.

Les 13 premières pages du manuscrit sont consacrées à l'énumération des documents trouvés par l'auteur sur ce point important de l'histoire de France; la suite est le récit de la reddition de Calais.

Bréquigny mit trois années à débrouiller l'énorme quantité de documents enfouis dans les coffres de l'Echiquier.

552. BUCHON (J.-A.) Collection des chroniques nationales françaises, écrites en langue vulgaire du treizième au seizième siècle, avec notes et éclaircissements, par J.-A. Buchon. *Paris, Verdière et Carez*, 1826-1828, 47 vol. in-8, demi-rel. veau fauve, dos orné, tr. jasp. (*Rel. de l'époque*).

553. CESENA (Amédée de). Les Bourbons de France. Henri IV, Louis XIII, Louis XIV, Louis XV, Louis XVI, Louis XVIII, Charles X, Louis-Philippe Ier, le

comte de Paris. *Paris, Henri Gautier,* 1886, in-4, figures, dos et coins mar. bleu, fil., dos fleurdelisé, tête dor., non rogné, couvert. (*Champs*).

554. CHRONIQUES FRANÇAISES réimprimées par l'Académie royale de Belgique. *Bruxelles, F. Heussner,* 1863, 10 vol. in-8, papier vergé, demi-rel. veau fauve, tr. jasp.

Froissart (Jehan). Le Premier livre des Chroniques. Texte inédit publié d'après un manuscrit de la bibliothèque du Vatican, par le Bon Kervyn de Lettenhove. 2 vol. — Le Bel (Messire Jehan). Les vrayes Chroniques... publiées par M.-L. Polain. 2 vol. — Chastellain (Georges de). Œuvres, publiées par M. le baron Kervyn de Lettenhove, 6 vol.

555. CIMBER ET DANJOU. Archives curieuses de l'histoire de France, depuis Louis XI jusqu'à Louis XVIII, ou collection de pièces rares et intéressantes, telles que chroniques, mémoires, pamphlets, lettres, vies, procès, testamens, exécutions, sièges, batailles, massacres, entrevues, fêtes, cérémonies funèbres, etc. *Paris, Beauvais,* 1834-1840, 27 vol. in-8, demi-rel. veau vert, dos plat orné de fil., tr. jasp.

Reliure uniforme pour les 2 séries.

556. COLLECTION de Documents inédits sur l'histoire de France, publiés par les soins du ministre de l'Instruction publique. *Paris,* 1835-1902, 119 vol. in-4, demi-rel., mar. rouge, tr. marb., ou cartonnés, non rognés et 10 brochés.

Abélard. Ouvrages inédits. 1 vol. — Anelier, *de Toulouse* (Guil.). Histoire de la guerre de Navarre en 1276 et 1277, 1 vol. — Benoit. Chronique des ducs de Normandie, 3 vol. — Brette (A.). Histoire des édifices où ont siégé les assemblées parlementaires de la Révolution française et de la première république (tome I seul), 1 vol. — Cartulaire de l'Eglise Notre-Dame de Paris, 4 vol. — Cartulaire de l'abbaye de Savigny, 2 vol. — Cartulaire de l'abbaye de Redon en Bretagne, 1 vol. — Cartulaire de l'abbaye de Beaulieu en Limousin, 1 vol. — Cartulaire de l'abbaye de Saint-Père de Chartres, 2 vol. — Cartulaire de l'abbaye de Saint-Victor de Marseille, 2 vol. — Cartulaire de l'abbaye de Saint-Bertin, 1 vol. — Catalogue général des manuscrits des bibliothèques publiques des départements, 5 vol. — Champollion-Figeac. Captivité du roi François Ier, 1 vol. — Chronique de Bertrand Duguesclin, 2 vol. — Chronique du religieux de Saint-Denys, 6 vol. — Correspondance administrative sous le règne de Louis XIV, entre le cabinet du roi, le secrétaire d'Etat et le chancelier de France, 3 vol. — Correspondance de Henri d'Escoubleau de Sourdis, archevêque de Bordeaux, 3 vol. — Documents historiques inédits tirés des collections manuscrites de la Bibliothèque royale, 4 vol. — Foucault (Nicolas-Joseph). Mémoires, 2 vol. — Haton (Claude), Mémoires, 2 vol. — Histoire de la Croisade contre les hérétiques Albigeois, 1 vol. — Inscriptions de la France du ve au xviiie siècle, 2 vol. — Journal d'Olivier Lefebvre d'Ormesson, 2 vol. — Lenoir (A.). Architecture monastique, 2 vol. — Lettres de rois, reines et autres personnages des cours de France et d'Angleterre, depuis Louis VII jusqu'à Henri IV, 2 vol. — Lettres, instructions diplomatiques et papiers d'Etat du cardinal de Richelieu, 7 vol. — Li livres de Jostice et de plet, 1 vol. — Li Livres dou tresor par Brunetto Latini, 1 vol. — Masselin (Jehan). Journal des Etats-Généraux de France tenus à Tours sous le règne de Charles VIII, 1 vol. — Le mistère du siège d'Orleans, 1 vol. — Négociations diplomatiques entre la France et l'Autriche durant les 30 premières années du xvie siècle, 2 vol. — Négociations de la France dans le Levant, 3 vol. — Négociations relatives à la succession d'Espagne sous Louis XIV, 4 vol. — Négociations, lettres et pièces diverses relatives au règne de François II, 1 vol. — Négociations, lettres et pièces relatives à la conférence de Loudun, 1 vol. — Négociations diplomatiques de la France avec la Toscane, 5 vol. — Les Olim ou registres des arrêts rendus par la Cour du roi sous le règne de Saint-Louis, Philippe le Hardi, etc., etc., 4 vol. — Palsgrave (Jean). L'éclaircissement de la langue française, 1 vol. — Papiers d'Etat du cardinal de Granvelle, 9 vol. — Paris sous Philippe le Bel, 1 vol. — Privilèges accordés à la couronne de France par le Saint-Siège, 1 vol. — Procès des Templiers, 2 vol. — Procès-verbaux des Etats-Généraux de 1593, 1 vol. — Les Quatre livres du rois, traduits en français au xiie siècle, 1 vol. — Rapports au ministre sur la collection des documents inédits sur l'histoire de France,

1839-1874, 2 vol. — Recueil des monuments inédits de l'histoire du Tiers-État, 4 vol. — Recueil des lettres missives de Henri IV, 7 vol. — Reglemens sur les arts et métiers de Paris rédigés au XIIIe siècle, 1 vol. — Relations des ambassadeurs vénitiens sur les affaires de France au XVIe siècle, 2 vol. — Varin. Archives législatives de la ville de Reims, 10 vol. — Vitet (L.). Monographie de l'Eglise Notre-Dame de Noyon, 1 vol. — Table chronologique et alphabétique des quatres volumes publiés de 1841 à 1848, 1 vol. — On y joint : 7 vol. dépareillés cartonnés (Varin, Archives de Reims; correspondance administrative sous Louis XIV, et catalogue général des manuscrits des bibliothèques des départements).

557. COLLECTION des meilleures dissertations, notices et traités particuliers relatifs à l'histoire de France, composée, en grande partie, de pièces rares, ou qui n'ont jamais été publiées séparément ; pour servir à compléter toutes les collections de mémoires sur cette matière, par C. Leber. *Paris, Dentu,* 1838, 20 vol. in-8, demi-rel. mar. grenat, fil., dos orné, tête dor., non rognés (*Champs*).

Bel exemplaire.

558. COLLECTION DES MÉMOIRES (Nouvelle) pour servir à l'histoire de France, depuis le XIIIe siècle jusqu'à la fin du XVIIIe ; précédés de notices pour caractériser chaque auteur des mémoires et son époque ; suivis de l'analyse des documents historiques qui s'y rapportent; par MM. Michaud et Poujoulat. *A Paris,* 1836-1839, 32 vol. gr. in-8 à 2 col., demi-rel. veau fauve, dos orné, tr. marb. (*Rel. de l'époque*).

Cet ouvrage est divisé en 3 séries, la première de 12 vol. et les 2 autres de 10 vol. chacune.

559. COLLECTION DES MÉMOIRES relatifs à l'histoire de France, depuis la fondation de la monarchie française jusqu'au 13e siècle ; avec une introduction, des suppléments, des notices et des notes par M. Guizot. *A Paris, chez J. L. J. Brière,* 1823-1826, 29 vol. in-8, demi-rel. chag. La Vall., tr. jasp.

560. CORROZET (Gilles). Le Thrésor des histoires de France. Réduit par Tiltres, en forme de lieux communs. Augmenté et continué jusques à présent. *A Paris, chez Jean Corrozet,* 1645, pet. in-8, de 7 ff. prélim. non chiff., 119 ff. chiff. et 1 ff. blanc, vélin blanc à recouv., tr. rouges (*Rel. mod.*).

561. GAGUIN (Robert). Les croniques de France : excellēs faictz ⁊ vertueux gestes des tres chrestiens roys ⁊ princes qui ont resgne au dit pays jusques au resgne du treschrestien vertueux ⁊ magnanime roy françois premier de ce nom a present resgnant. Avec plusieurs incidens choses notables ⁊ singulieres advenues durāt les temps ⁊ resgnes des dits roys ⁊ princes. Cōposees en latin par reref Robert Gaguin ⁊ depuis l'an mil cinq cens ⁊ quatorze translatees de latin en nostre vulgaire françoys. A la fin : *ont este imprimées à Paris pour François Regnault et Jehan frellon, s. d.* (circa 1538), in-4 de 12 ff. prél. et 244 ff. chiff., veau, fil. (*Rel. anc., fatiguée*).

15 figures sur bois dont une à toute page, répétée deux fois.
Marque de François Regnault au verso du dernier feuillet.
Exemplaire fatigué, court de marges.

562. GIRARD (Bernard de). De l'Estat et succez des affaires de France. Œuvre contenant les choses plus singulières et plus remarquables, advenues durant les règnes des rois de France, depuis Pharamōd premier roi des Francs, Francons ou

Frãcoys, iusques au roy Loys unzième... *A Paris, A l'Olivier de l'Huillier*, 1570, in-8, vélin blanc (*Rel. anc.*).

Première édition de cet ouvrage intéressant.
Exemplaire contenant « l'*Histoire sommaire des comtes et ducs d'Anjou* ».

563. GIRARD (Bernard de). De la fortune et vertu de la France. *A Rouen, par Michel Tertulier*, 1571, in-8 de 16 ff., cartonn. demi-vélin, tête dor. (*Pierson*).

564. GIRARD (Bernard de). De l'estat et succez des affaires de France. *A Paris, chez Marc Orry*, 1609, in-8, de 20 ff. prélim. non chiff., 349 ff. chiff. de texte et 22 ff. non chiff. de table, vélin blanc à recouv., tr. rouges (*Rel. mod.*).

Edition contenant de nouvelles augmentations.

565. GRANDES CHRONIQUES (Les) de France, selon que elles sont conservées en l'Eglise de Saint-Denis en France. Publiées par M. Paulin Paris. *Paris, Techener*, 1838, 6 vol. pet. in-8, dem.-rel. chagrin bleu, dos fleurdelisé, tr. marb.

566. GUIZOT. L'histoire de France depuis les temps les plus reculés jusqu'en 1848, racontée à mes petits-enfants. Illustrée de gravures dessinées sur bois par Alph. de Neuville. *Paris, Hachette et Cie*, 1872-1879, 5 vol. gr. in-8, dont 2 dos et coins mar. rouge, 2 cartonn. des éditeurs et 1 vol. broché.

567. HÉNAULT (Le Président). Nouvel abrégé chronologique de l'histoire de France, contenant les évènemens de notre histoire depuis Clovis jusqu'à la mort de Louis XIV, les guerres, les batailles, les sièges, etc., nos loix, nos mœurs, nos usages, etc. Nouvelle édition augmentée et ornée de vignettes et fleurons en taille-douce. *A Paris, de l'Imp. de Prault*, 1768, 2 vol. in-4, veau fauve, fil., dos orné, dent. int., tr. dor. (*Rel. anc.*).

Exemplaire dans lequel on a ajouté 25 figures (sur 35) par *Cochin*, gravées par *Aliamet, Delaunay, Martini* et *Rousseau*.

568. LA FORCE (Duc de). Mémoires authentiques de Jacques Nompar de Caumont, duc de La Force, et de ses deux fils les marquis de Montpouillan et de Castelnaut... pour faire suite à toutes les collections de mémoires sur l'histoire de France ; recueillis, mis en ordre et précédés d'une introduction par le marquis de La Grange. *Paris, Charpentier*, 1843, 4 vol. in-8, cartonn. toile olive, tête dor., non rognés (*Pierson*).

569. MARTIN (Henri). Histoire de France depuis les temps les plus reculés jusqu'en 1789. Nouvelle édition, entièrement revue et augmentée d'un nouveau travail sur les origines nationales. *Paris, Furne et Cie*, 1838-1854, 19 vol. in-8, figures, demi-rel. chagrin grenat, dos orné, tr. jasp.

570. MÉNARD (Léon). Pièces fugitives pour servir à l'histoire de France (de 1546 à 1653) avec des notes historiques et géographiques. *A Paris, chez Chaubert et Hérissant*, 1759, 3 vol. in-4, dos et coins veau vert, tr. marb.

Ouvrage rare et recherché.

571. MÉZERAY (de). Abrégé chronologique de l'histoire de France. *A Amsterdam*,

chez Abraham Wolfgang, 1673-1674, 6 vol. in-12, front. et portraits, mar. fauve à longs grains, encad. de fil. or et dent. à froid, dos orné, dent. int., tr. dor.

Imprimé par Abraham Wolfgang ; se joint à la collection des Elzévier.
Bel exemplaire bien relié de cette jolie édition.

572. MONSTRELET (Enguerran de). Chroniques (continuées jusqu'en 1516), contenans les cruelles guerres civilles entre les maisons d'Orléans et de Bourgongne, l'occupation de Paris et Normandie par les Anglois, l'expulsion diceux, et autres choses mémorables advenues de son temps en ce royaume et pays estranges. *A Paris, chez Pierre Mettayer*, 1595, 3 parties en 2 vol. in-fol. veau brun, dos orné, tr. rouges (*Rel. anc.*).

573. PEIGNOT (Gabriel). Abrégé de l'histoire de France, composé de recherches curieuses la plupart négligées par les historiens et contenant, dans l'ordre chronologique, la généalogie détaillée des Princes de chaque race, l'indication des grands événemens, tous les établissemens politiques, religieux, civils, militaires et littéraires de chaque règne, les découvertes en tous genres, etc., etc. *Paris, A. Renouard*, 1819, pet. in-8, portraits, demi-rel. mar. vert, tête dor., ébarbé (*Champs*).

574. SAINT-JULIEN (Pierre de). Meslanges historiques et recueils de diverses matières pour la plupart paradoxalles, et neantmoins vrayes... *A Lyon, par Benoist Rigaud*, 1588, in-8, veau marb., fil. et fleurons aux angles, tr. rouges. (*Rel. anc.*).

Recueil de dissertations curieuses relatives à l'histoire de France.
On y a joint une table manuscrite des noms cités dans l'ouvrage.

575. SERRES (Jean de). Inventaire général de l'histoire de France depuis Pharamond iusques à présent, illustré par la conférence de l'Église et de l'Empire (continué jusqu'en 1606 par J. de Montlyard). *A Paris, chez Matthieu Guillemot et P. Mettayer*, 1608, 4 vol. in-8, titres gravés et port., vélin blanc, fil. et fleurons aux angles, dos ornés, tr. dor.

576. SISMONDI (J. C. L. Simonde de). Histoire des français. *Paris, Treuttel et Wurtz*, 1821-1844, 31 vol. in-8, demi-rel. chagrin rouge, dos orné, tr. jasp. (*Faille*).

577. SOCIÉTÉ DE L'HISTOIRE DE FRANCE (Publications de la). *Paris, Renouard*, 1835-1907, 250 vol. in-8, dont 160 rel., dos et coins mar. rouge, tête dor., non rognés, 39 en demi-rel. ou dos et coins mar. de diverses couleurs, les autres brochés.

Annales de saint Bertin et de saint Vaast, 1 vol. — ARGENSON (Mis d'). Journal et Mémoires, 9 vol. — AUBIGNÉ (Agrippa d'). Histoire universelle, 9 vol. — Auteurs grecs (Extraits des) concernant la géographie et l'histoire des Gaules, 6 vol. — AUTON (Jean d'). Chroniques de Louis XII, 2 vol. — BARILLON. Journal, 2 vol. — BARBIER. Journal historique et anecdotique du règne de Louis XV, 4 vol. — BASIN (Th.). Histoire des règnes de Charles VIII et de Louis XI, 4 vol. — BASSOMPIERRE (M[al] de). Journal de sa vie et mémoires, 4 vol. — BAYE (Nicolas de). Journal, 2 vol. — BEAUMANOIR (Ph. de). Les coutumes de Beauvoisis, 2 vol. — BEAUVAIS-NANGIS (Mis de). Mémoires et journal du procès du Mis de La Boulaye, 1 vol. — BORDENAVE (N. de). Histoire de Béarn et de Navarre (1517-1572), 1 vol. — BOURBON (Etienne de). Anecdotes historiques, légendes et apologues, 1 vol. — BRANTOME. Œuvres complètes, sa vie et ses écrits, 12 vol. — BUEIL (Jean de). Le Jouvencel, 2 vol. — Chanson de la Croisade contre les Albigeois, 2 vol. — Choix de Mazarinades, 2 vol. — Choix de pièces inédites relatives au règne de Charles VI, 2 vol. — Chronique d'Ernoul et de Bernard le Trésorier, 1 vol. — Chroniques de saint Martial de Limoges, 1 vol. — Chronique des quatre premiers Valois (1327-1393), 1 vol. — Chronique du bon duc Loys de Bourbon, 1 vol. — Chronique normande du XIVe siècle, 1 vol. — Chroniques des églises et comtes d'Anjou, 2 vol. — Chronique des comtes d'Anjou, 1 vol. — Chronographia regum francorum, 3 vol. — COLIGNY-SAVIGNY. Mémoires, 1 vol. — COMMYNES (Ph. de). Mémoires, 3 vol. — Comptes de l'argenterie et de l'hôtel des rois de France, 3 vol. — Correspondance de l'Empereur Maximilien Ier et de Marguerite d'Autriche, 2 vol. — COSNAC (D. de). Mémoires, 2 vol. — Documents pour servir à l'histoire de l'Inquisition dans le Languedoc, 2 vol. — DU PLESSIS-BESANÇON. Mémoires, 1 vol. — EGINHARD. Œuvres complètes, 2 vol. — ESCOUCHY (M.). Chronique, 3 vol. — Etablissements de saint Louis, 4 vol. — FÉNIN (P. de). Mémoires, 1 vol. — FLORENT GRÉGOIRE. Les Livres des miracles, 4 vol. — FROISSART. Chroniques, 11 vol. — GESTES des Evêques de Cambrai de 1092 à 1138, 1 vol. — GILLES LE MUISIT. Chronique et annales, 1 vol. — GOULAS (Nicolas). Mémoires, 3 vol. — GOURVILLE. Mémoires, 2 vol. — GRÉGOIRE DE TOURS. Histoire ecclésiastique des Francs, 4 vol. — Histoire de Guillaume Le Maréchal, régent d'Angleterre de 1216 à 1219, 3 vol. — Histoire des ducs de Normandie et des rois d'Angleterre, 1 vol. — Histoire du gentil seigneur de Bayart, 1 vol. — JOINVILLE (Sire de). Histoire de saint Louis, 1 vol. — Journal d'un bourgeois de Paris sous le règne de François Ier (1515-1536), 1 vol. — LA HUGUERYE (M. de). Mémoires inédits et éphémérides de l'expédition des Allemands en France (août-décembre 1587), 4 vol. — LA MARCHE (Olivier de). Mémoires, 4 vol. — LE BEL (Jean). Chronique, 2 vol. — LE FÈVRE (Jean). Chronique, 2 vol. — LE NAIN DE TILLEMONT. Vie de saint Louis, 6 vol. — LESCOT (Richard). Chronique, 1 vol. — LESEUR (Guil.). Histoire de Gaston IV, comte de Foix, 2 vol. — Lettres de Charles VIII, roi de France, 5 vol. — Lettres de Louis XI (1438-1482), 9 vol. — LETTRES d'Antoine de Bourbon et de Jehanne d'Albret, 1 vol. — Lettres de Marguerite d'Angoulême, 1 vol. — Marguerite de Valois. Mémoires et lettres, 1 vol. — Mémoriaux du Conseil de 1661, 2 vol. — Miracles (Les) de saint Benoît, 1 vol. — MOLÉ (M.). Mémoires, 4 vol. — MONLUC (B. de). Commentaires et lettres, 5 vol. — MONSTRELET (E. de). La Chronique, 6 vol. — MOREAU (C.). Bibliographie des Mazarinades, 3 vol. — MORNAY (Mme de). Mémoires, 1 vol. — MOROSINI (A.). Chronique, 4 vol. — NANGIS (Guil. de). Chronique latine de 1113 à 1300, 2 vol. — Notices et documents publiés par la Soc. de l'hist. de France à l'occasion de son 50e anniversaire, 1 vol. — Nouvelles lettres de la reine de Navarre adressées à François Ier, 1 vol. — ORDERICI VITALIS. Historiae ecclesiasticae, 5 vol. — PERCEVAL DE CAGNY. Chroniques, 1 vol. — Procès de condamnation et de réhabilitation de Jeanne d'Arc, 5 vol. — QUINCY (Chevalier de). Mémoires, 3 vol. — Récits d'un ménestrel de Reims au XIIIe siècle, 1 vol. — Registres de l'Hôtel de Ville de Paris pendant la Fronde, 3 vol. — RICHEMONT (A. de). Chronique, 1 vol. — RICHER. Histoire de son temps, 2 vol. — RIGORD et LE BRETON. Œuvres, 2 vol. — Rouleaux des morts du IXe au XVe siècle, 1 vol. — ROYE (Jean). Journal connu sous le nom de Chronique scandaleuse, 2 vol. — SAINT-HILAIRE. Mémoires, 2 vol. — SPANHEIM. Relation de la Cour de France en 1690, 1 vol. — SUGER. Œuvres complètes, 1 vol. — TURENNE (Vte de). Mémoires (1565-1586), 1 vol. — VILLARS (M^al de). Mémoires, 6 vol. — VILLEHARDOUIN. La conquête de Constantinople, 1 vol. — VISCART (Robert). L'Ystoire de li Normant et la Chronique, 1 vol. — WAVRIN (Jehan). Anciennes chroniques d'Angleterre, 3 vol. — Règle du Temple, 1 vol.

On y joint : 1° 6 vol. dépareillés, brochés (Commynes, Richelieu, Jean Vallier, Cl. de Fauquembergue et Souvigny).

2° *Annuaire-Bulletin de la Société de l'histoire de France* : de 1834 à 1906 (moins 1836 à 1852, 1866, 1867), 49 vol. in-8, dont 10, dos et coins mar. rouge, 32, demi-rel. veau fauve, les autres brochés : 4 années sont en double (1870, 1872, 1873 et 1875).

3° *Annuaire historique publié par la Société de l'histoire de France* : de 1836 à 1863, 16 vol. pet. in-12, demi-rel. chagrin rouge.

578. VELLY (L'Abbé), VILLARET et GARNIER. Histoire de France depuis l'établissement de la monarchie jusqu'à Louis XIV. *A Paris, chez Saillant et Nyon*, 1770-an VII, 16 vol. in-4, dont un de table, veau porph., tr. marb.

Exemplaire contenant les portraits.

3. — DE L'ORIGINE DE LA MONARCHIE A LOUIS XII

579. PARIS (Gaston). Histoire poétique de Charlemagne. Reproduction de l'édition de 1865 augmentée de notes nouvelles par l'auteur et par M. Paul Meyer et d'une table alphabétique des matières. *Paris, Émile Bouillon*, 1905, in-8 broché (*Couvert.*).

580. WARNKŒNIG (L.-A) ET P.-A.-F. GÉRARD. Histoire des Carolingiens. *Paris, A. Durand*, 1862, 2 vol. in-8, demi-rel. veau fauve, tr. jasp.

581. SAINT-LOUIS. 4 vol. in-8, dos et coins chag. rouge, veau fauve et cartonn. toile grise, tête dor., non rognés.

Berger (Élie). Histoire de Blanche de Castille, reine de France. *Morin*, 1895. — Boutaric (Edgard). Saint Louis et Alfonse de Poitiers. *Plon*, 1870. — Joinville (Sire de). Œuvres, comprenant l'histoire de Saint Louis, le Credo et la lettre à Louis X. *A. Le Clère*, 1867. — Nicaise (Aug.). Études historiques. *Aubry*, 1858.

582. VAUBLANC (Le Vte de). La France au temps des Croisades ou recherches sur les mœurs et coutumes des Français aux XIIe et XIIIe siècles. *Paris, J. Techener*, 1844, 4 vol. in-8, demi-rel. mar. vert, tête dor., non rognés.

583. VIE DE SAINT LOUIS, suivie de ses miracles. Manuscrit in-4, de 447 feuillets, d'une bonne écriture du commencement du XVIIIe siècle, veau marb., dos orné, tr. marb. (*Rel. anc.*).

Ce manuscrit, qui a appartenu à Balthazar-Henri de Fourcy, abbé de Saint-Wandrille, de l'ordre de Saint-Benoit, diocèse de Rouen, paraît être une copie de la Vie de Saint Louis qui fut composée au commencement du XIVe siècle sur les manuscrits originaux, par N**, confesseur de la Reine Marguerite, et dont une copie sur vélin existe dans la bibliothèque du roi (*note manuscrite ancienne sur la garde du volume*).
Ex-libris gravé de Fourcy répété 3 fois.

584. WALLON (H.). Saint Louis et son temps. *Paris, Hachette et Cie*, 1875, 2 vol. in-8, demi-rel. mar. vert, tr. jasp.

585. BOUDET (Marcellin). Thomas de la Marche, batard de France, et ses aventures (1318-1361). *Riom, Ulysse Jouvet*, 1900, gr. in-8, dos et coins mar. rouge, fil., dos orné, tête dor., ébarbé, couverture (*Champs*).

586. LUCE (Siméon). Histoire de la Jacquerie. Nouvelle édition considérablement augmentée et précédée d'une bibliographie des travaux de l'auteur. *Paris, H. Champion*, 1894, in-8, portrait, demi-rel. mar. vert, tête dor., non rogné, couvert. (*Pierson*).

587. MÉMOIRES pour servir à l'histoire de France et de Bourgogne, contenant un journal de Paris, sous les règnes de Charles VI et de Charles VII, l'histoire du meurtre de Jean sans Peur, duc de Bourgogne, avec les preuves ; les états des maisons et officiers des ducs de Bourgogne de la première race, enrichis de notes très intéressantes pour un grand nombre de familles illustres... *A Paris, chez*

Julien-Michel Gandouin, 1729, 2 parties en 1 vol. in-4, veau brun, dos orné, tr. rouges (*Rel. anc.*).

Ces mémoires ont été recueillis par dom des Salles, bénédictin, et mis au jour par L.-F.-J. de La Barre, auteur de la préface. Il y a aussi quelques morceaux de dom Guillaume Aubry, bénédictin (Barbier, Anonymes).

588. URSINS (Jean Juvénal des). Histoire de Charles VI, roi de France, et des choses mémorables advenues durant 42 années de son règne, depuis 1380 jusques à 1422. Augmentée en cette seconde édition de plusieurs mémoires, journaux, etc., du mesme temps, non encore imprimés, par Denys Godefroy. *A Paris, de l'Imp. royale*, 1653, in-fol., veau brun, dos orné fleurdelisé, tr. marb. (*Rel. anc.*).

Armes royales sur les plats de la reliure.

589. URSINS (Jean Juvénal des). Histoire de Charles VI, même ouvrage. *Paris, Imp. royale*, 1653, in-fol., veau fauve, fil., dos fleurdelisé, tr. rouges (*Rel. anc.*).

Aux armes de l'abbé Claude de Tudert, avec son ex-libris et celui du Collège des Godrans, de Dijon.

590. BOUTEILLER (E. de) ET G. DE BRAUX. La Famille de Jeanne d'Arc, documents inédits, généalogie, lettres de J. Hordal et de Cl. du Lys à Ch. du Lys, publiées pour la première fois. *Paris, A. Claudin*, 1878, in-8, mar. rouge foncé, encad. de 3 fil., dos orné, large dent. int., tr. dor. (*Couvert.*).

Exemplaire imprimé sur parchemin, contenant le titre gravé en 10 états, et les 2 figures hors texte en 2 états sur parchemin et sur vergé.

591. CHAMPION (Pierre). Guillaume de Flavy, Capitaine de Compiègne. Contribution à l'histoire de Jeanne d'Arc et à l'étude de la vie militaire et privée au xve siècle. *Paris, Honoré Champion*, 1906, in-8, demi-rel. mar. bleu, tête dor., non rogné, couvert. (*Pierson*).

Un des 20 exemplaires imprimés sur papier vergé. Envoi autographe de l'auteur à M. le Comte Alf. Werlé.

592. CHARLES VII et de CHARLES VI (Ouvrages relatifs aux règnes de). 6 vol. in-8 et in-12, demi-rel. ou dos et coins mar. grenat, vert, La Vall. et 1 cartonn. toile bleue, tête dor., non rognés (*Pierson*).

Batifol (Louis). Jean Jouvenel (1360-1431). *Champion*, 1894. — Dansin (H.). Histoire du gouvernement de la France pendant le règne de Charles VII. *Durand*, 1858. — Lefranc (A.). Olivier de Clisson. *Retaux*, 1898. — Luce. La France pendant la guerre de Cent ans. *Hachette*, 1890. — Moisant (J.). Le Prince Noir en Aquitaine, 1355-1370. *Picard*, 1894. — Périer (A.). Nicolas Rolin, 1380-1461. *Plon*, 1904.

593. CHARTIER (Alain). Histoire mémorable des grands troubles de ce royaume soubs le roy Charles VII. Contenant la grande desolatiō en laquelle il le trouva à son advenement à la couronne par l'usurpatiō des angloys, ses merveilleux faicts d'armes, et de la plus part de sa noblesse, ensemble la Pucelle Jeanne, par le moyen desquels lesdits anglois furent chassez, et cedit royaume rendu paisible, et autres choses singulières et remarquables advenues pendant le dit temps... *A Nevers, par Pierre Roussin*, 1594, in-4, vélin moucheté (*Rel. anc.*).

Un des premiers livres imprimés à Nevers. Cachet sur le titre.

594. CHARTIER (Jean). Histoire de Charles VII, roy de France, par Jean Chartier,

Jacques le Bouvier, dit Berry, Mathieu de Coucy, et autres autheurs du temps; qui contient les choses les plus mémorables, advenues depuis l'an 1422, jusques en 1461. Mis en lumière et enrichie de plusieurs titres, mémoires, etc., par Denys Godefroy. *A Paris, de l'Imp. royale,* 1661, in-fol., veau fauve, fil., dos fleurdelisé, tr. rouges (*Rel. anc.*).

Exemplaire de Tudert, avec son ex-libris et celui du Collège des Godrans, de Dijon.

595. DU FRESNE DE BEAUCOURT (G.). Histoire de Charles VII. *Paris, Librairie de la Société bibliographique,* 1881-1885, 3 vol. in-8, demi-rel. mar. rouge, tête dor., non rognés (*Pierson*).

595 *bis*. HARENGUE faicte au nom de l'Université de Paris, devāt le roy Charles sixiesme, et tout le conseil, contenant les remonstrances touchant le gouvernement du roy et du royaume, avec les protestations du tres chrestien roy de France, Charles VII, sur la détermination du Concile de Basle. *A Paris, par Vincent Sertenas,* 1561, pet. in-8, de 48 ff., vélin blanc, tête dor. (*Rel. mod.*).

596. JEANNE D'ARC à Domrémy, recherches critiques sur les origines de la mission de la Pucelle, accompagnées de pièces justificatives par Siméon Luce. *Paris, H. Champion,* 1886, in-8, demi-rel. mar. grenat, tête dor., non rogné.

597. JEANNE D'ARC à Reims, ses relations avec Reims, ses lettres aux rémois. Notice accompagnée de documents originaux et publiée à l'occasion du projet d'érection de la Statue de Jeanne d'Arc à Reims, par Henri Jadart. *Reims, F. Michaud,* 1887, in-8, mar. bleu, fil., dos orné, dent. int., tête dor., non rogné, couvert. (*Pierson*).

Un des 50 exemplaires (n° 1) imprimés sur PAPIER DE HOLLANDE.

598. JEANNE D'ARC par J. Michelet (1412-1432) avec dix eaux-fortes de Boilvin, Boulard, Champollion, Courtry, etc., d'après les dessins de Bida. *Paris, Hachette et Cie,* 1888, in-8, dos et coins mar. violet foncé, dos orné, tête dor., non rogné, couvert. (*Pierson*).

599. JEANNE D'ARC et la Normandie au XVe siècle par Albert Sarrazin. Illustrations de MM. J. Adeline, G. de Beaurepaire, Charpentier, H. Manesse, E. Morel, A. Sarrazin, etc., etc. *Rouen, Léon Gy,* 1896, in-4, demi-rel. mar. bleu, tête dor., non rogné, couvert. illust. (*Pierson*).

Nombreuses illustrations dans le texte et hors texte.

600. JEANNE D'ARC considérée au point de vue franço-champenois par l'abbé Étienne Georges. *Troyes, Léopold Lacroix,* 1894, in-8, demi-rel, mar. crème, tête dor., non rogné (*Pierson*).

601. JEANNE D'ARC. Les deux Procès de condamnation, les enquêtes et la sentence de réhabilitation de Jeanne d'Arc mis pour la première fois intégralement en français d'après les textes latins originaux officiels, avec notes, notices, éclaircissements, documents divers et introduction par E. O'Reilly. *Paris, Plon,* 1868, 2 vol. in-8, figures, demi-rel. chag. vert, tr. jasp.

602. JEANNE D'ARC (Ouvrages relatifs à). 7 vol. in-8 et in-12, demi-rel. mar. et cartonn. toile de diverses couleurs, tête dor., non rognés (*Pierson* et *Champs*).

CANET (V.). Jeanne d'Arc et sa mission nationale. *Desclée*, 1887. — LIS (Charles du). Opuscules historiques relatifs à Jeanne d'Arc, dite la pucelle d'Orléans. *Aubry*, 1856. — BOUCHER DE MOLANDON et le Bon A. de Beaucorps. L'armée anglaise vaincue par Jeanne d'Arc, sous les murs d'Orléans. *Baudoin*, 1892. — QUINCEY (Thomas de). Jeanne d'Arc. *Champion*, 1891. — SARRAZIN (Albert). Pierre Cauchon, juge de Jeanne d'Arc. *Champion*, 1901, port. — Le tombeau de Jeanne d'Arc, almanach patriotique pour 1900. — Un tournoi de trois pucelles en l'honneur de Jeanne d'Arc. *Picard*, 1878.

603. JEANNE D'ARC (Ouvrages relatifs à). 8 vol. in-8, demi-rel. chagrin, cartonn. toile grise, demi-rel. ou dos et coins mar. de diverses couleurs, tête dor., non rognés (*Pierson*).

CANET (V.). Jeanne d'Arc et sa mission nationale. *Lille*, 1887. — CHAMPION (L.). Jeanne d'Arc écuyère. *Berger-Levrault*, 1901. — GEORGES (L'Abbé Etienne). Jeanne d'Arc considérée au point de vue champenois. *Troyes*, 1894. — LEFÈVRE-PONTALIS (G.). Les sources allemandes de l'histoire de Jeanne d'Arc. *Fontemoing*, 1903. — LESCURE (M. de). Jeanne d'Arc, l'héroïne de la France. *Ducrocq*, *s. d.*, illustrations. — RICARD (Mgr). Jeanne d'Arc la Vénérable. *Dentu*, *s. d.* — WALLON. Jeanne d'Arc. *Hachette*, 1860, 2 vol.

604. VALLET DE VIRIVILLE. Histoire de Charles VII, roi de France et de son époque, 1403-1461. *Paris*, *Vve J. Renouard*, 1862-1865, 3 vol. in-8, demi-rel. mar. brun, tête dor., non rognés (*Pierson*).

605. CHRONIQUE SCANDALEUSE, ou histoire des estranges faicts arrivez soubz le règne de Louys XI, roy de France, depuis l'an 1460, iusques à 1483, escrity par un greffier de l'Hostel de Ville de Paris (Jean de Troyes). *Imprimé sur le vray original*, 1620, in-4, vélin blanc (*Rel. anc.*).

Portrait de Louis XI, gravé par Matheus.

606. LOUIS XI (Ouvrages relatifs au règne de). 5 vol. in-8, dont 3 demi-rel. veau fauve, et grenat, et 2 cartonn. toile ou dos et coins toile grise et grenat, tête dor., non rognés.

BENAZET (Th.). Règne de Louis XI; 1847. — CALMETTE (Joseph). Louis XI, Jean II et la révolution catalane. *Picard*, 1903. — Chronique du chevalier Louis de Diesbach, page de Louis XI. *Flammarion*, *s. d.* — LEGEAY (Urbain). Histoire de Louis XI. *Didot*, 1874, 2 vol.

607. COMMINES. Mémoires de Philippe de Comines, seigneur d'Argenton, où l'on trouve l'histoire des rois de France, Louis XI et Charles VIII. Nouvelle édition, revue sur plusieurs manuscrits du tems, enrichie de notes, etc., etc., par messieurs Godefroy, augmentée par M. l'abbé Lenglet du Fresnoy. *A Londres, et se trouve à Paris, Rollin*, 1747, 4 vol. in-4, veau marb., dos orné, tr. rouges (*Rel. anc.*).

Edition estimée. Exemplaire contenant 54 portraits d'*Odieuvre* et 4 figures par *Bernard Picard* et *Robert*, gravées par *Duflos* et *Aveline*.

607 *bis*. — CHERRIER (C. de). Histoire de Charles VIII, roi de France. *Paris, Didier*, 1868, 2 vol. in-8, demi-rel. chag. vert, tr. jasp.

608. JALIGNY (Guillaume de). Histoire de Charles VIII, roy de France, par Guillaume de Jaligny, André de La Vigne et autres historiens de ce temps-là. Où sont décrites les choses les plus mémorables arrivées pendant ce règne, depuis 1483

jusques en 1498... Le tout recueilli par feu M. Godefroy. *A Paris, de l'Imp. Royale,* 1684, in-fol., veau fauve, fil., dos orné, tr. marb. (*Rel. anc.*).

Exemplaire de Tudert, avec son ex-libris et celui du Collège des Godrans de Dijon.

4. — DE FRANÇOIS Ier A HENRI III

609. CARLOIX (Vincent). Mémoires de la vie de François de Scepeaux, sire de Vieilleville et comte de Duretal, maréchal de France ; contenants plusieurs anecdotes des règnes de François I, Henri II, François II et Charles IX (publiés par H. Griffet). *A Paris, chez H.-L. Guérin et L.-F. Delatour,* 1757, 5 vol. pet. in-8, portrait, veau marb., dos orné, tr. rouges (*Rel. anc.*).

Aux armes du comte Lancelot de Turpin de Crissé.

610. CARLOIX (Vincent). Mémoires de la vie de François de Scepeaux, sire de Vieilleville et comte de Duretal, maréchal de France. *A Paris, chez H.-L. Guérin et L.-F. Delatour,* 1757, 5 vol. pet. in-8, portrait, veau marb., dos orné, tr. marb. (*Rel. anc.*).

Aux armes du Prince d'Arenberg.

611. DU BELLAY (Martin). Les Mémoires de Mess. Martin du Bellay seigneur de Langey, contenant le discours de plusieurs choses advenues au royaume de France, depuis l'an 1513 jusques au trespas du roy François premier, ausquels l'autheur a inséré trois livres, et quelques fragmens des Ogdoades de Mess. Guillaume du Bellay, son frère. Œuvre mis nouvellement en lumière et présenté au roy par Mess. René du Bellay. *A Paris, chez Abel l'Angelier,* 1588, in-fol., veau brun, fil., dos orné, tr. rouges (*Rel. anc.*).

612. DU BELLAY (Martin). Les mémoires... *Heidelberg, Mareschal,* 1571, 2 vol. — Du Tillet (Jean). Les Mémoires. *Troyes, Ph. des Chams,* 1578, 1 vol. — Ens. 3 vol. in-12, veau brun, tr. rouges (*Rel. anc.*).

613. FRANÇOIS Ier (Ouvrages relatifs au règne de). 7 vol. in-8, demi-rel. mar. rouge, vert, bleu et cartonn. toile rouge, tête dor., non rognés, couvert. (*Pierson*).

Coignet (Mme C.). François Ier. *Plon,* 1885. — Guiffrey (Georges). Chronique du Roy Françoys premier de ce nom. *Rènouard,* 1860. — Lebey (André). Le Connétable de Bourbon, 1490-1527. *Perrin,* 1904. — Maulde la Clavière. Louise de Savoie et François Ier (1485-1515). *Id.,* 1895, port. — Mignet (M.). Rivalité de François Ier et de Charles-Quint. *Didier,* 1875, 2 vol. — Robert (Ulysse). Philibert de Chalon, Prince d'Orange. Lettres et documents. *Plon,* 1902.

614. LACROIX (Paul). Histoire du seizième siècle en France, d'après les originaux manuscrits et imprimés par Paul L. Jacob, bibliophile. *Paris, L. Manne,* 1834-1835, 4 vol. in-8, dos et coins mar. rouge (*Allô*).

Envoi autographe de l'auteur à *son bon ami Henri Martin.*

615. LESCURE (M. de). François Ier, 1494-1547, quatre compositions mises en chromo par M. Llanta d'après les aquarelles de M. Bocourt, 70 gravures sur bois, têtes de chapitre, culs-de-lampe d'après les documents authentiques. *Paris,*

P. Ducrocq, 1878, gr. in-8, demi-rel. mar. vert, fil., dos orné, tête dor., ébarbé (*Champs*).

616. MÉMOIRES de ce qui s'est passé pendant la prison de François premier. Manuscrit pet. in-fol. de 160 ff., d'une belle écriture du milieu du XVIIIe siècle, veau brun, dos orné, tr. rouges (*Rel. anc.*).

Intéressant manuscrit contenant la liste des prisonniers faits à la bataille de Pavie, les lettres de François Ier à Charles-Quint et à sa mère, les actes du Parlement après la prise du roi, etc., etc.

617. MOUSTIERS-MÉRINVILLE (Marquis des). Un évêque ambassadeur au XVIe siècle. Jean des Moustiers, seigneur du Fraisse, évêque de Bayonne, ambassadeur en Allemagne et chez les Grisons sous les règnes de François Ier et Henri II. Sa vie et sa correspondance. *Limoges, Vve H. Ducourtieux*, 1895, in-8, dos et coins mar. violet, fil., dos orné, tête dor., non rogné, couverture (*Carayon*).

618. PARIS (Paulin). Études sur François premier, roi de France ; sur sa vie privée et son règne ; publiées d'après le manuscrit de l'auteur et accompagnées d'une préface par Gaston Paris. *Paris, Léon Techener*, 1885, 2 vol. in-8, dos et coins mar. La Vall., dos fleurdelisé, tête dor., non rognés (*Hermann*).

---

619. AUTON (Jean d'). Chroniques, publiées pour la première fois en entier, d'après les manuscrits de la bibliothèque du roi, avec une notice et des notes par Paul L. Jacob, bibliophile. *Paris. Silvestre*, 1834-1835, 4 vol. in-8, papier vergé, demi-rel. mar. La Vall., tête dor., non rognés (*Pierson*).

620. HENRI II (Ouvrages relatifs aux règnes de François Ier et). 4 vol. in-8, dos et coins et demi-rel. mar. de diverses couleurs, tête dor., non rognés (*Pierson et Allô*).

DECRUE (Francis). Anne de Montmorency à la cour, aux armées et au conseil du roi François Ier. *Plon*, 1885. — Anne, Duc de Montmorency, sous les rois Henri II, François II et Charles IX. *Id.*, 1889. — LA BARRE DUPARCQ (Ed.). Histoire de Henri II, 1547-1559. *Perrin*, 1887, port. — GAIL (J. B.). Lettres inédites de Henri II. Diane de Poitiers, Marie Stuart, François, dauphin, etc., adressées au Connétable Anne de Montmorency, 1828.

621. DISCOURS MERVEILLEUX de la vie, actions et deportemens de Catherine de Médicis royne mère ; déclarant tous les moyens qu'elle a tenus pour usurper le gouvernement du royaume de France et ruiner l'estat d'iceluy. *S. l.*, 1649, pet. in-8, de 201 pp., demi-rel. chagrin rouge, tr. dor.

Satire attribuée à H. Estienne.

On y joint une autre édition suivant la copie imprimée à Paris, 1649, in-8, de 138 pp., dos et coins mar. vert, tr. dor.

622. HENRI II. Histoire de Henri second, roy de France. Manuscrit de 189 ff. in-4, d'une belle écriture du milieu du XVIIIe siècle, veau brun, dos orné, tr. rouges (*Rel. anc.*).

L'auteur de ce manuscrit a tiré l'histoire de ce règne, de Belleforest et de Thou.

623. SALIGNAC (Bertrand de). Le Siège de Metz par l'Empereur Charles V en l'an 1552 où l'on voit comme Monsieur de Guise et plusieurs grands seigneurs de France, qui estaient dans la dite ville se sont comportées à la deffence de la place. *Metz, P. Collignon,* 1665, in-4 de 5 ff. prél. y compris le titre, 147 pag., cartonn. souple en veau fauve à recouvr.

Édition ornée d'un plan de la ville de Metz « assiégée par Charles V », par *Sébastien Le Clerc.*
Exemplaire contenant de nombreuses notes manuscrites du temps, mises en manchettes.

624. VIDEL (Louis). Histoire de la vie du connestable de Lesdiguières, contenant toutes ses actions, depuis sa naissance, jusques à sa mort. Avec plusieurs choses mémorables, servant à l'intelligence de l'histoire générale. *A Paris, chez Pierre Rocolet,* 1638, in-fol., portrait par Dumoustier gravé par Huret, veau brun, dos orné, tr. marb. (*Rel. anc.*).

---

625. AUMALE (Duc d'). Histoire des princes de Condé pendant les XVIe et XVIIe siècles. *Paris, Michel Lévy frères,* 1863-1896, 8 vol. in-8, dont un pour l'index, brochés (*Couvert.*).

Les Tomes I et II sont reliés en dos et coins mar. bleu, tête dor., non rognés (*Champs*).

626. CASTELNAU (Michel de). Ses mémoires, illustrez et augmentez de plusieurs commentaires et manuscrits, tant lettres, instructions, traitez, qu'autres pièces secrettes et originales, servant à donner la vérité de l'histoire des règnes de François II, Charles IX et Henri III et de la Régence et du gouvernement de Catherine de Médicis. Nouvelle édition revue avec soin et augmentée de plusieurs manuscrits, avec près de 400 armoiries gravées en taille-douce. *A Bruxelles, chez Jean Léonard,* 1731, 3 vol. in-fol., veau marb., tr. rouges (*Rel. anc.*).

Cette édition, donnée par J. Godefroy, est la meilleure et la plus complète.

627. CONDÉ. Mémoires de Condé, ou recueil pour servir à l'histoire de France, contenant ce qui s'est passé de plus mémorable dans le royaume, sous le règne de François II et sous une partie de celui de Charles IX... (par D. F. Secousse), avec plusieurs portraits, et 2 plans de la bataille de Dreux. *A Londres, et à Paris, chez Rollin fils,* 1743, 5 vol. — MÉMOIRES DE CONDÉ. Tome sixième. Nouvelle édition augmentée, non seulement de nouvelles remarques, mais encore des deux pièces suivantes : I. L'Anti-Cotton... II. L'Assassinat du Roy..., accompagnées d'amples remarques historiques et critiques. *A Paris, aux frais et dépens de l'éditeur,* 1745, 1 vol. Ens. 6 vol. in-4, veau marb., dos orné, tr. rouges (*Rel. anc.*).

Exemplaire avec le second supplément de Prosper Marchand renfermant 4 parties et de nouvelles notes.

628. RECUEIL de 18 pièces imprimées relatives à Louis de Bourbon, prince de Condé, et aux troubles de France en 1562 et 1563. Un vol. in-4, veau brun, dos orné, tr. marb. (*Rel. anc.*).

Protestation faicte par la royne d'Angleterre, par laquelle elle déclare les iustes et nécessaires occasions qui l'ont meue de prendre la protection de la cause de Dieu, la défense du roy et de son royaume, contre les autheurs des troubles qui y sont à présent, 1562, 8 ff. (titre doublé). — Discours des choses mémorables faictes par M. le prince de Condé, 1563, 32 ff. — Discours des moyens que M. le prince de Condé a tenus pour pacifier les troubles qui sont à présent en ce royaume, 1562, 32 ff. — Edit et déclaration faicte par le roy Charles IX sur la pacification des troubles de ce royaume, 1563, 8 ff. — Remonstrance de Mgr. le prince de Condé et ses associez à la Royne, sur le jugement de rebellion donné contre eux par leurs ennemis se disans estre la Cour et le Parlement de Paris, 1562, 14 ff. — Les récusations envoyées à la Cour de Parlement de Paris, contre aucuns des président set conseillers d'icelle par le prince de Condé et ses associez, 1562, 4 ff. — Sommaire déclaration et confession de foy, faite par le prince de Condé, contre les calomnies et les impostures des ennemis de Dieu, du roy et de lui, 1562, 2 ff. — Requeste présentée au roy et à la Royne par le Triumvirat, 1562, 24 ff. — Les moyens de pacifier le trouble qui est en ce royaume envoyé à la reine par le prince de Condé, 1562, 4 ff. — Discours sur la liberté ou captivité du roy, 1562, 8 ff. — Remonstrance envoyée au Roy par les habitans de la ville du Mans, 1563, 4 ff. — Response des habitans de la ville de Rouen à ce que Monsieur le Duc de Bouillon... leur a dict, 1562. — Response à l'interrogatoire qu'on dit avoir été fait à un nommé Poltrot, soy disant seigneur de Mercy sur la mort du feu duc de Guyze, par M. de Chastillon, admiral de France, Orléans, 1562, 12 ff. — Response aux calomnies contenues au discours et suite du discours sur les misères de ce temps, faits par Messire Pierre Ronsart (en vers), 1563, 28 ff. — Seconde response de F. de la Baronie à Messire Pierre de Ronsart, plus le temple de Ronsart où la légende de sa vie est briefvement descrite (en vers), 1563, 34 ff., etc.

---

629. BOUILLÉ (René de). Histoire des ducs de Guise. *Paris, Amyot,* 1849-1850, 4 vol. in-8, dos et coins mar. bleu, tête dor., non rognés (*Allô*).

630. BRIZARD (Gabriel). Du massacre de la Saint-Barthelemi et de l'influence des étrangers en France durant la Ligue : discours historique, avec preuves et developpemens. *A Paris, chez Garnéry,* an I, 2 tomes en 1 vol. in-8, mar. rouge, fil., dent. à petits fers, fleurons aux angles, milieu orné d'un médaillon de mar. vert, représentant le premier deux colombes se becquetant et le secon dun amour assis avec cette devise « Tout subit ma loi », dos orné, dent. int., tr. dor. (*Rel. anc.*).

L'exemplaire a été placé dans la reliure d'un almanach royal.

631. CARLES (Lancelot de). Lanciloti Carlei Regiensis episcopi de Francisci Lotharingi Guisii Ducis postremis dictis et factis, ac Regem Epistola, ex gallico sermone in latinum conversa, per Joannem Veterem. *Virduni, apud N. Bacnetium,* 1565, in-8 de 24 feuillets non chiff., mar. vert, fil. à fr. dent. int., tr. dor. (*Capé*).

Édition non citée d'un document historique curieux. Il contient le récit circonstancié des derniers jours du duc Fr. de Guise, c'est-à-dire depuis le 18 février 1563, où Poltrot de Méré le blessa mortellement, jusqu'au moment où le duc expira, le 24 février suivant.

Ce livre est un des premiers livres imprimés à Verdun ; il se termine par deux pièces de vers latins. L'auteur, Lancelot de Carles, est né à Bordeaux.

Exemplaire de G. Chartener, avec son ex-libris.

632. COLIGNY ET LA SAINT BARTHÉLEMY (Gaspard de). 5 vol. in-8, demi-rel. mar. brun et cartonn. toile verte ou rouge, tête dor., non rognés.

Bersier (Eug.). Coligny avant les guerres de religion. *Fischbacher,* 1884. — Caraman-Chimay (Le prince Eug. de). Gaspard de Coligny. *Paris,* 1873. — La Ferrière (H. de la). La Saint Barthélemy. *Lévy,* 1892. — Laugel (Aug.). Fragments d'histoire... *Lévy,* 1886. — Lettres de Louise de Coligny à sa belle-fille. *Les Roches-Baritaud,* 1872.

633. FORNERON (H.). Les Ducs de Guise et leur époque. Étude historique sur le seizième siècle. *Paris, Plon et Cie*, 1877, 2 vol. in-8, cartonn. demi-bas. verte, tête dor., non rognés (*Pierson*).

Petit cachet sur les faux-titres.

634. SANDRAS DE COURTILZ (Gatien). La Vie de Gaspard de Coligny, seigneur de Chastillon sur Loin... *A Cologne, chez Pierre Marteau*, 1686, in-12, mar. bleu, fil., dos orné, dent. int., tr. dor. (*Rel. mod.*).

Imprimé par *A. Moetjens* de La Haye, avec sa sphère sur le titre.

635. SORBIN (Arnaud). Allégresse de la France, pour l'heureuse victoire obtenue entre Coignac et Chasteauneuf, le 13 de mars 1569, contre les rebelles calvinistes. *A Paris, chez Guillaume Chaudière*, 1569, pet. in-8 de 8 ff. non chiff., cartonn. demi-toile bleue.

Petite pièce en vers, très rare, relative à la bataille de Jarnac, l'auteur attaque vigoureusement les chefs de l'armée calviniste et surtout l'amiral de Coligny.
Mouillures.

636. TOCSAIN (Le) contre les massacreurs et auteurs des confusions en France. Par lequel, la source et origine de tous les maux, qui de long temps travaillent la France, est descouverte. Afin d'inciter et esmouvoir tous les princes fidelles, de s'employer pour le retrêchement d'icelle. Adressé à tous les princes chrestiens. *A Reims, de l'Imp. de Jean Martin*, 1579, in-8, mar. grenat, jans., dent. int., tr. dor. (*Pierson*).

Violent libelle d'un écrivain protestant, resté inconnu, contre les auteurs de la Saint-Barthelemy et en particulier contre la reine Catherine de Médicis.
Réimpression faite par les soins de l'Académie nationale de Reims, et extraite de ses « *Travaux* ».

---

637. ANQUETIL. L'Esprit de la Ligue ou histoire politique des troubles de France pendant les XVIe et XVIIe siècles. *A Paris, chez Janet et Cotelle*, 1818, 2 vol. in-8, demi-rel. mar. La Vall., dos orné, tête dor., non rognés (*Champs*).

638. DISCOURS du voyage de Mgr. le duc de Joyeuse, en Auvergne, Givodan et Rouergue, et de la prise des villes de Malziou, Marveges et Peire, escrit par un gentilhomme de l'armée dudit seigneur, à un sien amy. *A Paris, par Mamert Patisson*, 1586, pet. in-8 de 48 pp., vélin blanc, encad. de fil., fleurons aux angles, tête dor., non rogné.

639. HENRI III (Ouvrages relatifs au règne de). 8 vol. in-8 et in-12, demi-rel. et dos et coins mar. de diverses couleurs, et cartonn. toile rouge et grise, tête dor., non rognés.

CHALAMBERT (Vor de). Histoire de la Ligue sous les règnes de Henri III et de Henri IV. *Didot*, 1898. — LA NOUE (Ed. de). Le comte de La Fère. *Lechevalier*, 1892. — CORRESPONDANCE de François de La Noue, surnommé Bras-de-Fer. *Gand*, 1854. — FRÉMY (Ed.). Un ambassadeur libéral sous Charles IX et Henri III (Arnaud du Ferrier). *Leroux*, 1880. — GOUYON (Charles). Mémoires. *Perrin*, 1901. — JOUBERT (A.). Louis de Clermont, sieur de

Bussy d'Amboise, gouverneur d'Anjou. *Angers*, 1885. — La Barre Duparcq (Ed. de). Histoire de Henri III. *Didier*, 1885. — Mesmes (Henri de). Mémoires inédits. *Leroux, s. d.*

640. L'ESTOILE (Pierre de). Mémoires-journaux. Édition pour la première fois complète et entièrement conforme aux manuscrits originaux, publiée avec de nombreux documents inédits et un commentaire historique, biographique et bibliographique par MM. G. Brunet, A. Champollion, E. Halphen, Paul Lacroix, Charles Read, Tamizey de Larroque et Ed. Tricotel. *Paris, Librairie des Bibliophiles*, 1875-1883, 11 vol. in-8, papier vergé, dos et coins mar. grenat, tête dor., non rognés (*Champs*).

Les tomes X et XI sont brochés.

641. L'ESTOILE (Pierre de). Les Belles figures et drôleries de la Ligue (1589-1600) et publiées pour la première fois d'après les originaux par MM. G. Brunet, A. Champollion, Paul Lacroix, Charles Read, etc., etc. *Paris, Paul Daffis*, 1877, in-8, demi-rel., mar. La Vall., fil., dos orné, tête dor., ébarbé (*Champs*).

Tirage à 100 exemplaires sur papier vergé.

642. LIGUE (Ouvrages relatifs à la). 3 vol. in-4 et in 8, dos et coins et demi-rel., mar. de diverses couleurs, tête dor., non rognés (*Henry Joseph* et *Pierson*).

Chalambert (Victor de). Histoire de la Ligue sous les règnes de Henri III et Henri IV. *Didot*, 1898. — Charpentier (Henri le). La Ligue a Pontoise et dans le Vexin français. *Séyès*, 1878. — Pimodan (Gabriel de). La mère des Guises Antoinette de Bourbon, 1494-1583. *Champion*, 1889, port.

643. MESMES (Henri de). Mémoires inédits, suivis de ses pensées inédites écrites pour Henri III publiés d'après les manuscrits de la Bibliothèque nationale et précédés de la vie publique et privée de Henri de Mesmes avec notes et variantes par Édouard Frémy. *Paris, Ernest Leroux, s. d.*, in-12, mar. olive, 3 fil., dos orné, large dent. int., tr. dor. (*Afferni*).

Un des 100 exemplaires imprimés sur papier teinté.

644. MÉZERAY. Histoire de France, sous le règne de Henri III. *Alais, J. Martin*, 1844-1846, 3 vol. in-8, portraits, cartes et plans, cartonn., demi-rel., mar. grenat, tête dor., non rognés.

645. PIÈCES HISTORIQUES relatives à la fin du règne de Henri III et à la Ligue. 11 plaquettes, petit. in-8, cartonn., vélin blanc ou non rel.

Discours sur le département de M. le duc de Mayenne, des catholiques zélez à la religion catholique. 1580, 15 pp. — La Foy et religion des politiques de ce temps. 1588, 93 pp. — Histoire tragique et mémorable de Pierre Gaverston... 1588, 16 pp. — Histoire au vrai du meurtre et assassinat proditoirrement commis en la personne de M. le duc de Guise... 1589, 55 pp. — Arrest de la Cour de Parlemẽt, portant injonction à tous seigneurs, capitaines et soldats, estans de l'Union catholique, de s'acheminer en toute diligence en l'armée de M. le duc de Mayenne, 1589, 4 pp. — Lettre d'un gentilhomme de Champagne à un conseiller de Paris, sur la mort et punition divine du capitaine de Saint Paul, 1594, 13 pp. — Lettre missive d'un gentilhomme catholique, addressante à un sien voisin, du party contraire, 1589, 16 pp. — Les moyens tenus pour emprisonner Mgr. le cardinal de Bourbon, prince de Ginville, duc d'Albeuf, prévôt des marchands de Paris.., 1589, 15 pp. — Advertissement des nouvelles cruautez et inhumanitez, desseignées par le Tyran de la France. 1589, 27 pp. — Récepte pour la toux du regnard de la France, 1589, 5 ff. — Responce faicte à la Ligue: par un gentil-homme françois, 1585, 16 pp.

646. RELATION de la mort du duc et du Cardinal de Guise aux estats de Bloys. Manuscrit in-4, de 12 ff. d'une bonne écriture du XVIIe siècle, rel. vélin blanc (*Pierson*).

Intéressant manuscrit donnant des détails circonstanciés sur la mort du duc et du cardinal de Guise, qui paraît avoir été écrit d'après le récit de quelques-uns de ceux qui auraient assisté à cette tragédie et celui d'un personnage auquel Henri III se confiait entièrement.

647. RÉVEILLE-MATIN (Le) des François et de leurs voisins. Composé par Eusèbe Philadelphe cosmopolite (Nicolas Barnaud), en forme de dialogues. *A Edimbourg, de l'Imp. de Jacques James*, 1574, pet. in-8, de 19 ff. prél. non chiff. et 192 pp., veau marb., fil. et dent., dos orné, dent. int., tr. dor.

Ce pamphlet, contre les instigateurs de la Saint Barthélemy, est aussi attribué à Théodore de Bèze.

648. ROLLAND (Nicolas, sieur du Plessis). Remonstrances très humbles au roy de France et de Pologne Henry troisième de ce nom, par un sien fidelle officier et subiect, sur les désordres et misères de ce royaume, causes d'icelles, et moyens d'y pourvoir à la gloire de Dieu et repos universel de cet estat (par Nicolas Rolland, sieur du Plessis). *S. l.*, 1588, pet. in-8, de 196 pp. et 6 ff., veau fauve (*Rel. anc.*).

Critique contre les mœurs, les habillements, les concussions des gens du Roi, etc.

5. — HENRI IV

649. ARCONVILLE (Mme Thiroux d'). Vie de Marie de Médicis, princesse de Toscane, reine de France et de Navarre. *A. Paris, chez Ruault*, 1774, 3 vol. in-8, portrait, veau marb., pet. dent., dos orné, tr. marb. (*Rel. anc.*).

Exemplaire de l'auteur avec son ex-libris gravé d'après *Eisen* par *Louise Le Daulceur*, répété à chaque volume.

650. BOUCHER (Jean). Sermons de la simvlée conversion, et nvllité de la prétendve absolvtion de Henry de Bourbon, Prince de Béarn à St Denys en France, le dimanche 25 juillet, 1593, sur le sujet de l'Euangile du mesme iour, prononcez en l'Eglise St Merry à Paris, depuis le 1er iour d'Aoust prochainement suivant iusques au neufiesme dudict mois. *A. Paris, chez G. Chaudière, R. Nivelle* et *R. Thierry*, 1594, in-8, mar. bleu, plats ornés de filets en losanges, dos orné, dent. int., tr. dor. (*Lefèvre*).

ÉDITION ORIGINALE de ces sermons ; elle est rare.

651. BRIZARD (Gabriel). De l'Amour de Henri IV pour les lettres (par l'abbé Gabriel Brizard). *Paris, Ph. D. Pierres*, 1785, in-18, mar. rouge, fil., dos orné, tr. dor. (*Rel. anc.*).

ÉDITION ORIGINALE.

652. CORRESPONDANCE DE HENRI IV. 5 vol. in-8, demi-rel., ou dos et coins mar. bleu et La Vall., tête dor., non rognés (*Champs*).

CORRESPONDANCE inédite de Henri IV avec Maurice-le-Savant. *Renouard*, 1840, papier vergé. — LETTRES inédites de Henri IV, recueillies par le prince Augustin Galitzin. *Techener*, 1860, papier vergé. — LETTRES intimes de Henri IV, avec une introduction et des notes par L.

Dussieux. *Baudry*, 1876, papier vergé, portrait. — Lettres inédites du roi Henri IV à Mr de Béthune. *Champion*, 1897. — Lettres inédites du roi Henri IV à Mr. de Villiers. *Jouaust*, 1887.

653. CORRESPONDANCE inédite de Henri IV, roi de France et de Navarre, avec Maurice-Le-Savant, landgrave de Hesse ; accompagnée de notes et éclaircissements historiques, par M. de Rommel. *Paris, Jules Renouard et Cie*, 1840, in-8, dos et coins, mar. La Vall., dos fleurdelisé, tête dor., non rogné (*Capé*).

Exemplaire imprimé sur grand papier vélin, contenant un portrait de Henri IV avant la lettre, tiré sur Chine.

654. EDICT du roy sur la réunion de Monsr le duc de Guyse, de Mess. ses frères, de la ville de Rheims et autres villes et chasteaux en l'obeyssance de Sa Majesté. *A Paris, par Frédéric Morel*, 1595, in-8, de 16 pp., cartonn., parch. blanc, tête dor.

Pièce rare, très rognée.

655. ESTRÉES (Gabrielle d'). Mémoires. *Paris, Mame et Delaunay-Vallée*, 1829, 4 vol. in-8, cartonn. toile orange, tête dor., non rognés (*Pierson*).

656. HENRI IV (Ouvrages relatifs au règne de). 5 vol. in-8, demi-rel. ou dos et coins mar. de diverses couleurs, tête dor., non rognés (*Champs* et *Pierson*).

Anquez (L.). Henri IV et l'Allemagne, d'après les mémoires et la correspondance de Jacques Bongars. *Hachette*, 1887. — Baillon (Comte de). Henriette-Marie de France, reine d'Angleterre. *Didier*, 1877. — Battifol. La vie intime d'une reine de France au xviie siècle. *Lévy*, s. d. — Henrard (Paul). Henri IV et la princesse de Condé. *Bruxelles*, 1885. — Perrens (F.-T.). Les mariages espagnols sous le règne de Henri IV. *Didier*, s. d.

657. HENRI IV ET LOUIS XIII (Ouvrages relatifs aux règnes de). 5 vol. in-8, dont 3 demi-rel. ou dos et coins mar. rouge, bleu et orange, et 2 cartonn. toile grise, tête dor., non rognés (*Pierson*).

Laffleur de Kermaingant. Mission de Jean de Thumery. *Didot*, 1886, 2 vol. — Laugel (Aug.). Henri de Rohan. Son rôle politique et militaire sous Louis XIII. *Didot*, 1889. — Rodocanachi (E.). Les infortunes d'une petite fille d'Henri IV. Marguerite d'Orléans, grande duchesse de Toscane. *Flammarion*, s. d. — Rott (Ed.). Henri IV, les Suisses et la Haute Italie. *Plon*, 1882.

658. HENRI IV (Ouvrages relatifs au règne de). 9 vol. in-8 et in-12, demi-rel. mar., cartonn. toile, demi-rel. chagrin et veau de diverses couleurs.

La Barre du Parcq (E. de). Histoire de Henri IV. *Perrin*, 1884. — Miron de L'Espinay. François Miron et l'administration municipale de Paris sous Henri IV. *Plon*, 1885. — Legouvé. Sully. *Didier*, 1873. — Lettres d'amour d'Henri IV. *Jouaust*, 1886. — Rodocanachi (E.). Les infortunes d'une petite fille d'Henri IV. Marguerite d'Orléans, grande duchesse de Toscane. *Flammarion*, s. d. — Rott (Ed.). Henri IV, les Suisses et la Haute Italie. *Plon*, 1882. — L'Estoile (Pierre de). Journal inédit du règne de Henry IV, 1598-1602. *Aubry*, 1862. — Valori (Cte de). Journal militaire de Henri IV, depuis son départ de la Navarre. *Didot*, 1821. — *Recueil* de pièces diverses relatives au règne de Henri IV. 1 vol. (Exempl. de Paulin Paris).

659. HENRI IV (Pièces relatives à la mort de). 17 plaquettes in-8, cartonn. demi-toile verte.

Adieu de l'ame du roy de France et de Navarre Henry le Grand à la Royne. *Lyon*, 1610, 68 pp. (2 éditions). — Anticoton ou réfutation de la lettre déclaratoire du père Coton, 1610, 74 pp. — Champflour (D.-F.). Funèbres cyprez, dédiez à la royne, 1610, 14 pp. — Discours funèbre à l'honneur de la mémoire de très clément, invincible et triomphant Henri IV, 1610, 48 pp. — DUPESCHIER (N.). Consolations à la France, sur le sacre et couronnement du roy, 1610, 23 pp. — FUNUS REGIUM. Les obsèques du roy, 1610, 9 pp. — LA FONS (J. de). DISCOURS sur la mort de Henri le Grand, 1610, 39 pp. — LES LARMES et lamentations de la France sur le trespas de Henri IV. *S. d.*, 20 pp. (2 éditions). — NAVIÈRES (Ch. de). Epitaphe du tres chrestien, victorieux et pacifique Henri Le Grand. *Lyon*, 1610, 7 pp. — NERVÈZE (De). Discours funèbre à l'honneur de la mémoire de Henri IV, 1610, 48 pp. (2 éditions). — PETIT SOMMAIRE de la vie, actes et faits de très heureuse mémoire Henri IV, 1610, 15 pp. — LES SOUPIRS de la France sur la mort du roy Henri IV, 16 pp. — STANCES sur l'assassinat de Henri IV, 15 pp.

660. JEANNIN. Les Négotiations de Monsieur le Président Jeannin (publiées par l'abbé de Castille, son petit-fils). *Jouxte la copie de Paris, chez Pierre Le Petit*, 1659, 2 vol. petit in-12, cuir de Russie, fil., dos orné, dent. int., tr. dor.

Imprimé par J. Ravestein, d'Amsterdam ; se joint à la collection des Elzevier.

661. LAFFLEUR DE KERMAINGANT (P.). L'Ambassade de France en Angleterre sous Henri IV. Mission de Jean de Thumery (1598-1602). *Paris, Firmin Didot et Cie*, 1886, 2 vol. gr. in-8, demi-rel. mar. violet, tête dor., non rognés (*Pierson*).

Les Pièces justificatives sont reliées séparément.

662. MARGUERITE de Valois. Mémoires de la reyne Marguerite. Nouvelle édition plus correcte. *A Bruxelles, chez F. Foppens*, 1658, pet. in-12, veau noir, fil. or, pet. dent. à froid, dos orné, dent. int., tr. marb.

Imprimé par François Foppens, de Bruxelles.

663. MAYENNE (duc de). Correspondance, publiée sur le manuscrit de la bibliothèque de Reims, par E. Henry et Ch. Loriquet. *Reims, P. Dubois*, 1860-1862, 2 vol. in-8, dos et coins mar. grenat, tête dor., non rognés (*Champs*).

Tirage à 100 exemplaires sur papier vergé.

664. MÉMOIRES. 11 vol. in-12, veau fauve et brun et demi-rel. mar. bleu, tr. marb. et rouges (*Rel. anc.*).

CHIVERNY (Cte de). Mémoires sur les règnes de Henri III et Henri IV. *La Haye*, 1720, 2 vol. — MÉZERAY. Histoire de la mère et du fils, c'est-à-dire de Marie de Médicis et du Grand Henri. *Amsterdam*, 1730, 2 vol. — PURE (L'abbé). Vie du mareschal de Gassion. *Paris*, 1673, 4 vol. — ROHAN (Duc de). Mémoires sur les choses qui se sont passées en France depuis la mort de Henri le Grand jusqu'à la paix avec les réformés. *Amsterdam*, 1756, 3 vol.

665. PAÏSAN FRANÇOIS. *S. l.*, 1609, pet. in-8 de 4 ff. prélim., non chiff. et 282 pp., veau fauve, fil., dos orné, dent. int., tr. dor. (*Capé*).

Curieux volume relatif au maintien de la paix ; sur le titre se trouve une jolie vignette gravée sur cuivre représentant le roi Henri IV parlant à un laboureur.

666. PELEUS (Julien). Le Chevalier françois. *S. l.*, 1606, in-16, vélin blanc, non rogné (*Rel. mod.*).

Armoiries sur les plats de la reliure.
Grande figure gravée sur bois sur le titre.

667. PIÈCES HISTORIQUES et facétieuses, publiées en 1605 et 1610, 7 plaquettes in-12, toile blanche.

Appointement de querelle, faict par Mathurine, entre le soldat françois et maistre Guillaume. 1605, 19 pp. — La response de maistre Guillaume au soldat françois, faicte en la présence du roy, à Fontainebleau. 1605, 59 pp. — Le Lunaticque à M. Guillaume. *S. d.*, 24 pp. — L'Anti-Guillaume, pour response au libelle d'un certain calomniateur. 1610, 19 pp. — Response ou discours fait sur la response de M. Guillaume au soldat françois. 1605, 54 pp. — L'Harpocrate françois au roy. 1605, 32 pp. — Discours faict au roy, par Mathault, n'aguières venu de Paradis. Au Louvre, le premier iour d'avril 1605, 45 pp.

668. POIRSON (Auguste). Histoire du règne de Henri IV. *Paris, Didier et Cie*, 1862-1867, 4 vol. in-8, demi-rel. veau fauve, tr. jasp.

669. PONTIS. Mémoires du sieur de Pontis, qui a servi dans les armées cinquante-six ans, sous les rois Henri IV, Louis XIII et Louis XIV. Contenant plusieurs circonstances remarquables des guerres, de la Cour et du gouvernement de ces Princes. *Amsterdam*, 1749, 2 vol. in-12, veau marb., dos orné, tr. marb. (*Rel. anc.*).

670. RECUEIL de plusieurs pièces servant à l'histoire moderne (de Henri IV et Louis XIII). *A Cologne, chez Pierre du Marteau*, 1663, pet. in-12, veau rouge, encad. de fil., dos orné, dent. int., tête dor., non rogné (*Hering et Muller*).

Imprimé par *A. Vlacq*, de la Haye.

671. RUBLE (Baron Alphonse de). Le duc de Nemours et Mademoiselle de Rohan (1531-1592). *Paris, Vve Adolphe Labitte*, 1883, in-8, mar. rouge, tête dor., ébarbé.

Tiré à 170 exemplaires.

672. SANGLANTE CHEMISE (La) de Henry le Grand. *S. l.*, 1615, pet. in-8 de 15 pp., mar. rouge à longs grains, fil., tr. dor.

Pièce dans laquelle l'auteur incite Louis XIII à venger le meurtre d'Henri IV sur Marie de Médicis, le duc d'Epernon et le maréchal d'Ancre, qu'il accuse d'être les assassins.

673. SATYRE MENIPPÉE de la vertu du Catholicon d'Espagne ; et de la tenue des estats de Paris... *A Ratisbonne, chez Mathias Kerner*, 1664, pet. in-12, veau fauve, dent. int., tr. dor. (*Thouvenin*).

Imprimé par Fr. Foppens, de Bruxelles.
Exemplaire avec l'errata, contenant la figure de la Procession et celles des deux charlatans.

675. SULLY (Duc de). Mémoires. *A Paris, chez Étienne Ledoux*, 1827, 6 vol. in-8, portrait, demi-rel. veau fauve, tr. jasp.

6. — LOUIS XIII

676. ANCRE (Pièces relatives au maréchal d'). 4 pièces pet. in-8, cartonn. toile verte, non rognés.

Arrest de la Cour de Parlement contre le Mareschal d'Ancre et sa femme, prononcé et exécuté à Paris le 8 juillet 1617, 8 pp. — La Descente du marquis d'Ancre aux Enfers, son combat et sa rencontre avec maistre Guillaume, 1617, 7 pp. — La Complainte du Gibet de Mont-Faucon sur la mort du marquis d'Ancre. *A Amiens*, 1617, 8 pp. — Le définiement de la guerre appaisée par la mort de Concino Concini, marqué d'Ancre (sic)... *s. d.*, (1617), 8 pp.

677. AVENEL (Vicomte G. d'). Richelieu et la monarchie absolue. *Paris, E. Plon, Nourrit et Cie*, 1890, 3 vol. in-8, demi-rel. chag. grenat, tête dor. non rognés (*Pierson*).

Tomes 1 et 2 reliés. Tome 4 broché.

678. CHARVÉRIAT (E.). Histoire de la guerre de trente ans, 1618-1648. *Paris, E. Plon et Cie*, 1878, 2 vol. in-8, cartonn. toile rouge, tête dor., ébarbés (*Pierson*).

679. CHOUPPES (Marquis de). Mémoires du Marquis de Chouppes, lieutenant général des armées du Roi, suivis des mémoires du Duc de Navailles et de La Valette (1630-1682), revus, annotés et accompagnés de pièces justificatives inédites par M. C. Moreau. *Paris, J. Techener*, 1861, in-8, demi-rel. mar. brun, fil., dos orné, tête dor., non rogné (*Champs*).

Un des quelques exemplaires imprimés sur PAPIER DE HOLLANDE.

680. DU BLANC (Le P.). Les Regrets du trespas du tres-haut, et invincible prince Mgr. François Paris de Lorraine, chevalier du Guyse, lieutenant général pour le roy en Provence, où il est décédé au chasteau de Baux le premier iour de juin 1614. *A Rouen, chez Pierre de la Motte, s. d.*, pet. in-8 de 15 pp., cartonn.

A la fin un sonnet à la princesse de Conty, et une épitaphe à la mémoire du Chevalier de Guise.

681. EVERAT (Édouard). Étude historique, juridique et littéraire. Michel de Marillac, sa vie, ses œuvres. *A Riom, chez Ulysse Jouvet*, 1894, gr. in-8, portrait, dos et coins mar. vert, fil., dos orné, tête dor., non rogné, couvert. (*Carayon*).

682. FONTENAY MAREUIL. Mémoires de Messire Du Val Marquis de Fontenay-Mareuil, publiés pour la première fois par S. J. N. Monmerqué. *Paris, Foucault*, 1826, 2 vol. pet. in-8, demi-rel. veau fauve, dos orné, tr. marb.

Exemplaire de M. Paulin Paris.

683. GIRARD (Guil.). Histoire de la vie du duc d'Espernon, divisée en trois parties. *A Paris, chez Augustin Courbé*, 1655, in-fol., portrait gravé, veau brun, fil., tr. marb. (*Rel. anc.*).

Armoiries sur les plats; le dos de la reliure est moderne.

684. HÉROARD (Jean). Journal sur l'enfance et la jeunesse de Louis XIII (1601-1628). Extrait des manuscrits originaux et publié par Eud. Soulié et Ed. de Barthélemy. *Paris, Firmin Didot*, 1868, 2 vol. in-8, demi-rel. chagrin La Vall., tr. jasp.

685. LE VASSOR (Michel). Histoire du règne de Louis XIII, roi de France et de Navarre. *A Amsterdam, chez Pierre Brunel*, 1700-1711, 10 tomes en 16 vol. in-12, front. gravé, vélin blanc, fil., ornements à froid, tr. jasp. (*Rel. anc.*).

Bel exemplaire.

686. LOUIS XIII (Ouvrages relatifs au règne de). 6 vol. in-8, demi-rel. et dos et coins mar. de diverses couleurs, tête dor., non rognés.

Batifol (Louis). Au temps de Louis XIII. *Levy, s. d.* — Bonneau-Avenant (A.). La duchesse d'Aiguillon, nièce du cardinal de Richelieu. *Didier*, 1879. — Chantelauze (R.). Portraits historiques. *Perrin*, 1886. — La Garde (Henry de). Le duc de Rohan et les protestants sous Louis XIII. *Plon*, 1884. — Pavie (Eusèbe). La guerre entre Louis XIII et Marie de Médicis. *Angers*, 1899. — Robert (F. des). Campagnes de Charles IV, duc de Lorraine et de Bar. *Nancy*, 1883.

687. MÉMORABLE VICTOIRE (La) obtenue par Monsieur le comte d'Auvergne, sur les trouppes rebelles de Montauban, et autres rebelles du Languedoc. Avec le nombre des morts, prisonniers, et prise de deux pièces de canon. Ensemble l'horrible dégast arrivé dans Montauban, par accident de la poudre à canon, où le feu s'est mis le 6 janvier 1622. *A Paris, par Nicolas de Chauny*, 1622, pet. in-8 de 8 pp., cartonn., demi-rel. toile verte.

688. MONTRÉSOR (de). Mémoires. Diverses pièces durant le Ministère du Cardinal de Richelieu. Relation de Monsieur de Fontrailles. Affaires de Messieurs le comte de Soissons, ducs de Guise et de Bouillon, etc. *A Cologne, chez Jean Sambix*, 1664, pet. in-12, mar. grenat. dent. int., tr. dor. (*Tinot*).

Imprimé par Fr. Foppens, de Bruxelles.

689. MOTTEVILLE (Mme de). Mémoires sur Anne d'Autriche et sa cour. Nouvelle édition d'après le manuscrit de Conrart avec une annotation extraite de Montglat, Omer Talon, Gourville, etc., etc., des éclaircissements et un index par F. Riaux, et une notice sur Mme de Motteville par M. Sainte-Beuve. *Paris, Charpentier*, 1855, 4 vol. in-12, demi-rel. chagrin brun, dos orné, tr. jasp.

690. PIÈCES HISTORIQUES : 1614-1615, 8 pièces en 5 plaquettes, pet. in-8, cartonn. toile ou demi-toile vert et rouge.

Advertissement aux provinces sur la disposition présente des affaires (1615), 22 pp. — Advis, remonstrances et requestes aux estats généraux tenus à Paris, 1614, par six paisans, 1614, 30 pp. — Advis de Maistre Guillaume à sa saincteté sur le different qui est entre lui et les Venitiens, 1607, 24 pp. — La remonstrance de Pierre du Puis sur le resveil de maistre Guillaume, 1614, 13 pp. — Le Réveil de Maistre Guillaume aux bruits de ce temps, 1614, 31 pp.

Les Terreurs paniques de ceux qui pensent que l'alliance d'Espagne doive mettre la guerre en France, 1615, 39 pp. — Lettre de Mgr. le prince de Condé, envoyée à la Royne sur le refus qui lui a esté faict par Messieurs de Poictiers, 1614, 7 pp. — Remerciement au roy, par les habitans de la ville de Poictiers, sur le soing que S. M. a eu de leur conservation, 1614, 16 pp.

691. PIÈCES HISTORIQUES et facétieuses de 1614 à 1631. 15 plaquettes in-8, cartonn. toile ou demi-toile de diverses couleurs et non reliées.

Déclaration du roy contre le prince de Condé, et ceux qui l'assistent, avec l'arrest de la cour de Parlement contre le dit prince de Condé. *En Avignon*, 1615, 15 pp. — Lettre de Mgr. le duc d'Espernon au roy, 1619, 8 pp. — La Sibille française parlant au roy, 1620, 15 pp. — Le Coq à l'asne envoyé de la court. 1622, 12 pp. — Advertissement à tous les estats de l'Europe, touchant les maximes fondamentales du gouvernement et des desseins des espagnols, 1625, 16 pp. — Le Miroir du temps passé à l'usage du présent..... 1625, 67 pp. — Lettres escrites par M. le comte de la Chapelle à diverses personnes la veille de sa mort, 1627, 14 pp. — Harangue faicte par le comte de La Chappelles à NN. SS. de la cour de Parlement, 1627, 6 pp. — Les entretiens des champs Elizées, 1631, 72 pp. — Etc. etc.

692. RECUEIL de 16 pièces diverses relatives aux Etats généraux de 1615. 1 vol. in-8, veau fauve, tr. rouges (*Rel. anc.*).

Gazette des Estats de ce temps, du seig'gio servitour, de Piera grosa. Trad. d'italien en françois le premier janvier. 1615, 14 pp. — Cahiers généraux des articles résolus et accordez entre les députez des 3 estats. 1615, 40 pp. — Anatomie des trois ordres de la France sur le sujet des Estats. 1615, 64 pp. — Advis, remonstrances et requestes aux estats généraux tenus à Paris 1614. par six paisans. 1615, 30 pp. — Cayer général des remonstrances que l'Université de Paris a dressé pour présenter au roy, en l'assemblée générale des trois ordres de son royaume, qui de présent se tient à Paris, 1615, 38 pp., etc. etc.

693. RECUEIL de 139 pièces relatives au règne de Louis XIII. 7 vol. pet in-8, veau fauve, fil., chiffre au dos, dent. int.

L'Hermaphrodite de ce temps; *s. d.* (1616), 13 pp. — Le Pater Noster des Jésuites..... 1611, 8 pp. — La Décadance des rebelles, 1622, 16 pp. — La Prise et réduction de la ville et place de Clamessy, le 10 mars, avec celles d'Antrein et Donzy, faictes par M. de Montigny..... 1617, 16 pp. — Le Grand désastre nouvellement arrivé en la ville de La Rochelle au grand estonnement des Rochelois. 1621, 15 pp. — La prise et réduction de la ville et chasteau de Nerac, au service du roy, par M. le duc de Mayenne. 1621. 13 pp. — L'arrivée de l'armée du roy, devant la ville de Montauban avec 30000 hommes, et les curieux escarmouches faictes entre M. le duc de Mayenne et les assiégez. 1621, 16 pp. — Récit véritable de ce qui s'est nouvellement fait et passé à Montauban. 1621, 12 pp. — Discours funèbre sur la mort de Mgr. du Vair, évesque de Montauban... par E. Molinier. *S. d.*, 4 ff. non chiff. et 46 pp. — Supplication du Sieur de Soubize, faicte au très magnanime et très vertueux prince Charles I, roy d'Angleterre. 1625, 15 pp. — La Ligue nécessaire contre les perturbateurs de l'Etat. 1626, 15 pp. — Harangue funèbre sur la mort du très illustre seigneur messire Nicolas de Verdun..... 1627, 48 pp. — Harangue chrestienne sur la vie et trespas de très haute, très excellente, et très vertueuse princesse, Marie de Bourbon, duchesse d'Orléans..... 1627, 50 pp. — La Prise de la ville de Groll, sur les espagnols, par le prince d'Orange..... 1627, 15 pp. — La prise de la ville de Pamiers, capitale du païs de Foix, des nommez Beaufort, et d'Auros..... *Lyon, s. d.*, 14 pp. — La réduction de la ville de La Rochelle remise à l'obéissance de S. M. le 28ᵉ iour d'octobre 1628. *Langres*, 1628, 7 pp. — Le Confiteor aux rochellois. *Grenoble*, 1628, 8 pp. — Relation véritable de ce qui s'est passé au siège et à la prise de Realmond..... *Grenoble*, 1628, 8 pp. — La prise des villes de La Caune et Sainct Sever en la comté de Castres. *S. d.* (1628), 14 pp. — Récit véritable de tout ce qui s'est passé, tant en la comté de Foix, qu'en la ville de Tolose, depuis la prise de Pamiers. *Grenoble*, 1628, 5 pp., etc. etc.

Cet important recueil de pièces historiques provient de la bibliothèque de Paulin Paris.

694. RELATION de ce qui s'est passé sur l'arrivée de Monsieur le duc de Mayenne et d'Aiguillon, ambassadeur extraordinaire en Espagne pour l'accomplissement du mariage de Louis XIII, avec l'infante des Espagnes; de la réception qui lui a esté faicte à Madril (sic), et de l'ordre qu'il tint en y entrant. Avec les noms des seigneurs françois qui l'accompagnèrent, ensemble des grands seigneurs d'Espagne qui le reçeurent, et de l'audience qui lui fut donnée. *A Paris, chez la veuve Pierre Bertaud*, 1612, pet. in-8, 16 pp., cartonn. toile grise.

695. RICHARD (L'abbé René). Le véritable père Joseph, capucin, nommé au cardinalat; contenant l'histoire anecdote du Cardinal de Richelieu. *A Saint Jean de Maurienne, chez Gaspard Butler*, 1750, 2 vol. in-12, demi-rel. mar. brun, dos orné, tête dor. (*Champs*).

Exemplaire NON ROGNÉ.

696. TALLEMENT DES RÉAUX. Les Historiettes. Troisième édition, revue sur le manuscrit original et disposée dans un nouvel ordre par MM. de Monmerqué et

Paulin Paris. *Paris, Techener,* 1854-1860, 9 vol. in-8, demi-rel. chag. La Vall., tr. marb.

697. ZELLER (Berthold). Etudes critiques sur le règne de Louis XIII. *Paris, Hachette et Didier,* 1879-1899, 5 vol. in-8, dem.-rel. ou dos et coins mar. de diverses couleurs, tête dor., non rognés (*Pierson*).

Le Connétable de Luynes. Montauban et la Valteline. — Richelieu et les ministres de Louis XIII de 1621 à 1624. — La Minorité de Louis XIII. — Marie de Médicis et Sully (1610-1612). — Marie de Médicis et Villeroy. — Louis XIII, Marie de Médicis et Richelieu.

7. — LOUIS XIV

698. AUERBACH (Bertrand). La diplomatie française et la cour de Saxe (1648-1680). *Hachette,* 1888. — CLÉMENT (Pierre). La police sous Louis XIV. *Didier,* 1866. — COURCY (Mis de). L'Espagne après la paix d'Utrecht 1713-1715. *Plon,* 1891. — KERVILER (René). Le Chancelier Pierre Séguier. *Didier,* 1874. — MAILFAIT (Hubert). Omer Talon sa vie et ses œuvres 1595-1652. *Oudin,* 1902, port. — MARCHAND (J.). Un intendant sous Louis XIV (1687-1704). *Hachette,* 1889. — Ens. 6 vol. in-8, dos et coins et demi-rel. mar. de diverses couleurs, tête dor., non rognés (*Pierson*).

699. AVAUX (Cte d'). Négociations de M. le Cte d'Avaux en Hollande, depuis 1679 jusqu'en 1684. *Paris, Durand,* 1752, 6 vol. — ESTRADES (Comte d'). Lettres, mémoires et négociations de M. le Cte d'Estrade, en Italie, en Angleterre et en Hollande, de 1637 à 1668. *La Haye, Hondt,* 1719, 6 vol. — Ens. 12 vol. in-12, veau marb.

700. BONNEMÈRE (Eugène). La France sous Louis XIV. 1643-1715. *Paris, Lacroix,* 1864, 2 vol. in-8, demi-rel. mar. bleu, dos orné, tête dor., non rognés (*Champs*).

701. CAMPAGNE du duc de Rohan dans la Valteline, en 1635. *Amsterdam,* 1788, carte. — CAMPAGNE ROYALE (La) ou le triomphe des armées de S. M. ès années 1667-1668. *Paris, Alliot,* 1668. — CARLET DE LA ROZIÈRE. Campagne du maréchal de Créquy en Lorraine et en Alsace en 1677. *Paris,* 1764. — Siège de Namur avec un Journal des mouvemens. *Paris,* 1692. — Relation de la campagne de l'année 1710. *La Haye,* 1711 (*Rel. anc.*).

702. CATINAT (Maréchal de). Mémoires et correspondance. Mis en ordre et publiés d'après les manuscrits autographes et inédits conservés jusqu'à ce jour dans sa famille, par M. Bernard Le Bouyer de Saint-Gervais ; avec gravures, portrait, fac-simile, cartes, plans, ordres de batailles, etc. *Paris, Mongie,* 1819, 3 vol. in-8, figures, fac-simile et cartes, veau racine, fil., dent., dos orné, tr. marb. (*Rel. de l'époque*).

703. CHANTELAUZE (R.). Le Cardinal de Retz et l'affaire du chapeau. Etude historique, suivie des correspondances inédites de Retz, de Mazarin, etc. *Paris, Didier et Cie,* 1878, 2 vol. in-8, portrait, demi-rel. mar. La Vall., tête dor., non rognés (*Champs*).

704. CHERUEL (A.). Histoire de France sous le ministère de Mazarin (1651-1661).

Paris, Hachette et Cie, 3 vol. in-8, cartonn. toile rouge, tête dor., non rognés, couvert.

705. CHÉRUEL (A.). Histoire de France pendant la minorité de Louis XIV. *Paris, Hachette et Cie*, 1879-1880, 4 vol. in-8, dos et coins mar. orange, tête dor., non rognés (*Pierson*).

706. CONSEIL PRIVÉ de Louis le Grand, assemblé pour trouver les moyens par de nouveaux impôts de continuer la guerre contre les hauts alliez. *Versailles* (*Hollande*), 1696. — Fénelon. Dialogues divers entre les cardinaux Richelieu et Mazarin, et autres. *Cologne*, 1700. — Freschot (C.). Les intrigues secrètes du duc de Savoie. *Venise*, 1705. — Mémoires et négociations de M. Phélippeaux à la cour de Savoye. *Basle*, 1705. etc., etc., 1 vol. — Lisola (de). Bouclier d'Estat et de justice, contre le dessein manifestement découvert de la monarchie universelle. *S. l.*, 1667. — Partisans (Les) démasquez ou suite de l'art de voler sans ailes, nouvelle galante. *Cologne*, 1709. — Ens. 5 vol. pet. in-12, veau brun, vélin blanc et cartonn.

707. COSNAC (Comte de). Souvenirs du règne de Louis XIV. *Paris, Vve J. Renouard*, 1866-1882, 8 vol. in-8, dos et coins mar. bleu, dos orné d'L couronnés et de fleurs de lis, tête dor., non rognés, couvert. (*Allô*).

Exemplaire bien relié.

708. DUBUISSON-AUBENAY. Journal des guerres civiles. 1648-1652, publié par Gustave Saige. *Paris, Champion*, 1883-1885, 2 vol. in-8, papier vergé, demi-rel. mar. rouge, tête dor., non rognés (*Pierson*).

709. DUCLOS. Mémoires secrets sur le règne de Louis XIV, la Régence et le règne de Louis XV. *Paris, Jules Gay*, 1864, 2 vol. in-8, demi-rel. chagrin La Vall., tr. jasp.

Tirage à 195 exemplaires sur papier de Hollande.

710. EXPÉDITION DU DUC DE GUISE (L') à Naples. Lettres et instructions diplomatiques de la cour de France (1647-1648). Documents inédits publiés avec une introduction et des notes par MM. J. Loiseleur et G. Baguenault de Puchesse. *Paris, Didier et Cie*, 1875, in-8, demi-rel. mar. orange, fil., dos orné, tête dor., ébarbé (*Champs*).

711. GAILLARDIN (Casimir). Histoire du règne de Louis XIV. Récits et tableaux. *Paris, Lecoffre*, 1871-1875, 6 vol. in-8, demi-rel. mar. vert, tr. jasp.

712. GÉRIN (Charles). Louis XIV et le Saint-Siège. *Paris, Lecoffre*, 1894, 2 vol. gr. in-8, demi-rel., mar. bleu foncé, tête dor., non rognés, couvert. (*Pierson*).

713. GIRAUD (Charles). Le traité d'Utrecht. *Paris, Plon frères*, 1847, in-8, mar. rouge jans., dent. int., tête dor., non rogné (*Belz-Niédrée*).

714. GUISE (Duc de). Les mémoires de feu Monsieur le duc de Guise. *A Cologne, chez Pierre Marteau*, 1669, 2 vol. pet. in-12, mar. grenat jans., tr. dor. (*Rel. mod.*).

715. HAY DU CHASTELET. Traité de la politique de France. *Cologne, chez Pierre*

du Marteau (imp. par *Daniel Elzévier d'Amsterdam*), 1669, pet. in-12, veau fauve, fil. et dent., dos orné, dent. int., tr. dor. (*Rel. anc.*). — LISOLA (Baron de). Le politique du temps ou le conseil fidelle sur les mouvements de la France. *Charle-Ville, chez Louis François* (*Imp. par F. Foppens*), 1671, pet. in-12, veau fauve, fil., dos orné, dent. int., tr. dor. (*Rel. de Simier avec armoiries*).

716. LA FAYETTE (Comtesse de). Histoire de Madame Henriette d'Angleterre, première femme de Philippe de France, duc d'Orléans. *A Amsterdam, chez Michel-Charles Le Cene,* 1720, in-12, portrait par Schouten, veau fauve, dos orné, dent. int., tr. rouges (*Rel. anc.*).

ÉDITION ORIGINALE, probablement imprimée en France.

717. LA FAYETTE (La Comtesse de). Mémoires de la Cour de France, pour les années 1688 et 1689. *A Amsterdam, chez J. F. Bernard,* 1731, in-12, front. par B. Picart, veau brun, tr. rouges (*Rel. anc.*).

Première édition de ces mémoires curieux.

718. LA HODE (De). Histoire de la vie et du règne de Louis XIV, roi de France et de Navarre. *A Francfort, chez François Varrentrapp, à Basle chez Jean Christ,* 1740-1743, 6 vol. in-4, veau marb., fil., tr. rouges (*Rel. anc.*).

Nombreuses planches de médailles gravées.
Publié par Bruzen de la Martinière.

719. LAIR (J.), Nicolas Foucquet, procureur général, surintendant des finances, ministre d'Etat de Louis XIV. *Paris, Plon, Nourrit et Cie,* 1890, 2 vol. in-8, portraits, demi-rel. mar. vert, tête dor., non rognés (*Henry-Joseph*).

720. LIMIERS (H. P. de). Histoire du règne de Louis XIV, roy de France et de Navarre. Seconde édition, revue et augmentée. *A Amsterdam, aux dépens de la compagnie,* 1720, 3 vol. in-4, portraits, dos et coins veau bleu, tr. dor. (*Champs*),

721. LOUIS XIV (Ouvrages relatifs aux femmes du règne de). 4 vol. in-8, demi rel. mar. de diverses couleurs, tête dor. non rognés (*Champs* et *Pierson*).

CLÉMENT (P.). Gabrielle de Rochechouart de Mortemart. *Didier* 1869 — MONLAUR (R.). La Duchesse de Montmorency. *Plon,* 1898. — RENÉE (Amédée). Les Nièces de Mazarin. *Didot,* 1856. — SAPORTA (Mis de). La famille de Madame de Sévigné en Provence. *Plon,* 1889.

722. LOUIS XIV (Ouvrages relatifs aux maîtresses de). 7 vol. in-8, demi-rel. ou dos et coins mar. de diverses couleurs, tête dor., non rognés (*Pierson*).

CLÉMENT (P.). Madame de Montespan et Louis XIV. *Didier,* 1868. — DUCLOS (l'abbé H.). Madame de La Vallière et Marie-Thérèse d'Autriche. *Didier,* 1869.—HAUSSONVILLE (Cte d') et HANOTAUX (G.). Souvenirs sur Mme de Maintenon. *Lévy, s. d.* — LAIR (J.). Louise de La Vallière et la jeunesse de Louis XIV. *Plon,* 1881. — Le MÊME ouvrage 3e édition. *Plon,* 1902. —LEMOINE (J.) et LICHTENBERGER (A.). De La Vallière à Montespan. *Levy, s. d.* — Louis XIV et ses amours, *Renouard,* 1824.

723. LOUIS XIV (Ouvrages relatifs au règne de). 9 vol. in-8, cartonn. toile de diverses couleurs, tête dor., non rognés (*Pierson*).

BIÈVRE (Mareschal de). Georges Mareschal seigneur de Bièvre, chirurgien et confident de Louis XIV (1658-1736). *Plon,* 1906, pl. — BRIENNE (Comte de). Mémoires inédits. *Ponthieu,* 1828, 2 vol. — CALMON-MAISON. Le Maréchal de Château-Renault (1637-1716). *Lévy,* 1903. pl. — CHANTELAUZE (R.). Le Cardinal de Retz et ses missions diplomatiques à Rome.

Didier, 1879. — DES ROBERT (Ferdinand). Les campagnes de Turenne en Allemagne (1672-1675). *Sidot*, 1903. — LIVET (Ch. S.). Portraits du grand siècle. *Perrin*, 1885. — NOAILLES (Vte de). Le cardinal de La Valette, lieutenant général des armées du roi, 1635-1639. *Id.* 1906, port. — REYSSIÉ (Félix). Le cardinal de Bouillon (1643-1715). *Hachette*, 1899, port.

724. LOUIS XIV (Mémoires relatifs au règne de). 10 vol. in-8 et in-12, demi-rel. ou dos et coins mar. de diverses couleurs, tête dor., non rognés (*Champs* et *Pierson*).

BOUTEILLER (E. de). Le Maréchal Fabert d'après ses mémoires et sa correspondance. *Tours*, 1878. — CLÉMENT (P.). Gabrielle de Rochechouart de Mortemart. *Didier*, 1869. — CUMONT (Mise de). Correspondance d'une famille au XVIIe siècle. *Périgueux*, 1900. — HATIN (Eug.). Les Gazettes de Hollande et la presse clandestine aux XVIIe et XVIIIe siècles. *Pincebourde*, 1865. — HENRY (C.). Un Erudit, homme du monde, homme d'église, homme de cour (Huet). *Hachette*, 1879. — LEGRELLE (A.), Louis XIV et Strasbourg. *Hachette*, 1881. — LE ROI (J. A.). Curiosités historiques sur Louis XIII, Louis XIV, Louis XV. *Plon*, 1864. — MORT DE LOUIS XIV (La). Journal des Anthoine. *Quantin*, 1880 (Exemplaire sur CHINE). — QUELQUES LETTRES de Louis XIV et des princes de sa famille. 1688-1713. *Aubry*, 1862. — MAGNIENVILLE (R. de). Le maréchal d'Humières et le gouvernement de Compiègne (1648-1694). *Plon*, 1881.

725. LOUIS XIV et au commencement du règne de Louis XV (Mémoires relatifs au règne de). 11 vol. in-8, demi-rel. veau, chagrin, cartonn. de diverses couleurs, tr. jasp. ou marb.

BRIENNE (Comte de). Mémoires inédits. *Ponthieu*, 1828, 2 vol. — COURCELLES (Mise de) Mémoires et correspondance. *Jouaust*, 1869, papier vergé. — MÉMOIRES d'Anne de Gonzague, princesse Palatine *Londres*, 1786. — JOURNAL de la Cour de Louis XIV. *Paris*, 1807. — BOIS-JOURDAIN. Mélanges historiques, satiriques et anecdotiques. *Paris*, 1807, 3 vol. — POMPONNE (Mis de). Mémoires, publiés par J. Mavidal. *Paris*, 1868, 2 vol. — Lettres de Mme de Villars à Mme de Coulanges (1679-1681). *Plon*, 1868.

726. MAINTENON (Mad. de). Mémoire sur Madame de Maintenon à Madame de Glapion. Manuscrit in-fol. de 548 pages, vélin vert, tr. rouges (*Rel. anc.*).

Intéressant manuscrit composé d'après les notes de Mlle d'Aumale, une des confidentes de Mme de Maintenon et adressé à Marie-Madeleine de Glapion des Routis, l'une des premières supérieures de la maison de St. Cyr, l'amie la plus sincère et la confidente la plus discrète qu'ait eue la célèbre favorite.

Ce recueil est précédé de deux mémoires sur la vie privée de Mme de Maintenon pendant le règne de Louis XIV et après la mort de ce monarque ; ils contiennent des détails intéressants sur les revenus, les aumônes, l'emploi des journées, des notes sur la piété, des détails curieux sur la mort de Mme de Maintenon et une copie de son Testament. Cette partie, composée de 90 pages et qui paraît écrite vers 1720, n'a probablement jamais été publiée.

Le reste du manuscrit contient 35 conversations et 28 proverbes dramatiques que M. de Monmerqué a publiés en 1828-29.

727. MAZARINADES et pièces historiques diverses publiées de 1648 à 1652, 34 vol. in-4, vélin blanc à recouv., (*Pierson*).

Important recueil comprenant 819 pièces historiques et mazarinades.

728. MÉMOIRES de Louis XIV pour l'instruction du Dauphin. Première édition complète, d'après les textes originaux, avec une étude sur leur composition, des notes et des éclaircissements par Charles Dreyss. *Paris, Didier et Cie*, 1860, 2 vol. in-8, demi-rel. mar. rouge, dos orné, tête dor., non rognés (*Champs*).

729. MÉMOIRES du maréchal Fabert, manuscrit de 216 ff. in-4, demi-rel. chagrin noir, tr. rouges.

Copie faite sur le manuscrit de la Bibliothèque nationale. Nouvelles Acquisitions franç., n° 90.

730. MÉMOIRES et caravanes de J. B. de Luppé du Garrané, suivis des mémoires de son neveu J. B. de Larrocan d'Aiguebère, commandeur de Bordères, publiés pour la première fois par le Comte de Luppé. *Paris, Auguste Aubry*, 1865, port. 2 part. en 1 vol. pet. in-4 carré, dos et coins mar. grenat, tête dor., non rogné, couvert. (*Champs*).

Imprimé à 300 exemplaires sur papier de Hollande.
Envoi de l'auteur.

731. MÉMOIRES sur le règne de Louis XIV. 17 vol. vélin, demi-rel. veau et veau brun ou fauve (*Rel. anc.*).

Bouillon (La Tour D'Auvergne, duc de). Mémoires, 1692. — Chavagnac (Gaspard, comte de). Mémoires. *Besançon*, 1699, 2 vol. — Même ouvrage. Edit. *d'Amsterdam*, 1700, 1 vol. — Forbin (comte de). Mémoires, 1740, 2 tomes en 1 vol. — Gourville (de). Mémoires, 1724, 2 vol. — La Porte (de). Mémoires. *Genève*, 1756. — Mémoires de M. de Lyonne, au roy, interceptez par ceux de la garnison de Lille, 1668. — Montchal. Mémoires. *Rotterdam*, 1718, 2 tomes en 1 vol. — Puységur (Jacques de Chastenet de). Mémoires, 1690, 2 tomes en 1 vol. — Pontis (de). Mémoires, 1676, 2 vol. — Torcy (de). Mémoires pour servir à l'histoire des négociations depuis le traité de Riswick jusqu'à la paix d'Utrecht. *La Haye*, 1757, 3 vol.

732. MINISTRES DE LOUIS XIV. 7 vol. in-8, demi-rel. ou dos et coins mar. de diverses couleurs, veau fauve et cartonn. toile grenat, tête dor., non rognés (*Champs* et *Pierson*).

Chatelain (V.). Le Surintendant Nicolas Fouquet. *Perrin*, 1905. — Clément (P.). Histoire de la vie et de l'administration de Colbert. *Guillaumin*, 1846. — Du Fresne de Beaucourt (G.). Colbert d'après sa correspondance. *Palmé*, 1869. — Journal inédit de J. B. Colbert. *Plon*, 1884. — Michel (Georges). Histoire de Vauban. *Plon*, 1879. — Robert (F. des). Charles IV et Mazarin (1643-1661). *Nancy*, 1899. — Valfrey. Hugues de Lionne. *Didier*, 1881.

733. RABUTIN (Roger de). Mémoires. Nouvelle édition revue sur un manuscrit de famille, augmentée de fragments inédits, suivie de l'histoire amoureuse des Gaules, avec une préface, des notes et des tables, par Ludovic Lalanne, 2 vol. — Correspondance avec sa famille et ses amis (1666-1693). *Paris, Charpentier*, 1857-1859. 6 vol. — Ens. 8 vol. in-12, demi-rel. chagrin La Vall., tr. jasp.

734. REMARQUES sur le roy Louis XIV. Manuscrit in-4, de 185 pages, demi-rel. bas. rouge.

Manuscrit d'une bonne écriture du commencement du XVIIIe siècle. Il débute au 3 avril 1684 et s'arrête en 1714; on y remarque quelques détails intéressants sur Louis XIV, quelques lettres, le détail de la maladie et de la mort de la Dauphine et du Dauphin, quelques traits du duc de Bourgogne rapportés par Mme de Maintenon et enfin, les dernières paroles de Louis XIV et quelques détails intéressant Madame de Maintenon.

735. RÉUNION de 40 pièces diverses anciennes et modernes relatives au règne de Louis XIV.

Importante réunion comprenant des mémoires sur la guerre de succession d'Espagne, des éloges de Catinat, Vauban, des historiques de batailles (Nerwinde, Rocroy, Fribourg, etc.), quelques pièces concernant le duc de Beaufort, Turenne, le grand Condé, etc., etc.
On y joint environ 100 numéros des « *Nouvelles ordinaires* » du 1er février 1648 au 27 novembre de la même année.

736. REYNALD (Hermile). Succession d'Espagne. Louis XIV et Guillaume III. Histoire des deux traités de partage et du Testament de Charles II d'après la cor-

respondance inédite de Louis XIV. *Paris, Plon,* 1883, 2 vol. in-8, cartonn. demi-mar. vert, tête dor., non rognés (*Champs*).

737. ROUSSET (Camille). Histoire de Louvois et de son administration politique et militaire jusqu'à la paix de Nimègue. *Paris, Didier et Cie*, 1862-1864, 4 vol. in-12, demi-rel. mar. brun, tr. marb.

738. SAINT-SIMON (duc de). Mémoires complets et authentiques sur le siècle de Louis XIV et la Régence, collationnés sur le manuscrit original par M. Chéruel et précédés d'une notice par M. Sainte-Beuve, de l'Académie française. *Paris, L. Hachette et Cie*, 1856-1858, 20 vol. in-8, demi-rel. chag. La Vall., tr. marb.

La reliure du premier volume est fatiguée.

739. SAINT-SIMON (Ouvrages relatifs au duc de). 5 vol. in-8, dont 2 demi-rel. mar. rouge, vert et grenat, tête dor., non rognés et brochés.

BASCHET (A.). Le duc de Saint-Simon. Son cabinet et l'historique de ses manuscrits. *Plon*, 1874. — CHÉRUEL (A.). Saint-Simon considéré comme historien de Louis XIV. *Hachette*, 1865. — PAPIERS inédits du duc de Saint-Simon. *Quantin*, 1880. — SAINT-SIMON. Ecrits inédits. Mélanges. Tomes I et IV. *Hachette*, 1880-1882, 2 vol.

740. SEGUR (Comte de). 5 vol. in-8, demi-rel. mar. de diverses couleurs, tête dor., non rognés (*Pierson*).

La jeunesse du maréchal de Luxembourg (1628-1668). *Lévy, s. d.*, port. — Le tapissier de Notre-Dame, les dernières années du maréchal de Luxembourg (1678-1695). *Id., s. d.*, port. — Le maréchal de Ségur (1724-1801) ministre de la guerre sous Louis XVI. *Plon*, 1895, port. — La Dernière des Condé. *Lévy*, 1899, port. — Le Royaume de la rue Saint-Honoré. Madame Geoffrin et sa fille. *Id.*, 1897, port.

741. SÉVIGNÉ (Ouvrages relatifs à Mme de). 2 vol. in-8, dos et coins mar. grenat, tête dor., non rogné et demi-rel. mar. La Vall., tr. jasp. (*Allô*).

BABOU (H.). Les amoureux de Madame de Sévigné. *Didier*, 1862. — COMBES (F.). Madame de Sévigné historien. Le siècle et la cour de Louis XIV d'après Mme de Sévigné. *Perrin*, 1885.

742. SOURCHES (Marquis de). Mémoires secrets et inédits de la Cour de France sur la fin du règne de Louis XIV. Publiés pour la première fois et conformément au manuscrit du XVIIe siècle nouvellement découvert, suivis de documents inédits relatifs à la Révocation de l'édit de Nantes, avec une introduction et des notes par Adhelm Bernier. *Paris, Beauvais ainé*, 1836, 2 vol. in-8, demi-rel. mar. bleu, tête dor., non rognés (*Champs*).

743. SOURCHES (Marquis de). Mémoires sur le règne de Louis XIV, publiés par le comte de Cosnac (Gabriel-Jules), Arthur Bertrand et Edouard Pontal. *Paris, Hachette et Cie*, 1882-1893, 13 vol. in-8, demi-rel. mar. grenat, tête dor., non rognés (*Pierson*).

744. TRÉMOÏLLE (Louis de la). Madame des Ursins et la succession d'Espagne, fragments de correspondance. *Nantes, Emile Grimaud*, 1902-1007, 6 vol. pet. in-4, port., brochés.

Belle publication imprimée sur papier de Hollande.

745. VOGUÉ (Mis de). Villars d'après sa correspondance et des documents inédits,

Avec portraits, gravures et cartes. *Paris, Plon Nourrit et Cie*, 1888, 2 vol. in-8, dos et coins mar. rouge, tête dor., non rognés (*Pierson*).

8. — LOUIS XV

746. BERNIS (Cardinal de). Mémoires et lettres (1715-1758), publiés avec l'autorisation de sa famille d'après les manuscrits inédits par Frédéric Masson. *Paris, Plon, Nourrit et Cie*, 1878, 2 vol. in-8, portrait, vélin blanc à recouv., tête dor., non rognés.

747. BESENVAL (Baron de). Mémoires, écrits par lui-même, imprimés sur son manuscrit original, et publiés par son exécuteur testamentaire, contenant beaucoup de particularités et d'anecdotes sur la Cour, sur les ministres et les règnes de Louis XV et Louis XVI, et sur les événemens du temps, précédés d'une notice sur la vie de l'auteur. *A Paris, chez F. Buisson*, an XIII (1805)-1807, 4 vol. in-8, portrait, cartonn., non rognés.

748. BONAFOUS (Mlle). Tanastès, conte allégorique. Par Mlle de... *A la Haye, chez Vander Slooten*, 1745, 2 part. en 1 vol. in-12, mar. rouge, fil., dos orné, dent. int., tr. dor. (*Rel. anc.*).

Journal allégorique des faits survenus à Metz pendant la maladie de Louis XV et le rétablissement de Mme de Châteauroux.

L'auteur est Mlle Marie-Madeleine Bonafous, femme de chambre de Madame la princesse de Montauban.

On a joint à cet exemplaire une clef manuscrite faite à l'époque.

749. BONNEVILLE DE MARSANGY. Le Chevalier de Vergennes. Son ambassade à Constantinople, 2 vol. — Le Comte de Vergennes, son ambassade en Suède, 1 vol. *Paris, Plon, Nourrit et Cie*, 1894-1898. — Ens. 3 vol. in-8, demi-rel. mar. grenat et bleu, tête dor., non rognés (*Pierson*).

750. BOUFFONIDOR. Les fastes de Louis XV, de ses ministres, maitresses, généraux et autres notables personnes de son règne. *Ville Franche, chez la Veuve Liberté*, 1782, 2 vol. — Vie privée de Louis XV ; ou principaux évenemens, particularités et anecdotes de son règne. *Londres*, 1781, 4 vol., portraits. — Ens. 6 vol. in-8 et in-12, cartonn. et veau marb. (*Rel. anc.*).

751. BROGLIE (Duc de). Le Secret du roi. Correspondance secrète de Louis XV avec ses agents diplomatiques, 1752-1774. *Paris, Calmann Lévy*, 1878, 2 vol. in-8, dos et coins mar. grenat, tête dor., non rognés (*Pierson*).

Petit cachet sur le faux-titre.

752. BROGLIE (Duc de). Maurice de Saxe et le marquis d'Argenson. *Paris, Calmann Lévy*, 1891, 2 vol. in-8, demi-rel. mar. grenat, tête dor., non rognés (*Pierson*).

753. BUVAT (Jean). Journal de la Régence (1715-1723). Publié pour la première fois, et d'après les manuscrits originaux... précédé d'une introduction et accompagné de notes et d'un index alphabétique par Émile Campardon. *Paris, Plon*, 1875, 2 vol. in-8, demi-rel. veau fauve, dos orné, ébarbés.

754. CAMPAGNE DE 1761. Recueil de 4 pièces en 1 vol. pet. in-8, vélin blanc (*Rel. anc.*).

Mémoires pour servir à l'histoire de la campagne de 1761, en Hesse et en Westphalie (par le Comte de Broglie). — Mémoires pour servir à l'histoire de la campagne du maréchal de Broglie en Westphalie, 1761. — Journal de la défense de Cassel par M. le comte de Broglie. — Diverses lettres à l'auteur, etc., etc. Ce recueil contenant 5 cartes ou plans a été publié à La Haye en 1762.

755. CHOISEUL (Ouvrages relatifs au duc de). 3 vol. in-8, demi-rel. mar. rouge, grenat et gris, tête dor., non rognés (*Pierson*).

Boutry (Vte Maurice). Choiseul à Rome, 1754-1757. *Lévy*, 1895. — Daubigny (E.). Choiseul et la France d'Outre-Mer après le traité de Paris. *Hachette*, 1892. — Mémoires du duc de Choiseul, 1719-1785. *Plon*, 1904.

756. CHOISY (l'abbé de). Aventures de l'abbé de Choisy habillé en femme. *Bruxelles*, 1870. — Mémoires de l'abbé de Choisy, pour servir à l'histoire de Louis XIV. *Paris, Jouaust*, 1888, 2 vol. — Ens. 3 vol. in-12, demi-rel. mar. bleu clair et olive, jans., tête dor., non rognés, couvert. (*Pierson*).

757. COLBERT DE TORCY (J.-B.). Mémoires de M. de *** (Colbert de Torcy) pour servir à l'histoire des négociations depuis le traité de Riswick jusqu'à la paix d'Utrecht. *A La Haye* (*Paris*), 1757, 3 vol. in-12, dos et coins mar. bleu, jans., tr. dor. (*Champs*).

758. CORRESPONDANCE secrète inédite de Louis XV sur la politique étrangère avec le comte de Broglie, Tercier, etc. et autres documents relatifs au ministère secret publiés d'après les originaux conservés aux archives de l'Empire et précédés d'une étude sur le caractère et la politique personnelle de Louis XV, par M.-E. Boutaric. *Paris, Henri Plon*, 1866, 2 vol. in-8, demi-rel. mar. La Vall., tête dor., non rognés (*Pierson*).

759. CRÉQUY (La marquise de). Souvenirs de 1710 à 1803. Nouvelle édition revue, corrigée et augmentée. *Paris, Garnier frères, s. d.*, 10 tomes en 5 vol. in-12, portraits, cartonn. toile grenat, ébarbés.

760. DU BARRY (Ouvrages relatifs à Mme). 4 vol. in-8 et in-12, demi-rel. ou dos et coins mar. vert et bleu, et cartonn., non rognés.

Dash (C[sse]). Les dernières amours de Madame Du Barry. *Plon*, 1864. — Favrolle (de). Mémoires historiques de Jeanne Gomart de Vaubernier, comtesse Dubarry. *Lerouge*, 1803, 2 vol. — Catalogue des livres de Madame Du Barry avec les prix à Versailles, 1771. *Fontaine*, 1874.

761. DUFORT (J.-N. Comte de Cheverny). Mémoires sur les règnes de Louis XV et Louis XVI et sur la Révolution (1731-1802), publiés avec une introduction et des notes par Robert de Crèvecœur. *Paris, Plon, Nourrit et Cie*, 1886, 2 vol. in-8, 2 portraits, dos et coins mar. rouge, tête dor., non rognés (*Pierson*).

762. DUMORTOUS. Histoire des conquêtes de Louis XV, tant en Flandre que sur le Rhin, en Allemagne et en Italie, depuis 1744, jusques à la paix conclue en 1748. *A Paris, chez De Lormel*, 1759, in-fol., demi-rel. veau brun, tr. marb. (*Rel. anc.*).

Portrait-frontispice de Louis XV, par *Boucher*, gravé par *Lempereur*, fleurons, vignettes, culs-de-lampe et figures représentant des batailles, sièges, etc., par *Eisen*, *Boquet*, etc. Exemplaire imprimé sur grand papier.

763. GLORIEUSE CAMPAGNE de S. A. S. Mgr le prince de Condé commandant l'armée françoise sur le Bas-Rhin en 1762. *Cologne*, 1762. — Relation de la campagne de l'année 1710. *La Haye*, 1711. — Joly de Saint-Valier. Histoire raisonnée des opérations militaires et politiques de la dernière guerre. *Liège*, 1783. — Ens. 3 vol. in-12, veau, cartonn. et toile rouge.

764. GUÉRIN DE FRÉMICOURT. Vie militaire de M. Guérin de Frémicourt, chevalier de l'ordre royal et militaire de Saint-Louis, lieutenant-colonel d'Infanterie, major-commandant pour le roi, à Lorient : pour servir d'instruction et d'exemple à son fils. *A Lorient, de l'Imp. de L.-C.-R. Baudoin*, 1780, in-8, portrait gravé par L.-J. Cathelin, veau fauve, fil., dos orné, tr. rouges (*Rel. anc.*).

Cet ouvrage n'a pas été mis dans le commerce, tous les exemplaires ont été donnés par l'auteur.

765. HISTOIRE SECRÈTE du règne de Louis XV. Manuscrit de 182 feuillets, in-4, dos et coins veau brun, tr. rouges (*Rel. anc.*).

Intéressant manuscrit d'une bonne écriture du commencement du XIXe siècle ; il contient de curieux détails sur Mme de Pompadour, la Du Barri, quelques pièces de vers satiriques sur les grands personnages de cette époque, etc., etc.

766. JOURNAL des Opérations de la Réserve commandée par S. A. S. Mgr le prince de Condé en Westphalie, 1762. Manuscrit de 240 pp. in-4, dos et coins veau fauve.

Manuscrit d'une belle écriture de l'époque ; on y remarque les noms des officiers généraux et maréchaux de camps employés à l'armée de Condé, les quartiers d'hiver de 1761 et 1762 occupés par les troupes du Bas-Rhin, les positions des détachements pour la sureté des quartiers, les divers mouvements qui ont précédé l'ouverture de la campagne, diverses remarques intéressantes, et enfin les articles préliminaires de paix signés à Fontainebleau le 3 novembre 1762.

Une note manuscrite sur le titre attribue ce travail au Cte d'Esparbès.

767. LAUZUN (Duc de). Mémoires du duc de Lauzun (1747-1783) publiés entièrement conformes au manuscrit avec une étude sur la vie de l'auteur. Seconde édition sans suppressions et augmentée d'une préface et de notes nouvelles par Louis Lacour. *Paris, Poulet-Malassis et de Broise*, 1858, in-12, cartonn. demi-rel. toile bleue, non rogné.

768. LÉVY (Le Président de). Journal historique ou fastes du règne de Louis XV surnommé Le Bien-Aimé. *S. l.*, 1757, pet. in-8, mar. rouge, fil., fleurons aux angles, dos orné, dent. int., tr. dor. (*Rel. anc.*).

769. LOUIS XV (Ouvrages sur les maîtresses de). 4 vol. in-4 et in-8, dont 2 demi-rel. mar. La Vall. et vert, et 2 cartonn. toile grise, tête dor., non rognés (*Pierson*).

Campardon (Émile). Madame de Pompadour et la cour de Louis XV. *Plon*, 1867. — Fauques (Mlle de). L'histoire de Madame la marquise de Pompadour. *Paris*, 1879. — Fleury (Comte). Louis XV intime et les petites maîtresses. *Plon*, 1899. — Thirion (H.). Madame de Prie (1698-1727). *Plon*, 1905.

770. LOUIS XV (Ouvrages relatifs au règne de). 5 vol. in-8, dos et coins mar. et demi-rel. mar. de diverses couleurs, tête dor., non rognés (*Pierson*).

Boutaric (E.). Correspondance secrète inédite de Louis XV sur la politique étrangère avec le Comte de Broglie, Tercier, etc. *Plon,* 1866, 2 vol. — Choiseul à Rome, 1754-1757, lettres et mémoires inédits. *Lévy,* 1895, port. — Rathery (E..J.-B.). Le Comte de Plélo, un gentilhomme français au xviiie siècle. *Plon,* 1876. — Vandal (Albert). Une Ambassade française en Orient sous Louis XV. *Id.,* 1887.

771. LOUIS XV (Ouvrages relatifs au règne de). 5 vol. in-8 demi-rel. et dos et coins mar. de diverses couleurs, tête dor., non rognés (*Pierson*).

Choiseul (Duc de). Mémoires, 1719-1785. *Plon,* 1904. — Correspondance inédite de Condorcet et de Turgot, 1770-1779. *Charavay,* 1883. — Des Réaulx (M^ise). Le roi Stanislas et Marie Leczinska. *Plon,* 1895. — Gauthier-Villars (H.). Le Mariage de Louis XV. *Plon,* 1900. — Stryienski (C.). La Mère des trois derniers Bourbons. Marie-Josèphe de Saxe et la Cour de Louis XV. *Plon,* 1902. — Wiesener (Louis). Le Régent, l'abbé Dubois et les Anglais. *Hachette,* 1891.

772. LOUIS XV (Ouvrages relatifs au règne de). 8 vol. in-8 et in-12 demi-rel. mar. bleu et demi-rel. chag. vert (*Pierson*).

Beauriez (L. de). Une Fille de France et sa correspondance inédite. *Perrin,* 1887. — Brancas (Duchesse de). Mémoires sur Louis XV et Mme de Châteauroux, 1865. — Correspondance secrète inédite de Louis XV sur la politique étrangère. *Plon,* 1866, 2 vol. — Correspondance de Madame Duchesse d'Orléans. *Quantin,* 1880, 2 vol. — Loménie (Louis de). La Comtesse de Rochefort et ses amis. *Lévy,* 1870. — Vandal (Albert). Une Ambassade française en Orient sous Louis XV. *Plon,* 1887.

773. LOUIS XV (Ouvrages relatifs au règne de). 9 vol. in-8 et in-12, demi-rel. mar. et chag. et un vol. cartonn. vélin blanc à recouv. (*Pierson*).

Aubertin (Charles). L'Esprit public au xviiie siècle, 1715-1789. *Didier,* 1873. — Correspondance complète de Madame Duchesse d'Orléans. *Charpentier,* 1863, 2 vol. — Deffand (Mme du). Correspondance inédite. *Lévy,* 1859, 2 vol. — Rousset (Camille). Le Comte de Gisors, 1752-1758. *Didier,* 1868. — Correspondance de Louis XV et du maréchal de Noailles. *Didier,* 1869, 2 vol. — Zevort (Edgar). Le Marquis d'Argenson et le ministère des affaires étrangères. *Germer-Baillière,* 1880.

774. LOUIS XV (Ouvrages relatifs au règne de). 9 vol. in-8, cartonn. toile ou demi-toile de diverses couleurs, tête dor., non rognés (*Pierson*).

Cisternes (R. de). Le duc de Richelieu. *Lévy,* 1898. — Grellet-Dumazeau (A.). La Société bordelaise sous Louis XV et le salon de Mme Duplessy. *Bordeaux,* 1897. — Lemoine (Jean). Sous Louis le Bien-Aimé. Correspondance amoureuse et militaire d'un officier pendant la guerre de sept ans (1757-1765). *Lévy, s. d.* — Lion (Henri). Le Président Hénault (1685-1770). *Plon,* 1903. — Mary-Lafon. Le Maréchal de Richelieu et Mme de Saint-Vincent. *Didier,* 1863. — Maurice (Ch.). Tablettes d'un gentilhomme sous Louis XV. *Paris,* 1864. — Papillon de la Ferté. Journal (1756-1780). *Ollendorff,* 1887. — Stryienski (Casimir). Le gendre de Louis XV. Don Philippe, infant d'Espagne, duc de Parme. *Lévy, s. d.* — Tronchin (Henry). Le Conseiller François Tronchin et ses amis. *Plon,* 1895.

775. LUYNES (Duc de). Mémoires du duc de Luynes sur la cour de Louis XV (1735-1758), publiés sous le patronage du duc de Luynes par MM. L. Dussieux et Eud. Soulié. *Paris, Didot,* 1860-1865, 17 tomes en 9 vol. in-8, demi-rel. mar. rouge, dos ornés, ébarbés, couvert.

776. LUYNES (Duc de). Mémoires. Même ouvrage. *Paris, Didot,* 1860-1865, 17 vol. in-8, cartonn. toile grenat, tête dor., non rognés (*Pierson*).

777. MARAIS (Mathieu). Journal et mémoires sur la Régence et le règne de Louis XV (1715-1737), publiés pour la première fois d'après le manuscrit de la bibliothèque impériale, avec une introduction et des notes par M. de Lescure. *Paris, Firmin*

Didot frères, 1863-1868, 4 vol. in-8, cartonn. toile grenat, tête dor., non rognés (*Pierson*).

778. NOTTES et remarques sur les événements principaux du règne de Louis XV. Du 1er septembre 1715 au 10 mai 1774. Manuscrit de 106 pp. in-4, veau rac., tr. rouges (*Rel. anc.*).

Manuscrit écrit vers 1780; il contient des notes intéressantes sur le règne de Louis XV.

779. PEREY (Lucien). Histoire d'une grande dame au XVIIIe siècle, la Comtesse Hélène Potocka. *Paris, Lévy,* 1888. — Une Princesse romaine au XVIIe siècle Marie Mancini Colonna. *Id.,* 1896, port. — Ens. 2 vol. in-8, mar. La Vall., tête dor., non rognés (*Pierson*).

780. PEREY (Lucien). 9 vol. in-8, demi-rel. et dos et coins mar. de diverses couleurs, tête dor., non rognés (*Champs* et *Pierson*).

Histoire d'une grande dame au XVIIIe siècle, la princesse Hélène de Ligne. *Lévy,* 1887, port. — Histoire d'une grande dame au XVIIIe siècle, la comtesse Hélène Potocka. *Id.,* 1888. — Un petit-neveu de Mazarin. Louis Mancini-Mazarini. *Id.,* 1890. — La fin du XVIIIe siècle, le duc de Nivernais (1754-1798). *Id.,* 1891, port. — Le président Hénault et Madame du Deffand. *Id.,* 1893. — Une Princesse romaine au XVIIe siècle. Marie. Mancini Colonna. *Id.,* 1896, port. — Une Reine de douze ans. Marie-Louise-Gabrielle de Savoie, reine d'Espagne. *Id., s. d.,* port. — PEREY (Lucien) et GASTON MAUGRAS. La jeunesse de Madame d'Epinay. *Id.,* 1882. — Dernières années de Madame d'Epinay, son salon et ses amis. *Id.,* 1883. Ens. 2 vol.

781. POMPADOUR (Ouvrages relatifs à Madame de). 7 vol. in-4, in-8 et in-12, demi-rel. mar. gris, cartonn. toile ou vélin, et veau marb.

BERGERAT (Emile). La Pompadour, comédie. *Ollendorff,* 1901. — CARAMAN (Duc de). La famille de la Mise de Pompadour. Etude généalogique. *Leclerc,* 1901, papier vergé. — MÉMOIRE adressé à la marquise de Pompadour, par M. Danry, prisonnier à la Bastille. *Paris,* 1789. — FAUQUE (Mlle de). L'Histoire de Mme la marquise de Pompadour. *Paris,* 1879. — LAURÈS (Le chevalier). Epître à Madame la marquise de Pompadour, 7 pp. — MÉMOIRES de Mme la marquise de Pompadour, où l'on découvre les motifs des guerres et des traités de paix. *Liège,* 1776, 2 tomes en 1 vol. — FAUQUE (Mlle). L'histoire de Madame la Marquise de Pompadour. *A Londres,* 1759, 2 parties en 1 vol.

782. RICHELIEU (Duc de). Mémoires historiques et anecdotiques. *Paris, Mame et Delaunay-Vallée,* 1829, 6 vol. in-8, cartonn., non rognés.

783. RICHELIEU (Duc de). Nouveaux mémoires. 1696-1788, rédigés sur les documents authentiques en partie inédits par M. de Lescure. *Paris, E. Dentu,* 1869-1871, 4 vol. in-12, demi-rel. veau fauve, tr. jasp.

784. VANDAL (Albert). Louis XV et Élisabeth de Russie. — Une ambassade française en Orient sous Louis XV. La mission du marquis de Villeneuve, 1728-1741. — Les Voyages du marquis de Nointel, 1670-1680. *Paris, Plon, Nourrit et Cie,* 1882-1900. — Ens. 3 vol. in-8, dont 2 demi-rel. et dos et coins mar. vert et orange, et 1 cartonn. toile grise, tête dor., non rognés (*Champs* et *Pierson*).

785. VATEL (Charles). Histoire de Madame du Barry d'après ses papiers personnels et les documents des Archives publiques, précédée d'une introduction sur Madame de Pompadour, le Parc aux Cerfs et Mademoiselle de Romans. *Versailles, L. Bernard,* 1883, 3 vol. in-12, port., cartonn. toile rouge, tête dor., non rognés (*Pierson*).

9. — LOUIS XVI ET LA RÉVOLUTION

786. ACTES DES APOTRES (Les). Novembre 1789-octobre 1791. *A Paris, l'an de la Liberté O* (1790-1791), 20 tomes en 10 vol. in-8, veau marb., dos orné, tr. rouges (*Rel. anc.*).

Une des feuilles royalistes les plus célèbres et de toutes celles de l'époque, la plus spirituelle et la plus piquante, fondée par Pelletier (*Hatin*, pp. 94).
Cet exemplaire de format in-12 ne contient que 2 gravures et 283 chapitres.

787. ARRESTATION DE LOUIS XVI A VARENNES (Recueil de 27 pièces relatives à l') en 1 vol. in-8, cartonn. toile marron, tête dor., non rogné (*Pierson*).

Adresses, relations diverses de l'arrestation de Louis XVI, décrets de l'Assemblée Nationale, déclarations du roi, bref du pape à Louis XVI, lettres diverses à l'Assemblée Nationale, pamphlets, etc., etc.

788. AFFAIRE DU COLLIER. La Reine dévoilée ou supplément au mémoire de M^de^ la Comtesse de Valois de la Motte. *Londres*, 1789. — Affaire du collier. Mémoires inédits du Comte de Lamotte-Valois sur sa vie et son époque (1754-1830). *Paris, Poulet-Malassis et de Broise*, 1858. — Ens. 2 vol. pet. in-8 et in-12, dos et coins mar. rouge, dos orné et cartonn. demi-rel. veau marb., tête dor., non rognés (*Pierson* et *Champs*).

789. ALLONVILLE (Comte A. Fr.), BEAUCHAMP (A. de) et SCHUBART (A.). Mémoires tirés des papiers d'un homme d'Etat, sur les causes secrètes qui ont déterminé la politique des cabinets dans la guerre de la Révolution, depuis 1792 jusqu'en 1815. *Paris, Ponthieu*, 1828-1838, 13 vol. in-8, demi-rel. veau brun, ébarbés (*Rel. de l'époque*).

On prétend que des parties détachées des Mémoires encore inédits du prince Charles-Auguste de Hardenberg ont servi à composer cet ouvrage anonyme (Barbier. *Anonymes*. T. III).

790. ALLONVILLE (Le Comte d'). Mémoires secrets de 1770 à 1830. *Paris, Werdet*, 1838-1845, 6 vol. in-8, cartonn. toile marron, tête dor., non rognés (*Pierson*).

791. ALMANACHS DE LA RÉVOLUTION. 7 vol. pet. in-12, cartonn. toile, dos et coins mar., demi-rel. veau de diverses couleurs.

Almanach des honnêtes gens, 1792-1793. — Almanach des gens de bien, 1796-1797. — Almanach des prisons, an III. — Almanach du père Gérard, 1792.

792. ALMANACH des honnêtes femmes, pour l'année 1790. *S. l. n. d., de l'Imprimerie de la Société Joyeuse*, in-8, de 30 pp., cartonn. vélin blanc, non rogné (*Champs*).

Odieux libelle attribué à Silv. Maréchal : les jours, au lieu de noms de saints, portent celui d'une des femmes de l'époque.

793. ALMANACH NATIONAL, pour l'année 1790, contenant les époques des États généraux anciens, la liste des membres de l'Assemblée nationale ; les noms des membres et des municipalités des villes principales du royaume... *Paris, chez*

Couchet, s. d. (1790), in-8, dos et coins mar. grenat, tête dor., non rogné (*Pierson*).

794. AMOURS CLANDESTINS (Les) ou parties nocturnes de l'abbé de Montesquiou, député à l'Assemblée nationale, Supérieur de S. Lazare, et madame Le Peintre, la limonadière. *A Paris, de l'Imp. des Démocrates,* 1790, in-12 de 35 pp., vélin blanc, non rogné (*Champs*).

Pamphlet très rare.

795. ARMÉE DE M. LE Cte DE VAUX. Division de Bretagne. Equipage de campagne. Noms des navires sur lesquels sont embarqués les bouches à feu et attirails dont il est composé, 1779. Manuscrit in-8 de 36 ff., veau marb., fil., dos orné, dent. int., tr. dor. (*Rel. anc.*).

Manuscrit d'une belle écriture de l'époque, donnant avec les noms des navires, ceux de leurs capitaines.

796. ARX PARISIENSIS expugnata et deleta carmen. *A. H. Leodii,* 1790, in-8, de 27 pp., rel. souple, en veau fauve, tête dor., non rogné.

Pièce en vers latins rare ornée d'une vue de la Bastille et de 2 vignettes: l'une représentant le bombardement de cette prison, et l'autre, ses ruines.
On y a joint: LINGUET. Observations sur l'histoire de la Bastille. *Londres,* 1783. — EVANS (Th.). Réfutation des mémoires de la Bastille sur les principes généraux des loix, de la probabilité et de la vérité dans une suite de lettres à M. Linguet. *Londres,* 1783. Ens. 2 vol. in-8, cartonnés.

797. BARRAS. Mémoires de Barras, membre du Directoire, publiés avec une introduction générale, des préfaces et des appendices par George Duruy. *Paris, Hachette et Cie,* 1895-1896, 4 vol. in-8, portraits, fac-simile et cartes, demi-rel. mar. olive, tête dor., non rognés (*Pierson*).

798. B..... DE PARIS (Les), avec les noms, demeures et prix; plan salubre et patriotique soumis aux illustres des Etats généraux pour en faire un article de la Constitution; rédigés par MM. Dillon, Sartine, Lenoir, La Trolière, et compagnie. Dédié à la Fédération. *L'an second de la Liberté,* 14 juillet 1790, in-8 de 24 pp., cartonn. vélin blanc, non rogné (*Champs*).

A la suite: *Aspasie, à tous les comités du Palais-Royal,* 15 pp.
Beaux exemplaires de ces deux pamphlets.

799. BEAUCHESNE (A. de). Louis XVII. Sa vie, son agonie, sa mort. Captivité de la famille royale au Temple. Troisième édition enrichie d'autographes et ornée des portraits de la famille royale. *Paris, Henri Plon,* 1861, 2 vol. gr. in-8, dos et coins veau fauve, tête dor., non rognés.

800. BEAUVERT. Caricatures politiques. *S. l.,* an VI, pet. in-8, de 18 pp., cartonn.

Amusante satire accompagnée de 5 caricatures, gravées et coloriées, de types républicains. *L'Indépendant, l'exclusif, l'acheté, l'enrichi* et *le systématique.*

801. BERTHEZÈNE (Baron). Souvenirs militaires de la République et de l'Empire par le baron Berthezène. Publiés par son fils et dédiés à S. M. L'Empereur Napoléon III. *Paris, J. Dumaine,* 1855, 2 vol. in-8, cartonn. toile brune, tête dor., non rognés (*Pierson*).

802. BILLARD DE VEAUX (Alexandre). Mémoires, ou biographie des personnes marquantes de la chouannerie et de la Vendée pour servir à l'histoire de France et détourner les habitans de l'Ouest de toute tentative d'insurrection. *Paris, Lecointe et Pougin*, 1832, 3 vol. in-8, dos et coins mar. vert, tête dor., non rognés.

803. BOITEAU (Paul). État de la France en 1789. *Perrotin*, 1861. — BRUNEAU (Marcel). Les Débuts de la Révolution dans les départements du Cher et de l'Indre (1789-1791). *Hachette*, 1902. — ROCQUAIN (Félix). L'Esprit révolutionnaire avant la Révolution, 1715-1789. *Plon*, 1878. — Ens. 3 vol. in-8, demi-rel. chagrin vert et La Vall. et cartonn. toile grenat, tête dor., non rognés.

804. BORDEREAU (Renée, dite Langevin). Mémoires, touchant sa vie militaire dans la Vendée, rédigés par elle-même et donnés à Mme *** qui les lui avaient demandés. *Paris, chez L. G. Michaud*, 1814, in-8 de 64 pp., 2 portraits gravés au trait, cartonn. demi-toile verte, non rogné.

805. BOURBON-CONTI (Stéphanie-Louise de). Mémoires historiques de Stéphanie-Louise de Bourbon-Conti, princesse françoise, ci-devant comtesse de Mont-Cairzain (Anagramme de Conti-Mazarin). Manuscrit in-4, de 250 pp. d'une bonne écriture du XIXe siècle, cartonn.

Curieux mémoires manuscrits, probablement écrits sous la dictée de cette aventurière qui se nommait Anne-Louise-Françoise Delorme. Elle naquit à Paris le 30 juin 1756 et y mourut en 1825. Elle avait épousé M. Billet, procureur du bailliage. Après la mort de sa mère en 1778 elle répandit le bruit qu'elle était issue de sang royal et écrivit au prince de Conti qu'elle était sa sœur; elle importuna de ses sollicitations tous les princes de la famille royale, demanda une pension alimentaire au prince de Conti, qui disait-elle, l'avait reconnue pour sa sœur.

Enfin, elle obtint sous le nom de Bourbon-Conti, un bureau de tabac à Orléans. Elle sollicita des secours en 1808 du roi d'Espagne lorsqu'il passa en France; elle fit la même démarche auprès de la duchesse d'Angoulême sous la Restauration, mais sans obtenir de résultat.

Ce manuscrit porte des corrections qui paraissent autographes, il se termine par trois lettres adressées au Roi et à Monsieur qui sont signées par Françoise Delorme sous les noms de Stéphanie-Louise de Bourbon.

806. BOURDON (L. G.). Le Parc au Cerf, ou l'origine de l'affeux déficit, par un zélé patriote. *A Paris, sur les débris de la Bastille*, 1790, in-8, de 191 pp., demi-rel. veau brun, tr. marb.

Frontispice, portraits de la duchesse de Chateauroux et de la marquise de Pompadour, et figure du banquier Peixotte.

On a relié avec ce volume :

DOMINE SALVUM FAC regem. *Sur les Bords du Gange*, 1789, 29 pp. — LE PELLETIER crevera dans sa peau, ou adresse à l'auteur du Domine Salvum, par M. R... 1789, 40 pp. — TOUS LES ABSENS n'ont pas tort, ou réponse au Domine Salvum fac regem., 16 pp. — PANGE LINGUA, suite du Domine Salvum fac regem. 1789, 22 pp. — LETTRE d'un habitant de Boulogne-sur-Mer à M. le comte de La Touche. 1789, 16 pp. — LE TABLEAU de famille, fragment de l'histoire de France. *L'an de la Liberté* o, 20 pp. — MYSTÈRES d'iniquités dévoilés : Lisez et profitez. 1789, 31 pp. — ALMANACH des honnêtes femmes, pour l'année 1790, 30 pp. — LE VOL PLUS HAUT, ou l'espion des principaux théâtres de la capitale; contenant une histoire abrégée des acteurs et actrices de ces mêmes théâtres, enrichie d'observations philosophiques et d'anecdotes récréatives. *A Memphis*, 1784, 142 pp., etc., etc.

807. BOUTRY (Maurice). Le mariage de Marie-Antoinette. *Paris, Em. Paul*, 1904. — MARIE-ANTOINETTE, par Germain Bapst, Jules Simon, Mme Carette, etc. *Paris*,

Nilsson, 1894. Ens. 2 vol. gr. in-8, cartonn. toile bleue et grise, tête dor., non rognés, couvert. (*Pierson*).

808. BROC (Vicomte de). La France pendant la Révolution. *Paris, Plon, Nourrit et Cie,* 1891, 2 vol. in-8, demi-rel. mar. vert, tête dor., non rognés (*Henry-Joseph*).

809. BUZOT. Mémoires sur la Révolution française, 1 vol. — HISTOIRE de la conjuration de Louis-Philippe-Joseph d'Orléans, 3 vol. — GOHIER (Louis-Jérôme). Mémoires, 2 vol. — PRÉCIS ou histoire abrégée des guerres de la Révolution française depuis 1792 jusqu'en 1815, 2 vol. — HEULHARD-MONTIGNY. Précis du tableau chronologique des événemens et de la législation de la Révolution, 1 vol. *Paris, Pichon et Didier,* 1796-1828. — Ens. 9 vol. in-8, cartonn., non rognés.

810. CAMPAGNES DE LA RÉVOLUTION. 6 vol. in-8 et in-12, dos et coins chag. et cartonn. de diverses couleurs, tête dor., non rognés (*Pierson*).

BARÈRE. Rapport fait au nom du Comité de Salut public sur la prise de Tripstat et de Landrecie. *S. l. n. d.* — FERVEL (Napoléon). Campagnes de la Révolution française dans les Pyrénées orientales. *Dumaine,* 1861, 2 vol. — MONEY (J.). The history of the Campaign of 1792, betwen the armies of France under Générals Dumourier, Valence, etc., and the allies under the Duk of Brunswick. *London,* 1794, plans et cartes. — Souvenirs de la campagne de 1792. *Corréard,* 1849. — Ens. 2 vol. — Relation du passage du Rhin effectué le premier Floréal an V, entre Kilstett et Diersheim. *Strasbourg, Levrault* 1797 (an V), carte.

811. CARLYLE (Th.). Histoire de la Révolution française. Traduit de l'anglais par MM. Elias Regnault et Odysse Barot. *Paris, Germer-Baillière,* 1865-1867, 3 vol. in-12, demi-rel. mar. bleu., tête dor., non rognés (*Champs*).

Ouvrage recherché.

812. CARNOT. 3 vol. in-8, demi-mar. vert, demi-toile verte et demi-toile grise.

CORRESPONDANCE de Napoléon Bonaparte avec le comte Carnot. *Paris,* 1819. — RIOUST (N.). Carnot. *Paris,* 1817. — TISSOT (P. F.). Mémoires historiques et militaires sur Carnot. *Paris,* 1824. Avec un portr.

813. CARRIER. 2 vol. in-8, cartonn. et demi-rel. chagrin noir.

Procédure du Comité révolutionnaire de Nantes et de Joseph Carrier. *Lyon,* 1795. — BABEUF (Gracchus). Du système de dépopulation, ou la vie et les crimes de Carrier. *Paris,* an III, portrait.

814. CHALLAMEL (Augustin) et WILHELM TÉNINT. Les Français sous la Révolution ; avec quarante scènes et types dessinés par M. H. Baron, gravés sur acier par M. L. Massard. *Paris, Challamel, s. d.* (1843), gr. in-8, demi-rel. mar. rouge, tête dor., non rogné (*Pierson*).

PREMIER TIRAGE.

815. CHAUVEAU-LAGARDE. Notice historique sur les procès de Marie-Antoinette d'Autriche et de Madame Élisabeth de France, au tribunal révolutionnaire. *Paris, Gide,* 1816, 64 pp. — PROCÈS de Marie-Antoinette, dite Lorraine-d'Autriche, veuve de Louis Capet. *Paris,* an II. Ens. 2 vol. in-8 et in-18, cartonn., non rognés (*Pierson*).

816. CHOIX DE RAPPORTS, opinions et discours prononcés à la tribune nationale

depuis 1789 jusqu'à ce jour ; recueillis dans un ordre chronologique et historique (par Guill. Lallemand, de Metz). *Paris, Eymery*, 1818-1822, 20 vol. in-8, cartonn., non rognés.

On y a joint : Session de 1819. 1 vol. in-8, même reliure.

817. CHOUANNERIE (Ouvrages sur la). 4 vol. in-8, veau, demi-veau vert et demi-veau brun.

Correspondance secrète de Charette, Stofflet, Puisaye, Cormatin, d'Autichamp, Bernier, Frotté, Scèpeaux, Botherel ; du Prétendant, du ci-devant Comte d'Artois, etc., etc. Suivi du Journal d'Olivier d'Argens, etc. *Paris, s. d.*, 2 vol. Avec une gravure. — Le Bouvier-Desmortiers, Vie du Général Charette. *Nantes*, 1823, portr. figures ajoutées. — La Rochejaquelein (La marquise de), Mémoires. *Paris*, 1817. Av. 2 cartes et un portrait.

818. CHOUANNERIE : 5 vol. in-8 cartonn. toile ou demi-toile et demi-rel. chagrin.

Chauveau. Vie de Ch. M. Artus marquis de Bonchamps, général vendéen. *Paris*, 1817, — Guillemot (J.). Lettres à mes neveux sur la chouannerie. *Nantes*, 1859. — Patu Deshautschamps. Dix années de guerre intestine. *Paris*, 1840. — Réponse de Philippeaux, à tous les défenseurs officieux des bourreaux de nos frères dans la Vendée. *Paris*, an III. — Relation du baron d'Autrechans échappé aux massacres de Quiberon, 1824. — Chasle de la Touche. Relation du désastre de Quiberon en 1795, 1838.

819. CHOUANNERIE et à la guerre de Vendée (Ouvrages relatifs à la). 10 vol. in-8, demi-rel. mar. et cartonn. toile, tête dor., non rognés (*Pierson*).

Availles (Ch. D.). Notes biographiques sur le Général d'Autichamp, 1770-1859. *Clouzot*, 1890, port. — Breil de Pontbriand (Vte du). Un chouan, le général du Boisguy, 1793-1800. *Champion, s. d.* — Closmadeuc (Thomas de). Quiberon, 1795, émigrés et chouans. *Paris*, 1899. — Bouviers-Desmortiers. Vie du général Charette. *Raynal*, 1823. — Duchemin des Cepeaux. Lettres sur l'origine de la Chouannerie et sur les chouans du Bas-Maine. *Goupil*, 1896, port., 2 vol. — Jean Chouan et la chouannerie. *C. Paillart, s. d.*, figures. — La Bouëre (Ctesse de). La Guerre de Vendée 1793-1796, mémoires inédits. *Plon*, 1890. — La Frégeolière (Bernard de). Emigration et chouannerie, eau-forte de P. Martial. *Jouaust*, 1881. — Laroche-Jaquelein (Mme la Marquise de). Mémoires, avec deux cartes du théâtre de la guerre de Vendée. *Michaud*, 1815.

820. CHOUANNERIE ET ÉMIGRATION : 7 vol. in-8, demi-rel. ou dos et coins mar. et cartonn. toile de diverses couleurs, tête dor., non rognés.

Bittard des Portes. Charette et la guerre de Vendée. *Émile Paul*, 1902. — Boutillier de Saint-André. Une famille vendéenne pendant la grande guerre. *Plon*, 1896. — Contades (G. de). Emigrés et chouans. *Perrin*, 1895. — La Frégeolière (G[al] de). Emigration et Chouannerie. Mémoires. *Jouaust*, 1881. — Lenôtre (G.). Tournebut. *Perrin*, 1901. — Lenôtre (G.). Le marquis de la Rouërie et la conjuration bretonne. *Perrin*, 1899. — Mémoires inédits de Bertrand Poirier de Beauvais. *Plon*, 1893.

821. CHUQUET (A.). Charles de Hesse ou le général Marat. *Fontemoing*, 1906. — Claretie (Jules). Camille Desmoulins, Lucile Desmoulins. Étude sur les Dantonistes. *Plon*, 1875, portrait. — Écherolles (Alex. des). Une famille noble sous la Terreur. *Plon*, 1879. — Lenôtre (G.). Le Baron de Batz, 1792-1795. *Perrin*, 1896, portrait. — Neton (Albéric). Sieyès (1748-1836) d'après les documents inédits. *Perrin*, 1900. — Lacour (L.). Trois femmes de la Révolution. *Plon*, 1900. — Ens. 6 vol. in-8, dos et coins ou demi-rel. mar. rouge, grenat., La Vall. et bleu, tête dor., non rognés (*Pierson*).

822. CLERGÉ. 4 vol. in-8 cartonn. toile ou demi-toile et veau marb.

Catéchisme (Le) du curé constitutionnel, tiré du journal intitulé les Loisirs d'un curé déplacé. *Paris*, s. d., 22 pp. — DUBOST. Conduite scandaleuse du Clergé, depuis les premiers siècles de l'Église jusqu'à nos jours. *Paris*, 1793. — FRUIT DU DESPOTISME (Le). Je veux dire l'impiété de la cour de Rome et des évêques de notre siècle, démontrée dans toute sa noirceur, etc., 1793, 101 pp.. — SERVANT. Réponse à l'ouvrage intitulé petit catéchisme pour les temps présens. *Reims*, s. d., 46 pp.

823. CLERGÉ. 6 vol. in-8, dont 2 dem.-rel., dos et coins mar. rouge et vert, et 4 cartonn. toile de diverses couleurs, tête dor., non rognés (*Pierson*).

BRIMONT (Vte de). M. de Puységur et l'Eglise de Bourges pendant la Révolution 1789-1802. *Bourges*, 1896. — BEAUSÉJOUR (G.). Mémoires de famille de l'abbé Lambert. *Picard*, 1894. — LANZAC DE LABORIE (L.). Jean-Joseph Monnier. Sa vie politique et ses écrits. *Plon*, 1887. — MOREAU (l'abbé C.). Une mystique révolutionnaire. Suzette Labrousse. *Didot*, 1886. — SCIOUT (L.). Histoire de la constitution civile au clergé. *Didot*, 1872, 2 vol.

824. CLÉRY (P.-L. Hanet). Mémoires anecdotiques, souvenirs et mélanges sur la Révolution française, le Directoire, le Consulat, l'Empire et la Restauration. *Paris*, 1832, 2 vol. in-8, portrait, cartonn. toile grenat, tête dor., non rognés (*Pierson*).

825. CLÉRY. Journal de Cléry, suivi des dernières heures de Louis XVI par M. Edgeworth de Firmont: récit des évènements arrivés au Temple, par Madame Royale... *Paris, Baudouin frères*, 1825. — JOURNAL de ce qui s'est passé à la Tour du Temple pendant la captivité de Louis XVI, par Cléry. Première édition publiée par la famille, ornée de gravures en taille-douce et de 6 portraits authentiques... *Paris, Bertin*, 1861. — Ens. 2 vol., in-8, cartonn. toile bleue, et dos et coins toile rouge, tête dor., non rognés (*Pierson*).

826. COISSIN. Almanach des prisons ou anecdotes sur le régime intérieur de la Conciergerie, du Luxembourg, etc., et sur différens prionniers qui ont habité ces maisons, sous la tyrannie de Robespierre, avec les chansons, lettres et couplets qui y ont été faits. *A Paris, chez Michel*, l'an III de la République, front. représentant la guillotine, fig. — Tableau des prisons de Paris sous le règne de Robespierre, pour faire suite à l'Almanach des prisons, contenant différentes anecdotes sur plusieurs prisonniers, avec les couplets, pièces de vers, lettres et testamens qu'ils ont faits. *Id.*, 3 vol., figures. — Ens. 4 vol. in-18, dos et coins chag. bleu, tête dor., non rognés.

827. COLLECTION DES MÉMOIRES relatifs à la Révolution française, avec des notices sur leur auteurs et des éclaircissements historiques par MM. Berville et Barrière. *Paris, Baudouin frères*, 1821-1824, 41 vol. in-8, cartonn. dos et coins toile rouge, grise et demi-rel. veau bleu, tête dor., non rognés (*Pierson*).

Olivier d'Argens. — Bailly. — Baron de Besenval. — Mis de Bouillé. — Mme Campan. Général Doppet. — Dumouriez. — Durand de Maillane. — Mis de Ferrières. — Mme Du Hausset. — Gal Hugo. — Linguet et Dussaulx. — Lombart de Langres. — Louvet de Couvray. — Meillan. — Mémoires sur la Vendée. — Mémoires sur l'affaire de Varennes. — Mémoires sur les journées de septembre 1792. — Abbé de Montléon. — Duc de Montpensier. — Madame Roland. — Relation du départ de Louis XVI. — Général Turreau. — Weber.

828. COLLECTION DES VIES, confessions et mémoires de la famille royale de France, avec portraits. *A Paris, chez tous les Libraires qui vendent les nouveautés*, 1790, 2 vol. in-8, demi-rel., veau marb., tête dor., non rognés (*Pierson*).

Ce recueil, avec titres à la date de 1790, contient les pièces suivantes publiées en 1789 et

1790 : deux Essais historiques sur la vie de Marie-Antoinette, 1789, portrait. — Le premier et le second mémoires justificatifs de la Cesse de la Mothe, sur l'affaire du Collier, figure; La vie de Louis XVI. — La Confession du comte d'Artois. — La vie privée du duc de Chartres.

829. COLPORTEUR NATIONAL (Le) dédié aux français patriotes, par M. L. S***. *A Paris, chez la veuve Guillaume,* 1789, 2 numéros en 1 vol. in-8, cartonn. toile grise, tête dor., non rognés, couvert. (*Pierson*).

Tout ce qui a paru de ce journal.

830. CONDÉ (Ouvrages relatifs à l'armée de). 5 vol. in-8, dont 2 demi-rel. veau vert, 1 demi-rel. mar. grenat et 1 cartonn. toile rouge, tête dor., non rognés (*Pierson*).

Bittard des Portes (René). Histoire de l'armée de Condé pendant la Révolution française. *Dentu,* 1896. — Ecquevilly (Mis d'). Campagnes du corps sous les ordres de S. A. S. le prince de Condé. *Le Normant,* 1818, 3 vol. — Journal d'un fourrier de l'armée de Condé. Jacques de Thiboult du Puisact. *Didier,* 1882.

831. CONNY (Vicomte Félix de). Histoire de la Révolution de France. *A Paris, chez Dentu,* 1847, 8 vol. in-8, demi-rel. mar. rouge, ébarbés.

832. CORRESPONDANCE entre le comte de Mirabeau et le comte de La Marck, pendant les années 1789, 1790 et 1791, recueillie, mise en ordre et publiée par M. Ad. de Bacourt. *Paris, Vve Le Normant,* 1851, 3 vol. in-8, demi-rel. veau fauve, dos orné, tr. jasp.

833. CORRESPONDANCE intime du comte de Vaudreuil et du comte d'Artois pendant l'émigration (1789-1815), publiée avec introduction, notes et appendices par M. Léonce Pingaud. Ouvrage accompagné de quatre portraits en héliogravure. *Paris, E. Plon, Nourrit et Cie,* 1889, 2 vol. in-8, portraits, demi-rel. mar. olive, tête dor., non rognés, couvert. (*Pierson*).

834. CORRESPONDANCE secrète inédite sur Louis XVI, Marie-Antoinette, la cour et la ville de 1777 à 1792, publiée d'après les manuscrits de la Bibliothèque impériale de Saint-Pétersbourg, avec une préface, des notes et un index alphabétique par M. de Lescure. *Paris, Henri Plon,* 1866, 2 vol. in-8, demi-rel. mar. gris, tête dor., non rognés, couvert. (*Pierson*).

835. CORRESPONDANCE trouvée le 2 floréal an V, à Offembourg, dans les fourgons du général Klinglin, général-major de l'armée autrichienne, et chargé de la correspondance secrète de cette armée. *A Paris, de l'Imp. de la République, pluviose an VI,* 2 vol. in-8, demi-rel. veau fauve, dos orné, tête dor., non rognés (*Pierson*).

Le premier volume est mouillé.

836. CRÉTINEAU-JOLY (J.). Histoire de la Vendée militaire. Édition nouvelle et illustrée, enrichie d'une carte et de superbes portraits et dessins, annotée et augmentée d'un 5e volume par le R. P. Jean-Em. B. Drochon. *Paris, Maison de la Bonne Presse, s. d.,* 5 vol. gr. in-8, cartonn. toile grenat, tête dor., non rognés, couvert. (*Pierson*).

837. CRIMES CONSTITUTIONNELS (Les) de France ou la désolation française,

décretée par l'Assemblée dite Nationale Constituante, aux années 1789, 1790 et 1791, acceptée par l'esclave Louis XVI, le 14 septembre 1791. *Paris, chez Lepetit et Guillemard,* 1792, in-8, cartonn. toile bleue, tête dor., non rogné (*Pierson*).

Curieux frontispice gravé représentant une scène de massacres, et portant cette légende « *Exercice des droits de l'homme et du citoyen* ».

838. DAMPMARTIN (A.-H.). Événemens qui se sont passés sous mes yeux pendant la Révolution française, ouvrage dédié au feu roi de Prusse. *Berlin,* 1799, 2 vol. pet. in-8, veau fauve, encad. de fil., dos orné, tr. rouges (*Rel. anc.*).

839. DAUDET (Ouvrages historiques d'Ernest). 6 vol. in-8, dont 4, demi-rel. ou dos et coins mar. vert et rouge et 2 cartonn. toile grise, tête dor., non rognés (*Pierson*).

Le ministère de M. de Martignac. *Dentu,* 1875. — Les Emigrés et la seconde coalition, 1797-1800. *Lib. Illustrée, s. d.* — Louis XVIII et le duc Decazes. *Plon,* 1899, portrait. — La Conjuration de Pichegru. *Plon,* 1901. — Une vie d'ambassadrice au siècle dernier. La Princesse de Lieven. *Plon,* 1903. — Les Bourbons et la Russie pendant la Révolution française. *Lib. illustrée, s. d.*

840. DÉFENSEUR DE LA CONSTITUTION (Le), par Maximilien Robespierre. Du 1er juin au 10 août 1792. — Lettres de Maximilien Robespierre, membre de la Convention nationale de France, à ses commettans. 22 numéros. — Ens. 3 vol. in-8, demi-rel. mar. rouge, tr. jasp.

Tout ce qui a paru de ce recueil curieux à consulter pour les détails qu'il renferme sur certains événements, en particulier sur la Révolution du 10 août (*Hatin,* page 227).

841. DEGALMER (J.-B.). Histoire de l'Assemblée Constituante. *Lyon, Pélagaud,* 1874, 2 vol. — Sybel (H. de). Histoire de l'Europe pendant la Révolution française. Trad. de l'allemand par Mlle Marie Bosquet. *Paris, Germer Baillière,* 1869-1876, 3 vol. — Ens. 5 vol. in-8, cartonn. demi-toile grenat, non rognés.

842. DELARC (l'abbé). L'Église de Paris pendant la Révolution française, 1789-1801. *Paris, Desclée, de Brouwer et Cie, s. d.,* 3 vol. gr. in-8, figures et cartes, cartonn. toile bleue, tête dor., non rognés (*Pierson*).

843. DELESTRE (F.). Six années de la Révolution française. *Paris,* 1819. — Ramel, Journal. *Londres,* 1799. — Ramel. Anecdotes secrètes sur le 18 Fructidor et Nouveaux Mémoires des déportés de Guiane. Avec gravure. *Paris, s. d.,* — Ens. 3 vol. in-8, demi-veau bleu et vert et demi-maroq. rouge.

844. DESCOSTES (François). La Révolution française vue de l'étranger, 1789-1799. *Mame,* 1897, portrait. — Espinas (Alfred). La Philosophie sociale du XVIIIe siècle et la Révolution. *Alcan,* 1898. — Seligmann (Edmond). La Justice en France pendant la Révolution (1789-1792). *Plon,* 1901. — La Révolution française en Hollande. La République batave, *Hachette,* 1894. — Sénart. Révélations puisées dans les cartons des comités de Salut public et de Sûreté générale, 1824. — Ens. 5 vol. in-8, cartonn. toile de diverses couleurs, tête dor., non rognés (*Pierson.*)

845. DIRECTOIRE. 3 vol. in-8, veau fauve, et dos et coins mar. vert, tête dor., non rognés.

Henry (P. Fr.). Histoire du Directoire exécutif de la République française, depuis son installation jusqu'au 18 brumaire. *Paris, Buisson*, 1801, 2 vol. — RAPPORTS au Conseil des Cinq-Cents et au Conseil des Anciens, par Thomas (de la Marne), Salligny, député de la Marne, Royer-Collard, Hémart, etc., etc.

846. DIRECTOIRE. 6 vol. in-8, dos et coins mar. rouge et cartonn. toile (*Pierson*).

BABEAU (Albert). La France et Paris sous le Directoire. *Didot*, 1888. — DU TEIL (Joseph). Rome, Naples et le Directoire. *Plon*, 1902. — SCIOUT (Ludovic). Le Directoire. *Didot*, 1895, 2 vol. — THIBAUDEAU (A. C.). Mémoires sur la Convention et le Directoire. *Baudouin*, 1824, 2 vol.

847. DOPPET (Le Général F. A.). Le Commissionnaire de la Ligue d'Outre-Rhin, ou le messager nocturne, contenant l'histoire de l'émigration françoise, les aventures galantes et politiques arrivées aux chevaliers françois et à leurs dames dans les pays étrangers, des instructions sur leurs projets contre-révolutionnels, et des notices sur tous les moyens tentés ou à tenter contre la Constitution, par un françois qui fait sa confession générale et qui rentre dans sa patrie (le général F. A. Doppet) *A Paris, chez Buisson*, 1792, in-8, demi-rel. veau fauve, tête dor., non rogné (*Pierson*).

848. DROZ (Joseph). Histoire du règne de Louis XVI pendant les années où l'on pouvait prévenir ou diriger la Révolution française, nouv. édit., précédée d'une notice sur l'auteur et sur ses ouvrages par M. Émile de Bonnechose. *Paris, Vve Jules Renouard*, 1860, 3 vol. in-12, dos et coins mar. bleu, dos fleurdelisé, tête dor., non rognés (*Afferni*).

849. DUCHEMIN DESCEPEAUX (J.). Lettres sur l'origine de la chouannerie et sur les Chouans du Bas-Maine. *Paris, Imp. Royale*, 1835-1837, 2 vol. in-8, demi-rel. veau fauve, dos orné, tr. marb. (*Rel. de l'époque*).

850. DULAURE. Esquisses historiques des principaux événemens de la Révolution française, depuis la convocation des États généraux jusqu'au rétablissement de la Maison de Bourbon. *Paris, Baudouin frères*, 1825-1826, 6 vol. in-8 et atlas in-4, dos et coins mar. vert, non rognés.

L'atlas contient 108 planches tirées sur Chine, 1 plan, 1 fac-simile et 1 carte.

851. DUMOURIEZ (Ouvrages sur le Général). 4 vol. in-8, demi-rel. veau fauve et chagrin noir.

CORRESPONDANCE du général Dumouriez avec Pache, pendant la campagne de la Belgique en 1792. *Paris*, 1793. — MÉMOIRES du général Dumouriez écrits par lui-même. *Londres*, 1794, 2 tomes en 1 vol. — LE MÊME OUVRAGE, édition de *Hambourg*, 1794, 2 vol., portrait.

852. ÉLISABETH (Ouvrages relatifs à Madame). 4 vol. in-8, dont 3 demi-rel. mar. bleu, dos fleurdelisé, et 1, cartonn. toile verte.

BEAUCHESNE (A. de). La Vie de Madame Élisabeth, sœur de Louis XVI. *Plon*, 1869, 2 vol., 2 portraits. — CORRESPONDANCE de Madame Élisabeth de France, sœur de Louis XVI, publiée par Feuillet de Conches. *Plon*, 1868, portrait. — MÉMOIRES de Madame Élisabeth de France, sœur de Louis XVI, annotés et mis en ordre par F. de Barghon Fort Rion. *Vaton*, 1858.

853. ÉMIGRATION. 5 vol. in-8, demi-rel. ou dos et coins mar. rouge, vert et bleu, cartonn. toile, tête dor., non rognés (*Pierson*).

BROC (Vte de). Dix ans de la vie d'une femme pendant l'émigration. Adélaïde de Kerjean, marquise de Falaiseau. *Plon*, 1893. — COSTA DE BEAUREGARD (Mis). Souvenirs tirés des papiers du Cte A. de la Ferronays. *Plon,* 1900. — Guilhermy (B[on] de). Papiers d'un émigré 1789-1829. *Plon,* 1886. — Marcillac (Mis de). Souvenirs de l'émigration à l'usage de l'époque actuelle. *Baudouin,* 1825. — Neuilly (Comte de). Souvenirs et correspondance. *Douniol,* 1865.

854. ÉMIGRATION. 6 vol. in-8, cartonn. toile de diverses couleurs, tête dor., non rognés (*Pierson*).

Blondin d'Abancourt. Mémoires 1791-1830. *S. d.* — Broc (Vte de). Dix ans de la vie d'une femme pendant l'émigration. Adélaïde de Kerjean, marquise de Falaiseau. *Plon,* 1893. — Dampmartin (A. H.). Mémoires sur divers événements de la Révolution et de l'émigration. *Paris,* 1825, 2 vol. — Neuilly (Comte de). Souvenirs et correspondance. *Douniol,* 1865. — Puymaigre (A. de) Souvenirs sur l'émigration, l'Empire et la Restauration. *Plon,* 1884.

855. ESCHERNY (Le comte F. L. d'). Correspondance d'un habitant de Paris, avec ses amis de Suisse et d'Angleterre sur les évènemens de 1789, 1790 et jusqu'au 4 avril 1791. *A Paris, chez Desenne et Cattey,* 1791, in-8, cartonn. demi-toile grise, tête dor., non rogné (*Pierson*).

856. ÉTATS GÉNÉRAUX. 2 vol. in-8, veau ou demi-bas.

Launai (E. L. H. A. de Comte d'Antraigues). Adresse à l'Ordre de la noblesse de France. *Paris,* 1792. Exposé de notre antique et seule légale constitution, par le même, 1792. La Puce à l'oreille du bon-homme Richard, 1792, 2 part. — Gallerie des Etats-Généraux, 3 parties (Le 3e a pour titre : Gallerie des dames françoises). *S. l.* et Londres, 1789-90.

857. ÉTATS-GÉNÉRAUX (Ouvrages relatifs aux). 3 vol. gr. et pet. in-8, demi-rel. et dos et coins mar. vert et cartonn. toile rouge, tête dor., non rognés (*Pierson* et *Champs*).

Assemblée électorale de Paris, 26 août 1791-12 août 1792. Procès-verbaux de l'élection... publiés par Etienne Charavay. *Cerf,* 1894. — Biron (duc de). Lettres sur les Etats-Généraux de 1789 ou détail des séances de l'Assemblée de la noblesse et des trois ordres. *Bachelin-Deflorenne,* 1865, portrait. — Bonvalot (Ed.). Le Tiers Etat d'après la charte de Beaumont et ses filiales. *A. Picard,* 1884.

858. EXTRAIT d'un livre d'ordre ou journal militaire, trouvé sur un émigré, et dont la Convention nationale a ordonné l'impression et l'envoi aux 83 départemens, par décret du 4 octobre 1792 (*Paris*), *Imp. Nationale, s. d.* (1792), in-8, de 55 pp., cartonn.

Contient les noms des officiers, sous-officiers et hommes d'armes.

859. FABRE DE NARBONNE. Le Directoire, le 18 Brumaire, le 3 Nivôse ; les anglais et les moines. *Paris, A. Belin,* 1832, 2 vol. in-8, cartonn. toile grise, tête dor., non rognés, couvert. (*Pierson*).

860. FABRY (G.). Histoire de l'armée d'Italie, 1796-1797. De Loano à février 1796. *Paris, Champion,* 1900, 2 vol. in-8, papier de Hollande, demi-rel. mar. grenat, tête dor., non rognés (*Pierson*).

861. FERVEL (J.-N.). Campagnes de la Révolution française dans les Pyrénées-Orientales, 1793-1794-1795. *Paris, Pillet,* 1851-1853, 2 vol. in-8, cartonn. toile brune, tête dor., non rognés (*Pierson*).

862. FEUILLET DE CONCHES. Louis XVI, Marie-Antoinette et Madame Élisabeth. Lettres et documents inédits publiés par F. Feuillet de Conches. *Paris, Henri*

Plon, 1864-1873, 6 vol. in-8, port. et fac-simile, demi-rel., chag. bleu, dos fleurdelisé, tr. jasp.

Le tome VI est broché.

863. FORNERON (H.). Histoire générale des émigrés pendant la Révolution française et Napoléon Ier. *Paris, Plon, Nourrit et Cie*, 1884, 3 vol. in-8, dos et coins mar. grenat, jans., tête dor., non rognés (*Allô*).

Le troisième volume est broché.

864. FOURNEL (Victor). Le Patriote Palloy et l'exploitation de la Bastille. *Paris, Champion*, 1892, portrait et fac-simile. — Lecocq (G.). Prise de la Bastille et ses anniversaires, d'après des documents inédits. *Paris, Charavay frères, s. d.*, papier vergé, figures. Ens. 2 vol. in-8 et gr. in-12, dos et coins mar. vert, et cartonn. toile rouge, tête dor., non rognés (*Champs* et *Pierson*).

865. FUNCK-BRENTANO (Frantz). Les Lettres de cachet à Paris. Étude suivie d'une liste des prisonniers de la Bastille (1659-1789). *Paris, Imp. Nationale*, 1903, in-4, héliogravures et fac-simile, cartonn., non rogné.

866. GENLIS (Comtesse de). Mémoires inédits sur le XVIIIe siècle et la Révolution française, depuis 1756, jusqu'à nos jours. *A Paris, chez Ladvocat*, 1825, 10 vol. in-8, veau racine, tr. marb. (*Rel. de l'époque*).

867. GEORGEL (L'abbé). Mémoires pour servir à l'histoire des événemens de la fin du dix-huitième siècle, depuis 1760 jusqu'en 1806-1810 par un contemporain impartial, feu M. l'abbé Georgel, publiés par M. Georgel son neveu. Avec la gravure du fameux Collier. *Paris, Eymery*, 1820, 6 vol. in-8, demi-rel. mar. rouge, dos ornés, non rognés.

Bel exemplaire, avec la grande planche.

868. GOUVION SAINT CYR (Le Maréchal). Mémoires sur les campagnes des armées du Rhin et de Rhin-et-Moselle, de 1792 jusqu'à la paix de Campo-Formio. *Paris, Anselin*, 1829, 4 vol. in-8, plans et cartes, demi-rel. chagrin La Vall., tr. jasp.

869. GOVION-BROGLIO-SOLARI (Catherine Hyde Marquise de). Mémoires relatifs à la famille royale de France pendant la Révolution accompagnés d'anecdotes inconnues et authentiques sur les princes contemporains et autres personnages célèbres de cette époque. Publiés pour la première fois d'après le journal les lettres et les entretiens de la Princesse de Lamballe, par une dame de qualité attachée au service confidentiel de cette infortunée Princesse (Traduit de l'anglais par Th. Licquet). *Paris, Treuttel et Wurtz*, 1826, 2 vol. in-8, portrait, cartonn. toile bleue, tête dor., non rognés, couvert. (*Pierson*).

870. GRUAU DE LA BARRE. Intrigues dévoilées, ou Louis XVII, dernier roi légitime de France, décédé à Delft, le 10 août 1845. *Rotterdam, Nijgh*, 1846-1848, 3 parties en 4 vol. in-8, portrait, cartonn. toile verte, tête dor., non rognés (*Pierson*).

871. GUÉNARD (Mme). Vie du Duc de Penthièvre. *Dujardin*, an XI-1803, 2 vol., port. — Mémoire des officiers du corps des carabiniers de Monsieur avec les

pièces justificatives. *Imprimerie Nationale,* 1790. — Relation des derniers évènemens de la captivité de Monsieur, frère du roi Louis XVI. *Le Normant,* 1823, port. — Ens. 4 vol. in-8 et in-12, demi-rel. bas. rouge et cartonn. toile de diverses couleurs (*Pierson*).

872. HISTOIRE DE FRANCE pendant trois mois ou relation exacte, impartiale et suivie des évènemens qui ont eu lieu à Paris, à Versailles, etc., depuis le 15 mai jusqu'au 15 août 1789. *Belin,* 1789. — Staël (Mme la Bonne de). Considérations sur les principaux événemens de la Révolution françoise. *Delaunay,* 1818, 2 vol. — Volx (Blanc de). Coup d'œil politique sur l'Europe à la fin du XVIIIe siècle. *Dupont de Nemours,* an VIII, 2 vol. — Ens. 5 vol. in-8, demi-rel. veau fauve et cartonn. papier, tr. jasp.

873. HISTOIRE DES BATAILLES, sièges et combats des Français, depuis 1792 jusqu'en 1815... par une société de militaires et de gens de lettres et publiée par Pierre Blanchard. *Paris, Pierre Blanchard,* 1818, 4 vol. — Dictionnaire historique des batailles, sièges et combats de terre et de mer, qui ont eu lieu pendant la Révolution française... par une société de militaires et de marins. *Paris, Ménard et Desenne,* 1818, 4 vol. — Ens. 8 vol. in-8, demi-rel. bas. rouge, dos fleurdelisé, non rognés.

874. HISTOIRE SECRÈTE du Directoire. *Paris, chez Ménard,* 1832, 4 vol. in-8, demi-rel. veau vert, dos orné, tr. marb. (*Rel. de l'époque*).

Cet ouvrage est attribué au comte J.-P. Fabre, de l'Aude, et rédigé sur ses notes. L'avertissement de l'éditeur est signé X.-H.-A. Belvières-Dosel.

875. HOROY (Adolphe). Historique des volontaires de l'Oise enrolés pour la défense de la patrie en septembre 1792. *Henry,* 1863. — Rousset (Camille). Les volontaires, 1791-1794. *Didier,* 1870. — Ens. 2 vol. in-8, demi-rel. mar. grenat et rouge (*Pierson*).

876. HUGO. Coup d'œil militaire sur la manière d'escorter, d'attaquer et de défendre les convois; et sur les moyens de diminuer la fréquence des convois, et d'en assurer la marche, suivi d'un mot sur le pillage. *Paris, Magimel,* 1796. — Réglement concernant l'exercice et les manœuvres de l'infanterie. *Paris, Belin,* 1792. — Ens. 2 vol. in-8 et in-12, cartonn. toile et demi-toile grise, tête dor., non rognés (*Pierson*).

877. IMBERT (Guillaume). La Chronique scandaleuse, ou mémoires pour servir à l'histoire de la génération présente. Nouvelle édition, considérablement augmentée et renfermant les anecdotes les plus piquantes que l'histoire des sociétés a offertes jusqu'au 1er janvier 1785 (par Guil. Imbert, ex-bénédictin). *A Paris, dans un coin où l'on voit tout,* 1785-1791, 5 vol. in-12, cartonn., non rognés.

878. JACOBINS : 5 vol. in-8, cartonn., demi-rel. veau fauve et mar. rouge et cartonn. toile.

Barruel (l'abbé). Mémoires pour servir à l'histoire du Jacobinisme. *Hambourg,* 1803, 2 vol. — Le Riche. Histoire des Jacobins en France, ou examen des principes anarchiques et désorganisateurs de la Révolution française. *Hambourg,* 1795, 2 tomes en 1 vol. — Maunille. Les crimes des Jacobins à Lyon depuis 1792 jusqu'au 9 thermidor an II. *Lyon,* an IX. — Recueil de 38 pièces diverses, pamphlets, sur les Jacobins, 1 vol.

879. JOMINI (Lieutenant-Général). Histoire critique et militaire des guerres de la Révolution. *Paris, Magimel,* 1819-1824, 15 vol. in-8, demi-rel. toile verte, non rognés.

L'atlas manque.

880. JOURNAL de Marie-Thérèse de France, duchesse d'Angoulême. 5 octobre 1789-2 septembre 1792, corrigé et annoté par Louis XVIII. Journal entièrement inédit, publié par les soins de la famille Hue. Introduction par le Bon Imbert de Saint-Amand. *Paris, Firmin-Didot, s. d.,* in-8, portraits en héliogravure, dos et coins mar. bleu, fil., tête dor., non rogné, couverture (*Pierson*).

881. JOURNAL DE VERSAILLES, ou affiches, annonces et avis divers (par Regnaud de Saint-Jean d'Angély) : du 6 juin 1789 au 30 juin 1790. 2 vol. in-4, demi-rel. veau fauve, dos orné, tr. rouges (*Rel. anc.*).

Ce journal, qui a paru jusqu'au 31 décembre 1790, donne avec beaucoup d'exactitude et de détails des analyses des premières séances des Etats-Généraux.

882. JOURNÉE DU 10 AOUT 1792. 3 vol. in-8 et in-18, demi-rel. veau fauve et 2 cartonn. toile, tête dor., non rognés (*Pierson*).

Détails particuliers sur la journée du 10 août 1792, suivies de deux notices historiques. *Blaise,* 1822. — Histoire secrette du 10 aoust. *Lerouge,* an IV-1796, in-18. — Ronsin (C.-Ph.). Discours prononcé par Ch.-P. Ronsin, le samedi 18 août 1792. *Paris, l'an 4e de la Liberté et le 1er de l'Egalité.*

883. LACRETELLE (Ch.). Histoire de la Révolution française. *Paris, Treuttel et Wurtz,* 1821-1826, 8 vol. in-8, demi-rel. veau brun, tr. jasp.

Assemblée Constituante et Assemblée Législative, 3 vol. — Convention nationale, 3 vol. — Directoire exécutif, 2 vol.

Exemplaire du duc de Montebello, avec son ex-libris à chaque volume.

884. LA FAYETTE (Ouvrages relatifs à). 2 vol. in-8, demi-rel. mar. rouge et cartonn. toile grise, tête dor., non rognés (*Pierson*).

Bardoux (A.). Les dernières années de La Fayette, 1792-1834. *Lévy,* 1893. — La Fayette. Correspondance inédite, 1793-1801. Lettres de prison, lettres d'exil. Précédée d'une étude psychologique par Jules Thomas. *Delagrave, s. d.,* portrait.

885. LA FAYETTE. 2 vol. et 1 plaq. in-8, rel.

Général (Le) jugé par ses propres actions. *Paris,* 1791. — Mémoires historiques et pièces authentiques sur M. de La Fayette. *Paris,* 1794. — Vie privée impartiale, politique, militaire et domestique du Marquis de La Fayette (sans le portrait). — Dans le même vol. : Panégyrique de Marat. *Paris,* 1795.

886. LAGE DE VOLUDE (Mquise de). Souvenirs d'émigration de Madame la Marquise de Lage de Volude, dame de S. A. S. Madame la Princesse de Lamballe, 1792-1794, lettres à Madame la Comtesse de Montijo, publiées par M. le Baron de la Morinerie. *Évreux, Imp. Auguste Hérissey,* 1869, in-8, dos et coins mar. grenat, tête dor., non rogné, couvert. (*Champs*).

Imprimé à 300 exemplaires numérotés.

887. LA MOTTE VALOIS. Mémoires justificatifs écrits par elle-même. *Imprimés à Londres*, 1789. — Second mémoire justificatif écrit par elle-même. *A Londres*, 1789. — Ens. 2 parties en 1 vol. in-8, cartonn. demi-rel. toile verte, tr. rouge.

Portrait de la comtesse de La Motte par F. Bonneville et curieuse figure avec cette légende : *Sois satisfaite, il va rejoindre Maurepas*.

888. LA PLACE (de). Anecdote moderne, historique françoise, et relative aux circonstances présentes ; avec quelques poésies légères. *A Paris, chez Maradan*, 1789, in-8, veau marb., fil., dos orné, tr. dor. (*Rel. anc.*).

Plusieurs de ces poésies sont adressées à des personnages de la Révolution.
Exemplaire de Jamet, avec sa signature sur le faux-titre : il est accompagné de quelques notes et corrections et d'un supplément manuscrit contenant beaucoup de petites pièces.

889. LA ROCHETERIE (Maxime de la). Histoire de Marie-Antoinette. *Paris, Perrin et Cie*, 1890, 2 vol. in-8, portrait, demi-rel. mar. gris, tête dor., non rognés (*Henry-Joseph*).

890. LA TRÉMOÏLLE (de). Souvenirs de la Révolution. Mes parents. *Paris*, 1901, in-4, héliogravures hors texte, demi-rel. mar. La Vall. jans., tête dor., non rog., couvert. (*Pierson*).

Imprimé à petit nombre sur papier vergé.

891. LE FURET PARISIEN. *A l'Hôtel de Ville, chez de La Haye, par ordre des sieurs Vauvilliers, Blondel, Vinsendon et de Joly, etc., comp..... au sieur Bailly, avec l'approbation du sieur de La Fayette*, 10 numéros en 1 vol. in-8 cartonn., dos et coins toile verte, non rogné.

Collection complète, rare surtout avec le 10e numéro.
Violent journal, ennemi de Bailly et de La Fayette et très hostile à Marie-Antoinette.

892. LENÔTRE (Ouvrages de G.). *Paris, Perrin et Cie*, 1893-1900, 5 vol. in-8, demi-rel. mar. vert, bleu, et marron, tête dor., non rognés (*Pierson*).

La captivité et la mort de Marie-Antoinette, 1897. — La Guillotine et les exécuteurs des arrêts criminels pendant la Révolution, 1893. — Le Marquis de la Rouërie et la conjuration bretonne (1790-1793), 1899. — Le Baron de Batz (1792-1795), 1896. — Vieilles maisons, vieux papiers, 1900 (Un des 10 exempl. IMPRIMÉS SUR HOLLANDE).

893. LÉONARD. Souvenirs de Léonard, coiffeur de la reine Marie-Antoinette. *Paris, Alph. Levavasseur et Cie*, 1838, 4 vol. in-8, demi-rel. bas. grenat, tr. jasp.

894. LESPINASSE-LANGEAC (De). Journal de l'anarchie, de la Terreur et du despotisme ; ou chaque jour marqué par un crime, une calamité publique, une imposture, une contradiction, un sacrilège, un ridicule ou une sottise, et comme telle la doctrine des doctrinaires. *A Paris, chez Delaunay*, 1821, 3 vol. in-18, demi-rel. bas. rouge, tr. jasp.

895. LISTE des personnes qui ont péri par Jugement du Tribunal Révolutionnaire depuis le 26 août 1792 jusqu'au 13 juin 1794 et dont les corps ont été inhumés dans l'ancien cimetière de la Madeleine. — Liste générale et très exacte des noms, âges, qualités et demeures de tous les Conspirateurs qui ont été condamnés à mort par le Tribunal Révolutionnaire. *Paris, Marchand*, l'an II de la République. 11 listes et suppl. au n° 9. — Déclarations motivées d'Autonnelle, juré au Tribu-

nal Révolutionnaire dans diverses affaires. *Galleti, s. d.* — Les crimes de l'ex-tribunal révolutionnaire de Brest dénoncés au peuple français et à la Convention Nationale. *Louvet,* l'an III de la République. — Du Tribunal Révolutionnaire. *S. l. n. d.* — Ens. 2 vol.

896. LISTE GÉNÉRALE des Individus condamnés par Jugemens, ou mis hors de la loi par décrets, et dont les biens ont été déclarés confisqués au profit de la République, dressée et publiée en exécution des articles 3, 4 et 5 de la loi du 26 frimaire et de l'article 1er de celle du 9 ventose. *A Paris, de l'Imp. des Domaines nationaux,* l'an II, 4 listes en 1 vol. in-8, cartonn. demi-toile rouge, tr. marb.

897. LIVRE ROUGE (Le). Histoire de l'échafaud en France, par M.-M.-B. Maurice, A. de Bast, E. Fournier, L. de la Montagne, J. Morel, E. Asse, etc., etc. Ouvrage orné de 50 portraits dessinés et gravés par M.-M.-C. Boulay, L. Bailly, Bocourt, Chapon, Trouvé, etc., etc. *Paris, Dupray de la Maherie,* 1863, in-fol., broché (*Couvert.*).

898. LOUIS XVI A VARENNES. 5 vol. in-8, demi-rel. mar. et chag. bleu (*Pierson*).

Ancelon (E.-A.). La Vérité sur la fuite et l'arrestation de Louis XVI à Varennes. *E. Dentu,* 1866, port. — Bimbenet (Eugène). Fuite de Louis XVI à Varennes. *Didier,* 1868. — Fournel (Victor). L'Événement de Varennes. *Champion,* 1890, pl. (sur Hollande). — Lenotre (G.). Le Drame de Varennes. Juin 1791. *Perrin,* 1905, port. — Sèze (Comte de). Histoire de l'événement de Varennes au 21 juin 1791. *Dentu,* 1843.

899. LOUIS XVI (Mémoires relatifs au règne de). 7 vol. in-8, demi-rel. mar. La Vall., tête dor., non rognés (*Pierson*).

Coigny (Aimée de). Mémoires. *Lévy, s. d.,* portrait. — Des Cars (Duc). Mémoires. *Plon,* 1890, 2 vol. — Kageneck (de). Lettres au baron Alströmer. *Charpentier,* 1884. — Vignaux. Mémoires sur Lamoignon de Malesherbes. *Dentu,* 1874. — Mautort (chevalier de). Mémoires (1752-1802). *Plon,* 1895. — Semallé (Comte de). Souvenirs. *A. Picard,* 1898.

900. LOUIS XVII (Ouvrages relatifs à). 4 vol. in-8 cartonn. toile et demi-rel. mar. rouge, tête dor., non rognés, couvert. (*Pierson*).

Chantelauze (R.). Les derniers chapitres de mon Louis XVII. Découverte des ossements du Dauphin en 1846 dans le cimetière Sainte-Marguerite. *Didot,* 1887. — Lambeau (Lucien). Le Cimetière de Sainte-Marguerite et la sépulture de Louis XVII, 1624-1904. *Daragon,* 1905. — Mémoires du duc de Normandie, fils de Louis XVI, écrits et publiés par lui-même. *Paris, juillet* 1831. — La question Louis XVII, étude historique, 36 illustrations. *Paris,* 1900.

901. MALLET DU PAN. Mémoires et correspondance, pour servir à l'histoire de la Révolution française, recueillis et mis en ordre par A. Sayous. *Paris, Amyot et Cherbuliez,* 1851, 2 vol. in-8, demi-rel. veau fauve, dos orné, tr. jasp.

902. MALLET DU PAN. Correspondance inédite avec la cour de Vienne (1794-1798) publiée d'après les manuscrits conservés aux archives de Vienne par André Michel, avec préface de H. Taine. *Paris, Plon, Nourrit et Cie,* 1884, 2 vol. in-8, demi-rel. mar. vert, tête dor., non rognés (*Pierson*).

903. MARIE-ANTOINETTE. Observations et précis sur le caractère et la conduite de Marie-Antoinette d'Autriche, par la citoyenne Marie-Thérèse. *A Paris, chez*

tous les marchands de nouveautés, 1793, in-8 de 31 pp., cartonn., dos et coins mar. grenat, tête dor. (*Champs*).

Ecrit en faveur de la Reine.

904. MARIE-ANTOINETTE (Pamphlets et pièces sur). 2 plaq. in-8, cart. demi-toile et demi-bas. et 8 brochures non rognées.

Bouquet qui a été présenté à Marie-Antoinette par un sans-Culotte et mention des événemens de la Saint Laurent. — Le vrai caractère, de Marie-Antoinette, 8 pp. — Marie-Antoinette à la nation. *S. d.*, 8 pp. — Lettre de Marie-Antoinette. *S. d.*, 8 pp. — Lettre à la Reine. *S. d.*, 8 pp. — Entrelacement des cœurs françois pour l'arrivée de la Reine à Paris, 1789, 8 pp. — Fercy, La mort et l'apothéose de Marie-Antoinette, 1817, 16 pp. — Observations et précis sur le caractère et la conduite de Marie-Antoinette, par la citoyenne Marie-Thérèse, 1793, 46 pp. — Grande lettre de la Reine, adressée à M. Bailly. *S. d.*, 8 pp. — Le Cri, du sentiment, ou observation sur des écrits incendiaires, des libelles touchant la reine, etc., 1790, 76 pp.

905. MARIE-ANTOINETTE (Ouvrages relatifs à). 4 vol. in-8, dont 3 demi-rel. mar. vert ou bleu et 1 cartonn. toile grise, tête dor., non rognés.

Augeard (J.-M.). Mémoires secrets (1760-1800). *Plon,* 1866. — Chaix d'Est-Ange. Marie-Antoinette et le procès du collier, suivi du procès de la reine Marie-Antoinette. *Quantin,* 1889. — Maugras (Gaston). Le Duc de Lauzun et Marie-Antoinette. *Plon,* 1895. — Vyré (F. de). Marie-Antoinette ; sa vie, sa mort, 1755-1793. *Plon,* 1889.

906. MARIE-ANTOINETTE (Ouvrages relatifs à). 6 vol. in-8, demi-rel. chagrin rouge et veau fauve, et cartonn. toile grise, tête dor., non rognés (*Pierson*).

Arneth (A. Ritter von). Maria Theresia und Marie-Antoinette. *Wien et Paris,* 1865. — Fersen (Jean Axel de). Le Comte de Fersen et la Cour de France. *Didot,* 1877, 2 vol., portrait. — Hunolstein (Cte Vogt d'). Correspondance inédite de Marie-Antoinette. *Dentu,* 1864. — Marie-Antoinette. Correspondance secrète entre Marie-Thérèse et le Cte Mercy-Argenteau. *Didot,* 1874, 2 vol.

907. MARIE-ANTOINETTE (Ouvrages relatifs à). 7 vol. in-12, dont 5, cartonn. toile de diverses couleurs et 2 dos et coins mar. brun, tête dor., non rognés (*Pierson*).

Barthélemy (E. de). La Dauphine Marie-Antoinette en Champagne. *Menu,* 1882. — Imbert de Saint Amant. Les Beaux jours de Marie-Antoinette, Marie-Antoinette aux Tuileries, Marie-Antoinette et l'agonie de la royauté. *Dentu,* 1879-1882, 3 vol. — Marie-Antoinette, Louis XVI et la famille royale, 1763-1782. *S. d.* — Nolhac (P. de). Marie-Antoinette, dauphine, et la reine Marie-Antoinette. *Lévy,* 1898-1899, 2 vol. — Viel-Castel. Marie-Antoinette et la Révolution française. *Techener,* 1859.

908. MARIE-ANTOINETTE (Pamphlets sur). Recueil de 5 pièces en 1 vol. in-8, cartonn. demi-toile grenat, non rogné (*Pierson*).

Soirées amoureuses du général Mottier et de la belle Antoinette, par le petit Epagneul de l'Autrichienne. *A Persépolis, à l'enseigne de l'Astuce et de la Vertu délaissée,* 1790, 32 p. — Marie-Antoinette dans l'embarras, ou correspondance de La Fayette avec le roi, la reine, La-Tour-du-Pin et Saint-Priest. *S. l.,* 1790, 48 pp. — Le Ménage royal en déroute ou guerre ouverte entre Louis XVI et sa femme. *S. l., de l'Imprimerie patriotique* (1792), 8 pp. — Républicains, guillotinez-moi ce ***-*** de Louis XVI, et cette *** de Marie-Antoinette, d'ici à quatre jours, si vous voulez avoir du pain, et vous députés royalistes, lisez-moi et écoutez mes conseils, ou sinon vous serez raccourci, par un commissaire national. *S. l. n. d.,* 8 pp. — Le Branle des Capucins, ou le mille-et-unième tour de Marie-Antoinette ; petit opera aristocratico-comico-risible, en deux actes. *A Saint-Cloud, de l'Imprimerie des Clairvoyants, cul-de-sac des recherches,* 1791, 24 pp.

909. MARIE-ANTOINETTE (Pamphlets sur). 5 pièces en 1 vol. in-8, cartonn. demi-toile grenat, non rognées (*Joubert*).

Les Amours de Charlot et Toinette, pièce dérobée à V..., 1789, 8 pp. — Bord... R... suivi d'un entretien secret entre la Reine et le Cardinal de Rohan, après son entrée aux Etats-Généraux. Le B... se trouve à Versailles, dans l'appartement de la Reine. *S. d.*, 16 pp. — L'Autrichienne en goguettes, ou l'orgie royale, opéra-proverbe, 1789, 16 pp. — Testament de Marie-Antoinette d'Autriche, ci-devant Reine de France, 1790, 16 pp. — Désespoir de Marie-Antoinette, sur la mort de son frère Léopold II, empereur des Romains, et sur la maladie désespérée de Monsieur, frère du roi de France. *S. d.*, 8 pp.

910. MARIE-ANTOINETTE. Essais historiques sur la vie de Marie-Antoinette d'Autriche, reine de France. *A Londres*, 1789, 2 vol. in-8, portrait par *Bonneville* ajouté, cartonn. grenat, non rognés.

Violent pamphlet contre Marie-Antoinette.
Le titre de la seconde partie porte comme adresse : *Rome*, 1789.

911. MARIE-ANTOINETTE. Essais historiques sur la vie de Marie-Antoinette d'Autriche, reine de France, pour servir à l'histoire de cette princesse. *Londres*, 1789, 78 pp. — Essai historique sur la vie de Marie-Antoinette... rédigé sur plusieurs manuscrits de sa main, suivi de l'Iscariote de la France ou le député autrichien. Seconde partie. *A Versailles, chez la Montensier, Hotel des Courtisannes*, 1789, 96 et 16 pp. — Ens. 2 vol. in-8, demi-rel. mar. bleu, tête dor., non rognés.

912. MÉJAN (Maurice). Histoire du procès de Louis XVI, dédiée à S. M. Louis XVIII. *A Paris, chez l'auteur*, 1814, 2 vol. in-8, cartonn., non rognés.

913. MÉMOIRE écrit par Marie-Thérèse Charlotte de France sur la captivité des princes et princesses ses parents depuis le 10 Août 1792 jusqu'à la mort de son frère arrivée le 9 Juin 1795. Publié sur le manuscrit autographe appartenant à Madame la Duchesse de Madrid. *Paris, E. Plon, Nourrit et Cie, s. d.*, in-4, dos et coins mar. bleu, fil., dos orné, tête dor., non rogné, couvert. (*Pierson*).

Un des 25 exemplaires (n° I) imprimés sur papier du Japon, contenant les fig. et portraits en 3 états.

914. MÉMOIRE pour le comte de Cagliostro, demandeur ; contre Me Chesnon, le fils, commissaire au Chatelet de Paris ; et le sieur de Launay, chevalier de l'ordre royal et militaire de Saint-Louis, gouverneur de la Bastille, défendeurs. *A Paris, de l'Imp. de Lottin l'ainé*, 1786, in-4, de 31 pp., vélin blanc, tête dor., non rogné (*Champs*).

Exemplaire auquel on a joint : « *L'arrêt du parlement, la grand'chambre assemblée du 31 mai 1786* » et 10 jolis portraits gravés en couleurs de personnages ayant été compromis dans l'Affaire du Collier, et une planche représentant le collier.

915. MÉMOIRES. 4 vol. in-8, demi-rel. mar. gris, rouge et grenat, tête dor., non rognés (*Pierson*).

Billaud-Varenne. Mémoires inédits et correspondance. *Paris*, 1893, port. — Maleissye (Mis de). Mémoires d'un officier aux gardes françaises (1789-1793). *Plon*, 1897, port. — Paroy (Comte de). Mémoires (1789-1797). *Id.*, 1895, port. — Salamon (Mgr de). Mémoires inédits de l'internonce à Paris pendant la Révolution (1790-1801). *Id.*, 1890.

9

916. MÉMOIRES ET SOUVENIRS. 6 vol. in-8, cartonn. toile rouge et demi-rel. veau fauve (*Pierson*).

Bouillé (René de). Essai sur la vie du Marquis de Bouillé (François-Claude-Amour). *Amyot*, 1853 — Du Casse (A.). Le Général Vandamme et sa correspondance. *Didier*, 1870, 2 vol. — Mémoires de Madame la Marquise de Bonchamps rédigés par Mme la Comtesse de Genlis, *Baudouin*, 1823. — Moreau (J. Nicolas). Mes Souvenirs (1717-1797). *Plon*, 1898-1901. 2 vol.

917. MÉMOIRES ET SOUVENIRS. 8 vol. in-8 et in-12, cartonn. toile de diverses couleurs, tête dor., non rognés et demi-rel.chagrin rouge, tr. jasp. (*Pierson*).

Bourrienne (de). Mémoires, *Garnier, s. d.*, 2 vol. — Cerfberr (G.) Souvenirs de la Révolution et de l'Empire. *Jouvet, s. d.* — Pion des Loches (Colonel). Mes Campagnes (1792-1815). *Didot*, 1889. — Miot de Melitto (Comte). Mémoires. *Lévy*, 1873, 3 vol. — Rapp (Général). Mémoires (1772-1821). *Garnier, s. d.*

918. MÉMOIRES historiques de Mesdames Adélaïde et Victoire de France. Nouvelle édition publiée par l'auteur, corrigée et augmentée de notes inédites sur les révolutions de France et des principaux événements de celle de Sardaigne, de Rome et de Naples par M*** T*** (Ch. Cl. de Montigny). *A Paris, chez Tilliard*, an XI-1803, 2 vol. in-12, portraits, cartonn. demi-rel. toile crème, tête dor. (*Pierson*).

Exemplaire non rogné.

919. MÉMOIRES particuliers formant, avec l'ouvrage de M. Hue et le journal de Cléry, l'histoire complète de la captivité de la famille royale à la Tour du Temple. *Paris, Audot*, 1817, pl., 77 pp. — Le 21 Janvier 1793 poème en quatre chants par Monti. *Rey et Gravier*, 1817, 159 pp. — Note historique sur les procès de Marie-Antoinette d'Autriche, reine de France et de Madame Elisabeth. *Delaunay*, 1816, 64 pp. — Oraison funèbre de Marie-Antoinette-Josèphe-Jeanne de Lorraine par Mr l'abbé de Villefort. *Beaucé*, 1816, 48 pp. — État actuel de la maison de France, 27 pp. — Ens. 5 pièces en 1 volume. Récit des événements arrivés au Temple depuis le 13 Août 1792 jusqu'à la mort du Dauphin Louis XVII. *Audot*, 1823. — Ens. 2 vol. reliés.

920. MIRABEAU (Ouvrages relatifs à). 4 vol. in-8, dont 2 demi-rel. mar. vert ou brun et 2 cartonn., toile grise et bleue, tête dor., non rognés (*Pierson*).

Cottin (Paul). Sophie de Monnier et Mirabeau d'après leur correspondance secrète inédite (1775-1789). *Plon*, 1903. — Gastineau (B.). Les amours de Mirabeau et de Sophie de Monnier. 1865, portrait. — Mirabeau. Lettres à Julie, écrites du donjon de Vincennes. *Plon*, 1903. — Welschinger (H.) La Mission secrète de Mirabeau à Berlin. 1786-1787. *Plon*, 1900.

921. MOLEVILLE (Bertrand de). Histoire de la Révolution de France pendant les dernières années du règne de Louis XVI. *A Paris, chez Giguet*, an IX(1801). — an XI (1803), 14 vol. in-8, demi-rel. veau brun, dos plat orné, tr. marb.

922. MOREAU (Ouvrages sur le général). 4 vol. in-8 et in-18, cartonn., toile rouge et olive et demi-rel. chag. et veau.

Beauchamp (A. de). Vie politique, militaire et privée du général Moreau, depuis sa naissance jusqu'à sa mort. *Paris*, 1814. portrait. — Breton de la Martinière. Proscription de Moreau.... *Paris*, 1814, — Svinine (Paul de). Détails sur le général Moreau et ses derniers moments. *Paris*, 1814. — Vouziers (de). Moreau, général en chef de l'armée française ; sa vie... *Paris, s. d.*

923. MONTLOSIER (Comte de). Mémoires sur la Révolution, l'Empire, la Restauration et les principaux événements qui l'ont suivie, 1755-1830. *Paris Dufey*, 1830, 2 vol. in-8, cartonn., toile grise, tête dor., non rognés(*Pierson*).

924. MORTIMER-TERNAUX. Histoire de la Terreur, 1792-1794, d'après des documents authentiques et inédits. *Paris, Michel Lévy frères*, 1863-1881, 8 vol. in-8, demi-rel. mar. vert, dos orné, tête dor., non rognés. (*Champs*).

925. PAMPHLETS sur les Princes. 5 plaquettes in-8, demi-rel. mar., ou dos et coins mar. ou toile de diverses couleurs, tête dor., non rognés. (*Champs*).

Le Prince de Condé, sa conduite militaire et ses amours. *Paris, s. d.*, avec fig. — Confessions générales des princes du sang royal, auteurs de la cabale aristocratique : item de deux Catins distinguées qui ont le plus contribué à cette infernale Conspiration : Plus un acte de repentir de Monseigneur de Juigné. *S. l.*, 1789. — Vie de Louis-Philippe-Joseph, duc d'Orléans. Par M. R. D. W. *Londres*, 1790, avec portr. — Vie politique et privée de Louis-Joseph de Condé. Chantilly, 1790. — Vie privée de Charles-Philippe de France. *Turin*, 1790.

926. PAMPHLETS contre les princes de la famille royale et autres. Recueil de 9 pièces en 1 vol. in-8, demi-rel. veau vert, dos plat orné, tr. marb.

Confession générale de Mgr le Comte d'Artois. *A Paris*, le 23 juillet 1789, fig., 32 pp. — Les vœux et doléances de M. Comte d'Artois, frère du Roi. *S. l. n. d.*, 88 pp. — Vie privée et politique de Louis-François-Joseph de Conti, prince du Sang, et sa correspondance avec ses complices fugitifs. Ornée de son portrait, gravé d'après nature par J. P***. *A Turin, chez Garin*, 1790, port., 100 pp. — Confessions générales des Princes du sang Royal auteurs de la cabale aristocratique : Item, de deux Catins distinguées qui ont le plus contribué à cette infernale Conspiration : plus, un acte de repentir de Monseigneur de Juigné, Archevêque de Paris. *A Aristocratie, chez Main-Morte*, 1789, fig., 59 pp. — Vie privée du Vicomte de Mirabeau, député du Limousin. *A Londres*, 1790, port., 47 pp. — Vie privée et politique du Roi Isaac, premier du nom, et chef des rois de France de la quatrième race, en 1789. Louis XVI étant roi des François. Précédée d'une introduction, et ornée du portrait de sa majesté. *A Rennes, chez l'auteur*, 1790, 112 pp., le portrait manque. — Confession du Comte d'Estaing ou essais historiques sur son origine, et sa vie privée. Recueillis par un de ses soi-disans Amis. *A Tours, Dans son Château*, 1789, 24 pp. — Misericordia ou discours et situation du Comte d'Estaing, Commandant alors des troupes et de la Garde Nationale de Versailles, le 5 octobre 1789, par M. D'Arragon. *S. l. n. d.*, 15 pp. — Vie privée de Madame de Sillery. *S. l. n. d.*, 8 pp.

927. PAMPHLETS contre le duc d'Orléans et l'aristocratie. 23 pièces en 1 vol. in-8, demi-rel. veau brun, tr. marb.

La Chasse aux bêtes puantes et féroces, suivie de la liste des Proscrits de la Nation, etc. 1789, 31 pp. — Motion des Dames à l'Assemblée Nationale, sur la Sanction Royale. *S. d.*, 2 pp. — Un Romain aux François. *S. d.*, 7 pp. — L'Assassinat de la famille Royale, plan présenté à Mgr le Duc d'Orléans par le Marquis de *** trouvé sous le portail du Louvre, près le jardin de l'infante. *S. d.*, 8 pp. — Louis-Philippe, duc d'Orléans, premier Prince du sang au peuple François par un homme de lettres patriote, citoyen du district des Petits Augustins. 1789, 8 pp. — Lettre écrite à S. A. S. Monseigneur le Duc d'Orléans, premier Prince du sang ; où se trouvent exposées quelques gentillesses des Srs Bachois de Villefort, etc., etc., par M. de la Touche. 1789, 42 pp. — La Prise des annonciades par M. le Cte C... S. de L... H. *S. d.*, 20 pp. — Expédition du Général Lameth. *S. d.*, 16 pp. — Réponse à l'auteur de la prise des Annonciades. *S. d.*, 8 pp. — Lettre de M. le Cte Charles de Lameth à M. le Chr. de B., adressée à l'Assemblée Nationale par un Citoyen, à la suite d'un don patriotique. *S. d.*, 16 pp. — Dialogue entre Diogène le cinique et Des... l'énergumène. *S. d.*, 11 pp. — Le Bon homme Duval à M. Despremesnil son fils, lettre familière. 1789, 15 pp. — Testament de M. Chrétien-François de Lamoignon écrit de sa main la surveille de sa mort et communiqué par le sieur de Lorger, son homme de confiance. *S. d.*, 38 pp. — Précis de la vie ou confession générale du Comte de Mirabeau François, augmenté d'un arrêt de la Cour, contenant les troubles de Marseille, etc., et du nouveau Messie de Provence et de ses douze apôtres. 1789, 64 pp. — Le Comte de Mirabeau dévoilé. Ouvrage posthume trouvé dans les papiers d'un de ses amis qui le connoissoit bien. 1789, 15 pp. — L'Abbé j'ai rendu vos neuf francs moins trente sous par M. le C... de M***. *S. d.*, 7 pp. — Réponse d'un bourgeois de Paris, à M. le Comte de Mirabeau, citoyen de Marseille. *S. d.*, 7 pp. — Lettres authentiques de M. le Comte de Mirabeau servant de supplément à l'ouvrage sur les lettres de cachet et les prisons d'État. 1789, 47 pp. — Le sabreur des Tuileries dans l'embarras, nouvelle authentique et intéressante. 1789, 16 pp. — Descente du Prince Lambesc aux enfers. *S. d.*, 8 pp. — Le Fuyard ou le Baron de Bezenval, général sans armée, criminel de Leze-Nation, prisonnier à Brie-Comte-Robert, suite du ministre de XXXVI heures. *S. d.*, 8 pp. — Vie de Louis-Philippe Joseph, duc d'Orléans. Traduit de l'Anglois par M. R. D. W. 1789, port., 94 pp. — Les Chevaux au manège. Ouvrage trouvé dans le portefeuille de Monseigneur le Prince de Lambesc, grand écuyer de France. 1789, 26 pp. — La galerie des dames françoises pour servir de suite à la galerie des États-Généraux. 1790, 207 pp.

928. PAMPHLETS et pièces publiées en 1789-90, 97 pièces en 5 vol. in-8, dos et coins de mar. rouge, tr. dor. (*Thibaron Echaubard*).

Très important recueil ainsi composé :

Pamphlets sur la Cour :

Confession générale de S. A. S. Mgr le Comte d'Artois. 1789, 32 pp. — Le Comte d'Artois à l'agonie. 1789, 21 pp. — Fratricide sacrilège. 1789, 8 pp. — Essais historiques sur la vie de Marie-Antoinette d'Autriche. 1789, VIII et 83 pp. — Les amours de Charlot et Toinette, pièce dérobée à V** (Voltaire). 1789, 8 pp. — Lettre à la Reine. *S. d.*, 8 pp. — Marie-Antoinette d'Autriche, reine de France, à la nation. *S. d.*, 8 pp. — Confession dernière et testament de Marie-Antoinette. L'an II, 8 pp. — Boudoir de Madame la Duchesse de P*** (olignac). 8 pp. — Maladie de Mme la Duchesse de P... (olignac) qui a infecté la Cour, Versailles et Paris. 1789, 19 pp. — Adieux de Madame la Duchesse de Polignac aux François suivis des adieux des François à la même par l'auteur de sa maladie. 1789, titre et 13 pp. — Confession et repentir de Madame de P***. 1789, 8 pp. — Réponse à la confession de Madame de P***. 1789, 13 pp. — Testament de Madame la Duchesse de Polignac. *S. d.*, 24 pp.

Pamphlets en langue cynique et vulgaire :

La Chasse aux bêtes puantes et féroces qui, après avoir inondé les bois, se sont répandues à la Cour. 1789, 31 pp. — Chasse nouvelle aux bêtes puantes et féroces qui continuent à dévaster le Royaume. 1789, 32 pp. — Premier dialogue entre une poissarde et un fort de la Halle sur les affaires présentes. *S. d.*, 16 pp. — Les trois poissardes buvant à la santé du Tiers-État au temps du Carnaval. *S. d.*, 24 pp. — Plaintes et doléances des dames de la halle et des marchés de Paris. 1789, 32 pp. — Réponse des femmes de Paris au cahier de l'ordre le plus nombreux du royaume. 1789, 14 pp. — Les Maux de cœur des receveurs et commis des barrières par la disgrâce de Messieurs les Fermiers-Généraux ou motion d'un 1er commis nommé Grippe-sols à ses camarades surnommés Vuides-feuillettes. 1789, 7 pp. — Les Vitres cassées par le véritable père Duchêne, député aux États généraux, suivi d'Écho. 1789, 28 pp.

Pamphlets, confessions, testaments, dialogues imprimés à Paris en 1789.

Confession de tous ceux qui ont cherché à trahir la Nation françoise. *S. d.*, 8 pp. — Testament de M. Chrétien-François de Lamoignon. *S. d.*, 36 pp. — A quelque chose malheur est bon ou bienfaits pour lesquels on est dispensé de reconnoissance. *S. d.*, 7 pp. — Pot-pourri sur la Révolution arrivée en 1788. *S. d.*, 12 pp. — La Vie, la mort et les miracles de Monsieur Foulon. 8 pp. — Les tyrans anéantis, ou Foulon, ex-contrôleur général des finances, et l'intendant de Paris punis par la Nation. Péris, traitre !... paroles adressées à M. de Flesselles, Prévôt des Marchands par le généreux Citoyen qui lui fit sauter le crâne d'un coup de pistolet, le 14 juillet 1789. 7 pp. — La botte de foin ou la mort de M. Foulon. *S. d.*, 4 pp. — La mort tragique de l'intendant de Paris. *S. d.*, 4 pp. — État trouvé dans le portefeuille de M. Berthier, officier de la maison de la Reine. *S. d.*, 2 pp. — Adresse de remercîment de Monseigneur Belzébuth, Prince souverain des enfers au peuple parisien, sur l'envoi des cinq traitres exterminés les 14 et 22 juillet. *S. d.*, 4 pp. — Testament de Judas-Ravaillac. Cartouche de Foulon, ex-contrôleur général. *S. d.*, 6 pp. — Analyse du testament politique de Mandrin. 62 pp. — Les dialogues sans fin, le casque et la mitre. 32 pp. — Dialogue entre un noble et sa femme qui fut fessée au Palais-Royal pour avoir osé conspuer le portrait de M. Necker. *S. d.*, 7 pp. — L'audience des enfers, dialogue entre MM. de Launay, de Flesselles, de Sauvigny et Foulon. *S. d.*, 8 pp. — Nouveaux dialogues des morts françois, comparaison des troubles des cinq derniers siècles. *S. d.*, 16 pp. — Les Enragés aux enfers, ou nouveau dialogue des morts. 1789, 30 pp. — La désolation des procureurs et autres personnes du palais ou le petit mystère. 16 pp. — Scène comique entre le diable et un procureur, au sujet de Madame Chicane, chassée des terres de France, et revenant en enfer. *S. d.*, 8 pp. — Le trio, Dom Quichotte, Chicaneau, Tartuffe au Tartare. *S. d.*, 30 pp. — La Merveilleuse conversion d'un aristocrate, par un démocrate. 1792, 40 pp. — La Correspondance infernale ou épitre adressée au Seigneur Lucifer par son très-cher ou féal lieutenant le sieur Th***, et réponse dudit Seigneur Lucifer. 14 pp. — Épitre d'un patient de la porte Saint-Antoine aux françois, son arrivée aux Enfers, son jugement par les juges infernaux, son entrée dans les Champs-Élisées, et sa rencontre avec M. Lamoignon, etc., etc. 30 pp. — Dialogue entre Ibrahim Pacha et un Municipal. 1790, 23 pp.

Pamphlets avec titres empruntés aux hymnes de l'Église.

Le premier coup de vêpres avis à la chambre des communes sur la retraite des privilégiés. 1789, 22 pp. — Le second coup de vêpres. *S. d.*, 7 pp. — Le magnificat du Tiers-État, tel qu'on le doit chanter le 26 avril aux premières Vêpres des États-Généraux. 1789, 20 pp. — Aux âmes chrétiennes, sexte, none, vêpres et complies pour tous les jours de la semaine, à l'usage du peuple. *S. d.*, 8 pp. — L'ave et le credo du Tiers-État par M. C... R., roturier angevin. *S. d.*, 7 pp. — Credo du Tiers-État ou symbole politico-moral à l'usage de tous les amis de l'État et de l'Humanité. 1789, 17 pp. — Le Credo de la noblesse avec les notes du Tiers, le tout terminé par des litanies par l'auteur du Gloria in excelsis. 1789, 15 pp. — Le Gloria in excelsis du peuple, auquel on a joint l'Épitre et l'Évangile du jour avec la réflexion et la collecte. 1789, 8 pp. — Litanies du Tiers-État. *S. d.*, 15 pp. — Domine salvum fac regem. 1789, 31 pp. — Pange lingua, suite du Domine salvum fac regem. 1789, 22 p. — Le Te Deum du Tiers-État, tel qu'il sera chanté à la première messe des États-Généraux; le Confiteor de la noblesse, envoyé à notre Saint-Père le Pape, suivis de la contrition tardive; avec des notes tirées du texte parisien. 1789, 16 pp. — Litanies des aristocrates. *S. d.*, 14 pp. — Le Pater du Tiers-État paraphrasé par M. C... R., roturier angevin. *S. d.*, 8 pp. — Le De profundis de la noblesse et du clergé. 1789, 29 pp. — Le Dies iræ ou les trois ordres au Jugement dernier. 1789, 16 pp. — Prières à l'usage de tous les ordres, le Magnificat du Peuple, le Miserere de la Noblesse, le De profundis du Clergé, suivi du Nunc dimittis du Parlement par l'auteur des Litanies. 1789, 15 pp. — Grand'Messe votive qui doit être célébrée à l'ouverture des États-Généraux... où l'on trouvera le Confiteor du Clergé, celui de la Noblesse; l'Épitre du patriotisme, le nouveau Credo et mille autres traits édifiants. *S. d.*, 35 pp. — Sceances des Saints au paradis le 20 novembre. 1789, 25 pp.

Pamphlets sur l'Aristocratie, les États généraux, etc. 31 pièces en 1 vol.

929. PARNES (Roger de). Le Directoire, portefeuille d'un Incroyable. *Paris, Edouard Rouveyre*, 1880, in-8, planches, dos et coins mar. citron, dos orné, tête dor., non rogné, couvert. Exemplaire sur WHATMAN, avec les eaux-fortes en deux états. — La Régence, portefeuille d'un roué. *Id.*, 1881, in-8, demi-rel. mar. grenat, fil., tête dor., non rogné, couvert. (*Pierson*).

930. PÈRE DUCHÊNE. 2 vol. in-8, veau marbré, et 1 vol. broché, non rogné.

Lemaire. Lettres bougrement patriotiques du véritable Père Duchêne, N° 1-130. *Paris*, 1790. — Hébert. La grande joie du Père Duchesne. La grande colère du Père Duchesne, N° 301-355.

931. PICARD (L.-B.). Le Gil Blas de la Révolution, ou les confessions de Laurent Giffard. *Paris, Baudouin frères*, 1825, 5 vol. in-12, figures, cartonn. toile verte, tête dor. (*Pierson*).

Exemplaire non rogné; 5 figures de *Couché fils*.

932. PICHEGRU (Ouvrages relatifs à). 3 vol. in-8, demi-rel. chag. et bas. de diverses couleurs, tr. jasp.

Acte d'accusation de Georges Pichegru, Moreau, et autres. *Paris, F. Patris*, an XII-1804.

— Mémoire concernant la trahison de Pichegru dans les années 3, 4 et 5, rédigé en l'an 6 par M. R. de Montgaillard. *Imprimerie de la République, germinal an XII.* — Pichegru et Moreau. *Paris,* an XII, 1804.

933. PIÈCES CURIEUSES ET PAMPHLETS. Un vol. in-8, demi-rel. veau vert.

Crimes (Les) de Paris, poème, 2e éd., figure. — Sauvez-nous ou sauvez-vous, adressé à MM. les Députés. *Paris,* 1789, 2 fig. — Événement arrivé au Marché Saint-Martin, par le feu. Avis à tous les citoyens. *S. d.* — Le Cri de douleur, 1 fig. — Testament de mort de Sieur Thomas de Mahy de Favras. *S. d.,* 1 fig. — Acte de contrition de MM. les Gardes-du Corps de S. M. Louis XVI, ou les cartes rebattues. *Londres,* 1789, 1 fig. — Rendez-nous la Bastille. *S. d.* Avec 2 fig. — La Chasse aux bêtes puantes et féroces, 1789, 1 fig. — Les Chevaux au manège. — Le Procès de Louis XVI, mis au cachot, 1792. — Description de la ménagerie royale d'animaux vivans, établie aux Tuileries, avec leurs noms, qualités, couleurs et propriétés. *Paris, s. d.* — Désespoir de Marie-Antoinette, de se voir elle et son mari renfermés au cachot, etc. *Paris, s. d.,* etc., etc. — En tout 44 pièces; la plupart des figures proviennent des *Révolutions* de Prudhomme.

934. PIÈCES DIVERSES sur l'émigration de Mesdames Adélaïde et Victoire de France, tantes de Louis XVI. Réunion de 6 pièces en 1 vol. in-8, demi-rel. bas. rouge, tr. jasp.

Exposé des faits relatifs à la demande que Mesdames, tante du roi, ont faite à la municipalité, d'un passe-port, pour sortir du royaume, 1790, 7 pp. — Passe-port donné par Jean-Bart à Mesdames de France, 8 pp. — Pourquoi Mesdames sont-elles parties? 8 pp. — Nouvelle arrestation de Mesdames tantes du roi. Emprisonnement de M. de Narbonne, 7 pp. — Lettre à l'auteur de l'Ami des Patriotes par M. Durand-Maillane, 1791, 8 pp. — La grande relation de ce qui s'est passé le 24 février, par un espion qui n'est pas payé pour l'être, 11 pp.

935. PIÈCES DRAMATIQUES. 5 plaquettes cart. toile de diverses couleurs, non rognées, tête dor. ou veau marbré.

L'Attentat de Versailles ou la clémence de Louis XVI. *Genève,* 1790. — Charlotte Corday ou la Judith moderne. *Caen,* 1797. — Grosley Neveu. La mort de Louis XVI. *Paris,* 1797. Avec vignette. — Chastenet. L'Intérieur d'un ménage républicain. *Paris, s. d.* — Naissance de très-haute, très-puissante et très-désirée Madame Constitution. *Paris,* 1790. Avec une gravure satyrique.

936. PIÈCES sur le Faubourg Saint Antoine. Réunion de 14 pièces en 1 vol. in-8, demi-rel., veau vert, tr. jasp.

Costaz (Louis). Histoire du bataillon des jeunes citoyens à l'attaque du faubourg Antoine, le 4 prairial. *S. d.,* 16 pp. — Adresse des habitans du fauxbourg Saint Antoine à l'Assemblée Nationale. 6 mars-23 avril 1792. — Pétition des habitans du fauxbourg S. Antoine à l'Assemblée Nationale, 8 juillet 1792-22 avril 1793. — Adresse des hommes du fauxbourg Saint Antoine à la Convention nationale, etc., etc. — Événemens mémorables arrivés au fauxbourg Saint Antoine. *S. d.,* 8 pp. — Petit mot d'un citoyen du faubourg saint Antoine, adressé aux mille et un représentans de la Nation... *S. d.,* 22 pp. — Délibération des citoyens actifs et très-actifs du fauxbourg St. Antoine. *S. d.,* 7 pp. etc., etc.

937. PIERRE (Constant). Ville de Paris, publications relatives à la Révolution française. Musique des fêtes et cérémonies de la Révolution française; œuvres de Gossec, Cherubini, Lesueur, Méhul, Catel, etc., recueillies et transcrites par Constant Pierre. *Paris, Imprimerie Nationale,* 1899, gr. in-8., cartonn., non rogné.

938. POÉSIES RÉVOLUTIONNAIRES. 4 vol. in-32 et in-16, cartonn. toile de diverses couleurs, tête dor., non rognés (*Pierson*).

Déclaration des droits de l'homme et du citoyen; en vaudevilles patriotiques par les citoyens Gassier et Théodore. *Imp. Chemin,* an II de la République, fig. — Les plaisirs de nos militaires patriotes, par H.-J. H***. *Paris, s. d.* — Poésies révolutionnaires et contre-révolutionnaires ou recueil, classé par époques, des hymnes, chants guerriers, etc. *Paris*, 1821, 2 vol.

939. POLIGNAC (Pamphlets sur Madame de). 5 plaquettes in-8, dos et coins mar. grenat, et broché.

CONFESSION et repentir de Mme de P***, ou nouvelle Madeleine convertie, 1789, 13 pp. — RÉPONSE à la confession de Mme de P***, ou les mille et un meâ culpa. 1789, 13 pp. — CONFÉRENCE entre Mme de Polignac et Mme de La Motte. *S. l. n. d.*, 16 pp. — DIALOGUE entre M. Necker et Mme de Polignac. *Paris, s. d.*, 7 pp.

940. POLIGNAC (Pamphlets sur Madame de). 5 pièces en 1 vol. in-8, cartonné.

CONFESSION et repentir de Mme de P***, ou la nouvelle Madeleine convertie. 1789, 8 pp. — MALADIE de Mme la duchesse de P***, qui a infecté la Cour, Versailles et Paris. 1789, 19 pp. — BOUDOIR de Mme la duchesse de P***, et rapport des scènes les plus curieuses. *S. d.*, 8 pp. — REMÈDE à la guérison entière de Mme de Polignac. *Paris*, 1789, 8 pp. — TESTAMENT de Mme la duchesse de Polignac, *S. l. n. d.*, 24 pp.

941. PORTEFEUILLE d'un talon rouge. Contenant des anecdotes galantes et secrètes de la cour de France. *Paris, impr. du comte de Paradès*, l'an 178**, in-16 de 42 p., demi-rel., mar. rouge, tête dor., non rogné. (*Champs*).

Écrit « d'une perfidie notoire, car sous couleur de disculper la Reine des imputations dont elle est l'objet, l'auteur énumère toutes les calomnies et médisances mises en œuvre contre elle ». — Tourneux. *Marie-Antoinette devant l'histoire.*

942. PRISONS. 2 vol. in-8, dos et coins mar. grenat, tête dor., non rogné (*Champs*), et cartonn. demi-toile, non rogné.

BEAUMONT (de). Le prisonnier d'Etat ou tableau historique de sa captivité. *Paris*, 1791. — JOURGNIAC SAINT-MÉARD. Mon agonie de 38 heures ou récit de ce qui m'est arrivé, de ce que j'ai vu et entendu pendant ma détention dans l'abbaye Saint-Germain. *Paris*, 1793.

943. PRISONS D'ARRAS. 2 plaquettes in-8. demi-rel. veau brun ou cart. toile bleue.

MONTGEY ET POIRIER. Les angoisses de la mort, ou idées des horreurs des prisons d'Arras. *S. l. n. d.* (1793). — LES MÊMES, Atrocités commises envers les citoyennes, ci-devant détenues dans la Maison d'Arrêt, dite la Providence, à Arras, par Joseph Lebon et ses adhérens. *Paris*, 1795.

944. PROCÈS DE LOUIS XVI. 8 vol. in-8, demi-rel. bas., et veau marb., tr. jasp. (*Rel. anc.*).

Collection des meilleurs ouvrages qui ont été publiés pour la défense de Louis XVI rédigée par A.-J. Du Gour. *Paris, Dufart*, 1793, 2 vol., figures. — JAUFFRET (L. F.). Histoire impartiale du procès de Louis XVI ci-devant roi des Français. *Paris, Perlet*, 1792-1793, 8 tomes en 4 vol. — Procès de Louis XVI roi de France, suivi des procès de Marie-Antoinette, Mme Elisabeth, etc. *Paris, Lerouge*, 1798, 2 vol., 9 pl.

945. PUISAYE (Comte Joseph de). Mémoires qui pourront servir à l'histoire du parti royaliste françois durant la dernière révolution. *A Londres, chez Harding, Dulau et Co*, 1803-1808, 6 vol. in-8, cartonn. toile grise, tête dor., non rognés (*Pierson*).

Mémoires très recherchés. Les tomes 4 et 5 sont au nom du libraire Pillet aîné, à Paris.

946. RECUEIL d'environ 240 pièces relatives à la Révolution en 10 vol. in-8 et in-12, veau ou demi-rel. veau.

Ces volumes, faisant partie d'un recueil plus important, portent une tomaison.
On y remarque les discours prodigieux au club des Jacobins, des pamphlets sur les Jacobins, diverses pièces sur le procès de Louis XVI, sur l'Assemblée Nationale, etc., etc.

947. RECUEIL d'environ 2 000 pièces relatives à la Révolution. 112 vol. in-8, tomés 21 à 141 avec quelques lacunes, demi-rel. chagrin noir, non rognés.

Très important recueil qu'il serait difficile, sinon impossible de former aujourd'hui ; il contient des mémoires, discours à l'assemblée constituante, de Marat et autres, procès de Louis XVI et de Marie-Antoinette, pamphlets, proclamations, plaidoyers, pièces relatives aux conventionnels, rapports à la Convention, mémoires pour Louis XVI, journaux révolutionnaires, etc., etc.
On y joint :
1° un Recueil de 104 pièces sur le premier Empire en 12 vol., tomés 4 à 15, contenant des pamphlets sur Napoléon, les mémoires du duc de Rovigo, de Fouché, etc., des pièces relatives au procès du duc d'Enghein, à la conspiration de Pichegru et de Moreau, à la grande armée, aux campagnes du premier empire, etc., etc.
2° Un recueil de 250 pièces environ sur la Restauration, contenant des rapports ou écrits sur les ministres, les chambres, les royalistes, Bonaparte, des comptes rendus, réflexions politiques, etc., etc. Ens. 155 vol., en reliure uniforme.

948. RECUEIL de Jugemens rendus par le Tribunal Révolutionnaire. 1 vol. in-4, cartonné.

Recueil contenant : La liste des membres du corps législatif année 1807, l'acte d'accusation de Marie-Antoinette, et les 11 numéros du Bulletin du Tribunal révolutionnaire contenant l'interrogatoire et le procès de Marie-Antoinette, procès de Fouquier-Tinville et autres membres du tribunal révolutionnaire, mise en jugement de la fille Bouhort, de l'aveugle au bonheur Bellanger, jugement du tribunal révolutionnaire qui condamne à la peine de mort les nommés Fouquier-Tinville, Foucault, Sellier, Garnier, Launay, Leroy, Villatte, Prieur, Chatellet, etc., etc.

949. RECUEIL de 13 pièces relatives à la révolution en Bretagne, in-8, cartonn., toile grenat, tête dor., non rogné (*Pierson*).

Procès-verbaux, arrêtés, élections, délibérations, etc., etc.

950. RECUEIL de 18 pièces concernant l'année parlementaire de 1787, en 1 vol. in-8, cartonn., toile grenat, tête dor., non rogné (*Pierson*).

Remontrances, mémoires, arrêtés, réquisitions, discours, etc.

951. RECUEIL des arretés et proclamations des représentans du peuple français, envoyés près des armées du Nord et de Sambre et Meuse, etc., ainsi que des ordonnances, réglemens et autres actes émanés tant de l'administration centrale et supérieure de la Belgique que de l'administration d'Arrondissement, de la municipalité, etc., publiés depuis l'entrée des troupes de la République françoise dans cette ville le 9 thermidor, l'an II de la république (27 juillet 1794 vieux style). *A Liège, chez Latour,* an III, 4 parties en 1 vol. in-8, demi-rel. chagrin grenat, tr. jasp.

952. REGISTRE des dépenses secrètes de la cour connu sous le nom de livre rouge. *Paris, Imprimerie nationale,* 1793. — Eclaircissemens sur le livre rouge en ce qui concerne Monsieur frère du Roi. *Id.,* 1790. — Ens. 2 ouvrages en un vol. — Inventaire des diamans de la couronne, perles, pierreries, tableaux, etc. *Id.,* 1791. — Ens. 2 vol. in-8, demi-rel. bas. fauve (*Rel. anc.*).

953. RÉVOLUTION (Ouvrages relatifs à la). 7 vol. in-8 et in-12, demi-rel. et dos et coins mar. de diverses couleurs, tête dor., non rognés.

Allaire (Etienne). Le duc de Penthièvre. *Plon*, 1889. — Correspondance inédite de Condorcet et de Turgot, 1770-1779. *Charavay*, 1882. — Correspondance inédite de la comtesse de Sabran et du chevalier de Boufflers, 1778-1788. *Plon*, 1875. — Mariage de Madame Roland (Le). *Plon*, 1896. — Nicolardot (Louis). Journal de Louis XVI. *Dentu*, 1873. — Pontefeuille (Le) de Madame Dupin. *Lévy*, 1884. — Renée (Amedée). Louis XVI et sa cour. *Didot*, 1858.

954. RÉVOLUTION. 14 plaquettes in-8, cartonn., dos et coins mar. ou toile et cartonn. vélin de diverses couleurs, tête dor., non rognés.

Adresse d'un français, ami de sa patrie, à ses compatriotes, etc., etc. — Buirette. Hymne à la liberté françoyse, an II. — Compte rendu par N. Quinette, Isnard et Boudin. *S. d.* — Dernier gémissement de l'humanité contre Lebon et ses complices, an III. — La Passion et la mort de Louis XVI. *Jérusalem*, 1790. — Lettre de Montigny à sa sœur 6 heures avant sa mort, 1796. — Lettres du maréchal Luckner à l'Assemblée nationale, 1792. — Lettres d'un descendant de Caton Le Censeur, 1796. — La Vérité tout entière sur les vrais acteurs de la journée du 2 septembre 1792 —, etc., etc.

955. RÉVOLUTION (Pièces relatives à la). 15 plaquettes in-8, vélin blanc la plupart, non rognées (*Pierson*).

Avis important d'une Dame des Halles, pour la diminution des vivres, 35 pp. — Cahier des plaintes et doléances des dames de la Halle et des marchés de Paris, 1789, 37 pp. — Les chevaux au manège, ouvrage trouvé dans le porte-feuille de Mgr. le prince de Lambesc, 26 pp. — Très-humbles remontrances des femmes françaises, 1788, 22 pp. — Ducancel. L'Intérieur des comités révolutionnaires ou les aristides modernes, comédie, an V, 64 pp. — Procès-verbal des derniers Etats généraux tenus aux enfers où se trouve les plaidoyers de l'Evèque de Grenoble et de Judas, 1789, 61 pp. — Complainte des filles auxquelles on vient d'interdire l'entrée des Tuileries à la brune, 15 pp. — Desmoulins (Camille). Jean-Pierre Brissot démasqué, an III, 60 pp., etc., etc.

956. RÉVOLUTION ET A L'ÉMIGRATION (Ouvrages relatifs à la). 6 vol. in-8, brochés (*Couvert.*).

Boissonnade (P.). Saint-Domingue à la veille de la Révolution et la question de la représentation coloniale aux Etats généraux. *Geuthner*, 1906. — Dard (Emile). Hérault de Sechelles (1759-1794). *Perrin*, 1907. — Lenotre (G.). La captivité et la mort de Marie-Antoinette. *Perrin*, 1902, port. — Maugras (Gaston). La Marquise de Boufflers et son fils le Chevalier de Boufflers. *Plon*, 1907, port. — Reiset (Vicomte). Louise d'Esparbès, Comtesse de Polastron. *Emile-Paul*, 1907, port. — Vaissière (Pierre de). Lettres d'« Aristocrates », 1789-1794. *Perrin*, 1907, port.

957. RÉVOLUTION ET A L'EMPIRE (Ouvrages relatifs à la). 6 vol. in-8, demi-rel. mar. rouge et gris, tête dor., non rognés (*Pierson* et *Allô*) et broché.

Mautort (Chevalier de). Mémoires, 1752-1802. *Plon*, 1895, port. — Moriolles (Comte de). Mémoires sur l'émigration, la Pologne, etc. (1789-1833). *Ollendorff*, 1902. — Hyde de Neuville. Mémoires. Révolution, Consulat, Empire, Charles X, la duchesse de Berry et le comte de Chambord. *Plon*, 1888, 2 vol. — Rochechouart (Comte de). Souvenirs sur la Révolution, l'Empire et la Restauration. *Id.*, 1889, portraits. — Tercier (Général). Mémoires politiques et militaires (1770-1816). *Id.*, 1891.

958. RÉVOLUTIONS DE FRANCE ET DE BRABANT, par Camille Desmoulins. *Paris*, 1789-1791, 5 vol. in-8, veau brun, tr. rouges (*Rel. anc.*).

Réunion des 65 premiers numéros (sur 86) et de 16 figures.

959. RÉVOLUTIONS DE PARIS ; dédiées à la Nation et au district des Petits-Augustins; avec une suite des papiers de la Bastille, et le résultat de l'Assemblée

Nationale ; nouvelles de provinces et autres pièces : du 12 juillet 1789 au 10 ventôse an II (28 février 1794). *Paris,* 1789-1794, 26 vol. in-8, demi-rel. bas.

Tout ce qui a paru de ce journal, publié par Prudhomme ; « c'est le tableau le plus com- « plet, le plus exact et le plus impartial des agitations de la capitale pendant les premières et « les plus dramatiques années de la Révolution » (*Hatin*, p. 147). Le premier numéro est signé Prudhomme, Tournon ; les suivants ne le sont que de Prudhomme.
En tête du premier volume se trouve : *Introduction à la Révolution, servant de préliminaire aux Révolutions de Paris,* 72 pag.

960. ROBESPIERRE (Recueil de 12 pamphlets relatifs à). 1 vol. in-8, vélin blanc, tête dor., non rogné (*Champs*).

La queue de Robespierre, ou les dangers de la Liberté de la Presse (par Guffroy). An II, 8 pp. — Réponse à la queue de Robespierre par un franc républicain. *S. d.,* 8 pp. — La tête à la queue, ou première lettre de Robespierre à ses continuateurs. *S. d.,* 30 pp. — Les Parties honteuses de Robespierre, restées aux Jacobins, par Lamberti. An III, 16 pp. — Ode à la Calomnie, en réponse à la queue de Robespierre. *S. d.,* 8 pp., etc., etc.

961. ROBINET (Dr), ROBERT (Adolphe) et LE CHAPLAIN (J.). Dictionnaire historique et biographique de la Révolution et de l'Empire, 1789-1815. *Paris, s. d.,* 2 vol. gr. in-8, cartonn. toile rouge, tête dor., non rognés (*Pierson*).

962. ROBIQUET (Paul). Théveneau de Morande. Etude sur le XVIIIe siècle. Portrait et 5 planches hors texte. *Paris, Quantin,* 1882, pet. in-8, dos et coins mar. vert, tête dor., non rogné (*Champs*).

963. ROCHAMBEAU. Mémoires militaires, historiques et politiques. *A Paris, chez Fain,* 1809, 2 vol. in-8, cartonn. toile rouge, tête dor., non rognés (*Pierson*).

964. ROLAND (Mme). Mémoires. Nouvelle édition critique contenant des fragments inédits et les lettres de la prison, publiés par Cl. Perroud. *Paris, Plon, Nourrit et Cie,* 1905, 2 vol. in-8, 2 portraits, demi-rel. mar. La Vall. jans., tête dor., non rognés, couvert. (*Pierson*).

965. ROMAIN (De). Souvenirs d'un officier royaliste, contenant son entrée au service, ses voyages en Corse et en Italie, son émigration, ses campagnes à l'armée de Condé, et celles de 1815, dans la Vendée, par M. de R... (Romain) ancien colonel d'artillerie. *Paris, A. Egron,* 1824-1829, 4 tomes en 3 vol. in-8, demi-rel. mar. rouge jans., tête dor., non rognés.

Le 4e volume a pour titre : Récit de quelques faits concernant la guerre de la Vendée, relatifs seulement aux habitans de l'Anjou qui prirent part aux deux époques principales de cette guerre mémorable.
Le tome 1er est plus court de marges et rogné.

966. ROUGEVILLE (De). Réflexions morales et politiques sur le procès de Louis XVI. *A Paris, s. d.,* in-8, de 56 pp. mar. grenat, fleurs de lis aux angles, chiffre sur les plats, dos fleurdelisé, dent. int., tête dor., non rogné (*Allô*).

Brochure très rare, dont l'auteur est le fameux chevalier de Maison-Rouge.

967. ROUSSEL (J. A. P.). Correspondance secrette de plusieurs grands personnages illustres, à la fin du XVIIIe siècle, ou mémoires importans pour servir à l'histoire

du temps. *A Londres, et se trouve à Paris, chez Lerouge*, 1802, in-8, cartonn. toile bleue, tête dor., non rogné (*Pierson*).

Les principaux personnages sont cachés sous un pseudonyme : ainsi Elos et Vixoloiis est Louis XVI, et de Martinore de Ramef, Marie-Antoinette, etc., etc. Clef manuscrite ajoutée dans les marges.

968. SAINT-ELME (Elzelina van Aylde Jonghe connue sous le nom d'Ida de). Mémoires d'une contemporaine, ou souvenirs d'une femme sur les principaux personnages de la République, du Consulat, de l'Empire, etc. *Paris, Ladvocat*, 1828, 8 vol. in-8, cartonn. demi-toile, tr. jasp.

Les deux premiers volumes de ces mémoires ont été rédigés par Lesourd, mais sauf le style, sont entièrement d'Ida de St. Elme ; les six autres ont été presque entièrement écrits par Malitourne. Amédée Pichot a donné le voyage en Angleterre, Nodier quelques fragments détachés et Villemarest a fourni sans le savoir une soixantaine de pages prises dans son « *Hercule en Italie* » (Quérard. *France littéraire*, tome VIII).

969. SANSON (H.). Sept générations d'exécuteurs, 1688-1847. Mémoires des Sanson, mis en ordre, rédigés et publiés par H. Sanson. *Paris, Dupray de la Mahérie*, 1862-1863, 6 vol. in-8, brochés (*Couvert*.).

970. SAVARY (Jean-J.-Michel). Guerres des Vendéens et des Chouans contre la République française. *Paris, Baudouin frères*, 1824-1827, 6 vol. in-8, demi-rel. mar. La Vall., tête dor., non rognés (*Champs*).

971. SAVARY (Jean-J.-Michel). Guerres des Vendéens et des Chouans contre la République française, ou annales des départemens de l'Ouest pendant ces guerres... par un officier supérieur des armées de la République, habitant dans la Vendée avant les troubles. *Paris, Baudouin frères*, 1825, 3 vol. in-8, portraits, demi-rel. veau brun, tr. marb.

972. SOR (Mme Charlotte de). Le Duc de Bassano. Souvenirs intimes de la Révolution et de l'Empire. *Paris, L. de Potter*, 1843, 2 vol. in-8, demi-rel. mar. vert, dos orné, tête dor., non rognés (*Pierson*).

973. SOREL (Albert). L'Europe et la Révolution française. *Paris, Plon, Nourrit et Cie*, 1885-1892, 3 vol. in-8, cartonn. toile rouge et grenat, tête dor., non rognés (*Pierson*).

Les mœurs politiques et les traditions. — La guerre aux rois, 1792-1793. — Les limites naturelles, 1794-1795.

974. SOULAVIE (Jean-Louis). Mémoires historiques et politiques du règne de Louis XVI, depuis son mariage jusqu'à sa mort... *A Paris, chez Treuttel et Wurtz*, an X (1801), 6 vol. in-8, portraits et tableaux, demi rel. veau brun, tr. jasp.

975. TABLEAUX HISTORIQUES de la Révolution française. Tafereelen Van de Staat-Somwenteling in Frankryk. *Amsterdam*, 1794-1801, 2 vol. in-8, cartonn. demi. toile blanche, non rognés.

25 titres gravés par *Vinkelès*, 77 portraits (au lieu de 79) par *Claessens* et *Portmann* et 77 figures pliées par *Brion, Benazech, Duplessi-Bertaux, Girardet, Monnet, Ozanne, Vernet*, etc., gravées par *Claessens, Vinkelès* et *Vrydag*. Sans le texte.

976. TARENTE (Princesse de). Souvenirs, 1789-1792. *Nantes, Émile Grimaud et fils*, 1897, gr. in-8, port., demi-rel. mar. violet, tête dor., non rogné (*Pierson*).

Imprimé à petit nombre sur papier de Hollande.

977. THERMIDOR ET THERMIDORIENS : 3 vol. in-8, dont 1, dos et coins mar. grenat, et 2 cartonn. toile bleue.

DUVAL (Georges). Souvenirs Thermidoriens. *Magen*, 1844, 2 vol. — HÉRICAULT (Ch. d'). La Révolution de Thermidor. Robespierre et le comité de Salut Public en l'an II. *Didier*, 1876.

978. THÉVENEAU DE MORANDE. La Gazette noire, par un homme qui n'est pas blanc, ou œuvres posthumes du gazetier cuirassé. *Imprimé à cent lieues de la Bastille, à trois cent lieues des Présides...*, 1784, in-8, demi-rel. veau marb., dos orné, tête dor., non rogné (*Pierson*).

Quérard « *Supercheries* » attribue ce pamphlet à Lafitte de Pelleport.

979. THÉVENEAU DE MORANDE. Le Gazetier cuirassé ou anecdotes scandaleuses de la cour de France. *Imp. a cent lieües de la Bastille*, éditions de 1772 et 1777, ens. 2 vol., front. — La GAZETTE NOIRE par un homme qui n'est pas blanc ou œuvres posthumes du Gazetier cuirassé. *Id.*, 1784, pl. — Ens. 3 vol. in-8 et in-12, dos et coins mar. rouge et veau noir, et 1 vol. cartonn. toile, tête dor., non rognés (*Pierson*).

980. THIERS (A.). Histoire de la Révolution française. *Paris, chez Lecointe*, 1834, 10 vol. in-8, figures sur acier, demi-rel. veau fauve, dos orné, tr. jasp. (*Brissart*).

981. THIERS (A.). Histoire de la Révolution française, du Consulat et de l'Empire. *Paris, Furne, Paulin, Lheureux et Cie*, 1842-1869, 31 vol. in-8, dont un de table, demi-rel. chagrin rouge, tr. jasp.

Reliure uniforme.

982. TOURNEUX (Maurice). Marie-Antoinette devant l'histoire. Essai bibliographique. Seconde édition, revue, très augmentée et ornée de gravures. *Paris, Henri Leclerc*, 1901, pet. in-4, dos et coins mar. bleu, fil., dos orné, tête dor., non rogné, couverture (*Champs*).

Tiré à petit nombre.

983. TOURZEL (Duchesse de). Mémoires de Madame la duchesse de Tourzel, gouvernante des enfants de France, pendant les années 1789 à 1795, publiées par le duc Des Cars. *Paris, Plon et Cie*, 1883, 2 vol. in-8, portrait, demi-rel. mar. La Vall., tête dor. non rognés (*Pierson*).

984. TOWER (Charlemagne). Le Marquis de La Fayette et la Révolution d'Amérique, traduit de l'anglais par Madame Gaston Paris. Avec un portrait. *Paris, Plon, Nourrit et Cie*, 1902-1903, 2 vol. in-8, portrait, demi-rel. mar. grenat, tête dor., non rognés, couvert. (*Pierson*).

985. VATEL (C.). Vergniaud. Manuscrits, lettres et papiers. Pièces pour la plupart inédites, classées et annotées. Ouvrage accompagné de 2 portraits originaux, de 2 gravures et d'un fac-simile. *Paris, J.-B. Dumoulin*, 1873, 2 vol. in-8, demi-rel. veau brun, tr. jasp.

986. VAUBLANC (Comte de). Mémoires sur la Révolution de France et recherches sur les causes qui ont amené la Révolution de 1789 et celles qui l'ont suivie. *A Paris, chez G. A. Dentu*, 1833, 4 vol. in-8, cartonn. demi-toile verte, ébarbés.

987. VAUBLANC (Comte de). Souvenirs. *Paris, Ponce Lebas et Cie*, 1838, 2 vol. in-8, cartonn. toile grise, tête dor., non rognés (*Pierson*).

988. VÉRITABLE AMI DES HOMMES (Le) de toutes les nations, et de toutes les conditions. Journal libre et impartial, spécialement consacré au bonheur de l'humanité, et à la plus grande prospérité de la nation française, 6 numéros. (*Paris*) *s. d.* (1790), 6 numéros en 1 vol. in-8, cartonn. toile marron, tête dor., non rogné, couvert. (*Pierson*).

Tout ce qui a paru de ce journal rédigé par Loustalot.

989. VIE DE LOUIS XVI roi de France et de Navarre, publiée par J. M. Gassier *Montaudon*, 1814, port. — Vie civile et politique de Louis XVI roi de France et de Navarre, précédée d'un précis historique qui développe les causes de la Révolution de 1789 publiée par M. Devouziers. *Tiger, s. d.*, port. — La mort de Marie-Antoinette d'Autriche reine de France, tragédie en cinq actes et en vers. *Boncompte*, 1797, port. — Vie de Madame Élisabeth de France, sœur de Louis XVI. *Vauquelin*, 1814, port. — Ens. 4 vol. in-16, demi-rel. bas. rose, tr. jasp.

990. VIE POLITIQUE de Marie-Louise de Parme, reine d'Espagne, contenant ses intrigues amoureuses avec le duc d'Alcudia, et autres amans; et sa jalousie contre la duchesse d'Alve, etc., etc. *A la cour d'Espagne, et se trouve à Paris*, 1793, pet. in-12, cartonn. toile orange, tête dor., non rogné (*Pierson*).

Portrait et 3 figures.

991. VIEUX CORDELIER (Le). Journal rédigé par Camille Desmoulins, du 5 frimaire an II au 5 nivôse de la même année. *Paris*, an II, in-8, cartonn. toile rouge, tête dor., non rogné (*Pierson*).

Il n'a paru que 7 numéros de ce journal. Cet exemplaire contient les 5 premiers.

992. WALLON (H.). La Révolution du 31 mai et le Fédéralisme en 1793 ou la France vaincue par la Commune de Paris. *Paris, Hachette et Cie.*, 1886, 2 vol. in-8, demi-rel. mar. rouge jans., tête dor., non rognés (*Pierson*).

993. WALLON (Henri). Les Représentants du peuple en mission et la Justice révolutionnaire dans les départements en l'an II (1793-1794). *Paris, Hachette et Cie*, 1889, 2 vol. in-8, demi-rel. mar. rouge, tête dor., non rognés (*Pierson*).

10. — CONSULAT ET EMPIRE

994. AMADE. Voyages en Espagne ou lettres philosophiques, contenant l'histoire générale des dernières guerres de la Péninsule. *A Paris, chez Encelin et Pochart, s. d.* (vers 1810), 2 vol. in-8, cartonn. toile bleue, tête dor. (*Pierson*).

Exemplaire NON ROGNÉ.

995. AUBIGNOSE (d'). Conjuration du général Malet contre Napoléon. *Gand, de Busscher*, 1824. — Déclaration et manifeste de la cour de Vienne. *Paris, Agasse*, 1809. — Giraud (F. G.). Histoire générale des prisons sous le règne de Buonaparte. *Paris, Eymery*, 1814. — Hapdé (Augustin). Les sépulcres de la grande armée ou tableau des hôpitaux. *Id.*, 1814. — Lombard. Matériaux pour servir à l'histoire des années 1805, 1806 et 1807 dédiés aux Prussiens. *Paris, Fain*, 1808. — Ens. 5 vol. in-8 et et in-16, cartonn. toile de diverses couleurs (*Pierson*).

996. BAUSSET (L.-F.-J. de). Mémoires anecdotiques sur l'intérieur du palais et sur quelques événements de l'Empire depuis 1805 jusqu'au 1er mai 1814, pour servir à l'histoire de Napoléon avec 2 portraits et 120 fac-simile. *Paris, Baudouin frères*, 1827-1829, 4 vol. in-8, demi-rel. mar. rouge à longs grains, dos orné, non rognés.

997. BELLIARD (Comte). Mémoires, écrits par lui-même, recueillis et mis en ordre. par M. Vinet. *Paris, Berquet et Pétion*, 1842, 3 vol. in-8, fac-simile, demi-rel. mar bleu, dos orné, tête dor., non rognés.

998. BIGOT (Charles). Gloires et souvenirs militaires d'après les mémoires du canonnier Bricard, du maréchal Bugeaud, du capitaine Coignet, du général Ducrot, etc., etc. *Paris, Hachette et Cie*, 1894, gr. in-8, demi-rel. mar. grenat, fil., tête dor., non rogné, couvert. illust. (*Pierson*).

Nombreuses illustrations en couleurs.

999. BLAYNEY (Général-Major Lord). Relation d'un voyage forcé, en Espagne et en France, dans les années 1810 à 1814. Traduit de l'anglais avec des notes du traducteur (A.-J.-P.-L. Cohen). *Paris, Arthus Bertrand*, 1815, 2 vol. in-8, cartonn. toile verte, tête dor., non rognés (*Pierson*).

Le général Blayney avait été fait prisonnier de guerre en Espagne.

1000. BONAPARTE (Ouvrages relatifs à Louis). 4 vol. in-8, demi-rel. mar. vert, et cartonn. toile verte, tête dor., non rognés (*Pierson*).

Abjuzon (C. D'). Madame Louis Bonaparte. *Lévy, s. d.*, portr. — Lecomte (Élisée). Louis-Napoléon Bonaparte, la Suisse et le Roi Louis-Philippe. *Martinon*, 1856. — Mémoires sur la cour de Louis Napoléon et sur la Hollande. *Ladvocat*, 1828. — Rocquain (Félix). Napoléon Ier et le roi Louis. *Didot*, 1875.

1001. BONNEFONS (André). Un allié de Napoléon. Frédéric-Auguste, 1763-1827. — Marie-Caroline, reine des Deux-Siciles, 1768-1814. *Paris, Perrin et Cie*, 1902-1905. — Ens. 2 vol in-8, demi-rel. mar bleu, tête dor., non rognés, couvert. (*Pierson*).

1002. BOTIDOUX (M. de). Esquisse de la carrière militaire de François-Christophe de Kellermann, duc de Valmy. *Paris, Eberhart*, 1817, port. — Desdorides (G.). Précis de la vie du général Valhubert. *Avranches*, 1832, fig. — Nollet (Jules). Biographie du général Drouot. *Dumaine*, 1850. — Précis historiques sur la vie et les campagnes du vice-amiral comte Martin. *Paris, Bertrand, s. d.* — Ens. 4 vol. in-8, veau fauve et cartonn. toile de diverses couleurs, tête dor., non rognés.

1003. BOURGOGNE (Sergent). Mémoires du sergent Bourgogne (1812-1813).

Publiés d'après le manuscrit original par Paul Cottin et Maurice Hénault. *Paris, Hachette et Cie*, 1900, gr. in-8, demi-rel mar. rouge, tête dor., non rogné, couvert. illust. (*Pierson*).

Nombreuses illustrations hors texte.

1004. BOURRIENNE (de). Mémoires sur Napoléon, le Directoire, le Consulat, l'Empire et la Restauration. *Paris, Ladvocat,* 1829, 10 vol. in-8, demi-rel. veau fauve, dos orné, tr. marb. (*Rel. de l'époque*).

On y a joint : Bourrienne et ses erreurs volontaires ou involontaires, ou observations sur ses mémoires ; par MM. le général Belliard, le général Gourgaud, le comte d'Aure, etc., etc. *Paris,* 1830, 2 vol. in-8, demi rel., veau fauve.

1005. BULLETINS DE LA GRANDE ARMÉE. 3 vol. in-4 et in-8, cartonn.

Du 14 vendémiaire an XIV au 2 frimaire. — Du 8 octobre 1806 au 24 juillet 1807. — Du 24 avril 1809 au 9 juillet 1809.

1006. BULLETINS (Collection des) des armées françaises, contenant les mémorables campagnes qui ont eu lieu sous les ordres de l'Illustre empereur Napoléon Ier et de ses habiles généraux, à commencer au premier vendémiaire de l'an quatorze de la République française ; avec différents détails et observations sur plusieurs païs qui ont été le théâtre et l'objet de la présente guerre. Recueilli à Paris dans le courant de 1806. Manuscrit en 11 vol. in-12, d'une bonne écriture de l'époque, demi-rel. veau fauve.

Intéressant manuscrit contenant les discours et proclamations de l'Empereur, les bulletins de la Grande Armée, les bulletins des armées françaises pendant la campagne de 1806-1807 avec un compte rendu de la bataille d'Eylau et ses suites, etc., etc.

Ce recueil s'étend de 1806 à 1813, et se termine par l'exposé de la situation de l'Empire présenté au corps législatif le 25 février 1813, par le comte de Montalivet, ministre de l'Intérieur.

1007. BUONAPARTE, sa famille et sa cour. Anecdotes secrètes sur quelques personnages qui ont marqué au commencement du XIXe siècle, par un chambellan forcé de l'être. *Paris, Ménard et Desenne,* 1816, 2 vol. in-8, demi-rel. mar rouge, dos orné, tr. jasp.

1008. CAMPARDON (Émile). Liste des membres de la noblesse Impériale. *Paris,* 1889. — BOUCHOT (Henri). La toilette à la cour de Napoléon ; chiffons et politique de grandes Dames (1810-1815). *Paris, s. d.,* fig. — BROC (Vte de). Sa vie en France sous le premier Empire. *Plon,* 1895. — BROTONNE (Léonce de). Les Sénateurs du Consulat et de l'Empire. *Champion,* 1895. — LAFOND (Paul). Garat 1762-1823. *Lévy, s. d.,* portrait. — WELSCHINGER (Henri). La censure sous le premier Empire, avec documents inédits. *Charavay,* 1882. — Ens. 6 vol. in-8, demi-rel. mar. vert, rouge, grenat cartonn. toile grise et verte (*Pierson*).

1009. CHABOULON (Fleury de). Mémoires pour servir à l'histoire de la vie privée du retour et du règne de Napoléon. 1815, avec annotations manuscrites de Napoléon Ier publiées par Lucien Cornet. *Paris, Édouard Rouveyre,* 1901, 2 vol. in-8, demi-rel. mar. vert, tête dor., non rognés, couvert. (*Pierson*).

1010. CHAS (J.). Tableau historique et politique des opérations militaires et civiles de Bonaparte. *Paris, A. Bertrand,* 1801, in-8, cartonn. toile marron, tête dor., non rogné (*Pierson*).

Beau portrait de Bonaparte, gravé par *Massard*, en épreuve avant la lettre.

1011. CHATEAUBRIAND. Napoléon raconté. *Flammarion, s. d.* — CHUQUET (Arthur). La jeunesse de Napoléon. *Colin,* 1897. — COLIN (J.). L'éducation militaire de Napoléon. *Chapelot,* 1900. — GUILLOIS (Antoine). Napoléon, l'homme, le politique, l'orateur. *Perrin,* 1889, 2 vol. — MARCAGGI (J.-B.). La Genèse de Napoléon, sa formation intellectuelle et morale. *Id.,* 1902. — Ens. 6 vol. in-8, demi-rel. mar. vert, grenat et rouge, tête dor., non rognés (*Pierson*).

1012. CHRONIQUE SCANDALEUSE de l'an 1800, pour l'an 1801 ; recueil d'anecdotes, jugemens, méchancetés et vérités sur les hommes du jour, les artistes, auteurs, acteurs, entrepreneurs ; ceux qui sont connus, et ceux qui veulent se faire connaître ; ceux qui ont de l'esprit, et ceux qui croyent en avoir. *A Paris, dans un coin d'où l'on voit tout,* an IX-1801, in-12, dos et coins mar. citron, tête dor., non rogné (*Pierson*).

Frontispice colorié.

1013. COCHELET (Mlle). Mémoires sur la reine Hortense et la famille impériale par Mlle Cochelet, lectrice de la reine (Mme Parquin). *A Paris, chez Ladvocat,* 1836, 2 vol. in-8, cartonn. dos et coins toile orange, tête dor., non rognés (*Pierson*).

1014. COCHELET (Mlle). Mémoires sur la reine Hortense et la famille impériale par Mlle Cochelet, lectrice de la reine (Madame Parquin). *Paris, Ladvocat,* 1841, 4 vol. in-8, demi-rel. veau vert, tr. jasp.

1015. COLBERT (J.-N.). Marquis de Chabanais. Traditions et souvenirs ou mémoires touchant le temps et la vie du général Auguste Colbert (1793-1809). *Paris, Firmin-Didot frères,* 5 vol. in-8, papier vergé, cartes, demi-rel. chagrin vert, ébarbés.

1016. COMMENTAIRES de Napoléon premier. Imprimé par ordre de l'Empereur par les soins de M. Anselme Petetin. *Paris, Imp. impériale,* 1867, 6 vol. in-4, dos et coins mar. vert, tête dor., non rognés.

1017. CONSTANT. Mémoires de Constant, premier valet de chambre de l'Empereur, sur la vie privée de Napoléon, sa famille et sa cour. *A Paris, chez Ladvocat,* 1830, 6 vol. in-8, demi-rel. bas. violette, tr. jasp.

1018. COPIES DES LETTRES originales et dépêches des généraux, ministres, grands officiers d'État, etc., etc., écrites de Paris à Buonaparte pendant son séjour à Dresde, ainsi qu'une correspondance de divers personnages de cette même famille entre eux ; interceptées par les avant-postes des Alliés dans le nord de l'Allemagne. *A Paris, chez les marchands de nouveautés,* 1814, in-8, dos et coins mar. grenat à longs grains, dos orné, tête dor., non rogné (*Pierson*).

1019. CORRESPONDANCE DE NAPOLÉON Ier, publiée par ordre de l'Empereur Napoléon III. *Paris, Henri Plon, J. Dumaine,* 1858-1869, 28 vol. in-8, demi-rel. veau fauve, tr. jasp.

1020. CORRESPONDANCE DE NAPOLÉON Ier, publiée par ordre de l'empereur Napoléon III. *Paris, Imp. impériale,* 1858-1869, 32 vol. in-4, demi-rel. chagrin vert, tr. jasp.

On y a joint : « Commentaires de Napoléon premier ». *Paris, Imp. impériale,* 1867, 6 vol. in-4, même reliure.

1021. CORRESPONDANCE échangée entre Ballouhey, chargé des intérêts de l'Impératrice Marie-Louise à Paris, le baron Amelin, son Intendant, la comtesse de Montesquiou, gouvernante du roi de Rome, et le comte de Neipperg, qui épousa Marie-Louise.

Très intéressante correspondance comprenant : 1° 18 lettres autographes du baron Amelin (1814-1825) où il mande à M. Ballouhey de retenir certains tableaux provenant de la succession de Corvisart, de faire diverses acquisitions pour l'impératrice..., etc. ; 2° 8 lettres autographes de la comtesse de Montesquiou au même, relativement aux objets de toilette du roi de Rome et de fournitures faites à l'impératrice ; 3° 10 lettres autographes du comte de Neipperg à Ballouhey ; une de ces lettres est acccompagnée de la liste des tableaux confiés à Corvisart et réclamés par l'impératrice.

1022. CONSULAT (Ouvrages rèlatifs au). 6 vol. in-8, dos et coins mar. et cartonn. oile de diverses couleurs, tête dor., non rognés (*Pierson*).

Barrère. Conduite des Princes de la maison de Bourbon durant la Révolution, l'émigration et le Consulat (1790-1805). *Tenon,* 1835. — Le cabinet des Tuileries sous le Consulat et sous l'Empire ou mémoires pour servir à la vie de Napoléon par M. le Comte de *** An... M... C... S... E... *Paris, Le Rouge et Darne,* 1827. — Corréard (F.). La France sous le Consulat. *Henry May, s. d.* — Correspondance diplomatique du Baron de Staël-Holstein (1783-1799). *Hachette,* 1881. — Fourier (Claude). Les derniers jours du Consulat. *Lévy,* 1886. — Viel-Castel (Madame la Bonne de). Souvenirs du Directoire et de l'Empire. *Cosson,* 1848.

1023. CORRESPONDANCE inédite, officielle et confidentielle de Napoléon Bonaparte avec les cours étrangères, les princes, les ministres et les généraux français et étrangers, en Italie, en Allemagne et en Égypte. *Paris, C. L. F. Panckoucke,* 1819-1820, 7 vol. in-8, demi-rel. chagrin noir, tr. jasp.

Venise, traité de Campo-Formio, affaires de Gênes, etc., 2 vol. — Egypte, 3 vol. — Italie, 2 vol.

1024. COURONNE poétique de Napoléon-le-Grand, empereur des français, roi d'Italie, et protecteur de la Confédération du Rhin, ou choix de poésies composées en son honneur (recueilli par Jacq. Lablée). *Paris, chez Arthus Bertrand,* 1807, in-8, portrait, cartonn. toile olive, tête dor., non rogné (*Pierson*).

1025. CRÉTINEAU-JOLY (J.). Histoire des trois derniers princes de la maison de Condé. Prince de Condé, duc de Bourbon, duc d'Enghien ; d'après les correspondances originales et inédites de ces princes. *Paris, Amyot,* 1867, 2 vol. in-8, portraits et fac-simile, demi-rel. mar. rouge, tr. jasp.

1026. CROSSARD (Le Baron de). Mémoires militaires et historiques pour servir à l'histoire depuis 1792 jusqu'en 1815 inclusivement. *A Paris, chez Migneret,* 1829, 6 vol. in-8, cartonn. toile grenat, tête dor., non rognés (*Henry-Joseph*).

1027. DAMAS HINARD. Napoléon, ses opinions et jugemens sur les hommes et sur les choses recueillis par ordre alphabétique avec une introduction et des notes par

M. Damas Hinard. *Paris, Dufey*, 1838, 2 vol. in-8, cart. toile verte, tête dor., non rognés (*Pierson*).

1028. DANGEAIS. Mémoires historiques et inédits sur la vie politique et privée de l'Empereur Napoléon, depuis son entrée à l'école de Brienne jusqu'à son départ pour l'Égypte par le comte Charles d'Og... (Dangeais). *A Paris, chez A. Corréard*, 1822, in-8, demi-rel., bas. rouge.

Portrait en pied de Napoléon, lithographié et colorié.

1029. DAVOUT (Le maréchal). Correspondance. Ses commandements, son ministère 1801-1815. Avec introduction et notes par Ch. de Mazade. *Paris, Plon, Nourrit et Cie*, 1885, 4 vol. in-8, demi-rel. mar. rouge, dos orné, tête dor., non rognés (*Pierson*).

1030. DELILLE (A.). Discours pour le jour du Te Deum en actions de grâces de la naissance du Roi de Rome. *Valence*, 1811, 21 pp. Avec portrait (De plus ce volume contient 9 pièces sur Napoléon Ier). — Méry et Barthélemy. Le fils de l'homme, ou souvenirs de Vienne ; suivi du procès avec la défense en vers par Barthélemy. *Bruxelles, Ode et Wodon*, 1829. Avec portrait. — Ens. 2 vol. pet. in-8, cart. toile grise et demi rel. veau.

1031. DESCHAMPS (Et. Maurice). Souvenirs militaires, persécutions sous la Restauration, songe, etc... *Pontarlier*, 1835, in-8, cartonn. toile olive, tête dor., non rogné (*Pierson*).

1032. DESDORIDES (G.). Précis de la vie du général Valhubert, par son aide de camp. *A Avranches et à Paris, Le Dentu*, 1822, in-8, 1 lithographie, dos et coins mar. olive, tête dor., non rogné, couvert. (*Champs*).

Bel exemplaire.

1033. DOMERGUE (Armand). La Russie pendant les guerres de l'Empire (1805-1815). Souvenirs historiques recueillis et publiés par Melchior Tiran. *Paris, A. Bertrand*, 1835, 2 vol. in-8, portrait et carte, demi-rel., bas. bleue, tr. jasp.

1034. DU CASSE (A.). Le général Arrighi de Casanova, duc de Padoue. *Paris, Dentu*, 1866, 2 vol. in-8, portrait, cartonn. toile verte, tête dor., non rognés, couvert. (*Pierson*).

1035. DUCÉRÉ (E.). Napoléon à Bayonne d'après les contemporains et des documents inédits. *Bayonne, E. Hourquet*, 1897, gr. in-8, demi-rel. mar. vert, tête dor., non rogné (*Pierson*).

Ouvrage imprimé à 160 exemplaires.

1036. DUCOR (Henri). Aventures d'un marin de la garde impériale, prisonnier de guerre sur les pontons espagnols, dans l'île de Cabrera et en Russie, pour faire suite à l'histoire de la campagne de 1812. *Paris, Ambroise Dupont*, 1833, 2 vol. in 8, cartonn. toile verte, tête dor., non rognés, couvert. (*Pierson*).

1037. DUSAULCHOY (J.). Histoire du couronnement, ou relation des cérémonies religieuses, politiques et militaires, qui ont eu lieu pendant les jours mémorables consacrés à célébrer le couronnement et le sacre de S. M. I. Napoléon Ier. — Liste nominative des fonctionnaires publics, militaires et gardes nationales, appelés à la cérémonie du sacre et couronnement de leurs majestés impériales... (classée et vérifiée par A. Coupé). *A Paris, chez P. L. Dubray,* 1805, 2 part. en 1 vol. in-8, demi-rel. mar. rouge à longs grains, non rogné.

1038. ENGHIEN (Duc d'). 4 vol. in-8, dont 3 demi-rel. mar. vert, rouge et La Vall., et 1 cartonn. toile.

Choulot (Cte de). Mémoires et voyages du duc d'Enghien. *Moulins,* 1841. — Ducos (Comte). La mère du duc d'Enghien, 1750-1822. *Plon,* 1900. — Fayet (A. N.). Recherches historiques sur le procès et la condamnation du duc d'Enghien. *Paris,* 1844, portrait, 2 tomes en 1 vol. — Welschinger (Henri). Le duc d'Enghien, 1772-1804. *Plon,* 1888.

1039. ÉPHÉMÉRIDES MILITAIRES, depuis 1792 jusqu'en 1815, ou anniversaires de la valeur française, par une société de gens de lettres. *A Paris, chez Pillet aîné,* 1820, 4 vol. in-8, cartonn., non rognés.

1040. ESPINCHAL (Hippolyte d'). Souvenirs militaires 1792-1814, publiés par Frédéric Masson et François Boyer. *Paris, Paul Ollendorff,* 1901, 2 vol. in-8, demi-rel. mar. grenat, tête dor., non rognés, couvert. (*Pierson*).

1041. EUGÈNE (Prince). Mémoires et correspondance politique et militaire, publiés, annotés et mis en ordre par A. Du Casse. *Paris, Michel Lévy frères,* 1858-1860, 10 vol. in-8, demi-rel. mar. rouge, dos orné, tête dor., non rognés, couvert.

1042. EUGÈNE DE BEAUHARNAIS (Prince). 2 vol. in-8, demi-rel. mar. vert et demi-bas. La Vall., tête dor. (*Pierson*).

Mémoires sur la cour du prince Eugène et sur le royaume d'Italie pendant la domination de Napoléon Bonaparte. *Audin,* 1824. — Pulitzer (Albert). Une Idylle sous Napoléon Ier. Le Roman du Prince Eugène. *Firmin-Didot, s. d.*

1043. FAIN (Le Baron). Manuscrit de 1812 et de 1813, contenant le précis des événemens de ces années, pour servir à l'histoire de l'empereur Napoléon. *Paris, Delaunay,* 1827-1829, 4 vol. in-8, dont 2 cartonn. toile verte, tête dor., non rognés (*Pierson*) et 2 demi-rel. veau fauve, tr. jasp.

1044. FAMILLE DE NAPOLÉON. 7 vol. in-8 et in-12, demi-rel. mar. vert, chag. et cartonn. toile verte et grise, non rognés.

Laplace (Mme de). Lettres à Elisa Napoléon réunies et annotées par Paul Marmottan. *A. Charles,* 1897, port. — Les rois frères de Napoléon Ier, documents inédits relatifs au premier Empire. *Germer-Baillière,* 1883. — Le Prince Lucien Bonaparte et sa famille. Ouvrage accompagné de douze portraits. *Plon,* 1889. — Martinet (André). Jérôme Napoléon roi de Westphalie. *Ollendorff,* 1902. — Michelet (J.). Origine de Bonaparte. *Germer-Baillière,* 1872. — Turquan (Joseph). Les Sœurs de Napoléon, les Princesses Elisa, Pauline et Caroline. *Paris, s. d.,* port. — Wouters (Félix). Histoire de la famille Bonaparte depuis 1815 jusqu'à ce jour. *Paris,* 1849, 13 portraits.

1045. FIÉVÉE (J.). Correspondance et relations de J. Fiévée avec Bonaparte, premier consul et Empereur, pendant onze années (1802 à 1813), publié par l'auteur. *Paris, Desrez,* 1836, 3 vol, in-8, portraits, cartonn. toile verte, tête dor., non rognés (*Pierson*).

1046. FLEURY DE CHABOULON. Mémoires pour servir à l'histoire de la vie privée, du retour et du règne de Napoléon en 1815. *London, Longmann, Hurst*, 1820, 2 vol. in-8, veau marb., fil., tr. marb. (*Rel. de l'époque*).

1047. GAETE (Martin Michel Gaudin, duc de). Mémoires, souvenirs, opinions et écrits. *Paris, Baudouin*, 1826, 2 vol. in-8, demi-rel. mar. bleu, dos orné, tête dor., non rognés (*Champs*).

1048. GALLOIS (Napoléon). Les Corsaires français sous la République et l'Empire. *Paris, Ledoyen*, 1847, 2 vol., in-8 cartonn. toile orange, tête dor., non rognés, couvert. (*Pierson*).

1049. GAUTIER (Paul). Madame de Staël et Napoléon. *Plon*, 1903, port. — Lévy (Arthur). Napoléon et la paix. *Id.*, 1902. — Pingaud (Léonce). Bernadotte Napoléon et les Bourbons (1797-1844). *Id.*, 1901, port. — Ens. 3 vol. in-8, demi-rel. mar. de diverses couleurs, tête dor., non rognés (*Pierson*).

1050. MÉMOIRES et SOUVENIRS. 7 vol. in-8, demi-rel. mar. rouge grenat, vert et cartonn. toile rouge et orange, tête dor., non rognés (*Pierson*).

Desvernois (Baron). Souvenirs militaires. *Tanera*, 1858. — Mémoires du général Bon Desvernois, 1789-1815. *Plon*, 1898. Ens. 2 vol. — Faré (Charles-A.). Lettres d'un jeune officier à sa mère, 1803-1814. *Delagrave*, 1889, port. — Girod de l'Ain (Maurice). Vie militaire du général Foy. *Plon*, 1900, portrait. — Percy (Baron). Journal des Campagnes du Baron Percy, 1754-1825. *Id.*, 1904, port. — Reiset (Général Vte de). Souvenirs, 1775-1810, publiés par son petit-fils, le Vte de Reiset. *Lévy*, 1899, port. — Saint-Chamans (Général). Mémoires, 1802-1832. *Plon*, 1896, port.

1051. GOURGAUD (Général Baron). Saint-Hélène. Journal inédit de 1815 à 1818, avec préface et notes de MM. le vicomte de Grouchy et Antoine Guillois. *Paris, Flammarion, s. d.*, 2 vol. in-8, demi-rel. mar. vert, tête dor., non rognés (*Pierson*).

1052. GRAND-CARTERET (John). Napoléon en images estampes anglaises (portraits et caricatures). Avec 130 reproductions d'après les originaux. *Didot*, 1895. — Napoléon. *Nilsson*, 1894, fig. — Ens. 2 vol. gr. in-8, demi-rel. mar. bleu et cartonn. toile verte.

1053. GROUCHY (Maréchal de). Mémoires, par le marquis de Grouchy. *Paris, Dentu*, 1873, 2 vol. in-8, dos et coins mar. bleu, tête dor., non rognés (*Pierson*).

1054. GRUYER (Paul). Napoléon, roi de l'île d'Elbe. Ouvrage contenant 24 gravures hors texte. *Paris, Hachette et Cie*, 1906, pet. in-4, demi-rel. mar. vert, dos orné, tête dor., non rogné, couvert. (*Pierson*).

1055. HÉRISSON (Comte d'). Souvenirs intimes et notes du baron Mounier, secrétaire intime de Napoléon Ier. — Proudhon (P.-J.). Commentaires sur les mémoires de Fouché, suivis du parallèle entre Napoléon et Wellington. *Paris, Ollendorff*, 1896-1900. Ens. 2 vol. in-8, cartonn. toile verte et rouge, tête dor., non rognés (*Pierson*).

1056. HERRIOT (Edouard). Madame Récamier et ses amis, d'après de nombreux documents inédits. *Paris, Plon-Nourrit et Cie*, 1904, 2 vol. in-8, portrait, demi-rel. mar. violet, tête dor., non rognés, couvert. (*Pierson*).

1057. HOCHE (Ouvrages relatifs à). 3 vol. in-12, dos et coins et demi-rel. mar. bleu et cartonn. toile, tête dor., non rognés (*Champs* et *Pierson*).

Champrobert (P. de). Notice historique sur Lazare Hoche. *Nevers*, 1840, portr. — Chuquet (Arthur). Hoche et la lutte pour l'Alsace (1793-1794). *Chailley, s. d.* — Déroulède (Paul). La mort de Hoche. *Lévy*, 1897 (sur Hollande).

1058. HOUSSAYE (Henry) 1814-1815. La Première Restauration. Le Retour de l'île d'Elbe. Les Cent jours. Waterloo. *Paris, Perrin et Cie*, 1888-1898. Ens. 3 vol. in-8, dont 2 demi-rel. et 1 dos et coins mar. rouge, tête dor., non rognés (*Pierson*).

Editions originales.
Le volume de *Waterloo* seul a sa couverture.

1059. IUNG (Th.). Lucien Bonaparte et ses mémoires. 1775-1840 d'après les papiers déposés aux archives étrangères et d'autres documents inédits. *Paris, Charpentier*, 1882, 2 vol. in-8, demi-rel. mar. olive, tête dor., non rognés (*Champs*).

1060. JOSEPH (Le Roi). Mémoires et correspondance politique et militaire du roi Joseph, publiés, annotés et mis en ordre par A. Du Casse. *Paris, Perrotin*, 1853-1854, 10 vol. in-8, demi-rel. mar. bleu, dos orné, tête dor., non rognés (*Champs*).

1061. JOSÉPHINE (Ouvrages relatifs à l'Impératrice). 4 vol. in-8 et in-16, demi-rel. mar. et cartonn. toile grise et verte (*Champs*).

Mémoires et correspondance de l'Impératrice Joséphine. *Paris, Plancher*, 1820. — Mercier. Madame La Valette, nièce de Joséphine. *Ledoyen*, 1839. — Trente années de la vie de Joséphine, Impératrice des français par M. de F***. *Paris, Locard et Davi*, 1814. — Vie de l'Impératrice Joséphine. *Vauquelin*, 1814, port.

1062. JOSÉPHINE (Ouvrages relatifs à l'Impératrice). 6 vol. in-8 et in-12, cartonn. toile ou demi-toile de diverses couleurs, tête dor., non rognés (*Pierson*).

Aubenas (Joseph). Histoire de l'Impératrice Joséphine. *Amyot*, 1857, 2 vol. — Lettres de Napoléon à Joséphine. *Garnier*, 1895. — Mercier (M.). Madame Lavallette, nièce de Joséphine. *Ledoyen*, 1839. — Turquan (Joseph). La générale Bonaparte. *Librairie Illustrée, s. d.* — Vie et lettres de Mme Bonaparte. *Ollendorff*, 1885.

1063. JOURNAL DE L'EMPIRE. (Journal des débats) du 1er janvier 1809 au 30 juin 1814. *Paris*, 1809-1814, 11 vol. in-fol., cartonn., non rognés.

Période intéressante.

1064. LABORDE (Le Cte Alexandre de). Précis historique de la guerre entre la France et l'Autriche en 1809. *Paris, Imp. de Didot l'aîné*, 1822, in-fol. demi-rel. mar. vert, tête dor., non rogné (*Pierson*).

Portrait de Bonaparte, premier consul, et grande vignette collée sur le titre représentant l'Arc de Triomphe de l'Etoile.

1065. LACHIZE (Henri). Une Amazone sous le premier Empire. Illustré de 36 compositions par Charles Thévenin. Préface de Jules de Marthold. *Paris, Charles Carrington*, 1902, in-8, demi-rel. mar. vert, fil., dos orné, tête dor., non rogné, couvert. illust. (*Pierson*).

Exemplaire imprimé sur papier vergé d'Arches.

1066. LANNES (Ouvrages relatifs au Maréchal). 2 vol. in-8, demi-rel. veau fauve et demi-bas. rouge.

MALEVILLE (P.-J.). Eloge funèbre du Maréchal Lannes, duc de Montebello. *Périgueux, Dupont,* 1809, port. — PÉRIN (René). Vie militaire de J. Lannes, maréchal de l'Empire, duc de Montebello. *Paris, Delaunay, s. d.*, fig.

1067. LANZAC DE LABORIE (L. de). La domination française en Belgique, Directoire, Consulat, Empire, 1795-1814. *Paris, Plon, Nourrit et Cie,* 1895, 2 vol. in-8, dos et coins mar. grenat, tête dor., non rognés (*Carayon*).

1068. LARREY (Baron). Madame mère (Napoleonis mater). Essai historique. *Paris, E. Dentu,* 1892, 2 vol. in-8, portraits, demi-rel. mar. vert, tête dor., non rognés (*Pierson*).

1069. LAS CASES (Le Comte de). Mémorial de Sainte-Hélène, suivi de Napoléon dans l'exil, par MM. O' Meara et Antomarchi et de l'historique de la translation des restes mortels de Napoléon aux Invalides. *Paris, Furne et Bourdin, s. d.,* 2 vol. gr. in-8, demi-rel. chagrin marron, dos orné, tr. jasp.

Édition illustrée par *Charlet.*

1070. LAURENT DE L'ARDÈCHE (P.-M.). Histoire de l'Empereur Napoléon. Illustrée par Horace Vernet. *Paris, J. Dubochet et Cie,* 1840, grand in-8, demi-rel. mar. bleu, tr. marb. (*Rel. de l'époque*).

Édition de 1839, en 802 pages, avec le titre de l'édition de 1840.
Exemplaire de Monmerqué, avec portraits de la famille impériale, ajoutés.

1071. LECOURBE (Le général) d'après ses archives, sa correspondance et autres documents, avec une préface de M. le général Philebert. *Paris, Henri Charles-Lavauzelle,* 1895, gr. in-8, portrait et cartes, demi-rel. mar. rouge, tête dor., non rogné, couvert. (*Pierson*).

1072. LE NORMAND (Mlle A). Mémoires historiques et secrets de l'Impératrice Joséphine, Marie-Rose Tascher de la Pagerie, première épouse de Napoléon Bonaparte; ouvrage orné de 8 gravures, portrait et fac-simile. *Paris, Dondey-Dupré,* 1827, 3 vol. in-8, port., cartonn., dos et coins mar. vert, tête dor., non rognés (*Pierson*).

1073. LES VOILA. *A Londres, de l'imprimerie de John Dean et à Paris chez les marchands de nouveautés,* 1814, 2 parties en 1 vol. in-8, cartonn.

Recueil de satires en vers sur Napoléon Ier et les bonapartistes.
Exemplaire de Monmerqué, avec une note de lui jointe au volume.

1074. LETTRES DE NAPOLÉON à Joséphine pendant la première campagne d'Italie, le Consulat et l'Empire; et lettres de Joséphine à Napoléon et à sa fille (publiées par Mme Salvage de Faverolles). *Paris, Didot,* 1833, 2 vol. in-8, cartonn. toile verte, tête dor., non rognés (*Pierson*).

1075. LETTRES INÉDITES de Napoléon Ier (an VIII-1815), publiées par Léon Lecestre. *Paris, Plon, Nourrit et Cie,* 1897, 2 vol. in-8, demi-rel. mar. vert, tête dor., non rognés (*Pierson*). — Lettres inédites de Napoléon Ier, collationnées sur les textes et publiées par Léonce de Brotonne. *Paris, Champion,* 1898, in-8, demi-rel. mar. vert, tête dor., non rogné.

1076. LINGAY (J.). Histoire du cabinet des Tuileries, depuis le 20 mars 1815, et de la conspiration qui a ramené Buonaparte en France. *A Paris, chez Chauson,* 1815, in-8, carton. toile bleue, tête dor., non rogné (*Pierson*).

Exemplaire auquel on a ajouté au crayon les noms qui ne sont désignés dans l'ouvrage que par des initiales.

1077. MADELIN (Louis). Fouché, 1759-1820. *Paris, Plon, Nourrit et Cie*, 1901, 2 vol. in-8, demi-rel. mar. olive jans., tête dor., non rognés, couvert. (*Pierson*).

1078. MALOUET. Mémoires, publiés par son petit-fils le baron Malouet. *Paris, Didier et Cie*, 1868, 2 vol. in-8, portrait, demi-rel. chagrin La Vall., tr. jasp.

1079. MARCO SAINT-HILAIRE. (E.). Les petits appartemens des Tuileries, de Saint-Cloud et de la Malmaison. Mémorial, tablettes et chroniques pour servir à l'histoire de l'intérieur des cours de France, de Naples, de Madrid, de Hollande, de Westphalie et de Suède, sous le Consulat, l'Empire et la Restauration, avec des fac-simile de tous les membres de la famille impériale, publiés par l'auteur des mémoires d'un page (Marco Saint-Hilaire). *Paris, Bouland,* 1831, 2 vol. in-8, demi-rel. veau fauve, non rognés.

1080. MARCO SAINT-HILAIRE (E.). Souvenirs intimes du temps de l'Empire. *Paris,* 1839, 2 vol. in-8, cartonn. demi-toile verte, non rognés.

1081. MARCO SAINT-HILAIRE (E.). Souvenirs intimes du temps de l'Empire. *Paris, Boulé et Cie*, 1842, 2 vol. in-8, cartonn. demi-toile grenat, non rognés (*Couver.*).

1082. MARÉCHAUX DE NAPOLÉON. 5 vol. in-8, demi-rel. et dos et coins mar. de diverses couleurs, tête dor., non rognés (*Pierson*).

Conegliano (Duc de). Le maréchal Moncey. *Lévy, s. d.* — Debidour (A.). Le général Falvier. *Plon,* 1904. — Rabel (André). Le maréchal Bessières duc d'Istries. *Lévy, s. d.* — Wirth (Joseph.). Le maréchal Lefèbvre, duc de Dantzig. *Perrin,* 1904. — Thoumas (Le Général). Le maréchal Lannes. *Lévy,* 1891.

1083. MARÉCHAUX ET GÉNÉRAUX de Napoléon. 6 vol. in-8, cartonn. toile de diverses couleurs, tête dor., non rognés (*Pierson*).

Brunschvigg (Léon). Cambronne, sa vie civile, politique et militaire. *Nantes,* 1896. — Général Morvan (Le). Notice biographique. *Lille,* 1882. — Histoire des Maréchaux de l'Empire. *S. d.*, portraits. — Lacroix (Désiré). Les maréchaux de Napoléon. *Garnier, s. d.* — Mignard. Biographie du général baron Testot-Ferry. *Aubry,* 1859. — Vie de Planat de la Faye. Souvenirs, lettres et dictées recueillis et annotés par sa veuve. *Ollendorff,* 1895.

1084. MARIE-LOUISE (Ouvrages relatifs à l'Impératrice). 4 vol. in-8 et in-16, cartonn. toile grise et verte, tête dor., non rognés (*Pierson*).

Colau (P.). Marie-Louise de Lorraine, archiduchesse d'Autriche. *Paris,* 1815. — Fêtes à l'occasion du mariage de S. M. Napoléon I, avec Marie-Louise. *Paris,* 1810, 50 planches gravées au trait. — Durand (Vve du général). Mémoires sur Napoléon, l'Impératrice Marie-Louise et la Cour des Tuileries (1810-1814). *Paris,* 1828. — Lehodey de Saultchevreuil. Histoire de la régence de l'Impératrice Marie-Louise et des deux gouvernements provisoires. *Paris,* 1814.

1085. MASSON (Frédéric). Napoléon chez lui. La journée de l'Empereur aux Tuileries. Illustrations par F. de Mirbach. *Paris, Dentu, s. d.*, in-8, demi-rel. mar. vert, dos orné, tête dor., non rogné, couvert. (*Pierson*).

Un des quelques exemplaires imprimés sur PAPIER DU JAPON.

1086. MASSON (Ouvrages de Frédéric). *Paris, Ollendorff*, 1894-1907, 15 vol. in-8, dont 5, demi-rel. mar. vert, tête dor., non rognés (*Pierson*), les autres brochés.

Napoléon inconnu, 2 vol. — Joséphine de Beauharnais 1763-1796. — Joséphine impératrice et reine. — L'impératrice Marie-Louise. — Napoléon et son fils. — Napoléon et les femmes. L'amour. — Napoléon et sa famille, 8 vol. (moins le tome II).
On y joint les tomes VII et VIII de Napoléon et sa famille, brochés.

1087. MASSON (Frédéric). Les Quadrilles de la Cour de Napoléon Ier (1806-1813). Eau-forte et dessins par Eugène Courboin. *Paris, H. Daragon*, 1904, in-16, papier vélin, demi-rel. mar. vert, fil., dos orné, tête dor., non rogné, couvert. illust. (*Pierson*).

Imprimé à 215 exemplaires.

1088. MAURY (Le Cardinal). Correspondance diplomatique et Mémoires inédits (1792-1817). *Lille, Desclée, de Brouwer et C°*, 1891, 2 vol. in-8, 2 portraits, demi-rel. mar. rouge jans., tête dor., non rognés (*Henry-Joseph*).

1089. MAZE-SENCIER (Alph.). Les Fournisseurs de Napoléon Ier et des deux Impératrices d'après des documents inédits. *Paris, Henri Laurens*, 1893, gr. in-8, demi-rel., mar. vert, tête dor., non rogné (*Pierson*).

Un des 25 exemplaires imprimés sur PAPIER DE HOLLANDE.

1090. MÉMOIRES. 5 vol. in-8, demi-rel. mar. olive, ou cart. demi-toile rouge.

BLAZE (Seb.). Mémoires d'un apothicaire sur la guerre d'Espagne pendant les années 1808-1814. *Paris, Ladvocat*, 1828, 2 vol. — DURAND, (Vve du Général). Mémoires sur Napoléon, l'impératrice Marie Louise et la Cour des Tuileries, avec des notes critiques faites par le prisonnier de Sainte-Hélène (de 1810 à 1814). *Paris, Ladvocat*, 1828. — GARNIER (L.). Mémoires sur la Cour de Louis Napoléon et sur la Hollande. *Paris, Ladvocat*, 1828. — RAPP (Le G^{al}). Mémoires. *Paris, Bossange*, 1823. Avec portr.

1091. MÉMOIRES pour servir à la vie d'un homme célèbre par M. M***. *A Paris, chez Plancher*, 1819, 2 vol. in-8, demi-rel. bas., tr. jasp.

Curieux mémoires sur Napoléon.

1092. MÉMOIRES ET SOUVENIRS. 6 vol. in-8, demi-rel. mar. rouge et grenat, tête dor., non rognés, couvert. (*Pierson*).

BIGARRÉ (G^{al}). Mémoires, 1775-1813. *Ernest Kolb, s. d.* — BOULART (B^{on}). Mémoires militaires sur les guerres de la République et de l'Empire. *Paris, s. d.*, port. — DELLARD (B^{on}). Mémoires militaires. *Id.*, port. — LAHURE (L. J.). Souvenirs de la vie militaire du général baron L. J. Lahure. *Lahure*, 1895, port. — RADET (Général). Mémoires. *Saint-Cloud*, 1892. — SUREMAIN. Mémoires, 1794-1815. *Plon*, 1902, port.

1093. MÉMOIRES ET SOUVENIRS. 6 vol. in-8, demi-rel. mar. et chagrin de diverses couleurs, tête dor., non rognés.

BEUGNOT (Comte). Mémoires (1783-1815). *Dentu*, 2 vol. — CHAPTAL (Cte). Mes souvenirs sur Napoléon. *Plon*, 1893. — MACDONALD (Maréchal). Souvenirs. *Plon*, 1892. — GONNEVILLE

(Colonel de). Souvenirs militaires. *Didier*, 1875. — SERUZIER (Baron). Mémoires militaires. *Baudoin, s. d.*

1094. MÉMOIRES ET SOUVENIRS. 6 vol. in-8, cartonn. toile grise et verte, tête dor., non rognés (*Pierson*).

CHASTENAY (Madame de). Mémoires, 1771-1815. *Plon*, 1896, port., 2 vol. — ESPINCHAL (Hippolyte d'). Souvenirs militaires, 1792-1814. *Ollendorff*, 1901, 2 vol. — LOWENSTERN (Général russe B^on de). Mémoires, 1776-1858. *Fontemoing*, 1903, port., 2 vol.

1095. MÉMOIRES MILITAIRES. 5 vol. in-8 demi-rel. mar. vert et grenat, et cartonn. toile verte, tête dor., non rognés (*Pierson*).

BOULART (Général B^on). Mémoires militaires. *Paris, s. d.* — DES ODOARDS (Fantin). Journal. Etapes d'un officier de la grande armée. *Plon*, 1895. — LAGRANGE (Elise). Les frères Laurillard-Fallot. *Bruxelles*, 1904. — MÉRODE-WESTERLOO (Feld-maréchal c^te de). Mémoires. *Bruxelles*, 1840, 2 tomes en 1 vol. — VAN HOGENDORP (Général). Mémoires. *La Haye*, 1887.

1096. MÉNEVAL (Le Baron Claude-François). Mémoires pour servir à l'histoire de Napoléon Ier depuis 1802 jusqu'à 1815. Édition entièrement refondue. Ouvrage complété par des documents inédits, publié par les soins de son petit-fils, le baron de Méneval. *Paris, Dentu*, 1894, 3 vol. in-8, portraits et fac-simile, demi-rel. mar. vert, dos orné, tête dor., non rognés (*Pierson*).

1097. MERLIN (Comtesse). Souvenirs et mémoires de Madame la comtesse Merlin, publiés par elle-même. *Paris, Charpentier*, 1836, 4 tomes en 2 vol. in-8, demi-rel. veau violet, dos orné de fil., tr. marb. (*Rel. de l'époque*).

Mémoires intéressants contenant des anecdotes curieuses sur la cour d'Espagne sous le règne de Joseph.

La comtesse Merlin était la femme de Christophe-Antoine Merlin, général français né à Thionville, le 27 mai 1771, mort à Paris le 8 mai 1839.

1098. MOLLIEN. Mémoires d'un ministre du Trésor public, 1780-1815. *Paris, Fournier*, 1845, 4 vol. in-8, portrait, dos et coins mar. vert jans., tête dor., non rognés.

1099. MONITEUR SECRET (Le) ou Tableau de la cour de Napoléon, de son caractère et de celui de ses agens. *Londres et Paris*, 1814, 2 vol. in-8, cartonn. papier, non rognés.

Ouvrage rare faisant suite à l'Histoire secrète du cabinet de Napoléon Buonaparte et de la cour de Saint-Cloud, par Lewis Goldsmith.

1100. MOURAVIT (Gustave). Napoléon bibliophile. Recherches spéciales de psychologie napoléonienne avec documents inédits. *Paris, A. Blaizot*, 1905, in-8, demi-rel. mar. vert, tête dor., non rogné, couvert. (*Pierson*).

Un des 100 exemplaires imprimés sur papier vélin des papeteries du Marais de cette édition tirée en tout à 130 exemplaires.

1101. MURAT (Joachim). 4 vol. in-8. Cart. demi-toile et toile de diverses couleurs, en partie non rognés.

FRANCESCHETTI. Mémoires sur les événements qui ont précédé la mort de Joachim Ier roi des Deux-Siciles. Suivi de la correspondance privée avec la reine. *Paris*, 1826. — LE MÊME. Supplément aux mémoires histor. de Joachim Napoléon. *Paris*, 1829. — GALLOIS (L.). Histoire de Joachim Murat. *Paris*, 1828. Avec portr. — ROLLY (Mme). Vie de Joachim Murat et relation des événements polit. et milit. qui l'ont précipité du trône de Naples. *Paris*, 1815.

1102. NAPOLÉON. Biographie des contemporains. *Paris, Jules Lefebure et P. Froment*, 1830, in-16, dos et coins mar. vert, fil., dos orné, tête dor., non rogné (*Alló*).

Figure représentant Napoléon à Ste Hélène.

1103. NAPOLÉON (par Frédéric Masson, Général Drago, Germain Bapst, Albert Vandal). *Paris, Bureaux de la Vie contemporaine*, 1894, gr. in-8, demi-rel. mar. vert, dos orné, tête dor., non rogné, couvert. (*Pierson*).

Un des 100 exemplaires (n° 57) imprimés sur PAPIER DU JAPON.

1104. NAPOLÉON (Ouvrages relatifs à). 8 vol. in-8 et in-16, cartonn. toile verte, tête dor., non rognés (*Pierson*).

BOURGOING. Quelques notices sur les premieres années de Buonaparte par le C. B*** (Bourgoing). *Paris*, an VI-1797. — Le Cabinet des Tuileries sous le Consulat et sous l'Empire ou mémoires pour servir à la vie de Napoléon. *Paris*, 1827. — DANGEAIS (Ch. d'Og.). Mémoires historiques et inédits sur la vie politique et privée de l'Empereur Napoléon. *Id., Corréard*, 1822. — Histoire amoureuse de Napoléon Bonaparte. *Paris, Ledentu*, 1815, 2 vol., fig. — LABORDE. Napoléon et sa garde. *Paris, Desrez*, 1840. — ROCCA (Colonna de Cesari). La Vérité sur les Bonaparte avant Napoléon. *Paris, Charles*, 1899. — MARCO SAINT-HILAIRE. Histoire anecdotique et pittoresque des habitations napoléoniennes à Paris. *Bruxelles*, 1843.

1105. NAPOLÉON Ier (Ouvrages relatifs à). 4 vol. in-8, demi-rel. ou dos et coins mar. de diverses couleurs, tête dor., non rognés (*Pierson*).

COTTIN (Paul). Toulon et les anglais en 1793. *Ollendorff*, 1898. — DRIAULT (Édouard). La politique orientale de Napoléon. Sebastiani et Gardane. *Alcan*, 1904. — ERNOUF (Bon). Maret, duc de Bassano. *Perrin*, 1884. — PICARD (Ernest). Bonaparte et Moreau. *Plon*, 1905.

1106. NAPOLÉON Ier (Ouvrages relatifs à). 5 vol. in-8, dont 1 dos et coins mar. vert et 4 cartonn. toile verte, tête dor., non rognés (*Pierson*).

BELLOC (Louise). Bonaparte et les Grecs, suivi d'un tableau de la Grèce en 1825, par le comte Pecchio. *Urbain Canel*, 1826. — DOIN (Alexandre). Napoléon et l'Europe, fragments historiques. *Baudouin*, 1826, 2 vol. — WARDEN (W.). Napoléon jugé par un Anglais. Lettres de Sainte-Hélène, correspondance de W. Warden. *Vivien*, 1901, port. — MAZADE (Ch. de). Un Chancelier d'ancien régime. Le règne diplomatique de M. de Metternich. *Plon*, 1889.

1107. NAPOLÉON Ier (Ouvrages relatifs à). 12 vol. in-12, dont 3 demi-rel. mar. rouge et 9 vol. cartonn. toile, tête dor., non rognés (*Pierson*).

BLAZE (E.). La vie militaire sous le premier Empire. *Henry du Parc, s. d.* — DURAND (la Générale). Mémoires sur Napoléon et Marie-Louise, 1810-1814. *Lévy*, 1886. — DUVAL (Georges). Napoléon. *Flammarion, s. d.* — IUNG (Th.). Bonaparte et son temps. *Charpentier*, 1880. — MARICOURT (René de). Napoléon Ier dans sa vie intime. *Casterman*, 1862. — NAPOLÉON (Prince). Napoléon et ses détracteurs. *Lévy*, 1887. — REGNAULT (Elias). Histoire de Napoléon. *Perrotin*, 1846, pl. 4 vol.

1108. NAPOLÉON A L'ILE D'ELBE ET A SAINTE-HÉLÈNE. 10 vol. in-8, demi-rel. veau fauve, bas. noire et cartonn. toile de diverses couleurs.

ANTOMMARCHI (F.). Mémoires du docteur F. Antommarchi ou les derniers moments de Napoléon. *Paris, Barrois*, 1825, 2 vol. — CHENNECHOT. Histoire de la vie politique, militaire et privée de Napoléon Bonaparte, précédée de notices biographiques sur ses fidèles compagnons d'infortune. *Paris*, 1825, port. — FABRY (B.-G.). Itinéraire de Buonaparte de l'île d'Elbe à l'île Sainte-Hélène. *Paris, Le Normant*, 1816 et 2e édition 1817, 2 vol. Ens. 3 vol. — GOLDSMITH (Lewis). Procès de Buonaparte. *Paris, Delaunay*, 1816. — Lettres de Buonaparte à l'un de ses principaux agens, depuis son départ d'Europe jusqu'au 29 avril dernier. *Pillet*, 1821. — Mémoires et anecdotes sur Napoléon, manuscrit venu de Sainte-Hélène, écrit par l'Empereur. *Bruxelles,* 1834. — WALDBOURG-TRUCHSESS (Cte de). Nouvelle relation de l'itinéraire de Napoléon, de Fontainebleau à l'île d'Elbe. *Paris,* 1815.

1109. NAPOLÉON A SAINTE-HÉLÈNE. 5 vol. in-8 et in-12, dont 4 cartonn. toile de diverses couleurs et 1 demi-rel. mar. bleu, tête dor., non rognés (*Pierson*).

ABELL (Mrs. Lucia Elisabeth). Napoléon à Sainte-Hélène. Souvenirs de Betzy Balcombe. *Plon,* 1898. — MONTCHENU (Mis de). La Captivité de Sainte-Hélène. *Didot,* 1894. — MONTHOLON (Gal de). Récits de la captivité de l'Empereur Napoléon à Sainte-Hélène. *Paulin,* 1847, 2 vol. — ROSEBERY (Lord). Napoléon. La dernière phase. *Hachette,* 1901.

1110. NAPOLÉON ET PIE VII. 4 vol. in-8, demi-rel. mar. noir et cartonn. toile grise et bleue, tête dor., non rognés.

CONSALVI (Cardinal). Mémoires avec introduction et des notes par J. Crétineau-Joly. *Plon,* 1864, 2 vol. — MATHIEU (Cardinal). Le Concordat de 1801 ; ses origines, son histoire. *Perrin,* 1903. — WELSCHINGER (Henri). Le Pape et l'Empereur, 1804-1815. *Plon,* 1905.

1111. NEY (Ouvrages relatifs au Maréchal). 3 vol. in-8, demi-rel. bas. jaune, tr. jasp. et cartonn. toile bleue, tête dor., non rognés (*Pierson*).

Documents relatifs à la demande en revision du procès du maréchal Ney au mois de novembre 1831 et à la réception du prince de la Moskowa à la Chambre des pairs. — De la Chambre des pairs et de la révision du procès du maréchal Ney, publié par M. Laumond. *Montardier,* 1831. — Vie du maréchal Ney, duc d'Elchingen, prince de la Moskowa, sa vie privée. *Paris, Pillet,* 1816, port.

1112. NEY (Ouvrages relatifs au Maréchal). 2 vol. in-8, demi-rel. mar. rouge et grenat, tête dor., non rognés (*Pierson*).

LA BÉDOYÈRE (Comte de). Le maréchal Ney. *Calmann-Lévy, s. d.,* port. — WELSCHINGER (Henri). Le maréchal Ney, 1815, *Plon,* 1893, port.

1113. NOMS DES MARÉCHAUX, généraux en chef, de division, de brigade ; amiraux, vice-amiraux et contre-amiraux qui ont commandé les armées françaises sous la République, le Consulat et l'Empire. Années 1789-1815. *Lille,* le 20 août 1846, manuscrit in-8, de 72 ff., cartonn. en étoffe grenat.

Les noms sont classés par ordre alphabétique ; ils sont accompagnés de quelques renseignements biographiques.

1114. PACCA (Le Cardinal). Mémoires sur la captivité du pape Pie VII et le Concordat de 1813, pour servir à l'histoire du règne de Napoléon ; traduits de l'italien sur la troisième édition et augmentés des pièces authentiques déposées au Vatican par L. Belluguet. *Paris, Ladvocat,* 1833, 2 vol. in-8, demi-rel. mar. rouge, tr. marb.

1115. PAMPHLETS CONTRE NAPOLÉON Ier. 9 vol. et plaq. in-8, cartonn. demi-toile et toile de diverses couleurs, non rognés, et 1 vol. demi-rel. mar. olive.

BUONAPARTE à Saint-Cloud ou la fameuse journée. Par L..., *Paris, A. Eymery,* 1814. — Conversion d'un grand pécheur ou lettre d'un pénitent de marque à son confesseur. *Paris, Petit,* 1814. — FIRMAS-PÉRIÉS (Le Cte). Bigamie de Napoléon Buonaparte. *Paris, A. Egron,* 1815. — Fuite de Bonaparte de l'Egypte. *Paris, Lerouge,* 1814. — NÉRON corse (Le). *Gand,* 1815. — Séance extraord. du grand Conseil des pamphlétaires, etc. *Paris, Rougeron,* 1814. — WIDRANGES (Marquis de). L'un des derniers forfaits de Buonaparte. *Paris, Le Normant,* 1814. — Collection des quatre philippiques. *S. l. n. d.,* 16 pp. — DÉCHÉANCE (La). Pot-pourri. Par M. Charles Des***. *Rouen, Renault,* 1814, 12 pp. — Ordonnances du Roi d'Yvetot. *Paris, Brasseur aîné, s. d.,* 8 pp. — IVON-LECLERC. L'usurpateur culbuté ou la chute de Robespierre second. Poème. *Evreux, Ancelle fils,* 1816, 14 pp. — FUMECHON (M. de). Le

Boston impérial et le va-tout perdu par Napoléon. *Rouen, Renault*, 1814, 42 pp. — TALABOT (Aug.). Le trône perdu ou la chute du Corse. Poëme. *Limoges, M. Ardant*, 1814, etc., etc. — NAPOLÉONISME (Le). Par M. B. B... *Turin*, 1814. — RAVELLI (G.) Per la nascita di S. M. il Re di Roma. Canto. *Vercelli. S. d.*, 22 pp. — Notice historique et circonstanciée sur l'assassinat du prince Louis-Ant.-H. de Bourbon-Condé, duc d'Enghien. *Paris, Patris*, 1814, 30 pp., etc., etc.

1116. PAMPHLETS et pièces sur Napoléon. Recueil de pièces diverses et pamphlets en 4 vol. in-8, demi-rel. veau brun, tr. marb.

Recueil de 54 pièces, parmi lesquelles nous citerons : Le Souper de Beaucaire et lettre à Matteo Buttafoco, par Napoléon Bonaparte. 1821. — Bonaparte et Julien l'Apostat. 1813. — Fuite de Bonaparte de l'Egypte. 1814. — Impostures, usurpations, crimes et vexations tyranniques de Napoléon Buonaparte. 1814. — Rêve, ou vision de Buonaparte, le lendemain de l'accouchement de l'Impératrice Marie-Louise... 1814. — Les sépulcres de la Grande Armée, ou tableau des hôpitaux pendant la dernière campagne de Buonaparte. 1814. — Des Atrides, ou frères corses. 1814. — Extraits de lettres écrites pendant la traversée de Spithead à Sainte-Hélène. 1817. — Manuscrit de l'Ile d'Elbe. Des Bourbons en 1815, publié par le comte Bertrand. 1820. — Le Diable prophète, ou petit entretien amical entre Astarot et Napoléon. 1814. — Le Moniteur de l'Ambigu. — La Vérité sur la guerre de 1813 et 1814. 1814. — Portefeuille de Buonaparte pris à Charleroi le 18 juin 1815. — Le Tyran, les alliés et le roi, par le Mis de Coriolis d'Espinousse. 1814. — Les rapines de l'administration militaire sous Buonaparte dévoilées par Savary. 1814. — Le Petit homme rouge... *S. d.* — Rêve de Buonaparte, pendant sa traversée de l'île d'Elbe, par J.-A. Jourdain. *S. d.* — Epitre du Diable à Buonaparte. 1814.

1117. PELLEPORT (Général, Vte de). Souvenirs militaires et intimes de 1793 à 1853, publiés par son fils sur manuscrits originaux, lettres, notes et documents officiels laissés par l'auteur, avec le portrait du général, 2 fac-simile et 14 cartes spéciales. *Paris, Didier et Cie*, 1857, 2 vol. in-8, demi-rel. chagrin vert, dos orné, tr. jasp.

1118. PICHOT (Amédée). Le Général Hurault de Sorbée, 15 avril 1786-15 novembre 1850. *Paris, Cerf*, 1895, in-8, 3 portraits en héliogravure, cartonn., toile grenat, tête dor., non rogné (*Pierson*).

Exemplaire imprimé sur PAPIER DU JAPON, avec un envoi autographe de l'auteur à M. le Comte Alfred Werlé.

1119. PICHOT (Amédée). Napoléon à l'île d'Elbe, chronique des événements de 1814 et 1815. *E. Dentu*, 1873, fig. — PONS. Souvenirs et anecdotes de l'île d'Elbe. *Plon*, 1897, port. — Ens. 2 vol. in-8, demi-rel., mar. vert, tête dor., non rogné et chag. noir, tr. jasp. (*Pierson*).

1120. PORTRAITS des généraux français, faisant suite aux victoires et conquêtes des Français. *Paris, C.-L.-F. Panckoucke*, 1818, in-8, demi-rel. mar. rouge.

Cet ouvrage renferme 150 portraits sur acier, gravés par *Forestier* et *Lambert*.

1121. PUGET-BARBANTANE. Mémoires. *Paris, Pichon-Béchet*, 1827, in-8, demi-rel. bas. fauve, tr. jasp.

1122. RAGUSE (Duc de). Mémoires, de 1792 à 1832, imprimés sur le manuscrit original de l'auteur avec le portrait du duc de Reischstadt, celui du duc de Raguse, et quatre fac-simile de Charles X, du duc d'Angoulême, de l'empereur Nicolas et du duc de Raguse. *Paris, Perrotin*, 1857, 9 vol. in-8, cartonn. toile verte, tête dor., non rognés (*Pierson*).

1123. RÉCAMIER (Mme). Souvenirs et correspondance. *Paris, Michel Lévy*, 1860, 2 vol. — Lettres de Benjamin Constant a Madame Récamier, 1807-1830. *Id.*, 1882. — Ens. 3 vol. in-8 dont 2 vol. demi-rel. veau rouge, tr. jasp. et un demi-chag. grenat, dos orné, tête dor., non rogné (*Champs*).

1124. REISET (comte de). Mes Souvenirs. *Paris, Plon, Nourrit et Cie*, 1901-1903, 3 vol. in-8, 3 héliogravures, brochés.

1125. RÉMUSAT (Mme de). Mémoires, 1802-1808, publiés par son petit-fils Paul de Rémusat. *Paris, Calmann Lévy*, 1880, 3 vol. — Lettres de Madame de Rémusat, 1804-1814. *Ibid., id.*, 1881, 2 vol. — Ens. 5 vol. in-8, dos et coins mar. bleu, fil., dos orné, tête dor., non rognés (*Champs*).

1126. RIGAU (Le colonel de cavalerie). Souvenirs des guerres de l'Empire. Réflexions, pensées, maximes, anecdotes, lettres diverses, etc. *Paris, A. Poilleux*, 1846, in-8, cartonn. toile grenat, tête dor., non rogné (*Pierson*).

1127. ROI DE ROME (Ouvrages relatifs au). 3 vol. in-8, dont 2 en demi-rel. mar. et 1 cartonn. toile, tête dor., non rognés (*Pierson*).

Marmottan (Paul). Le Royaume d'Etrurie (1801-1807). *Ollendorff*, 1896. — Quentin-Bauchart (Maurice). Fils d'Empereur, le petit Prince. *Flammarion, s. d.* — Welschinger (Henri). Le Roi de Rome (1811-1832). *Plon*, 1897, port.

1128. SCHŒLL (Frédéric). Recueil de pièces officielles destinées à détromper les françois sur les évènemens qui se sont passés depuis quelques années. *A Paris, à la Librairie grecque-latine-allemande*, 1814, 4 vol. in-8, demi-rel. veau fauve, ébarbés.

1129. SÉGUR (Le général comte de). Histoire et mémoires. *Paris, Firmin-Didot frères*, 1873, 7 vol. in-8, demi-rel. veau fauve, tr. jasp.

On y a joint : Les Mélanges du même auteur, 1 vol. in-8, même reliure.

1130. SOULT (Maréchal) duc de Dalmatie. Mémoires publiés par son fils. *Paris, Amyot*, 1854, 3 vol. in-8, cartonn. toile grenat, tête dor., non rognés (*Pierson*).

Première partie, seule publiée : Guerres de la Révolution.
L'atlas manque.

1131. SOUVENIRS MILITAIRES. 6 vol. in-8, cartonn. toile grise, rouge, orange et grenat, tête dor., non rognés (*Pierson*).

Combier (A.). Mémoires du général Radet. *Belin*, 1892. — Dedem de Gelder (Bon de). Mémoires, *Plon*, 1900, port. — Girault (René). Les Campagnes d'un musicien d'état-major, 1791-1810. *Ollendorff*, 1901. — Noel (N. A.). Souvenirs militaires d'un officier du premier Empire (1795-1832). *Berger-Levrault*, 1895, port. — Parquin (Commandant). Souvenirs et campagnes d'un vieux soldat de l'Empire (1803-1814). *Id.*, 1892. — Suremain (Général de). Mémoires (1794-1815). *Plon*, 1902, portraits.

1132. TALLEYRAND. Mémoires du prince de Talleyrand, publiés avec une préface et des notes par le duc de Broglie. *Paris, Calmann Lévy*, 1891-1892, 5 vol. in-8, portraits, demi-rel. mar. noir, tête dor., non rognés (*Pierson*).

1133. TALLEYRAND (Ouvrages relatifs à). 5 vol. in-8, demi-rel. mar. et cartonn. toile, tête dor., non rognés (*Pierson*).

Bastide (Louis). Vie religieuse et politique de Talleyrand-Périgord. *Faure*, 1838, port. —

Bulwer (Henry Lytton). Essai sur Talleyrand. *Reinwald*, 1868. — Histoire de la vie et la mort de M. Talleyrand-Périgord par S. D***. *Paris, s. d.* — Le Ministère de Talleyrand sous le Directoire. *Plon*, 1891. — Lettres inédites de Talleyrand à Napoléon, 1800-1809. *Perrin*, 1889, port.

1134. THIÉBAULT (Général Baron). Mémoires publiés sous les auspices de sa fille Mlle Claire Thiébault, d'après le manuscrit original par Fernand Calmette. *Paris, Plon, Nourrit et Cie*, 1893-1895, 5 vol. in-8, portraits, demi-rel. mar. brun, tête dor., non rognés (*Pierson*).

1135. THIBAUDEAU (A. C.). Mémoires sur le Consulat, 1799 à 1804, par un ancien conseiller d'Etat. *Paris, Ponthieu et Cie*, 1827, in-8, demi-rel. veau bleu, dos orné, tr. marb. (*Rel. de l'époque*).

1136. THOUMAS (général). Le maréchal Lannes. Avec un portrait gravé à l'eau-forte. *Paris, Calmann Lévy*, 1891, in-8, portrait d'après Counis gravé par J. Hanriot, mar. gren., fil., dos orné, dent. int., tête dor., non rogné, couverture (*Pierson*).

1137. TITEUX (Lieutt-Colonel Eug.). Le Général Dupont. Une erreur historique. D'après des documents inédits, avec de nombreuses cartes et fac-simile. *Puteaux-sur-Seine, Prieur et Dubois et Cie*, 1903, 3 vol. gr. in-8, demi-rel. mar. brun, tête dor., non rog., couvert. (*Pierson*).

Exemplaire imprimé sur papier du Japon (no 5) pour M. le Comte Werlé.

1138. TRIAIRE (Paul). Dominique Larrey et les campagnes de la Révolution et de l'Empire, 1768-1842. Étude historique aux xviiie et xixe siècles d'après des documents inédits, journal et agendas de campagnes, notes manuscrites, correspondance officielle et privée, avec un portrait. *Tours, Alfred Mame et fils*, 1902, gr. in-8, demi-rel. mar. noir, tête dor., non rogné, couvert. (*Pierson*).

1139. TRICORNOT (Baron de). Mémoires du Baron de Tricornot, lieutenant-colonel du régiment de Schomberg-Dragons. *Besançon, Imp. Paul Jacquin*, 1894, gr. in-8, demi-rel. mar. rouge, tête dor., non rogné (*Pierson*).

Imprimé à petit nombre sur papier vergé.

1140. TROPHÉES des armées françaises depuis 1792 jusqu'en 1815. *A Paris, chez Le Fuel, s. d.*, 6 vol. in-8, demi-rel. veau vert, tr. marb. (*Rel. de l'époque*).

6 titres dessinés et gravés à l'eau-forte par *Couché fils*, terminés par *Bovinet*, et 70 planches dessinées par *Gudin* et *Couché fils*, gravées à l'eau-forte par *Couché fils* et terminées par *Bovinet*.

On y a joint : La suite des 6 titres gravés et des 70 planches de l'ouvrage, tirées de format in-4, épreuves avec la lettre grise, reliées en 1 vol. demi-chagrin brun, non rogné.

1141. UNIFORMES de la garde de Sa Majesté le roi de Westphalie. *S. l. n. d.*, in-4, cartonn.

19 planches gravées et coloriées, avec leur titre.

1142. VANDAL (Albert). Napoléon et Alexandre Ier. L'Alliance russe sous le premier empire. *Paris, Plon, Nourrit et Cie*, 1891-1897, 3 vol. gr. in-8, demi-rel. mar. brun, tête dor., non rognés (*Pierson*).

1143. VICENCE (Duc de). Souvenirs recueillis et publiés par Charlotte de Sor. *Paris, Levavasseur et Cie*, 1837, 2 vol. in-8, demi-rel. veau brun, tr. jasp.

On y a joint : Napoléon en Belgique et en Hollande, 1811. *Paris, Barba,* 1843, 2 vol. in-8, br., faisant suite aux *Souvenirs du duc de Vicence.*

1144. VIGIER (Comte). Davout, Maréchal d'Empire, duc d'Auerstaedt, prince d'Eckmuhl (1770-1823), par son arrière-petit-fils, le Comte Vigier, précédé d'une introduction de M. Frédéric Masson. *Paris, Paul Ollendorff,* 1898, 2 vol. in-8, 2 port., demi-rel. mar. rouge, dos orné, tête dor., non rognés (*Pierson*).

Campagnes de Napoléon.

1145. POMMEREUL (J.-R. de). Campagne du général Buonaparte en Italie, pendant les années IVe et Ve de la République française, par un officier général (J.-R. de Pommereul). *A Paris, chez Glassan,* 1797, in-8, cartonn. demi-toile grise, tête dor., ébarbé (*Pierson*).

Le titre et le premier feuillet sont remontés.

1146. BERTHIER (Le Général). Relation des campagnes du général Bonaparte en Égypte et en Syrie. *A Paris, de l'Imp. de Didot l'aîné,* an VIII, in-8, demi-rel. mar. rouge, tr. jasp. (*Rel. mod.*).

On y a joint un exemplaire de la première édition.

1147. CAMPAGNE D'ÉGYPTE. 4 vol. in-8 et in-12, cartonn. toile verte, tête dor., non rognés (*Pierson*).

Lacroix (Désiré). Bonaparte en Egypte (1798-1799). *Garnier,* 1899. — Richardot (Lt-Cel). Nouveaux mémoires sur l'armée française en Égypte et en Syrie ou la Vérité mise au jour. *Corréard,* 1848, fig. — Thurman (Capitaine). Bonaparte en Egypte, souvenirs publiés avec préface et appendices, par le comte Fleury. Ouvrage orné de 37 gravures. *Emile Paul,* 1902. — Villiers du Terrage. Journal et souvenirs de l'expédition d'Egypte. *Plon,* 1899, in-12.

1148. EXPÉDITION D'ÉGYPTE. 5 vol. in-8, veau fauve et demi-rel. bas. jaune.

Bonaparte au Caire ou Mémoires sur l'expédition de ce général en Egypte. *Paris, Prault,* an VII, 5 port. — Mémoires sur l'Egypte publiés pendant les campagnes du général Bonaparte dans les années VI et VII. *Didot,* an VIII. — Miot (J.). Mémoires pour servir à l'histoire des expéditions en Egypte et en Syrie. *Le Normant,* 1814. — Observations sur l'expédition du général Buonaparte dans le Levant. *Paris,* an VII. — Simon (E.-T.). Correspondance de l'armée française en Egypte interceptée par l'escadre de Nelson. *Paris, Garnery,* an VII, carte.

1149. HISTOIRE scientifique et militaire de l'expédition française en Egypte d'après mémoires, matériaux, documents inédits. *Paris, A.-J. Denain,* 1832, 10 vol. in-18 et 2 atlas in-4 oblong de planches et cartes, demi-rel. chag. vert, tr. jasp.

Les atlas se composent de 310 planches gravées en taille-douce et 2 cartes.

1150. LATTIL (J.-B.) de Riez, officier de santé de l'Armée d'Orient. Campagnes de Bonaparte à Malte, en Égypte et en Syrie. *A Marseille, chez Rochebrun,* an X, in-8, demi-rel. veau brun, tr. jasp.

Portrait de Napoléon ajouté.
Exemplaire donné par l'auteur au baron Larrey.

1151. CAMPAGNES D'ITALIE (Ouvrages relatifs aux). 6 vol. in-8, demi-rel. mar. vert et cartonn. toile de diverses couleurs, tête dor., non rognés (*Pierson*).

Bouvier (Félix). Bonaparte en Italie, 1706. *Léopold Cerf*, 1899. — Bulow. Histoire de la campagne de 1800 en Allemagne et en Italie, traduit de l'allemand par Ch. L. Sevelinges. *Paris, Magimel, s. d.* — Gachot (Édouard). La première campagne d'Italie (1795 à 1798). *Perrin*, 1901, pl. — Souvarow en Italie. *Id.*, 1903, pl. Ens. 2 vol. — Tuetey (Louis). Serurier général de l'armée d'Italie, 1742-1819. *Berger-Levrault*, 1899, fig. — Valmy (Duc de). Histoire de la campagne de 1800. *Dumaine*, 1854, port.

1152. CAMPAGNE D'ITALIE (Ouvrages relatifs à la). 5 vol. in-8, demi-rel., bas. et cartonn. toile de diverses couleurs, tête dor., non rognés.

Bulow (M. de). Histoire de la campagne de 1800 en Allemagne et en Italie. *Paris, Magimel, s. d.* — Journal historique des opérations de l'armée d'Italie. *Milan*, an IX. — Campagne de 40 jours en l'an VIII, relation en prose et en vers libres adressée à un ami par le Cer L. F. *Tavernier, s. d.* — Foudras. Campagne de Bonaparte en Italie en l'an VIII, port. médaillon par Bonneville. — Petit (Joseph). Marengo ou campagne d'Italie par l'armée de réserve. *Paris*, an IX.

1153. CAMPAGNE de l'armée de Sambre-et-Meuse par *** suivie d'une lettre du général Caffarelli Dufalga sur la manière de faire la guerre, la position des armées de Sambre-et-Meuse et de Rhin et Moselle et terminée par un mémoire sur la citadelle de Coblentz ou fort d'Ehreinsbrestein, 1800, manuscrit de 71 ff., pet. in-fol., dos et coins veau fauve, non rogné.

Intéressant manuscrit d'une belle écriture de l'époque. L'auteur qui était attaché à la personne du général en chef a eu connaissance de tous les ordres donnés et des rapports reçus; son travail donne donc des aperçus très vrais sur cette campagne célèbre.

Provient de la bibliothèque du général Barbier, décédé à Orléans, et de celle de Monmerqué; note autographe de ce dernier sur la garde du volume.

1154. CARRION-NISAS (Marquis de). Campagne des français en Allemagne, année 1800. *Paris, Ch. Picquet*, 1829, in-4, port., demi-rel. veau fauve, tr. jasp.

Ouvrage contenant 4 cartes hors texte. Portrait de Moreau, ajouté.

1155. SÉGUR (Philippe). Lettre sur la campagne du général Macdonald dans les Grisons, commencée dans le mois de thermidor an VIII (août 1800) et terminée par le traité de Lunéville, signé le 20 pluviôse an IX (9 février 1801). *Paris, Treuttel et Wurtz*, 1802, in-8, demi-rel. veau fauve, tr. jaunes.

On a relié avec le même ouvrage : Dubroca. La vie de Toussaint-Louverture, chef des noirs insurgés de Saint-Domingue. *Paris*, 1802, portrait.

Sur le faux-titre, envoi de l'auteur au général Du Moustier.

1156. PETIT (Joseph), fourrier des Grenadiers à cheval. Maringo, ou campagne d'Italie par l'armée de réserve commandée par le général Bonaparte. *A Paris, chez Favre*, an IX, in-8, veau fauve, fil. et pet. dent., dos orné, dent. int., tr. dor. (*Rel. anc.*).

Jolie figure par Berthet. A la fin de l'ouvrage, une liste des militaires qui ont reçu des brevets d'honneur pour actions d'éclat faites à la première armée de réserve.

1157. BULOW (De). Histoire des campagnes de Hohenlinden et de Marengo, contenant les notes que Napoléon fit sur cet ouvrage en 1819 à Sainte-Hélène; le tout mis en ordre et publié par Brevet Major Emmett. *Londres, Whittaker*, 1831, in-8, portrait de Desaix, dos et coins veau vert, tr. jasp.

On a relié avec cet ouvrage : Napoléon peint par lui-même. *Londres*, 1818, 108 pp.

1158. CAMPAGNE de la Grande-Armée et de l'armée d'Italie en l'an XIV (1805). *Paris*, 1806. — DURET DE FAVEL (Le Lt.-Col.). Séjour d'un officier français en Calabre ou lettres propres à faire connaître l'état ancien et moderne de la Calabre, etc. *Paris, Béchet aîné*, 1820. — PRÉCIS historique et militaire des opérations de la Grande-Armée et de l'armée d'Italie, contre la troisième coalition. *Paris, Legras et Cordier*, 1806. Avec un plan gravé. Ens. 3 vol. in-8, cartonnés.

1159. AUSTERLITZ. 5 vol. in-8, demi-rel. mar. brun, demi-bas. et cartonn. toile de diverses couleurs.

MIKHAÏLOVSKI-DANILEVSKI (Lieut.-Général). Relation de la campagne de 1805 (Austerlitz). Trad. par L. Narischkine. *Paris*, 1846. Avec cartes et plans. — MILLEVOYE (Ch.). La bataille d'Austerlitz. Poëme. *Paris*, 1806. — PETIET (A.). Souvenirs d'Austerlitz. *Paris*, 1834 (extrait du *Spectateur militaire*, mai 1834). — SUTTERHEIM. La bataille d'Austerlitz. *Paris*, 1806. — LE MÊME. La bataille d'Austerlitz. Avec des remarques par le duc de Dalmatie. *Londres*, 1806, avec 2 grav. ajoutées.

1160. IÉNA (Bataille d'). Recueil de pièces diverses, en 1 vol. in-4, cart. toile marron et 1 vol. in-8, broché.

GIANNI (F.). La bataille d'Iéna. Vers. Trad., par Yves Guiraud. *Paris, Gratiot*, 1806, 28 pp. (avec le texte italien en regard). — Recueil des plans, mémoires et notices des trois batailles principales de la dernière guerre entre la France, la Prusse et la Russie dans les années 1806 et 1807. *Weimar*, 1808, 16 pp., avec 2 plans. — Continuation du récit de la bataille du 14 octobre 1806 regardant principalement le combat d'Auerstaedt. *Weimar*, 1808, 9 pp., avec un plan, etc., etc.

1161. FRAGMENTS sur les campagnes d'Italie et de Hongrie par un capitaine de chevau-légers. *Paris, Chaix et Cie*, 1851, in-8, cartonn. toile verte, tête dor., non rogné (*Pierson*).

Ouvrage attribué à Mme Constant et orné de 10 lithographies à deux teintes exécutées par Lorentz d'après les dessins de l'auteur.

1162. CAMPAGNES de 1806 et 1807. 3 vol. in-8, demi-rel. bas. et cartonn. demi-toile bleue, non rognés.

SAINT-AUBIN. Siège de Dantzick, en 1807; orné d'une carte. *Paris, Plancher*, 1818, port. — LONGUET (Capitaine). Analyse des campagnes de 1806 et 1807 Précis des événements militaires du Comte Mathieu Dumas. *Verronnais*, 1840, cartes. — MUFFLING (L. de). Plan d'opération de l'armée saxo-prussienne en 1806, bataille d'Auerstädt le 14 oct. et la retraite jusqu'à Lübeck. *Weimar*, 1807, port.

1163. PEUCHET (Jacques). Campagne des armées françaises en Prusse, en Saxe et en Pologne, sous le commandement de S. M. l'Empereur et roi, en 1806. Ouvrage destiné à recueillir les grands événemens qui s'y sont passés, et les actions d'éclat des généraux, officiers et soldats. *A Paris, chez F. Buisson*, 1807, 4 vol. in-8, cartes, demi-rel. veau marb., tr. jasp. (*Rel. de l'époque*).

1164. BATAILLE de Preussisch-Eylau, gagnée par la Grande-Armée, commandée en personne par S. M. Napoléon Ier, sur les armées combinées de Prusse et de Russie, le 8 février 1807; avec 3 plans et 2 cartes. *Paris*, 1807, in-fol., cartonn. toile grenat, tête dor., non rogné (*Pierson*).

1165. JOURNAL militaire du siège de Dantzig. *S. l. n. d.* (Extrait). — KIRGENER. Précis du siège de Dantzick fait par l'armée française en avril et mai 1807. *Paris*,

Migneret, 1807, cartes. — Ens. 2 vol in-8, cartonn. toile rouge et verte, tête dor., non rognés (*Pierson*).

1166. KIRGENER (Le Général). Précis du siège de Dantzick, fait par l'armée française en avril et en mai 1807. *A Paris, de l'Imp. de Migneret*, 1807, in-8, portrait et 2 grands plans; mar. vert., fil. et pet. dent., dos orné, dent. int., tr. dor. (*Tessier*).

Exemplaire auquel on a ajouté les pièces officielles manuscrites, relatives au siège de Dantzick, remises aux dépots des fortifications et de la guerre par le général Chasseloup, et revêtues de sa signature autographe.
Cachet du général Chasseloup sur le titre du volume et sur les pièces manuscrites.
Le général Kirgener était le Chef d'Etat-major du général Chasseloup, commandant en chef le génie à la grande armée.

1167. CAMPAGNES DE NAPOLÉON. 6 vol. in-8 demi-rel. chagrin ou mar. de diverses couleurs et cartonn. toile grise et grenat, tête dor., non rognés (*Pierson*).

Alombert (Capitaine). Le corps d'armée aux ordres du maréchal Mortier. *Nancy*, 1897. — Charras (Lt Col.). Histoire de la guerre de 1813 en Allemagne. *Le Chevallier*, 1870. — Comeau (B[on] de). Souvenirs des guerres d'Allemagne pendant la Révolution et l'Empire. *Plon*, 1900. — Davout (M[al]). 1806-1807. Opérations du 3e corps. *Lévy*, 1896. — Foucart. Campagne de Prusse. Iéna. *Nancy*, 1887. — Mikhaïlovski-Danilevski (Lieut.-g[al]). Relation de la campagne de 1805 (Austerlitz). *Dumaine*, 1846.

1168. DERODE. Nouvelle relation de la bataille de Friedland (14 juin 1807), composée d'après les pièces du dépôt de la guerre, les communications des généraux français, et les écrits les plus estimés. *Paris, Anselin*, 1839, in-8, plan, dos et coins mar. grenat, tête dor., non rogné (*Allô*).

Bel exemplaire.

1169. VIGIER (Ch[er]). Précis historique de la campagne faite en 1807 dans la Poméranie Suédoise par le corps d'observation de la Grande-Armée, commandé par le Maréchal Brune, suivi d'une notice sur ce maréchal, *Limoges*, 1825, in-8, cartonn., demi-toile verte, non rogné.

1170. CADET DE GASSICOURT (Le Chevalier C. L.). Voyage en Autriche, en Moravie et en Bavière fait à la suite de l'armée française pendant la campagne de 1809. *Paris, Lhuillier*, 1818, in-8, 3 plans, dos et coins mar. vert, tête dor., non rogné (*Reymann*).

Exemplaire contenant sur les marges des notes intéressantes au crayon.

1171. CADET DE GASSICOURT. Voyage en Autriche, en Moravie et en Bavière, fait à la suite de l'armée française pendant la campagne de 1809. *Paris*, 1818, cartes. — Histoire des campagnes de l'Empereur Napoléon. *Paris*, 1845, 3 vol., portraits. — Soltyk (Roman). Relation des opérations de l'armée aux ordres du prince Joseph Poniatowski pendant la campagne de 1809 en Pologne. *Paris*, 1841, portrait et carte. Ens. 5 vol in-8, veau et demi-rel. veau, tr. marb.

1172. GUILLON (L'abbé Aimé). Histoire de la campagne de S. A. I. le prince Eugène-Napoléon de France, général en chef de l'armée d'Italie contre l'armée autrichienne en 1809. *A Milan, chez J. P. Giegler, s. d.* (sept. 1809), in-8, cartonn. toile rouge, tête dor., non rogné (*Pierson*).

Ouvrage très rare, dont deux exemplaires seulement ont échappé aux recherches qui en furent faites pour le supprimer. — Barbier. *Anonymes*. Tome II, col. 691.

1173. PELET (Le Général). Mémoires sur la guerre de 1809 en Allemagne, avec les opérations particulières des corps d'Italie, de Pologne, de Saxe, de Naples et de Walcheren. *Paris, Roret*, 1824-1826, 4 vol. in-8, demi-rel. bas., tr. jasp. (*Rel. de l'époque*).

1174. CAREL (Aug.). Précis historique de la guerre d'Espagne et de Portugal de 1808 à 1814, contenant la réfutation des ouvrages de MM. Sarrazin et A. de Beauchamps. *Paris, Vve Jeunehomme*, 1815, in-8, veau porph., dent., dos orné, tr. marb. (*Rel. anc.*).

3 vues et 2 portraits lithographiés.

1175. CAMPAGNES d'Espagne au Portugal. 5 vol, in-8 et in-12, demi-rel. mar. rouge et cartonn. toile de diverses couleurs, tête dor., non rognés (*Pierson* et *Champs*).

Delagrave (Colonel). Mémoires. Campagne du Portugal (1810-11). *Delagrave, s. d.*, pl. — Martin (Emm.). La gendarmerie française en Espagne et en Portugal. *Leautey*, 1898, pl. — Murat (Comte). Murat lieutenant de l'Empereur en Espagne, 1808. *Plon*, 1897, pl. — Rocca. Mémoires sur la guerre des Français en Espagne. *Genève*, 1890, port. — Woodberry (Lieutenant). Journal. Campagnes de Portugal et d'Espagne, etc. (1813-1815) *Plon*, 1896.

1176. LAMARE (Le Général). Relation des sièges et défenses de Badajoz, d'Olivença et de Campo-Mayor, en 1811 et 1812, par les troupes françaises de l'armée du Midi en Espagne. *Paris, Anselin*, 1837, in-8, plans, mar. La Vall., encad. de fil. droits et courbes, couronne fermée au milieu, dos plat orné, fil. int., tr. dor. (*Rel. de l'époque*).

Exemplaire du duc d'Orléans, avec le cachet de sa bibliothèque militaire sur le faux-titre.

1177. LAMARE (Général). Relation des sièges et défenses de Badajoz, d'Olivença et de Campo-Mayor en 1811 et 1812, augmentée d'observations critiques et suivie d'un projet d'instruction à l'usage des gouverneurs des places fortes. *Paris, chez Anselin*, 1837, gr. in-8, cartes, mar. grenat à longs grains, encad. de filets droits et courbes, dos orné, dent. int., tr. dor.

Exemplaire de la femme de l'auteur. Sur un plat se trouvent les mots *à ma femme* et sur l'autre plat les initiales du général Lamare.

1178. GUERRE D'ESPAGNE (Ouvrages relatifs à la). 4 vol. in-8 et 1 vol. in-16, dos et coins de mar. et chag. et cartonn. toile de diverses couleurs, tête dor., non rognés.

Augoyat (M.). Précis des campagnes et des sièges d'Espagne et de Portugal de 1807 à 1814. *Leneveu*, 1839, port. — Batailles, combats et victoires des armées françaises en Espagne et en Portugal, par M. C***. *Paris, Tiger, s. d.* — Nunez de Taboada (E.). Derniers efforts de la politique de Buonaparte pour séparer l'Espagne de la coalition formée contre lui ou manifeste des Cortès de la Nation espagnole. *Paris, Didot*, 1814. — Sarrazin. Histoire de la guerre d'Espagne et de Portugal de 1807 à 1814. *Dentu*, 1814, pl. — Wagré. Ses Adieux à l'île de

Cabréra ou retour en France des prisonniers français détenus pendant cinq ans et onze jours dans cette île. *Paris*, 1833.

1179. PELLOT (J[h]), commissaire des guerres. Mémoire sur la campagne de l'armée française dite des Pyrénées en 1813 et 1814. *A Bayonne, chez Gosse*, 1818, in-8, cartonn. demi-toile grenat, non rogné.

1180. ROGNIAT (Le Baron). Relation des sièges de Saragosse et de Tortose par les Français. *Paris, Magimel*, 1814, in-4, plans, cartonn. demi-toile bleue, non rogné.

1181. BOUTOURLIN (Le Colonel). Histoire militaire de la campagne de Russie en 1812. *A Paris, chez Anselin et Pochard*, 1824, 2 tomes en 1 vol. in-8, cartonn. dos et coins toile rouge, non rogné et atlas in-fol. de 10 tableaux et 13 plans ou cartes, dos et coins bas. verte.

1182. CAMPAGNE DE RUSSIE. 4 vol. in-8, demi-rel. mar. et cartonn. toile, tête dor., non rognés (*Pierson*).

Campagne de Russie (1812) par L.-G. F... Opérations militaires. *Lucien Gougy*, 1900. — Fezensac (M. de). Journal de la campagne de Russie en 1812. *Galliot*, 1850, carte. — Friant (Comte). Vie militaire du Lieutenant-général Comte Friant. *E. Dentu*, 1857. — Gourgaud (Général). Napoléon et la grande armée en Russie ou examen critique de l'ouvrage de M. le Comte Ph. de Ségur. *Bossange*, 1825.

1183. CAMPAGNE DE RUSSIE. 9 vol. in-8, demi-rel. et cartonn. toile ou demi-toile de diverses couleurs, veau ou demi-veau.

Bismarck (Comte de). Campagne de Russie en 1812. *Paris*, 1847. — Dubdent (R.-J.). Campagne de Moscou en 1812. *Paris*, 1814. — Choiseul-Gouffier (C[sse] de), Mémoires historiques sur l'empereur Alexandre et la cour de Russie. *Paris*, 1829. — Fragments sur la campagne de Russie (Extraits de l'*Ambigu*). *Paris*, 1814. — Labaume (Eug.). Relation circonstanciée de la campagne de Russie en 1812, 3e et 6e édition. *Paris*, 1814-1820, 2 vol. — Histoire de la destruction de Moscou en 1812. *Paris*, 1822. — Okouneff (N.). Considérations sur les grandes opérations de la campagne de 1812, en Russie... *Bruxelles*, 1841. — Voyage en Russie et en Pologne, par un prisonnier de guerre de la garnison de Dantzick (d'Arpentigny). *Paris*, 1828.

1184. CHAMBRAY (Marquis de). Histoire de l'expédition de Russie, avec 3 vignettes, un atlas et le portrait de l'auteur. *Paris, chez Pillet*, 1839, 4 vol. in-8, demi-rel. bas. rouge, tr. jasp., couvert.

L'Atlas, composé de 9 cartes, a été relié à la fin du tome I.

1185. FEZENSAC (Le Duc de). Souvenirs militaires de 1804 à 1814. Journal de la campagne de Russie en 1812. *Paris*, 1850-1863, ens. 2 vol. in-8, demi-rel. veau fauve et cartonn. demi-toile, non rognés.

1186. LABAUME (Eugène). Campagnes de Napoléon et de la Grande Armée en Russie, ornées d'un portrait, des plans de la bataille de La Moskowa, du combat de Malo-Jaroslavetz, etc. *Paris, Lebigre frères*, 1831, in-8, demi-rel. veau fauve, dos plat orné, tr. marb. (*Rel. de l'époque*).

Exemplaire auquel on a joint une lettre autographe de l'auteur au général Dode de la Brunerie et une note historique autographe sur la position militaire de Pont Saint Esprit.

1187. OKOUNEFF (Le Colonel N.). Considérations sur les grandes opérations, les batailles et les combats de la campagne de 1812 en Russie. *Paris, Anselin,* 1829, in-8, demi-rel. veau brun, tr. jasp.

Exemplaire contenant sur les marges de nombreuses notes intéressantes, écrites à l'encre.

1188. SÉGUR (Comte de). Histoire de Napoléon et de la grande-armée pendant l'année 1812. *Paris, Baudouin,* 1825, 2 vol. — ROMAN SOLTYK (Cte). Napoléon en 1812, mémoires historiques et militaires sur la campagne de Russie. *Paris, Bertrand,* 1836, port. et planches. — Ens. 3 vol. in-8, demi-rel. mar. et chag. de diverses couleurs, tr. jasp.

1189. ODELEBEN (Baron d'). Relation circonstanciée de la Campagne de 1813 en Saxe, traduit de l'allemand par M. Aubert de Vitry. *Paris, Plancher,* 1817, 2 vol. in-8, port., demi-rel. bas. jaune, dos orné.

1190. JOURNAL historique sur la campagne du prince Eugène en Italie pendant les années 1813 et 1814, par L. D***. *Paris,* 1817. — PIÈCES officielles touchant l'invasion de Rome par les françois en 1808. *Rome, chez les marchands de nouveautés,* 1809. — Ens. 2 vol. in-8, cartonn. demi-toile et demi-chagrin, tête dor., non rognés (*Pierson*).

1191. PLOTHO (Colonel Ch. de). Relation de la bataille de Leipzig (16, 17, 18 et 19 octobre 1813), traduit de l'allemand par Ph. Himly. *Paris, Corréard,* 1840, in-8, dos et coins veau vert, tr. jasp.

On y a joint: La capitulation de Danzig du même auteur et les observations critiques du Gal de Richemont. *Paris,* 1841.

1192. GIRAUD (P.-F.-F.-J.). Campagne de Paris, en 1814, précédée d'un coup d'œil sur celle de 1813, ou précis historique et impartial des évènemens, depuis l'invasion de la France, par les armées étrangères jusques à la capitulation de Paris... *Paris, Eymery,* 1814, in-8, cartonn. toile rouge, tête dor. (*Pierson*).

Carte du théâtre de la campagne de Paris.

1193. CAMPAGNES DE 1814 ET DE 1815. 4 vol. in-8, cartonn. toile bleue, tête dor., non rognés et veau fauve.

DAMITZ (Major de). Histoire de la campagne de 1815. *Corréard,* 1840, 2 tomes en 1 vol. — REBOUL. Mes souvenirs de 1814 et 1815. *Eymery,* 1824. — SCIPION DE TRAVANET (Mis). Un mystère sous l'Empire. *Simon,* 1845, 2 vol.

1194. VAUDONCOURT (Le Général Guillaume de). Histoire des campagnes de 1814 et 1815, en France. *Paris, chez Avril de Gastel,* 1826, 5 vol. in-8, plans, cartonn. toile olive, tête dor., non rognés, couvert. (*Pierson*).

1195. CAMPAGNE des Autrichiens contre Murat en 1815, précédée d'un coup d'œil sur les négociations secrètes qui eurent lieu à Naples depuis la paix de Paris, 1814, jusqu'au commencement des hostilités... par V*** C*** de B^r^, témoin oculaire. *Bruxelles, Wahlen,* 1821, 2 tomes en 1 vol. in-8, 3 cartes, dos et coins mar. rouge, tr. jasp.

Le tome II a été relié avant le tome I.

1196. CHARRAS (Lieut.-Colonel). Histoire de la campagne de 1815. Waterloo.

Paris, Le Chevalier, 1869, 2 vol. et atlas de 5 cartes in-8, demi-rel. mar. vert, tr. jasp.

1197. WATERLOO (Ouvrages relatifs à la bataille de), 3 vol. in-8, demi-rel. mar. vert et rouge, tête dor., non rognés (*Pierson*).

La Tour d'Auvergne (Prince de). Waterloo. Étude de la campagne de 1815. *Plon,* 1870. — Napoléon à Waterloo, ou précis rectifié de la campagne de 1815. *Dumaine,* 1866. — Saint-Chamant (Couderc de). Napoléon et ses dernières années. *Flammarion, s. d.*

1198. WATERLOO (Ouvrages relatifs à la bataille de). 6 vol. in-8 et in-16, demi-rel. mar. et cartonn. toile, tête dor., non rognés (*Pierson*).

Bénard (Adjudant). Le Blocus de Vincennes en 1815. *Charavay, s. d.* — Brunschwicg (Léon). Cambronne, sa vie civile, politique et militaire. *Vier,* 1894, port. — La Tour d'Auvergne (Pce de). Waterloo, étude de la campagne de 1815. *Plon,* 1870. — Navez (Louis). Pourquoi Napoléon a-t-il perdu la bataille de Waterloo? *Lebègue,* 1899. — Saint-Chamant (C. de). Napoléon, ses dernières années. *Flammarion, s. d.* — Napoléon à Waterloo ou précis rectifié de la campagne de 1815. *Dumaine,* 1866.

II. — LOUIS XVIII. — CHARLES X

1199. ABRANTÈS (Duchesse d'). Mémoires sur la Restauration ou souvenirs historiques sur cette époque, la révolution de 1830 et les premières années du règne de Louis-Philippe. *Paris, Boulé et Cie,* 1838, 6 tomes en 3 vol. in-8, demi-rel. veau fauve, tr. jasp.

1200. ANNE (Théodore). Mémoires, souvenirs et anecdotes sur l'intérieur du palais de Charles X, et les évènemens de 1815 à 1830. *Paris, Werdet,* 1831, 2 vol. in-8, cartonn., non rognés.

A la fin : Relation fidèle du voyage du roi Charles X, depuis son départ de Saint-Cloud jusqu'à son embarquement, par un garde-du-corps (le Vte Joseph-Jacques de Naylies). *Paris, Dentu,* 1830, 54 pp.

1201. BERRY (Ouvrages relatifs à la duchesse de). 5 vol. in-8, dos et coins et demi-rel. mar. et cartonn. toile de diverses couleurs, tête dor., non rognés (*Pierson* et *Champs*).

Ménière (Dr P.). La captivité de Madame la Duchesse de Berry à Blaye, 1833. *Lévy,* 1882, 2 vol. — Relation fidèle et détaillée de l'arrestation de S. A. R. Madame, duchesse de Berry. *Nantes,* 1832. — Siochan de Kersabiec (Vte). S. A. R. Madame Duchesse de Berry et ses amis, 1832. *Rennes,* 1895. — Thirria (H.). La duchesse de Berry (1798-1870). *Plange,* 1900, port.

1202. BOISSY (Marquis de). Mémoires, 1798-1866, rédigés d'après ses papiers par Paul Breton. *Paris, E. Dentu,* 1870, 2 vol. in-8, portrait et fac-simile, demi-rel. chagrin grenat, tr. jasp.

1203. CASTELLANE (Maréchal de). Journal. 1804-1862. *Paris, Plon, Nourrit et Cie,* 1895-1897, 5 vol. in-8, portrait, demi-rel. mar. grenat, dos orné, tête dor., non rognés (*Pierson*).

1204. CHAMBOIS (l'abbé Em.-Louis). Vie et souvenirs du marquis de Maupas, sous-gouverneur du duc de Bordeaux. 1786-1862. *Laval, Vve A. Goupil,* 1900, in-4, figures hors texte, demi-rel. mar. gren., tête dor., non rogné, couverture (*Pierson*).

Le marquis de Maupas est né à Laon en 1786.
3 portraits et 4 planches en héliogravure.

1205. CORRESPONDANCE de Louis XVIII avec le duc de Fitz-James, le marquis et la marquise de Favras et le comte d'Artois : la liste dressée, par les ordres de ce prince, des personnages de la Révolution qui devaient être condamnés à être écartelés, roués, pendus ou envoyés aux galères ; le tout précédé d'un précis historique sur sa conduite depuis l'assemblée des notables jusqu'à la conquête de l'Italie, par les armées françaises. Publiée par P. R. A. (Anguis). *A Paris, Péchet*, 1815, in-8, dos et coins veau gris, tête dor., non rogné (*Pierson*).

1206. CORRESPONDANCE inédite du prince de Talleyrand et du roi Louis XVIII pendant le congrès de Vienne, publiée sur les manuscrits conservés au Dépôt des affaires étrangères, avec préface, éclaircissements et notes par M. G. Pallain. *Paris, E. Plon et Cie*, 1881, in-8, demi-rel. mar. rouge, tête dor., non rogné (*Pierson*).

Exemplaire (n° 1) imprimé sur PAPIER WHATMAN.

1207. CORRESPONDANCE de Rémusat pendant les premières années de la Restauration, publiée par son fils Paul de Rémusat. *Paris, Calmann-Lévy*, 1883-1886, 6 vol. in-8, demi-rel. mar. brun jans., tête dor., non rognés (*Pierson*).

1208. DES CARS (Duc). Mémoires, publiés par son neveu le duc Des Cars, avec une introduction et des notes par le comte Henri de l'Épinois. *Paris, Plon, Nourrit et Cie*, 1890, 2 vol. in-8, portraits, demi-rel. mar. grenat, tête dor., non rognés (*Pierson*).

1209. HAUSSEZ (Bon d'). Mémoires du baron d'Haussez, dernier ministre de la marine sous la Restauration, publiés par son arrière-petite-fille, la duchesse d'Almazan. Introduction et notes par le comte de Circourt et le comte de Puymaigre. *Paris, Calmann-Lévy*, 1896-1897, 2 vol. in-8, portrait, demi-rel. mar. vert, tête dor., non rognés (*Pierson*).

1210. HOCQUART (Édouard). Le Duc de Berry, ou vertus et belles actions d'un Bourbon. *Paris, de l'Imp. de Didot le Jeune*, 1820, in-4, dos et coins, veau brun, tr. jasp.

Exemplaire de Louis-Philippe, avec son chiffre au dos du volume et provenant de la Bibliothèque de Neuilly.

Portrait par *Colin*, gravé par *Jazet* 12 figures d'après *Desenne, Chasselat, Martinet, Fragonard*, gravées par *Paul, Charron* et *Jazet* et 8 grandes lithographies.

1211. LABORDE (Alex. de). Quarante-huit heures de garde au château des Tuileries pendant les journées des 19 et 20 mars 1815. *A Paris, chez Nicole et Le Normant*, 1816, 2 figures de Couché et Bovinet. — UNE SEMAINE de Charles X, ou l'aurore d'un beau règne, esquisses historiques, ornées de dessins composés et lithographiés par d'habiles artistes. *Paris*, 1825, 5 lith.. — Ens. 2 vol. in-4, cartonnés.

1212. MÉMOIRES : 5 vol. in-8, demi-rel. chagrin et cartonn. toile de diverses couleurs, tête dor., non rognés (*Pierson*).

CAZOTTE (J.-S.). Témoignage d'un royaliste. *Le Clère*, 1839. — CHRONIQUE INDISCRÈTE du XIXe siècle. Esquisses contemporaines, 1825. — LETTRES D'ARTWEL, correspondance politique et privée de Louis XVIII. *Lefèbure*, 1830. — RIVIÈRE (duc de). Mémoires posthumes, lettres et pièces authentiques. *Ladvocat*, 1829. — O' MAHONY (Le comte). Souvenirs politiques. *Avignon*, 1831.

1213. MÉMOIRES d'une femme de qualité sur Louis XVIII, sa cour et son règne, 4 vol. — Mémoires d'une femme de qualité depuis la mort Louis XVIII, jusqu'à la fin de 1829, 2 vol. (par E.-L. de Lamothe-Langon, Damas Hinard, P.-A. Malitourne et M. C. de Villemarest). *Paris, Mame et Delaunay-Vallée*, 1830. — Ens. 6 vol. in-8, demi-rel. veau fauve, dos orné, tr. marb. (*Rel. de l'époque*).

Reliure uniforme.

1214. MÉMOIRES d'une femme de qualité sur Louis XVIII, sa cour et son règne (par E.-L. de Lamothe-Langon, Damas Hinard, P.-A. Malitourne et M.-C. de Villemarest). *Paris, Mame et Delaunay-Vallée*, 1829, 4 vol. in-8, demi-rel. mar. rouge à longs grains, tête dor., non rognés (*Couvert.*).

1215. MONTPENSIER (Antoine-Philippe d'Orléans, duc de). Mémoires. *Paris, Imp. Royale*, 1837, in-8, portrait, dos et coins mar. rouge, tête dor., non rogné.

1216. PASQUIER (Chancelier). Histoire de mon temps. Mémoires du Chancelier Pasquier, publié par M. le Duc d'Audiffret-Pasquier. *Paris, Plon, Nourrit et Cie*, 1893-1895, 6 vol. in-8, demi-rel. mar. brun, tête dor., non rognés (*Pierson*).

Exemplaire imprimé sur PAPIER DE HOLLANDE.

1217. RECUEIL de pièces politiques diverses imprimées, de 1814 à 1824. 336 pièces en 31 vol. in-8, demi-rel. bas. verte, tr. jasp. (*Rel. de l'époque*).

Collection importante débutant par la Constitution française présentée par Louis XVIII au Sénat et au Corps législatif, avec le traité de paix de 1814, les observations de M. Guibert sur la Charte, les réflexions de Duvergier de Hauranne sur l'organisation municipale, etc., etc.

Ce recueil contient également une grande quantité de brochures d'auteurs divers relatives aux questions politiques de l'époque parmi lesquelles : les Élections de 1818 de Benjamin Constant, plusieurs écrits relatifs à la loi des élections du 5 février 1817, sur la liberté de la presse, le budget, les finances, le commerce, les tabacs, les réflexions politiques de Châteaubriand, sur la responsabilité des ministres, sur la garde royale. On y remarque également : *Le joli petit jeu de la maison que Pierre a bâtie, 1820, avec figures sur bois*, un mémoire historique sur Fouché (1815) par un anglais, la bombe royaliste lancée par Martainville (Le Drapeau Blanc), un mémoire des colons de Saint-Domingue, une revue politique de l'Europe en 1825, divers écrits sur la rente, les mines (sel gemme), sur la traite des noirs, etc., etc.

1218. RESTAURATION. 8 vol. in-8, demi-rel. veau brun et cart. toile ou demi-toile diverses couleurs, en partie non rognés.

BEAUCHAMP (Alph. de). La duchesse d'Angoulême à Bordeaux. *Versailles* 1815. — La Caussette entre Mme Pincée et M. Finale, sur la légitimation des Pairs et des représentants du peuple. *Paris*, 1815. — Des Révolutionnaires et du ministère actuel. *Paris*, 1815. — DURAND (M.). Les événements d'Avignon par un témoin oculaire. *Paris*, 1816. — Exposé des crimes et attentats commis par les assassins de la commune d'Arpaillargues dans la journée du 11 avril 1815 contre les Volontaires-Royaux, composant l'armée de S. A. R. Mgr. Duc d'Angoulême. *Nismes*, 1816. — LICQUET (Th.). Le retour du roi. *Paris*, 1815. — Pamphlets,

1814-1820, 8 pièces. — Procès du maréchal-de-camp Rigau et du capitaine Thomassin. *Paris*, 1816.

1219. RESTAURATION. 4 vol. in-8, cartonn. toile bleue grise et rouge, tête dor., non rognés (*Pierson*).

Albany (Comtesse d'). Le Portefeuille de la Comtesse d'Albany (1806-1824). *Fontemoing*, 1902, port. — Dreyfus (Ferdinand). La Rochefoucauld-Liancourt (1747-1827). *Plon*, 1903, port. — Ferrand (Comte). Mémoires. *Picard*, 1897, port. — Marquiset (Armand). A travers ma vie souvenirs classés et annotés. *Champion*, 1904, port.

1220. RESTAURATION. 5 vol. in-8, demi-rel., ou dos et coins mar. de diverses couleurs, tête dor., non rognés (*Pierson*).

Chabreul (de). Gouverneur de princes, 1737-1830. *Levy, s. d.* — Grandmaison (Geoffroy de). La Congrégation (1801-1830). *Plon*, 1889. — Beaulaincourt-Marles (Csse de). Boniface-Louis-André de Castellane 1758-1837. *Plon*, 1901. — Remacle (Cte de). Relations secrètes des agents de Louis XVIII à Paris sous le Consulat. *Plon*, 1899. — Villeneuve (Mise de). Charles X et Louis XVIII en exil. *Plon*, 1889.

1221. RESTAURATION. 6 vol. in-8, demi-rel. mar. rouge, vert, grenat, etc., tête dor., non rognés, couvert. (*Pierson*).

Lacombe (Charles de). Le Comte de Serre sa vie et son temps. *Didier*, 1881, 2 vol. — Rougé (Comte A. de). Le Marquis de Vérac et ses amis 1768-1858. *Plon*, 1890, port. — Rousset (Camille). Le Marquis de Clermont-Tonnerre. *Id.*, 1885. — Vitrolles (Amélie de). Sa vie et sa correspondance. *Perrin*, 1890, 2 vol., port.

1222. TOUCHARD-LAFOSSE (G.). Souvenirs d'un demi-siècle. Vie publique, vie intime, mouvement littéraire, portraits, 1789-1836. *Paris, Dumont*, 1836, 6 vol. in-8, portrait, cartonn. toile grenat, tête dor., non rognés (*Pierson*).

1223. VILLÈLE (Comte de). Mémoires et correspondance. *Paris, Perrin et Cie*, 1888-1890, 5 vol. in-8, portrait et fac-simile, demi-rel. mar. bleu, tête dor., non rognés, couvert. (*Pierson*).

12. — LOUIS-PHILIPPE

1224. ALTON-SHÉE (Cte d'). Souvenirs de 1847 et de 1848. *Dreyfous, s. d.* — Bourgoing (Bon P. de). Souvenirs d'histoire contemporaine. *Dentu*, 1864. — Germond. La garde royale pendant les évènemens du 26 juillet au 5 août 1830. *Dentu*, 1830. — Hautpoul (Mis Amand). Souvenirs. *Plon*, 1902. — Lacombe (Ch. de). La jeunesse de Berryer. *Didot*, 1894. — Rambuteau (Comte de). Mémoires. *Lévy*, 1905. — Tocqueville (Alexis de). Souvenirs. *Lévy*, 1893. — Trognon (Aug.). Vie de Marie-Amélie, reine des français. *Lévy*, 1871. — Ens. 8 vol. in-8, dont 2 cartonn. toile ou demi-toile bleue et 6 demi-rel. ou dos et coins mar. de diverses couleurs, tête dor., non rognés (*Pierson*).

1225. APPERT (B.). Dix ans à la Cour du roi Louis-Phillppe et souvenirs du temps de la Restauration. *Paris et Berlin*, 1846, 3 vol. in-8, dos et coins mar. vert, tête dor., non rognés (*Pierson*).

1226. BARANTE (le baron de). Souvenirs, 1782-1866, publiés par son petit-fils Claude de Barante. *Paris, Calmann-Lévy*, 1890-1901, 8 vol. in-8, brochés.

1227. BROGLIE (Duc de). Souvenirs, 1785-1870. *Paris, Calmann-Lévy*, 1886, 4 vol. in-8, demi-rel. mar. olive, tête dor., non rognés (*Pierson*).

Tomes I à IV.

1228. CAMPAGNES D'AFRIQUE. 4 vol. in-8, demi-rel. mar. rouge et cartonn. toile de diverses couleurs, tête dor., non rognés (*Pierson*).

Campagnes d'Afrique 1835-1848. Lettres adressées au Maréchal de Castellane par les maréchaux Bugeaud, Clauzel, Valée, Canrobert. *Plon*, 1898. — Journal d'un officier de l'armée d'Afrique. *Anselin*, 1831 (par F.-A. Desprez). — Orléans (Duc d'). Campagnes de l'armée d'Afrique (1835-1839). *Lévy*, 1870, pl. et carte. — Rousset (Camille). La conquête d'Alger. *Plon*, 1879.

1229. ESTOURMEL (Le Comte Joseph d'). Souvenirs de France et d'Italie dans les années 1830, 1831 et 1832. *A Paris, de l'Imp. de Crapelet*, 1848, gr. in-8, cartonn. toile marron, tête dor., non rogné (*Pierson*).

Exemplaire imprimé sur grand papier.

1230. FALLOUX (Comte de). Discours et mélanges politiques. *Paris, Plon*, 1882, 2 vol. in-8, demi-rel. mar. grenat, tête dor., non rognés (*Pierson*).

1231. GUIZOT. Mémoires pour servir à l'histoire de mon temps. *Paris, Michel-Lévy*, 1858-1867, 8 vol. in-8, demi-rel. veau fauve, tr. jasp.

1232. IDEVILLE (Cte H. d'). Le maréchal Bugeaud, d'après sa correspondance intime et des documents inédits, 1784-1849. *Paris, Didot*, 1881, 2 vol. gr. in-8, portrait, demi-rel. mar. vert., tête dor., non rognés (*Pierson*).

1233. JOURNAL des opérations de l'artillerie au siège de la citadelle d'Anvers, rendue le 23 décembre 1832, à l'armée française, sous les ordres de M. le Maréchal c^te Gérard. *Paris, de l'Imp. Royale*, 1833, in-4, 2 plans, veau vert foncé, fil. et dent., dos orné, dent. int., tr. dor. (*Rel. de l'époque*).

Exemplaire provenant de la bibliothèque de la Chambre des Pairs, avec le cachet de cette bibliothèque sur le premier feuillet et ces mots frappés en or sur le premier plat de la reliure « *Chambre des pairs* ».

On y a joint : Relation du siège d'Anvers, par J.-W.-T. (Themen) : in-8 cartonné, non rogné.

1234. MORTAIN (Comte Léoni de). L'Espion de police ou mémoires du Cte Léoni de Mortain ex-agent de la police secrète, écrits pendant et après sa captivité en 1845-1846, par C. d'Haine. *Paris, Belliard*, 1846-1847, 2 vol. in-8, cartonn. toile verte, tête dor., non rognés (*Pierson*).

1235. NOUVION (Victor de). Histoire du règne de Louis-Philippe Ier, roi des Français, 1830-1848. *Paris, Didier et Cie*, 1858-1861, 4 vol. in-8, cartonn. toile bleue, tête dor., non rognés (*Pierson*).

1236. ORLÉANS (Duc d'). Récits de campagne publiés par ses fils, le comte de Paris et le duc de Chartres. Deux-cent-cinquante gravures sur bois d'après Dauzats, Decamps, Paul Delaroche, Ingres, Eugène Lami, Raffet, Horace Vernet, etc., etc. *Paris, Calmann Lévy*, 1892, gr. in-8, demi-rel. mar. grenat, tête dor., non rogné, couvert. (*Pierson*).

1237. PIERRE (Victor). Histoire de la République de 1848. *Paris, Plon et Cie*, 1878, 2 vol. gr. in-8, cartonn. demi-bas. violette, tête dor., non rognés (*Pierson*).

Petit cachet sur les faux-titres.

1238. PIMODAN. Souvenirs du général Marquis de Pimodan 1847-1849, avec une introduction et des notes par un ancien officier. Cartes des campagnes d'Italie et de Hongrie, portrait de l'auteur. *Paris, H. Champion*, 1891, 2 vol. in-16, portrait et cartes, dos et coins, mar. rouge, tête dor., non rognés (*Pierson*).

1239. RICHEMONT (Le Général Camus, Baron de). Mémoires. *Moulins, Desrosiers*, 1858, in-8, demi-rel. bas. bleue, tr. jasp.

Ouvrage publié pour la famille du général et ses amis.
Exemplaire offert à M. Dupin, procureur général.

1240. THUREAU-DANGIN (Paul). Histoire de la monarchie de Juillet. *Paris, Plon, Nourrit et Cie*, 1884-1892, 7 vol. gr. in-8, demi-rel. mar. rouge, tête dor., non rognés (*Pierson*).

1241. JOURNAUX, AFFICHES, PROCLAMATIONS, canards, pièces de vers satyriques, chansons, etc. relatifs à la Révolution de 1848. Réunion d'environ 1200 pièces contenues en 6 cartons in-fol. forme livre.

Journaux et pièces etc., publiés de 1848 à 1852.

13. — DE NAPOLÉON III A NOS JOURS

1242. ACTES SATIRIQUES et officiels de Louis-Napoléon Bonaparte. Souvenirs historiques. Manuscrit de 220 pp. en 5 cahiers, pet. in-fol.

Ce Manuscrit débute au 30 octobre 1836 et se continue, au jour le jour, jusqu'au 8 mai 1852. On y a joint : Quelques numéros de la *Presse* de l'année 1851, 3 numéros de l'*Observateur de l'Aisne* de la même année, une proclamation de Napoléon III, etc.

1243. BERTON (Henry). L'évolution constitutionnelle du second Empire. *Alcan*, 1900. — LEBEY (André). Les trois coups d'état de Louis-Napoléon Bonaparte. *Perrin*, 1906, port. — PRÉVOST-PARADOL. La France nouvelle. *Lévy*, 1868. — TÉNOT (Eugène). Paris en décembre 1851. Étude historique sur le coup d'état. *Le Chevalier*, 1868. — Ens. 4 vol. in-8, demi-rel. mar., tr. jasp. et cartonn., toile verte, tête dor., non rognés (*Pierson*).

1244. CONEGLIANO (Duc de). Le second Empire. La Maison de l'Empereur. Préface de Frédéric Masson. Avec 14 héliogravures d'après les documents de l'époque. *Paris, Calmann-Lévy*, 1897, gr. in-8, demi-rel. mar. vert., tête dor., non rogné (*Pierson*).

1245. DELORD (Taxile). Histoire du second Empire (1848-1869). *Paris, Germer Baillière*, 1869-1874, 6 vol. in-8, demi-rel. chagrin vert, tr. jasp.

1246. DESCHAMPS (Aug.). Histoire de la chute du second Empire. *Lacroix*, 1871. — Liégeard (Stéphen). Le Crime du 4 septembre. *Bruxelles*, 1871. — Monsieur Napoléon et sa cour. *Bruxelles*, 1871. — Papiers et correspondance de la famille impériale. *Imp. nationale*, 1870. — Papiers sauvés des Tuileries, suite à la correspondance de la famille impériale. *Dentu*, 1871. — Ens. 5 vol. in-8, demi-rel., chagrin de diverses couleurs et cartonn. toile.

1247. FLEURY (Comte). Souvenirs du Général comte Fleury (1837-1867). Avec deux portraits en héliogravure. *Paris, E. Plon, Nourrit et Cie*, 1897-1898, 2 vol. in-8, demi-rel. mar. grenat, tête dor., ébarbés (*Pierson*).

1248. GUERRES DU SECOND EMPIRE. 4 vol. in-8, demi-rel. mar. rouge et cartonn., toile de diverses couleurs, tête dor., non rognés (*Pierson*).

Carrol (Dr). Le maréchal de Saint-Arnaud en Crimée. *Tresse et Stock*, 1895, port. — Lion (Félix). Sébastopol ou la campagne de Crimée, poème en six chants. *Mexico*, 1855. — Baissac. Souvenirs de la Campagne de Crimée; journal d'un médecin allemand au service de l'armée russe. *S. d.* (extrait). — Vanson (Gl). Crimée. Italie. Mexique. Lettres de campagnes 1854-1867. *Berger-Levrault*, 1905, port.

1249. GUERRES DU SECOND EMPIRE (Ouvrages relatifs aux). 7 vol. in-8, dont 5 cartonn. toile rouge ou verte, et 2 dos et coins et demi-rel. mar. rouge et grenat, tête dor., non rognés (*Pierson*).

Bazancourt (Bon de). Les expéditions de Chine et de Cochinchine. *Amyot*, 1861, 2 vol. — King (Bolton). Histoire de l'unité italienne. Histoire de la politique de l'Italie, de 1814 à 1871. *Alcan*, 1901, 2 vol. — Lubomirski (prince). De Sébastopol à Solférino. *Lévy*, 1891. — Mazade (Ch. de). Le comte de Cavour. *Plon*, 1877. — Middleton. Garibaldi. Ses opérations à l'armée des Vosges. *Garnier*, 1872.

1250. HAUSSMANN (Le Baron). Mémoires. *Paris, Victor-Havard*, 1890-1893, 3 vol. in-8, portr., demi-rel., mar. La Vall. jans., tête dor., non rognés, couvert. (*Pierson*).

1251. LA GORCE (Pierre de). Histoire du Second Empire. *Paris, Plon, Nourrit et Cie*, 1894-1903, 6 vol. in-8, demi-rel. mar. bleu jans., tête dor., non rognés (*Pierson*).

Le Tome VI est broché.

1252. LA MOTTE ROUGE (Le général de). Souvenirs de campagne, 1804-1883. *Nantes, Vincent Forest et Emile Grimaud*, 1888-1889, 3 vol. in-8, portraits, cartonn. dos et coins toile grenat, non rognés, couvert.

1253. NAPOLÉON III (Ouvrages relatifs au règne de). 11 vol. in-12, cartonn. toile, tête dor., non rognés (*Pierson*).

Blot (Sylvain). Napoléon III, histoire de son règne. *Paris*, 1899. — Carette (Mme). Souvenirs intimes de la cour des Tuileries. *Ollendorff*, 1889-1891, 2 vol. (1re et 3e séries). — Imbert de Saint-Amand. Louis-Napoléon et Mademoiselle de Montijo. *S. d.* — Napoléon III et sa cour. *S. d.* — Le règne de Napoléon III, 1861. — Napoléon III, 1862-1863. — L'Apogée de Napoléon III (1860). *Dentu*, ens. 5 vol. — La Cour à Compiègne, confidences d'un valet de chambre. *Paris*, 1866. — Papiers et correspondances de la famille impériale. *Garnier*, 1871, 2 vol.

1254. PRINCE IMPÉRIAL (Ouvrages relatifs au). 7 vol. in-8 et in-12, demi-rel. mar. vert, et chag. bleu et cartonn. toile verte, tête dor., non rognés (*Pierson*).

Le Dernier des Napoléon. *Lacroix*, 1872. — Hérisson (Cte d'). Le Prince impérial. *Ollendorff*, 1890. — Lepelletier (Edmond). Le dernier Napoléon. *Tallandier, s. d.*, 2 vol. — Le fils de Napoléon, épilogue de martyr des Anglais. *Montgredien, s. d.*, — ens. 3 vol. — Martinet (André). Le Prince Impérial, 1856-1879. *Chailley*, 1895. — Verly (Albert). De Notre-Dame au Zululand. *Ollendorff*, 1896.

1255. RELATION GÉNÉRALE des cérémonies relatives au mariage de sa Majesté l'Empereur Napoléon III avec Son Excellence Mademoiselle Eugénie de Gusman Comtesse de Teba. *Paris, Imprimerie Impériale*, 1853, in-4, dos et coins chag. vert, tête dor., non rogné.

1256. ROUSSET (Camille). Histoire de la guerre de Crimée. *Paris, Hachette et Cie*, 1887, 2 vol. et atlas de 10 cartes en couleurs, in-8, cartonn. demi-bas. grenat, tête dor., non rognés (*Pierson*).

1257. SECOND EMPIRE (Ouvrages relatifs au). 5 vol. in-8, dos et coins et demi-rel. mar. de diverses couleurs, tête dor., non rognés (*Pierson* et *Champs*).

Lamy (Etienne). Etudes sur le second Empire. *Lévy*, 1895. — Maupas. Mémoires sur le second Empire. *Dentu*, 1884-1885. — Michels (Baron des). Souvenirs de carrière (1855-1886). *Plon*, 1901. — Persigny (Duc de). Mémoires. *Plon*, 1896, port.

1258. SECOND EMPIRE (Ouvrages relatifs au). 8 vol. in-8, cartonn. toile verte, grise et bleue, tête dor., non rognés (*Pierson*).

Bavoux (Evariste). La France sous Napoléon III. *Plon*, 1870, 2 vol. — Ménière (Prosper). Journal. *Id.*, 1903, port. — Proudhon (P. J.). Napoléon III. *Ollendorff*, 1900. — Randon (Maréchal). Mémoires. *Lahure*, 1875-1877, 2 vol. — Stéfane-Pol. La Jeunesse de Napoléon III. *Juven, s. d.* — Thouvenel (L.). Pages de l'histoire du second Empire (1854-1866). *Plon*, 1903, port.

1259. THOUVENEL (L.). Le Secret de l'Empereur, correspondance confidentielle et inédite échangée entre M. Thouvenel, le duc de Gramont et le général comte de Flahault, 1860-1863, publiée avec des notes et un index biographique par L. Thouvenel. *Paris, Calmann-Lévy*, 1889, 2 vol. in-8, demi-rel. mar. vert, tête dor., non rognés, couvert. (*Pierson*).

1260. VERLY (Albert). Souvenirs du second Empire. L'Escadron des cent-gardes. Illustrations de Félix Régamey. *Paris, Paul Ollendorff*, 1894, in-8, demi-rel. mar. rouge, fil., dos orné, tête dor., non rogné, couvert. (*Pierson*).

Un des dix exemplaires (n° 4) imprimés sur papier de Hollande.

1261. VIEL CASTEL (Comte Horace de). Mémoires sur le règne de Napoléon III (1851-1864), publiés d'après le manuscrit original et ornés du portrait de l'auteur, avec une préface par L. Léouzon Le Duc. *Paris, chez tous les Libraires*, 1883-1884, 6 vol. gr. in-8, cartonn. demi-mar. brun, tête dor., non rognés (*Pierson*).

1262. ARMÉE DE L'EST. 8 vol. gr. et pet. in-8, et in-12, demi-rel. mar. et cartonn. toile rouge et bleue, tête dor., non rognés (*Pierson*).

Le Général Bourbaki. *Plon*, 1885, portrait. — Genevois (Henri). Les Dernières cartouches

(1871). *Lesoudier,* 1893, cartes. — Grandin (Commandant). Le général Bourbaki. *Berger-Levrault,* 1898, port. — Journal d'une infirmière pendant la guerre de 1870-71. *Plon,* 1871. — Lehautcourt (Pierre). Campagne de l'Est en 1870-1871. *Berger-Levrault,* 1896, cartes. — Piépape (Général de). Le Coup de grâce. *Plon,* 1906, cartes. — Secretan. L'Armée de l'Est. *Fishbacher,* 1894, cartes.

1263. ARMÉE DU RHIN ET BLOCUS DE METZ. 7 vol. in-8, dont 4 demi-rel. chagrin de diverses couleurs, 1 veau fauve et 2 cartonn. toile rouge et brune, tête dor., non rognés (*Pierson*).

Bazaine (Maréchal). L'Armée du Rhin depuis le 12 août jusqu'au 29 octobre 1870. *Plon,* 1872. — Bazaine. Episodes de la guerre de 1870 et le blocus de Metz. *Madrid,* 1883. — Blocus (Le) de Metz en 1870. Publication du conseil municipal de Metz. *Metz,* 1871. — Fay Journal d'un officiel de l'armée du Rhin. *Bruxelles,* 1871. — Nazet (H.) et Spoll (A.). Blocus et capitulation de Metz. *Bruxelles,* 1870. — Quesnoy (Dr). Armée du Rhin. *Furne,* 1872. — Vaincus (Les) de Metz par E. J... *Lacroix,* 1871.

1264. ASSEMBLÉE NATIONALE. Enquête parlementaire sur les actes du gouvernement de la Défense Nationale et sur l'insurrection du 18 mars. *Versailles, Cerf et fils,* 1872-1875, 19 vol. in-4, demi-rel. chagrin, tr. jasp.

Rapports, 10 vol. — Dépositions des témoins, 5 vol. — Algérie, 2 vol. — 18 Mars, 3 vol.
Il manque le tome 8 des *Rapports*.

1265. COMMUNE ET AU SIÈGE DE PARIS (Ouvrages relatifs à la). 15 vol. in-8 et in-12, demi-rel. chagrin bleu, La Vall. vert et demi-veau, ou cartonn. toile de diverses couleurs, tête dor., non rognés (*Pierson*).

Beaumont-Vassy (Vte de). Histoire de la Commune de Paris en 1871. *Garnier,* 1871. — Bourelly (Gal). Les misères de la guerre sous la Commune. *Combet, s. d.* — Clère (Jules). Les Hommes de la Commune. Biographie complète. *Dentu,* 1871. — Da Costa (Gaston). La Commune vécue. *Quantin,* 1903, 2 vol. — Dauban (C. A.). Le fond de la société sous la Commune. *Plon,* 1873. — Dupont (Léonce). Souvenirs de Versailles pendant la Commune. *Dentu,* 1881. — Gallet (Louis). Guerre et commune. Impressions d'un hospitalier. *Calmann-Lévy,* 1898. — Guerre des Communeux de Paris. 18 mars-28 mai 1871, par un officier supérieur de l'Armée de Versailles. *Didot,* 1871. — Hans (Ludovic). Second siège de Paris. Le Comité central et la Commune. *Lemerre,* 1871. — Margueritte (P. et V.). La Commune, *Plon, s. d.* — Mendès. Les 73 journées de la Commune. *Lachaud,* 1871. — Moriac (Ed.). Paris sous la Commune, 18 mars au 28 mai. *Dentu,* 1871. — Vinoy (Gal). L'Armistice et la Commune. Opérations de l'armée de Paris et de l'armée de réserve. *Plon,* 1872. — Yriarte (Ch.). Les Prussiens à Paris et le 18 mars. *Plon,* 1871.

1266. DESCAVES (Lucien). La Colonne, récit du temps de la Commune. Illustrations de Hermann-Paul. *Paris, Félix Juven, s. d.,* gr. in-8, demi-rel. mar. olive, fil., dos orné, tête dor., non rogné, couvert. (*Pierson*).

Un des 15 exemplaires imprimés sur papier du Japon.

1267. DUCROT (Général). La Défense de Paris (1870-1871). *Paris, E. Dentu,* 1875-1878, 4 vol. in-8, cartes, cartonn. toile rouge, tête dor., non rognés (*Pierson*).

1268. GUERRE DE 1870-1871, 3 vol. in-8, dont 2, demi-rel. mar. rouge et marron, et 1 cartonn. toile rouge, tête dor., non rognés (*Pierson*).

Moltke (Maréchal comte de). La Guerre de 1870. *Lesoudier,* 1891. — Palat (Le Commandant). Bibliographie générale de la guerre de 1870-71. *Berger-Levrault,* 1896. — Thoumas (Général). Souvenirs de la guerre de 1870-1871. *Librairie Illustrée, s. d.*

1269. GUERRE DE 1870-1871. Armées du Nord et de la Loire, 6 vol. in-8, dont

2 cartonn. toile grenat, 2 demi-rel. chagrin vert et 2 demi-rel. mar. rouge, tête dor., non rognés (*Pierson*).

Aurelle de Paladines (Gal d'). La première armée de la Loire. *Plon*, 1872. — Chanzy (Le Général). La deuxième armée de la Loire. *Plon*, 1871. — Deschaumes (Ed.). L'armée du Nord (1870-1871). *Didot*, 1895. — Lehaucourt (Pierre). Campagne du Nord en 1870-1871. *Nancy*, 1897. — Martin des Pallières (Général). Orléans. *Plon*, 1872. — Poirier (Jules). Mézières. *Paris*, 1902.

1270. GUERRE DE 1870-1871 (Ouvrages relatifs à la). 11 vol. in-8 et in-12, demi-rel. mar. chagrin ou veau, de diverses couleurs, et cartonn. toile rouge, bleue et brune.

Ambert (Gal Bon). Histoire de la guerre de 1870-1871. *Plon*, 1873. — Chuquet (Arthur). La Guerre, 1870-71. *Chailley*, 1895. — Claretie (Jules). La Guerre nationale, 1870-1871. *Lemerre*, 1871. — Denfert-Rochereau. La Défense de Belfort. *Le Chevalier*, 1871. — Domenech (Emm.). Histoire de la guerre de 1870-1871 et de la deuxième ambulance. *Lyon*, 1871. — Faverot de Kerbrech (Gal Bon). La guerre contre l'Allemagne (1870-71). *Plon*, 1905. — Fischbach (G.). Le Siège et le bombardement de Strasbourg. *Strasbourg*, 1870. — Jacquin (F.). Les chemins de fer pendant la guerre de 1870-1871. *Hachette*, 1872. — Marchand (A.). Le Siège de Strasbourg, 1870. La Bibliothèque, la Cathédrale. *Cherbuliez*, 1871. — Richebourg (E.) et Collas (L.). Les grands dévouements. Récits patriotiques (1870-71). *Dentu*, 1898. — Strasbourg. Journal des mois d'août et septembre 1870. *Sandoz*, 1874, 4 photographies.

1271. GUERRE FRANCO-ALLEMANDE (La) de 1870-71. Rédigée par la section historique du grand Etat-Major prussien. Traduction par le capitaine E. Costa de Serda. *Berlin et Paris*, 1874-1882, 5 vol. in-8, cartes et plans, dos et coins mar. rouge, tête dor., non rognés (*Allô*).

1272. JOURNAL DU SIÈGE DE PARIS. Décrets, proclamations, circulaires, rapports, notes, renseignements, documents divers officiels et autres, publiés par Georges d'Heylli (du 6 juillet 1870 au 1e février 1871). *Paris, Librairie générale*, 1874, 3 vol. gr. in-8, demi-rel. chagrin noir, tr. jasp.

1273. MURAILLES POLITIQUES françaises (Les) depuis le 18 juillet 1870 jusqu'au 25 mai 1871. Affiches françaises et allemandes. *Paris, Le Chevalier*, 1874, 2 vol. in-4, demi-rel. chagrin brun, tr. jasp.

1274. OCCUPATION ET LIBÉRATION DU TERRITOIRE, 1871-1873. Correspondances. *Paris, Calmann Lévy*, 1903, 2 vol. in-8, demi-rel. mar. olive, tête dor., non rognés, couvert. (*Pierson*).

1275. ROTHAN (G.). L'Affaire du Luxembourg. Le prélude de la guerre de 1870. — La France et la politique extérieure en 1867, 2 vol. — L'Europe et l'avènement du Second Empire. *Paris, Calmann-Lévy*, 1882-1890. — Ens. 4 vol. in-8, dos et coins mar. rouge et vert, tête dor., non rognés (*Champs*).

1276. SAINT-VICTOR (Paul de). Barbares et bandits. La Prusse et la Commune. *Paris, Michel Lévy*, 1872, in-12, dos et coins mar. noir jans., tête dor., non rogné, couvert. (*Pierson*).

Exemplaire imprimé sur papier de Hollande, orné de 20 aquarelles originales de G. Tiret Bognet.

1277. SEDAN (Ouvrages relatifs à la reddition de). 7 vol. in-8 et in-12, demi-rel. chag. et cartonn. toile de diverses couleurs, tête dor., non rognés (*Pierson*).

Bastard (George). La défense de Bazeilles. *Ollendorff*, 1884, pl. — Bibesco (Prince Georges). Campagne de 1870. Belfort. Reims. Sedan. *Plon*, 1872, plans. — Defourny. L'armée de Mac-Mahon et la bataille de Beaumont. *Bruxelles*, 1871, cartes. — Lebrun (Général). Guerre de 1870. Bazeilles. Sedan. *E. Dentu*, éditions 1884 et 1891, 2 vol., cartes. — Meding (Oscar). De Sadowa à Sedan. *Id.*, 1885.

1278. SIÈGE DE PARIS EN 1870-1871 (Ouvrages relatifs au), 15 vol. in-8 et in-12, demi-rel. chagrin ou mar. de diverses couleurs, et cartonn. toile verte, grise, brune, tête dor., non rognés (*Pierson*).

Arsac (J. d'). Mémorial du Siège de Paris. *Curot*, 1871. — Bellier de Villiers. Le 5ᵉ secteur ou rempart des Ternes. Notes sur son organisation, son armement, etc. *Bachelin-Deflorenne*, 1871. — Cresson (E.). Cent jours du siège à la préfecture de police. 2 novembre 1870-11 février 1871. *Plon*, 1901. — Desjardins (G.). Tableau de la guerre des Allemands dans le département de Seine-et-Oise, 1870-1871. *Cerf*, 1873. — Dalsème (A.-J.). Paris pendant le Siège et les 65 jours de la Commune. *Dentu*, 1871. — Duquet (Alfred). Guerre de 1870-1871. Paris, Chevilly et Bagneux, les batailles de la Marne, second échec du Bourget et perte d'Avron, le Bombardement et Buzenval. *Charpentier*, 1891-1898, 4 vol. — La Roncière-le-Noury (Bon de). La marine au siège de Paris. *Plon*, 1872. — Quinet (Edgard). Le Siège de Paris et la défense nationale. *Lacroix*, 1871. — Trochu (Le général). L'Empire et la défense de Paris devant le jury de la Seine. *Hetzel*, 1872. — Villiers (L. de) et Targes (G. de). Tablettes d'un mobile. Journal anecdotique du siège de Paris. *Mollée*, 1871. — Viollet-le-Duc. Mémoire sur la défense de Paris. *Morel*, 1871. — Vinoy (Gal de). Siège de Paris. Opérations du 13ᵉ corps et de la 3ᵉ armée. *Plon*, 1872 avec l'atlas br.

1279. SOREL (Albert). Histoire diplomatique de la guerre franco-allemande. *Paris, Plon et Cⁱᵉ*, 1875, 2 vol. in-8, dos et coins mar. vert jans., tête dor., non rognés.

1280. TROCHU (Général). Œuvres posthumes. *Tours, Alfred Mame et fils*, 1896, 2 vol. in-8, demi-rel. mar. grenat, tête dor., non rognés, couvert. (*Pierson*).

Le Siège de Paris. — La Société, l'Etat, l'Armée.

1281. ALLIANCE FRANCO-RUSSE (Ouvrages relatifs à l'). 3 vol. in-8, dont 1 demi-rel. mar. La Vall., tête dor., non rogné, 1 mar. La Vall., chiffre sur les plats, tr. dor et 1 cartonn. toile blanche, tête dor., non rogné (*Pierson* et *Champs*).

Daragon (Henri). L'Empereur Nicolas II aux manœuvres françaises de 1901. *Daragon*, 1901, 16 planches hors texte. — Daudet (Ernest). Histoire diplomatique de l'alliance franco-russe, 1873-1893. *Ollendorff*, 1894. — Grand Carteret (John). Les caricatures sur l'alliance franco-russe. *Quantin, s. d.*, 88 reproductions.

1282. ARSAC (Henri). Goritz, Frohsdorf ou les stations de l'exil. Ouvrage illustré de 6 dessins hors texte à la plume par Paul Guillot. *Nancy*, 1884, in-12, mar. brun, fleurs de lis aux angles, dos fleurdelisé, dent. int., tr. dor. (*Louise Reymann*).

Tome Iᵉʳ seul paru.

1283. CASTEX (Général). Ce que j'ai vu, 1854-1892. *Paris, Capiomont*, 1898, 2 vol. in-8, demi-rel. mar. grenat, tête dor., non rognés (*Pierson*).

1284. COCHIN (Augustin). Les Espérances chrétiennes. *Paris, Plon*, 1883, in-8, demi-rel. mar. brun, tête dor., non rogné. — MARET (H.-L.-C.). La Vérité catholique et la paix religieuse. *Paris, Dentu*, 1884, in-8, dos et coins mar. La Vall., tête dor., non rogné (*Allô*). Ens. 2 vol.

1285. DURUY (Victor). Notes et souvenirs (1811-1894). *Paris, Hachette et Cie*, 1901, 2 vol. in-8, portrait, demi-rel. mar. La Vall., jans., tête dor., non rognés, couvert. (*Pierson*).

1286. FEUILLET (Mme Octave). Quelques années de ma vie. *Paris, Calmann Lévy*, 1894, in-8, dos et coins mar. brun, tête dor., non rogné, couvert. (*Champs*). — Souvenirs et correspondances. *Ibid., id.*, 1896, in-8 broché.

Un des 15 exemplaires imprimés sur PAPIER DE HOLLANDE.

1287. HISTOIRE CONTEMPORAINE. 4 vol. in-8, dont 3 demi-rel. et dos et coins mar. rouge et bleu et 1 cartonn. toile grise, tête dor., non rognés (*Pierson*).

Bus (François de). La politique contemporaine devant l'histoire. *Dentu*, 1884, 2 vol. — HUGONNET (Léon). Le Réveil national. *Havard*, 1886. — TESTE (Louis). Notes d'histoire contemporaine. *Champion*, 1898.

1288. HISTOIRE CONTEMPORAINE. 4 vol. in-8, demi-rel. ou dos et coins mar. grenat, vert et bleu, tête dor., non rognés (*Champs* et *Pierson*).

CASTELLANE (Mis de). La politique conservatrice. *Plon*, 1889. — CHESNELONG (Ch.). La campagne monarchique d'octobre 1873. *Plon*, 1895. — FLERS (Mis de). Le comte de Paris. *Perrin*, 1888, 8 portraits et fac-similé. — MÉMOIRES de Mme de La Ferronnays. *Ollendorff*, 1899.

1289. HISTOIRE CONTEMPORAINE. 4 vol. in-8, dont 2 demi-rel. mar. grenat et brun, et 2 cartonn. toile verte, tête dor., non rognés (*Pierson*).

MEAUX (Vte de). Souvenirs politiques (1871-1877). *Plon*, 1905. — MICHEL (Georges). Léon Say, sa vie, ses œuvres. *Calmann Lévy*, 1899. — RAMBAUD (Alfred). Jules Ferry. *Plon*, 1903. — ZÉVORT (E.). Histoire de la troisième république. La Présidence de M. Thiers. *Alcan*, 1896.

1290. LECOMTE (Commandant). Lang-Son, combats, retraite et négociations. *Paris, Henri Charles-Lavauzelle*, 1895, 2 vol. in-8, dont un atlas cartonn. toile orange, tête dor., non rognés (*Pierson*).

1291. LEGOUVÉ (Ernest). Soixante ans de Souvenirs. *Paris, Hetzel et Cie*, 1886-1887, 2 vol. in-8, dos et coins mar. vert, jans., tête dor., non rognés (*Pierson*).

1292. LESSEPS (Ferdinand de). Souvenirs de quarante ans, dédiés à mes enfants. *Paris, Nouvelle Revue*, 1887, 2 vol. gr. in-8, cartonn., demi-mar. brun, tête dor., non rognés (*Pierson*).

1293. THIERS (Ouvrages relatifs à). 4 vol. in-8, demi-rel., mar. violet et bleu, tête dor., non rognés (*Pierson*).

Mazade (Ch. de). Monsieur Thiers. Cinquante années d'histoire contemporaine. *Plon*, 1884. — NOTES et souvenirs de M. Thiers. *Lévy*, 1903. — SIMON (Jules). Le Gouvernement de M. Thiers. *Lévy*, 1878, 2 vol.

1294. THIERS. Discours parlementaires, publiés par M. Calmon. *Paris, Calmann-Lévy*, 1879-1882, 13 vol. in-8, demi-rel., mar. bleu, tête dor., non rognés (*Pierson*).

14. — MÉLANGES D'HISTOIRE POLITIQUE ET CIVILE DE FRANCE

1295. ALMANACH DE LA COUR, de la ville et des départements. *Paris, Le Fuel et Louis Janet,* 16 vol. in-18, cart., tr. dor., étuis.

1822, 1823, 1825 à 1836, 1838 et 1839.

1296. ARMÉE ET MARINE. 3 vol. in-8, demi-rel. et dos et coins, mar. bleu, rouge et marron, tête dor., non rognés (*Champs* et *Allô*).

Beauvoir (Roger de). Nos Généraux. 1871-1884. Avec 136 dessins à la plume. *Berger-Levrault,* 1885. — Charmes (Gabriel). La Réforme de la Marine. *Lévy,* 1886. — Vinoy (Le Général). L'Armée française en 1873. *Plon,* 1873.

1297. BABEAU. La ville et le village sous l'ancien régime. La vie rurale dans l'ancienne France. *Didier,* 1878-1883, 3 vol. — Bardoux (A.). La Bourgeoisie française. 1789-1848. *Lévy,* 1886. — Desmazes (Ch.). Les Communes et la royauté. *Willem,* 1877. — Vautier (Ad.). Voyage de France, mœurs, coutumes françaises (1664-1665). Relation de Seb. Locatelli. *A. Picard,* 1905. Ens. 6 vol. in-8, dont 2 cartonn., toile bleue et verte et 4 demi-rel. ou dos et coins mar. de diverses couleurs, tête dor., non rognés (*Pierson*).

1298. BARABÉ (A.). Recherches historiques sur le tabellionnage royal en France et principalement en Normandie. *Rouen,* 1856. — Broc (Vte de). La France sous l'ancien régime. *Plon,* 1887. — Desplaces (Henri). Sénats et chambres hautes. *Hachette,* 1893. — Bastard-d'Estang (Vte de). Les parlements de France. *Didier,* 1857, 2 vol. — Fournier (Paul). Les officialités au moyen-âge. *Plon,* 1880. Ens. 6 vol. in-8, demi-rel., dos et coins mar., et chagrin de diverses couleurs, tête dor., non rognés (*Pierson*).

1299. BAUDRILLART (Henri). Gentilshommes ruraux de la France. *Paris, Didot et Cie, s. d.,* port. — Vaissière (Pierre de). Gentilshommes campagnards de l'ancienne France. *Paris, Perrin,* 1903. — Ens. 2 vol. in-8, demi-rel., mar. grenat et cartonn. toile bleue, tête dor., non rognés, couvert. (*Pierson*).

1300. BÉTENCOURT (P.-L. de). Noms féodaux ou noms de ceux qui ont tenu fiefs en France depuis le XIIe siècle jusque vers le milieu du XVIIIe, extraits des Archives du royaume par un membre de l'Académie des Inscriptions et Belles-Lettres (par l'abbé P.-L. de Betencourt). *Paris, Beaucé-Rusand,* 1826, 2 vol. in-8, demi-rel., toile verte, non rognés.

1301. BOULAINVILLIERS (H. de). Mémoires abrégés des généralités du royaume de France. Manuscrit de 671 pp., en 3 vol. in-4, veau brun, dos orné, tr. rouges (*Rel. anc.*).

Manuscrit d'une bonne écriture du XVIIIe siècle commençant par l'histoire du gouvernement de la France depuis l'établissement de la Monarchie et s'arrêtant aux états de Tours de 1467-70.

On sait que Boulainvilliers n'a publié lui-même aucun de ses ouvrages ; mais qu'il laissait volontiers prendre copie de ses manuscrits.

1302. BOULAINVILLIERS (de). Etat de la France, dans lequel on voit tout ce qui regarde le gouvernement ecclésiastique, le militaire, la justice, les finances, le commerce, les manufactures, le nombre des habitants, et en général tout ce qui peut faire connoitre à fond cette monarchie... *A Londres, chez T. Wood et S. Palmer*, 1737, 6 vol. in-12, portrait et carte, veau brun, dos orné, tr. rouge (*Rel. anc.*).

1303. BOULLIER. Histoire des divers corps de la maison militaire des rois de France, depuis leur création jusqu'à l'année 1818. *Paris, Le Normant*, 1818, in-8, portrait, dos et coins vélin blanc, tête dor., non rogné.

1304. BRACHET (Auguste). Pathologie mentale des rois de France. Louis XI et ses ascendants. Une vie humaine étudiée à travers six siècles d'hérédité 852-1483. *Paris, Hachette et Cie*, 1903, in-8, demi-rel., mar. bleu, tête dor., non rogné, couvert. (*Pierson*).

1305. CENT ANS DE NUMISMATIQUE FRANÇAISE de 1789-1889 ou *A. B. C.* de la numismatique moderne à l'usage des historiens, archéologues, etc., comprenant tout ce qui, à des titres divers, se rattache à cette période centenaire, avec de nombreux et importants documents à l'appui, une causerie et un résumé sommaire de la numismatique en général, tenant lieu d'introduction et de préface, et, en tête de chaque chapitre comme illustrations supplémentaires, la reproduction des meilleures médailles frappées à l'occasion des événements les plus marquants de cette période. *Paris, D. Dumoulin et Cie*, 1893-1899, ens. 3 vol., dont un atlas in-fol., brochés.

Il n'y a que la première partie de l'Atlas.

1306. COMMERCE, DOUANE EN FRANCE : 7 vol. in-8, dont 4 cartonn. toile verte ou grise et 3 demi-rel. chag. ou mar. grenat et vert, tête dor., non rognés (*Pierson*).

Amé. Études sur les tarifs de douanes et sur les traités de commerce. *Imp. nat.*, 1876, 2 vol. — Audiganne (A.). Les populations ouvrières et les industries de la France. *Capelle*, 1860, 2 vol. — Deschamps (Léon). Histoire de la question coloniale en France. *Plon*, 1891. — Masson (Paul). Histoire du commerce français dans le Levant au xviie siècle. *Hachette*, 1896. — Sottas (Jules). Histoire de la compagnie des Indes Orientales 1664-1719. *Plon*, 1905.

1307. CORPS IMPÉRIAL DE L'ARTILLERIE. 1er Régiment à pied. Manuscrit in-4, de 54 ff. d'une bonne écriture de l'époque.

Manuscrit du commencement du xixe siècle, contenant, l'état par ancienneté des officiers, sous-officiers et soldats (artificiers, tambours, musiciens) composant l'effectif du 1er régiment d'artillerie à pied, l'état des militaires décorés de la Légion d'honneur, et ceux qui y sont proposés. On y remarque aussi, l'état nominatif des officiers mariés, et l'état des enfants de troupe admis à la demi-solde dans ledit régiment. Chaque nom cité est suivi, des grade, âge, détail des services, campagnes et actions d'éclat. Pour les officiers et sous-officiers, mariés, on y a ajouté le nom de l'épouse, le nombre d'enfants (garçons ou filles) et pour les sous-officiers et soldats, l'emploi que leur femme exerce au régiment.

1308. CORRESPONDANCE de Philibert Babou de la Bourdaisière, évêque d'Angoulême, depuis Cardinal, ambassadeur de France à Rome, publiée sur le manuscrit de la bibliothèque de Reims, par E. Henry et Ch. Loriquet. *Reims, P. Dubois*, 1859, in-8, dos et coins mar. rouge, tête dor., ébarbé (*Pierson*).

Tiré à 25 exemplaires sur papier vergé.

1309. COURCELLES (Chevalier de). Dictionnaire historique et biographique des généraux français, depuis le onzième siècle jusqu'en 1820. *A Paris, chez l'auteur,* 1820-1823, 9 vol. in-8, portraits, veau jasp., fil. et pet. dent., dos orné, tr. jaunes (*Rel. de l'époque*).

Aux armes du général comte Claparède, né en 1774, mort en 1841.

1310. COURCELLES (Chevalier de). Dictionnaire historique et biographique des généraux français depuis le onzième siècle jusqu'en 1823. *A Paris, chez l'auteur et Arthus Bertrand,* 1820-1823, 9 vol. in-8, demi-rel., veau bleu, dos orné, tr. jasp.

1311. DEBIDOUR (A.). Histoire des rapports de l'Église et de l'État en France de 1789 à 1870. *Paris, Alcan,* 1898, in-8 cartonn. toile bleue, tête dor. non rogné. — Muel (Léon). Gouvernements, ministères et constitutions de la France de 1789 à 1895. *Paris, Mouillot,* 1895, in-8, demi-rel. mar. La Vall., tête dor., non rogné (*Pierson*). Ens. 2 vol.

1312. DELAHANTE (Adrien). Une famille de finance au XVIIIe siècle. Mémoires, correspondances et papiers de famille réunis et mis en ordre. *Paris, Hetzel et Cie,* 1881, 2 vol. in-8, portraits, dos et coins mar. vert, tête dor., non rognés.

1313. DESJARDINS (Gustave). Recherches sur les drapeaux français. Oriflamme, Bannière de France, Marques nationales, Couleurs du Roi. *Paris, Ve A. Morel et Cie,* 1874, gr. in-8, dos et coins mar. rouge, fil., dos orné, tête dor. (*Champs*).

Ouvrage contenant 40 planches hors texte, la plupart coloriées.

1314. DOISY. Le Royaume de France, et les États de Lorraine, disposés en forme de dictionnaire, contenant le nom de toutes les provinces, villes, bourgs du royaume et des rivières qui y passent, le nombre des feux dont elles sont composées, les généralités, etc., etc., avec des tables particulières et fort instructives, relatives à chacune de ces matières, d'une table alphabétique, générale et fort étendue, où elles sont toutes réunies... *A Paris, chez N. Tillard,* 1753, fort vol. in-4, veau marb., dos orné, tr. rouges (*Rel. anc.*).

1315. DRUON (H). Histoire de l'éducation des princes dans la maison des Bourbons de France. *Paris, Lethielleux, s. d.* (1897), 2 vol. gr. in-8, cartonn., toile orange, tête dor., non rognés (*Pierson*).

1316. DU VAL. La géographie françoise, contenant les descriptions, les cartes et le blason des provinces de France. *Paris,* 1667. — Du Verdier. Le Voyage de France, dressé pour la commodité des françois à l'étranger. *Paris,* 1665. — Sainte-Marthe (de). Traité historique des armes de France et de Navarre. *Paris,* 1673. — Simonnel. Dissertation sur l'origine, les droits et les prérogatives des pairs de France. *S. l.,* 1753. — Trabouillet. L'État de la France, contenant tous les princes, ducs et pairs, et maréchaux, etc., etc. *Paris,* 1708, 3 vol. — Ens. 7 vol. in-12, veau brun et vélin blanc (*Rel. anc.*).

1317. ÉTAT ET MENU général de la dépense ordinaire de la chambre aux deniers du Roi. Année 1713. Manuscrit in-8, de 306 pp. veau écaille, fil., fleurons aux angles, dos orné, dent. int., tr. dor. (*Rel. anc.*).

Intéressant manuscrit d'une bonne écriture du commencement du 18e siècle ; on y remarque : un état des personnes qui doivent et ont droit de manger aux tables du roy pendant l'année 1713, des menus, des sommaires généraux de fournitures de bouche pour les jours gras et les jours maigres, les menus pour le confesseur du roy, pour le prédicateur qui a prêché devant le roy, etc., etc. La fin de la table manque.

Ce manuscrit provient de la vente de la bibliothèque du roi Louis-Philippe.

1318. FINANCES (Ouvrages relatifs aux). 4 vol. in-8, dont 3 demi-rel. mar. rouge, bleu et vert, et 1 cartonn. toile bleue, tête dor., non rognés (*Pierson*).

Amagat. Les Emprunts et les impôts de la rançon de 1871. *Plon*, 1889. — Cucheval-Clarigny. Les finances de la France de 1870 à 1891. *Perrin*, 1891. — Jannet (Claudio). Le Capital, la spéculation et la finance au xixe siècle. *Plon*, 1892. — Roche (J.). Les Budgets du xixe siècle et questions diverses. *Flammarion*, s. d.

1319. FRANCE AU DEHORS (La). Les Missions catholiques françaises au xixe siècle, publiées sous la direction du père J. B. Piolet. Illustrations d'après des documents originaux. *Paris, Armand Colin, s. d.*, 5 vol. gr. in-8, brochés.

1320. FUSTEL DE COULANGES. Recherches sur quelques problèmes d'Histoire. — Histoire des institutions politiques de l'ancienne France. La Gaule romaine. L'Invasion germanique et la fin de l'Empire. *Paris, Hachette et Cie*, 1885-1891. — Ens. 3 vol. in-8, demi-rel. mar. grenat et vert, tête dor., non rognés (*Pierson*).

1321. GEBELIN (Jacques). Histoire des milices provinciales (1688-1791). *Paris, Hachette*, 1882, gr. in-8, dos et coins mar. La Vall., tête dor., non rogné (*Couvert.*). — Lacolle (Le capitaine Noël de). Histoire des gardes-françaises. *Paris, Lavauzelle, s. d.*, in-8, cartonn. toile bleue, tête dor., non rogné, couvert. (*Pierson*). — Ens. 2 vol.

1322. GOURDON DE GENOUILLAC (H.). Dictionnaire des fiefs, seigneuries, chatellenies, etc. de l'ancienne France, contenant : les noms des terres et ceux des familles qui les ont possédées, leur situation provinciale, etc., etc. *Paris, Dentu*, 1862, in-8, dos et coins mar. bleu, tête dor., non rogné.

1323. GUÉRIN (Léon). Histoire maritime de France. Avec 31 belles gravures d'après les dessins de Gudin, Isabey, T. Johannot, Marckl, Raffet. *Paris, Abel Ledoux*, 1843, 2 vol. in-8, dos et coins chagrin vert, tête dor., non rognés.

1324. GUIZOT. Histoire parlementaire de France. Recueil complet des discours prononcés dans les chambres de 1819 à 1848. *Paris, Michel Lévy*, 1863-1865, 5 vol. in-8, demi-rel. mar. vert, dos orné, tr. jasp.

1325. GUYOT (Dr Jules). Étude sur les vignobles de France, pour servir à l'enseignement mutuel de la viticulture et de la vinification françaises. Deuxième édition augmentée. *Paris, Imp. nationale*, 1876, 3 vol. in-8, figures, demi-rel. chagrin rouge, tr. jasp.

1326. HENNIN. Les Monuments de l'histoire de France. Catalogue des productions de la sculpture, de la peinture et de la gravure relatives à l'histoire de la France et des Français. *Paris, J. F. Delion*, 1856-1863, 10 vol. in-8, papier vergé, cartonn. toile grenat, tête dor., non rognés (*Pierson*).

1327. LE GRAND D'AUSSY. Histoire de la vie privée des français, depuis l'origine de la nation jusqu'à nos jours. *A Paris, de l'Imp. de Ph. D. Pierres*, 1782, 3 vol. in-8, dos et coins mar. rouge jans., tête dor. (*Pierson*).

Bel exemplaire NON ROGNÉ.

1328. LEMAU DE LA JAISSE. Abrégé de la carte générale du militaire de France sur terre et sur mer... *A Paris, chez Prault*, 1740-1741, 2 vol. pet. in-8, veau marb., tr. rouges (*Rel. anc.*).

Sixième et septième abrégés, 1739 et 1740.

1329. LORBAC (Charles de). Les Richesses gastronomiques de la France. Les Vins de Bordeaux, généralités, culture, vendanges, classification, châteaux vinicoles, crus classés. Illustré par Charles Lallemand. *Paris, Hetzel, s. d.*, gr. in-4, broché (*Couvert. illust.*).

Première partie.
5 exemplaires.

1330. MALAGUTI (Capitaine). Historique du 87e régiment d'infanterie de ligne, 1690-1892. *Saint-Quentin, Imp. J. Moureau et fils*, 1892, gr. in-8, cartonn. toile brune, tête dor., non rogné, couvert. (*Pierson*).

1331. MARINE FRANÇAISE (Ouvrages relatifs à la). 3 vol. in-4 et in-8, demi-rel. mar. vert et cartonn. toile et demi-toile verte et grise, tête dor., non rognés (*Pierson*).

CUNAT (Ch.). Histoire de Robert Surcouf, capitaine de corsaire. Illustrations par Morel Fatio et Badin. *Chapelle, s. d.* — LACOUR-GAYET (G.). La marine militaire de la France sous le règne de Louis XVI. *Champion*, 1905. — LOIR (Maurice). Jean-Gaspard Vence, corsaire et amiral (1747-1808). *Baudoin*, 1894.

1332. MATHIEU-BODET. Les Finances françaises de 1870 à 1878. *Paris, Hachette et Cie*, 1881, 2 vol. in-8, demi-rel. mar. grenat, tête dor., non rognés (*Champs*).

1334. MAYER (Jos. de). Des États généraux, et autres assemblées nationales (collection recueillie et publiée par Jos. de Mayer). *A La Haye, et se trouve à Paris, chez Buisson*, 1788-1789, 18 vol. in-8, demi-rel. veau fauve, tr. rouges (*Rel. anc.*).

1335. MEAUX (Vte de). La Réforme et la politique française en Europe jusqu'à la paix de Westphalie. *Paris, Perrin et Cie*, 1889, 2 vol. in-8, demi-rel. mar. vert foncé, tête dor., non rognés.

1336. MOREL (Octave). La grande chancellerie royale et l'expédition des lettres royaux de l'avènement de Philippe de Valois à la fin du XIVe siècle (1328-1400). *Paris, A. Picard et fils*, 1900, gr. in-8, cartonn. toile bleue, tête dor., non rogné, couvert. (*Pierson*).

1337. MORT DES ROIS DE FRANCE (Ouvrages relatifs à la). 3 vol. in-12, dos et coins et demi-rel. mar. rouge et noir, tête dor., non rognés (*Pierson*).

Corlieu (A.). La mort des rois de France depuis François Ier, études médicales et historiques. *Champion*, 1892. — Heilly (Georges d'). Morts royales. 1867 (Hollande). — La Mort de Louis XIV. Journal des Anthoine publié pour la première fois avec introduction de E. Drumont. *Quantin*, 1880, pl. (Hollande).

1338. ORDONNANCE DU ROI, concernant les régimens provinciaux. Du premier décembre 1774. *A Reims, chez Cazin*, 1775, 57 pp. et 7 modèles de congés ou formules. — Procès-Verbal de ce qui s'est passé à l'Assemblée des Notables, tenue au Palais des Tuileries, en l'année 1626, sous le règne de Louis XIII... suivi de la harangue du roi Henri IV à l'Assemblée qu'il convoqua à Rouen en l'année 1596. *A Paris, de l'Imp. polytype*, 1787, 92 pp. en 1 vol. in-8, demi-rel. bas. bleue, tr. jasp. (*Rel. mod.*).

1339. OUVERTURES des parlements (Les) faictes par les roys de France, tenant leur liet de Justice: ausquelles sont adioustées cinq remonstrances, autrefois faictes en icelles au Parlement de Paris, par Louis d'Orléans. *A Lyon, de l'Imp. de Simon Rigaud*, 1619, in-8, de 4 ff. non chiff., 584 pp. et 14 ff. non chiff., vélin blanc (*Rel. anc.*).

1340. PAQUIER (J.-B.). Histoire de l'unité politique et territoriale de la France. *Paris, Hachette et Cie*, 1879, 3 vol. in-8, cartes, cartonn. demi-bas. noire, tête dor., non rognés (*Pierson*).

1341. PICOT (Georges). Histoire des États Généraux considérés au point de vue de leur influence sur le gouvernement de la France, de 1355 à 1614. *Paris, Hachette et Cie*, 1872, 4 vol. in-8, papier vergé, dos et coins mar. grenat, tête dor., non rognés.

1342. PROCÈS-VERBAL de M^r^ d'Aguesseau. Manuscrit de 277 feuillets in-fol., veau marb., non rogné (*Rel. anc.*).

Manuscrit d'une bonne écriture du milieu du XVIIIe siècle contenant 19 mémoires divers sur la douane de Lyon, l'imposition foraine, la foire de Beaucaire, le denier de Saint-André, le Péage royal d'Aix, les droits sur les aluns, sur l'étain, le fret, sur la vente et la distribution du tabac, etc., etc.

1343. RECUEIL de lettres patentes, brevets et commissions expédiées par MM. les secrétaires d'Estat. Manuscrit du XVIIe siècle, de 287 feuillets, in-4, rel.

Intéressant manuscrit provenant de la bibliothèque de d'Aguesseau, vendue en 1785.

1344. RIGAUD DE VAUDREUIL (Le Cte). Tableau des mœurs françaises aux temps de la chevalerie; tiré du roman de sire Raoul et de la belle Ermeline, mis en français moderne, et accompagné de notes sur les guerres générales et privées; sur les rapports des grands vassaux avec le roi, sur le ban et l'arrière-ban, etc., etc., toutes extraites des auteurs les plus accrédités par L. C. P. D. V. (le comte Rigaud de Vaudreuil). *Paris, Adrien Egron*, 1825, 4 vol. in-8, demi-rel. chagrin rouge, tête dor., non rognés.

1345. ROUGEMONT (B. de). Le Rodeur français, ou les mœurs du jour. *Anvers, chez Van Esse*, 1827-1828, 6 parties en 3 vol. in-8, demi-rel. veau fauve, tr. jasp.

1346. ROULLIARD (Sébastian). Le Grand aulmosnier de France. *A Paris, chez David Douceur,* 1607, pet. in-8, veau fauve, tr. rouges (*Rel. anc.*).

1347. TESSEREAU (Abraham). Histoire chronologique de la grande chancellerie de France, contenant son origine, l'estat de ses officiers, un recueil exact de leurs noms depuis le commencement de la Monarchie jusqu'à présent, leurs fonctions, privilèges, prérogatives, droits et réglemens..... *A Paris, chez Pierre Le Petit,* 1676, in-fol., veau brun, dos orné, tr. marb. (*Rel. anc.*).

1348. TITEUX (Eugène). Historiques et uniformes de l'armée française. Texte et dessins par Eugène Titeux. *Paris, Em. Lévy et Cie, s. d.,* in-fol. en feuilles.

28 chromolithographies : Infanterie, 4 pl. — Hussards, 2 pl. — Chasseurs à cheval, 2 pl. — Cuirassiers, 4 pl. — Dragons, 4 pl. — Spahis, Chasseurs d'Afrique, Infanterie légère d'Afrique, Tirailleurs algériens, Zouaves et régiments étrangers, 12 pl.

15. — HISTOIRE PARTICULIÈRE DES ANCIENNES PROVINCES ET VILLES DE FRANCE

1349. ATLAS GÉNÉRAL hydrographique et militaire des côtes de France, ou description des parties maritimes de la France, depuis Dunkerque jusqu'à Antibes ; contenant un détail exact des villes fortifiées, forts, ports, bayes, rivières, avec leurs marées, courents, sondes, bancs, et ainsi que des Manufactures, articles du commerce et des Invasions remarquables, sièges et combats de mer arrivés sur ou près de ces côtes ; orné des cartes des côtes et des plans de toutes les villes fortifiées. *Londres,* 17.., in-fol. oblong, dos et coins mar. vert, jans., tr. jasp.

Cet atlas contient 87 cartes ou plans gravés par Jefferys et coloriés, avec un titre manuscrit calligraphié sur lequel se trouve la note suivante :

« Cet ouvrage est fait avec la plus grande exactitude ; une Commission spéciale nommée pour la reconnaissance des côtes de l'Océan et de la mer Méditerranée en a vérifié la plus grande partie livre en main dans les courses faites pendant les années 1767, 1768, 1769. Tous les endroits où il est possible de débarquer sont désignés et bien détaillés jusqu'à 8 ou 10 lieues dans l'intérieur des terres.

« Cet ouvrage a coûté au gouvernement d'Angleterre près de 50 000 livres. Le Duc de Choiseul (1758) ordonna d'en faire venir deux exemplaires dont un se trouve au Ministère de la Guerre, et le présent exemplaire.

« Travail admirable pour cette époque remplie de guerres, ce qui rendait très difficile la réunion de pareils documents. »

1350. BARRON (Louis). La Seine, la Loire, la Garonne. Illustrations par A. Chapon. *Paris, Laurens,* 1889, 3 vol. in-8, demi-rel. mar. vert et grenat, tête dor., non rognés, couvert. (*Pierson*).

Le volume de la *Loire* est broché.

1351. CATHÉDRALES DE FRANCE (Les). Publiées sous le patronage de la direction générale des cultes, avec le concours de l'administration des Beaux-Arts par les soins de MM. A. de Baudot et A. Perrault-Dabot. *Paris, Charles Schmid et Henri Laurens, s. d.,* in-fol. en feuilles dans un carton.

75 planches en héliogravure donnant l'ensemble et les détails des Cathédrales de : Amiens, Angoulême, Gap, Moulins, Rouen, Soissons, Chartres, Perpignan, etc., etc.

1352. FRANCE ARTISTIQUE et monumentale (La). Ouvrage publié sous la direction de M. Henry Havard, avec la collaboration de MM. Jules Cousin, de Fourcaud, Gille, Gonse, Guiffrey, etc., etc. *Paris, Librairie Illustrée, s. d.*, 4 vol. in-4, brochés.

Nombreuses illustrations hors texte en héliogravure et dans le texte. Tomes 1 à 3 et 5.

1353. HESSELN (Robert de). Dictionnaire universel de la France, contenant la description géographique et historique des provinces, villes, bourgs et lieux remarquables du royaume..... *A Paris, chez Desaint*, 1771, 6 vol. petit in-8, veau marb., fil., dos orné, dent. int., tr. marb. (*Rel. anc.*).

Armoiries sur les plats des reliures.

1354. TASSIN (Nicolas). Plans et profilz des principales villes de la province de l'Isle de France, avec la carte générale et les particulières de chascun gouvernemẽt d'icelles. — Plans et profilz des principales villes de la province de Bretaitaigne, avec la carte générale et les particulières de chascun gouvernement d'icelles. *S. l. n. d.* (*Paris*, 1634), in-4 oblong, dos et coins mar. La Vall., tête dor., non rogné (*Champs*).

18 cartes pour l'Ile de France et 27 pour la Bretagne. Les deux titres sont finement enluminés.

a. — Paris.

1355. ALMANACH PARISIEN en faveur des étrangers et des personnes curieuses. *Paris*, 1787, figures. — Almanach de la Samaritaine, avec ses prédictions pour l'année 1788. — Ens. 2 vol. pet. in-12, veau fauve, tr. marb. (*Rel. anc.*).

1356. ANCELOT (Mme). Les Salons de Paris, foyers éteints. *Paris, Tardieu*, 1858. — Summer (Mary). Quelques salons de Paris au XVIIIe siècle. Ouvrage orné de 10 portraits. *Paris, Henry May, s. d.* — Ens. 2 vol. in-8 et in-12, cartonn. toile grise, tête dor., non rognés, couvert. (*Pierson*).

1357. BRICE (Germain). Description de la ville de Paris, et de tout ce qu'elle contient de plus remarquable. Nouvelle édition enrichie d'un nouveau plan et de nouvelles figures dessinées et gravées correctement. *A Paris, chez les Libraires associés*, 1752, 4 vol. in-12, veau marb., dos orné, tr. rouges (*Rel. anc.*).

Bon exemplaire.

1358. CHARITÉ A PARIS. 3 vol., demi-rel. mar. chag. et cartonn. toile grise, tête dor., non rognés (*Champs* et *Pierson*).

Chevalier (Alexis). L'Hôtel-Dieu de Paris et les sœurs augustines (650 à 1810). *Champion*, 1901. — Du Camp (Maxime). La charité privée à Paris. *Hachette*, 1885. — Paris bienfaisant. *Id.*, 1888. — Ens. 3 vol.

1359. COUSTUME de la ville, prévosté et vicomté de Paris : ou droict civil parisien. Avec les commentaires de L. Charondas Le Caron..... *A Paris, chez Pierre L'Huillier et Jamet Mettayer*, 1603, 2 parties en 1 vol. in-4, veau fauve, fil., petit médaillon au milieu, dos orné, tr. brunes (*Rel. anc. fatiguée*).

1360. COYECQUE (E.). L'Hôtel-Dieu de Paris au moyen âge. Histoire et documents. *Paris, H. Champion*, 1889-1891, 2 vol. in-8, papier vergé. demi-rel. mar. La Vall., jans., tête dor., non rognés (*Pierson*).

1361. CURIOSITEZ (Les) de Paris. *Quantin*, 1883, fig. — FROMAGEOT (P.). La foire Saint-Germain des Prés. *Didot, s. d.*, pl. — Paris, les anciens quartiers. *Paris, s. d.*, pl. — Ens. 3 vol, in-8, demi-rel. chag. et cartonn. toile (*Pierson* et *Champs*).

1362. DU CAMP (Maxime). Paris, ses organes, ses fonctions et sa vie dans la seconde moitié du XIXe siècle. *Paris, Hachette et Cie*, 1869-1875, 6 vol. in-8, demi-rel. chagrin rouge, tr. jasp.

1363. DU CAMP (Maxime). Les Convulsions de Paris. *Paris, Hachette et Cie*, 1878-1880, 4 vol. in-8, dos et coins mar. rouge, tête dor., non rognés (*Pierson*).

1364. DOUCET (Jérome). Les petits métiers de Paris. *Ollendorff, s. d.*, figures. — PRIVAT D'ANGLEMONT (A.). Paris inconnu, avec une étude sur la vie de l'auteur par Alfred Delvau. *Rouquette*, 1884. — Ens. 2 vol. in-8 et in-12, demi-rel. mar. et cartonn. toile, tête dor., non rognés, couvert. (*Pierson*).

1365. DUCOUDRAY (Gustave). Les Origines du Parlement de Paris et la justice aux XIIIe et XIVe siècles. *Paris, Hachette et Cie*, 1902, gros vol. in-8, cartonn. toile rouge, tête dor., non rogné (*Pierson*).

1366. FÉLIBIEN (D. Michel). Histoire de la ville de Paris. Reveue, augmentée et mise au jour par D. Guy-Alexis Lobineau, justifiée par des preuves autentiques, et enrichie de plans, de figures, et d'une carte topographique. *A Paris, chez Guillaume Desprez et Jean Desessartz*, 1725, 5 vol. in-fol. veau fauve, dent. int., tr. marb. (*Rel. anc.*).

Bon exemplaire.

1367. GRÉARD (Oct.). Nos Adieux à la vieille Sorbonne. Ouvrage illustré de 6 gravures et 14 plans. *Paris, Hachette et Cie*, 1893, in-8, demi-rel. mar. La Vall., tête dor., non rogné (*Pierson*).

1368. GUILHERMY (F. de). Montmartre, avec un portrait de l'auteur. *Paris*, 1906. — SELLIER (Charles). Curiosités historiques et pittoresques du vieux Montmartre. *Champion*, 1904. — Ens. 2 vol. in-8, cartonn. toile jaune et bleue, tête dor., non rognés, couvert. (*Pierson*).

1369. GUILLOT. Le dict des rues de Paris, composé par Guillot de Paris, vers 1280, avec notes et glossaire. Manuscrit de 109 pp. in-8, cartonn, toile grenat, tête dor., non rogné (*Pierson*).

Copie manuscrite d'une écriture du commencement du XIXe siècle.

1370. HUYSMANS (J.-K.). Les vieux quartiers de Paris. La Bièvre, avec vingt-trois dessins et un autographe de l'auteur. *Paris, L. Genonceaux*, 1890, in-8, cartonn. toile verte, tête dor., non rogné, couvert. (*Pierson*).

Première édition française.
Un des quelques exemplaires imprimés sur PAPIER DU JAPON.

1371. IRMINON. Polyptyque de l'abbé Irminon ou dénombrement des manses, des serfs et des revenus de l'Abbaye de Saint Germain-des-Prés sous le règne de Charlemagne, publié d'après le manuscrit de la Bibliothèque du Roi avec des prolégomènes pour servir à l'histoire de la condition des personnes et des terres depuis les invasions des Barbares jusqu'à l'institution des Communes, par M. B. Guérard. *Paris, Imp. royale*, 1844, 2 tomes en 3 vol. in-4, papier vergé, demi-rel. mar. grenat, tête dor., non rognés (*Champs*).

1372. JULLIEN (Ad.). Paris dilettante au commencement du siècle. *Didot*, 1884, 36 gravures. — Le Roux (Hugues). Les fleurs à Paris. *Quantin*, 1890, papier à la cuve teinté. — Saint Marc (B.). Les Chroniques du Palais royal. *Th. Belin, s. d.* — Ens. 3 vol. pet. in-8 et in-12, demi-rel. mar. citron et vert, et cartonn. toile, tête dor., non rognés (*Pierson*).

1373. KLINGSOR. Petits métiers des rues de Paris. Préface de Roger Marx. Texte par Klingsor, ornementé de bois dessinés et gravés par Jacques Beltrand. *Paris*, 1904, pet. in-8, cartonn. dos et coins toile rose, tête dor., non rogné, couvert. (*Pierson*).

Un des 150 exemplaires (n° 83) imprimés sur papier de cuve.

1374. LEBŒUF (L'abbé). Histoire de la ville et de tout le diocèse de Paris. Nouvelle édition annotée et continuée jusqu'à nos jours par H. Cocheris. *Paris, Durand*, 1853-1867, 3 vol. in-8, cartonn. demi-toile, non rogné.

On y joint : Rectifications et additions à l'histoire de Paris de l'abbé Lebœuf, par Fernand Bournon (fasc. II : Ville de Paris et ancienne banlieue). *Paris, Champion*, 1892, in-8, broché.

1375. MONUMENTS DE PARIS. 6 vol. in-4, in-8 et in-12, dos et coins mar. bleu et cartonn. toile grise et verte, tête dor., non rognés (*Pierson, Champs* et *Allô*).

Champeaux (A. de). Les Monuments de Paris, ouvrage orné de 46 gravures par Libonis. *Laurens, s. d.* — Duplomb (Charles). L'hôtel de la reine Marguerite, première femme de Henri IV. *Willem*, 1881, port. — Geispitz (l'abbé C.). Notre-Dame de Paris. *Sarlit, s. d.*, plans. — Marmottan (Paul). Les Statues de Paris. *Laurens, s. d.*, pl. — Sellier (Charles). L'hôtel de Chevreuse ou de Luynes. *Saint-Denis*, 1900. — L'hôtel d'Aumont. *Paris*, 1903, pl.

1376. PARIS (Ouvrages relatifs à). 3 vol. in-4, in-8 et in-12 cartonn. toile, dos et coins mar. et dem.-rel. mar. bleu et gris, tête dor., non rognés (*Pierson* et *Allô*).

Bournon (F.). Paris-Atlas. 28 cartes, 595 reproductions photographiques. *Larousse, s. d.* — Claretie (Léo). Paris depuis ses origines jusqu'en l'an 3000. *Charavay, s. d.*, illustrations. — Drumont (Ed.). Mon vieux Paris. Dessins de Gaston Coindre *Flammarion, s. d.*

1377. PARIS (Ouvrages relatifs à). 4 vol. in-4 et in-8, demi-rel. chag., tr. jasp. et cartonn. toile de diverses couleurs, tête dor., non rognés (*Pierson*).

Barroux (Marius). Les Sources de l'ancien état civil parisien. *Champion*, 1898. — Defrance (Eugène). Histoire de l'éclairage des rues de Paris. *Paris*, 1904. — Merruau (Ch.). Souvenirs de l'hotel de ville de Paris, 1848-1852. *Plon*, 1875. — Michaud (L'abbé). Guillaume de Champeaux et les écoles de Paris au XIIe siècle. *Didier*, 1867.

1378. PARIS. 4 vol. in-4 et in-8, dos et coins mar., mar. plein souple, et cartonn. toile de diverses couleurs, tête dor., non rognés.

Bonnardot (H.). Monographie du VIIIe arrondissement de Paris. *Quantin*, 1880,

9 planches. — Guillebert de Metz. Description de la ville de Paris au xve siècle. *Aubry*, 1855. — Marolles (Michel de). Paris, ou description de cette ville. *Quantin*, 1879. — Voyages de miss Berry à Paris. 1782-1836, trad. par la duchesse de Broglie. *Roblot*, 1905.

1379. PARIS ILLUSTRÉ. De l'origine. 1883 à 1887. *Paris*, 1883-1887, 3 vol. in-fol., dos et coins mar. grenat, tête dor., non rognés (*Champs*).

Nombreuses gravures en noir et en couleurs.

1380. PARIS PENDANT LA RÉVOLUTION. 7 vol. in-8, dont 5 cartonn. toile grenat et verte, et 2 dos et coins ou demi-rel. mar. rouge, tête dor., non rognés (*Pierson*).

Babeau (Albert). Paris en 1789. *Didot*, 1889, figures. — Chuquet (Arthur). Paris en 1790. Voyage de Halem. *Chailley*, 1896. — Paris en 1794 et 1795. Histoire de la rue, du club, de la famine, composée d'après des documents inédits par A. Dauban. *Plon*, 1869, figures. — Schmidt (Ad.). Paris, pendant la Révolution d'après les rapports de la police secrète 1789-1800. Trad. française par P. Viollet. *Champion*, 1880, 4 vol.

1381. PESSARD (Gustave). Nouveau dictionnaire historique de Paris. Avec une préface de M. Charles Normand. *Paris, Eugène Rey*, 1904, in-8 de 1693 pag., demi-rel. mar. grenat, tête dor., non rogné, couvert. (*Pierson*).

1382. REY (Alfred) et FÉRON (Louis). Ville de Paris. Histoire du corps des gardiens de la paix. Ouvrage publié sous les auspices de M. Louis Lépine et orné de 44 planches en couleurs et de 266 gravures en noir. Préface de M. Waldeck-Rousseau. *Paris, Firmin-Didot et Cie*, 1896, gr. in-8, broché (*Couvert. illust.*).

1383. SAINTFOIX (De). Essais historiques sur Paris. *A Paris, chez la veuve Duchesne*, 1776, 6 vol. in-12, demi-rel. mar. grenat, dos orné, tête dor. (*Champs*).

Bel exemplaire non rogné.

1383 *bis*. SOCIÉTÉ DE L'HISTOIRE DE PARIS et de l'île de France. Mémoires de l'origine 1874 à 1905 inclus, 32 vol. Bulletin de 1874 à 1906 inclus (table de 1874 à 1883), 33 vol. *Paris, Champion*, 1874-1906, ens. 65 vol. in-8, dont 50, cartonn. demi-mar. grenat, tête dor., non rognés (*Pierson*), les autres brochés.

On y joint : Viard (J.). Documents parisiens du règne de Philippe VI, de Valois, 2 vol. — Lettres de M. de Marville, 3 vol. — Longnon (A.). Paris pendant la domination anglaise, 1 vol. — Journal d'un bourgeois de Paris. 1405-1449, 1 vol. — Polyptique de l'abbaye de St.-Germain-des-Prés, 2 vol. Ens. 8 vol. publiés par la Société.

1384. THIÉRY. Paris tel qu'il étoit avant la Révolution, ou description raisonnée de cette ville, de sa banlieue, et de tout ce qu'elles contenoient de remarquable, pour servir de guide aux amateurs et voyageurs françois et étrangers. Enrichi de vues perspectives des principaux monumens modernes. *A Paris, chez Delaplace*, an IV, 2 vol. in-12, cartonn. toile verte, tête dor. (*Pierson*).

Exemplaire non rogné.

1385. VOYAGE DE LISTER à Paris, en 1698. Traduit pour la première fois, publié et annoté par la société des bibliophiles françois. On y a joint des extraits des ouvrages d'Evelyn relatifs à ses voyages en France de 1648 à 1661. *A Paris, pour la Société des Bibliophiles*, 1873, in-8, mar. rouge jans., dent. int., tête dor., non rogné (*Pierson*).

Tirage à petit nombre sur papier de Hollande.

b. — *Ile de France, Picardie et Beauce.*

1386. ABBAYE DE CHELLES (L'). Résumés chronologiques. *Paris, Lechevalier*, 1889-1890, 2 vol. in-8, planches, demi-rel. mar. brun, tête dor., ébarbés (*Henry-Joseph*).

1387. AISNE (Ouvrages relatifs au département de l'). 5 vol. in-4 et in-8, demi-rel. mar. brun, cartonn. toile verte et rouge, et broché.

Bourgeois (Em.). Le Capitulaire de Kiersy-sur-Oise (877). *Hachette*, 1885. — Brucelle (Ed.) et Lefèvre. Un village de la vallée de la Serre, ou histoire de Chalandry (Aisne). *Soissons*, 1904. — Dupont (G^{ve}). L'explosion de la citadelle de Laon. Episode de l'invasion allemande (1870). *Caen*, 1877. — Fleury (Ed.). Un épisode de la chute des Carlovingiens (Laon-Reims, 988-992). *Laon*, 1876. — Florival et Midoux. Les Vitraux de la cathédrale de Laon (1er fascicule). *Didron*, 1882.

1388. ANNUAIRE du département d'Eure-et-Loir, pour l'année bissextile 1812. *A Chartres, chez Hervé*, 1812, in-12 mar. rouge à longs grains, fil. et dent., dos orné, dent. int., tr. dor. (*Rel. de l'époque*).

Sur les plats : dans un écusson surmonté d'une toque la lettre D ; au-dessous, la croix de la Légion d'Honneur.

1389. BEAUVAIS et au département de l'Oise (Ouvrages relatifs à). 10 vol. in-4, in-8 et in-12, demi-rel. mar. et cartonn. toile de diverses couleurs, tête dor., non rognés (*Pierson*).

Caix de Saint-Aymour (Vte de). Mélanges pour servir à l'histoire des pays qui forment aujourd'hui le département de l'Oise. *Champion*, 1895, in-12. — Discours prononcé dans la séance du 7 juillet 1828 par M. l'évêque de Beauvais. — Dupont-White. Le Siège de Beauvais (1472). *Beauvais, Desjardins*, 1848. — La Ligue à Beauvais. *Dumoulin*, 1846. — Ens. 2 vol. Fourquet (Jeanne). Siège de Beauvais, 1472. *Brunot-Labbe*, 1833. — Manneville (Aymar de). De l'état des terres et des personnes dans la paroisse d'Amblainville du XIIe au XVe siècle. *Beauvais*, 1890. — Moisand (Constant). Notice biographique sur M. Henri de Noailles duc de Mouchy. *Id.*, 1855, port. — Précis statistique sur le canton de Beauvais. — Renet. Beauvais et le Beauvoisis dans les temps modernes. *Beauvais*, 1898, port. — Tremblay (Victor). Dictionnaire topographique, statistique, historique, etc., des villes, bourgs et communes du département de l'Oise. *Beauvais*, 1846.

1390. BOURSIER (Docteur). Histoire de la ville et chatellenie de Creil. *Paris, A. Picard*, 1883, in-8, figures, demi-rel. chag. vert, tête dor., ébarbé, couvert. (*Pierson*).

Tiré à 250 exemplaires.

1391. CALONNE (A. de). Histoire de la ville d'Amiens. *Amiens, Piteux frères*, 1899-1900, 2 vol. in-8, cartes et figures, demi-rel. mar. bleu, tête dor., non rognés (*Pierson*).

1392. CARLIER (L'abbé). Histoire du duché de Valois, orné de cartes et de gravures, contenant ce qui est arrivé dans ce pays depuis le temps des Gaulois et depuis l'origine de la monarchie françoise jusqu'en l'année 1703 (par l'abbé Carlier). *A Paris, chez Guillyn, et à Compiègne, chez Louis Bertrand*, 1764, 3 vol. in-4, veau marb., dos orné, tr. rouges (*Rel. anc.*).

Bon exemplaire d'un ouvrage recherché.

1393. CONDÉ (B^on de). Histoire d'un vieux chateau de France. *Paris, Picard,* 1883, pl. — LESORT (André). Les Chartes du Clermontois (1069-1352). *Champion,* 1904. — MAGNIENVILLE (R. de). Le Maréchal d'Humières et le gouvernement de Compiègne (1648-1694). *Plon,* 1881. — Ens. 3 vol. in-8, demi-rel. mar. et cartonn. toile de diverses couleurs, tête dor., non rognés (*Pierson*).

1394. DEVISME (J.-F.-L.). Histoire de la ville de Laon. *A Laon, de l'Imp. d'A. P. Courtois,* 1822, 2 vol. in-8, dos et coins mar. La Vall., tête dor., non rog. (*Reymann*).

1395. DOYEN. Histoire de la ville de Chartres, du pays chartrain et de la Beauce. *A Chartres, de l'Imp. Deshayes, et se trouve à Paris, chez Regnault,* 1786, 2 vol. in-8, cartonn. toile verte, tête dor., non rognés (*Pierson*).

1396. DUSSIEUX (L.). Le Château de Versailles. Histoire et description. *Versailles, L. Bernard,* 1881, 2 vol. in-8, dos et coins mar. olive, tête dor., non rognés (*Pierson*).

Héliogravures hors texte. Ouvrage recherché.

1397. ENVIRONS DE PARIS. 3 vol. in-8, dos et coins mar. bleu, et cartonn. toile ou demi-toile, tête dor., non rognés (*Allô et Pierson*).

Bosq (Paul). Versailles et les Trianons. Illustré par Goutzwiller. *Laurens, s. d.* — DARNEY (Georges). Saint-Cloud. *Plessis,* 1903. — HÉNARD (Robert). Le Mont-Valérien, l'Ermitage, le Calvaire, la forteresse. *Emile-Paul,* 1904, 12 héliogravures.

1398. ENVIRONS DE PARIS. 7 vol. in-8, dont 3 brochés, 2 demi-mar. bleu et 2 cartonn. toile tête dor., non rognés.

ANGER (D.). Les dépendances de l'abbaye de Saint-Germain-des-Prés. *Champion,* 1906-1907, 2 vol. — BAYE (J. de). Les grottes à sculptures de la vallée du Petit-Morin. *Tours,* 1875. — BONNASSIEUX (Pierre). Le Château de Clagny et Madame de Montespan. *Picard,* 1881. — PRENTOUT (Henri). L'Ile de France sous Decaen, 1803-1810. *Hachette,* 1901. — SAUZÉ (Ch.). Inventaires de l'hôtel de Rambouillet à Paris en 1652, 1666 et 1671. *Tours,* 1894. — TOMBEAU DE WATTEAU (Le) à Nogent-sur-Marne, 1865.

1399. FLEURY (Édouard). Le Département de l'Aisne en 1814. *Laon, Éd. Fleury,* 1858, in-8, plans, demi-rel. mar. vert jans., tête dor., non rogné (*Pierson*).

1400. GALARD (marquis de). Wideville. Histoire et description. *Paris, imprimerie de J. Claye,* 1874, gr. in-8, papier vergé, de 102 pag., mar. brun, comp. de fil., fleurons aux angles, dos orné, dent. int., tr. dor. (*Gruel*).

Frontispice représentant le château de Wideville en 1620, dessiné et gravé à l'eau-forte par *Guillaumot.*
Sur le faux-titre, envoi de l'auteur.

1401. GLOIRES (Les) archéologiques de l'Aisne publiées par MM. l'abbé Poquet et J.-B. Delbarre. Fère-en-Tardenois. *Paris et Soissons, s. d.,* gr. in-4, demi-rel. mar. grenat, tête dor., non rogné (*Pierson*).

15 planches hors texte, lithographies par *Delbarre* et *Victor Petit.*

1402. HOUILLIER. État ecclésiastique et civil du Diocèse de Soissons (par Houillier).

A Compiègne, chez Bertrand, 1783, in-8, carte, veau fauve, fil., et fleurons aux angles, dos orné, tr. rouges (*Rel. mod.*).

Intéressant état classé par ordre alphabétique des noms de pays. Les 4 dernières pages de l'errata sont manuscrites.

1403. LÉPINOIS (de). Souvenirs de Coucy, dessins lithographiés par M. de Lépinois père, et Mme Anna de Lépinois ; accompagné d'un texte historique et descriptif par M. le Cher de Lépinois. *A Coucy et à Paris, chez Engelmann*, 1834, in-fol., demi-rel. chag. noir, chiffre sur les plats (*Rel. de l'époque*).

14 lithographies et 1 plan.

1404. MANNEVILLE (Aymar de). De l'état des terres et des personnes dans la paroisse d'Amblainville (Vexin français) du XIIe au XVe siècle. *Beauvais, D. Père*, 1890, in-8, cartonn. toile grise, tête dor., non rogné (*Pierson*).

1405. MATTON (Auguste). Histoire de la ville et des environs de Guise. *Laon, Imprimerie du Courrier de l'Aisne*, 1898, 2 vol. in-8, cartonn. toile grise, tête dor., non rognés, couvert. (*Pierson*).

1406. PICARD (Charles). Saint-Quentin. De son commerce et de ses industries. *Saint-Quentin*, 1865-1867, 2 vol. in-8, cartonn. toile bleue, tête dor., non rognés (*Pierson*).

Envoi autographe de l'auteur à M. Werlé, maire de Reims.

1407. PICARDIE (Ouvrages relatifs à la). 6 vol. in-8, demi-rel. ou dos et coins mar. vert et La Vall., demi-rel. veau et cartonn. toile, tête dor., non rognés (*Pierson*).

Gomart (Ch.). Ham, son château et ses prisonniers ; Essai historique sur la ville de Ribémont et son canton. *Paris*, 1864-1869, 2 vol. — La Roque (L. de) et Barthélemy (Ed. de). Catalogue des gentilshommes de Picardie. *Dentu*, 1863. — Mien (L.P.). Le canton de Rozoy-sur-Serre. *Saint-Quentin*, 1865. — Moet de La Forte-Maison (C.-A.). Antiquités de Noyon. *Rennes*, 1845. — Quignon (H.). Daours en Amienois. *Champion*, 1903.

1408. PIÉRART (Z.-J.). Histoire de Saint-Maur-des-Fossés, de son abbaye, de sa péninsule et des communes, des cantons de Charenton, Vincennes et Boissy-Saint-Léger, avec le plan détaillé des lieux, des dessins, des monuments celtiques, gallo-romains, etc., retrouvés ou existant encore debout sur le territoire, un glossaire, des aperçus archéologiques et étymologiques nouveaux. *Paris, Claudin*, 1876, 2 vol. gr. in-8, cartonn. dos et coins toile vert foncé, tête dor., non rognés (*Pierson*).

1409. RAVAISSON (Félix). Catalogue des manuscrits de la Bibliothèque de Laon. *Paris, Imp. royale*, 1846, pet. in-4, demi-rel. mar. grenat jans., tête dor., non rog. (*Champs*).

Envoi de l'auteur sur le faux-titre.

1410. SENLIS (Ouvrages sur). 2 vol. in-8, demi-rel. chag. grenat, plats toile et cartonn. toile marron, tête dor., non rogné (*Pierson*).

Magne (L'abbé). Abbaye royale de saint Vincent à Senlis. *Senlis*, 1861. — Précis statistique sur le canton de Senlis, 1841.

1411. SOISSONS (Ouvrages relatifs à). 4 vol. in-8, dont 2 cartonn. toile bleue et grenat, et 2 demi-rel. veau fauve.

MARTIN (Henry) et LACROIX (Paul). Histoire de Soissons, depuis les temps les plus reculés jusqu'à nos jours. *Soissons*, 1837, 2 vol. — PRIOUX (S.). Le Château de la Folie et le village de Cerseuil. *Dumoulin*, 1860. — VINCENT (D.). Siège de Soissons, 1870. *Reims, Matot*, 1901.

1412. THOMAS (L'abbé H.). Rosny-sur-Seine où est né Sully, notice historique par l'abbé H. Thomas. *Paris, E. Plon*, 1889, in-8, front., cartonn. dos et coins toile grise, tête dor., ébarbé, couvert. (*Pierson*).

1413. WYARD (Dom Robert). Histoire de l'Abbaye de Saint-Vincent de Laon. Publiée, annotée et continuée par l'abbé Cardon et l'abbé A. Mathieu. *Saint-Quentin, Dacheux-Williot*, 1858, in-8, planches hors texte, dos et coins chag. bleu, tête dor., non rogné.

c. — Normandie.

1414. ANDELI (Henri d'). Œuvres de Henri d'Andeli, trouvère normand du XIIIe siècle, publiées avec introduction, variantes, notes et glossaire par A. Héron. *Paris, Claudin*, 1881, in-8, vélin blanc à recouv., tête dor., non rogné. (*Pierson*).

Tiré pour le commerce à 40 exemplaires seulement, tous numérotés (n° 32) sur papier vergé.

1415. CHANSONNIERS NORMANDS. 3 vol. in-8 et in-12, cartonn. toile, vélin blanc et demi-rel. mar. rouge (*Pierson*).

ANDELI (Roger d'). Seigneur normand du XIIe et XIIIe siècle. Chansons, publiées avec introduction, variantes et glossaire par A. Héron. *Claudin*, 1883 (tiré pour le commerce à 40 ex. sur Hollande). — Chansons normandes du XVe siècle publiées pour la 1re fois sur les manuscrits de Bayeux, etc. *Caen*, 1866. — Jean Joret poète normand du XVe siècle, escripteur des rois Charles VII et Charles VIII. *Derache*, 1841.

1416. COCHET (l'abbé). La Normandie souterraine ou notices sur des cimetières romains et des cimetières francs explorés en Normandie. Ouvrage couronné par l'Institut en 1854. *Paris, Derache*, 1855, in-8, dos et coins mar. vert, tête dor., non rogné (*Pierson*).

Ouvrage contenant 18 lithographies hors texte, et un très grand nombre d'illustrations dans le texte.

1417. FALLUE (L.). Histoire politique et religieuse de l'Église métropolitaine et du diocèse de Rouen. *Rouen, Lebrument*, 1850-1851, 4 vol. in-8, cartonn. dos et coins toile grenat, tête dor., non rognés (*Couvert.*).

1418. GOUBERVILLE (Sire de). Le Journal du Sire de Gouberville, publié sur la copie du manuscrit original faite par M. l'abbé Tollemer; avec une introduction et un appendice par M. Eugène de Robillard de Beaurepaire. *Caen, Henri Delesques*, 1892, in-4, cartonn. toile rouge, tête dor., non rogné (*Pierson*).

Étude sur la vie rurale en Normandie au seizième siècle.

1419. LA FERRIÈRE-PERCY (Cte de). Histoire du canton d'Athis (Orne) et de ses communes. — Histoire de Flers, ses seigneurs, son industrie. *Paris et Caen*, 1855-1858, ens. 2 vol. in-8, demi-rel. chagrin grenat, tr. jasp.

1420. LA SICOTIÈRE (L. de). Louis de Frotté et les insurrections normandes, 1793-1832. *Paris, Plon, Nourrit et Cie*, 1889, 3 vol. in-8, portrait, dos et coins mar. bleu jans., tête dor., non rognés, couvert. (*Champs*).

Le 3e volume renferme la table générale et une carte.

1421. LICQUET (Th.). Histoire de Normandie, depuis les temps les plus reculés jusqu'à la conquête de l'Angleterre en 1606, précédée d'une introduction sur la littérature, la mythologie, les mœurs des hommes du Nord par G. B. Depping. *Rouen, Frère*, 1835, 2 vol. in-8, carte, cartonn. toile verte, tête dor., non rognés (*Pierson*).

1422. NORMANDIE. 2 vol. pet. in-8, dos et coins mar. jaune et cartonn. toile verte, tête dor., non rognés (*Pierson*).

Bordeaux (Raymond). Miscellanées d'archéologie normande relatives au département de l'Eure. *Claudin*, 1880 (Hollande). — Guilmeth (Auguste). Notice historique sur la ville de Verneuil. *Delaunay*, 1834. Notice historique et descriptive sur l'église Saint-Etienne de Beauvais, 1843. — Mouret (Pierre). Histoire de Breteuil, 1821. 3 parties en 1 vol.

1423. NORMANDIE. 3 vol. in-8, dont 2 demi-rel. mar. vert et grenat et 2 cartonn. toile grise, tête dor., non rognés (*Pierson*).

Hamy (le P. Alfred). Les Jésuites à Caen. *Champion*, 1899. — La Ferrière (Cte H. de). La Normandie à l'étranger. *Aubry*, 1873, papier vergé. — Levalley (Gaston). Le duc d'Aumont et les Cent-Jours en Normandie. *Alph. Picard, s. d.*

1424. NORMANDIE. 4 vol. in-4 et in-8, dos et coins mar. vert et cartonn. toile, tête dor., non rognés (*Pierson* et *Champs*).

Description de l'abbaye du Mont-Saint-Michel et de ses abords, précédée d'une notice historique par Edouard Corroyer. *Dumoulin*, 1877. — Delamare. Essai sur la véritable origine et sur les vicissitudes de la cathédrale de Coutances. *Caen*, 1841, figures. — Fremine (A. et C.). Les Français dans les îles de la Manche. *Picard et Kaan, s. d.* — Pégot-Ogier. Histoire des îles de la Manche, Jersey-Guernesey, etc., etc. *Plon*, 1881.

1425. ROUEN ET LA SEINE-INFÉRIEURE. 7 vol. in-4 et in-8, dos et coins mar. et cartonn. toile verte et bleue, br. et un vol., tête dor., non rognés (*Pierson* et *Champs*).

Adeline (Jules). Le Vieux-Rouen reconstitué à l'exposition. 39 illustrations. *Rouen*, 1896. — Gouellain (Gustave). Etude céramique sur une vue du port de Rouen. *Rouen*, 1872. — Histoire de Saint-Martin du Tilleul. *Crapelet*, 1848. — Langlois (E.-H.). Précis analytique des travaux de l'Académie royale. *Rouen*, 1832, pl. — Sommenil (F.). Chronicon valassense truncatum A. R. P. Arturo du Moustier. *Rotomagi*, 1868, pl. — Thieury (Jules). Armorial des archevêques de Rouen, orné de 45 blasons. *Rouen, Lecointe*, 1864. — Tieullier (Guillaume). Plan et description de la ville de Dieppe au xive siècle. *Dieppe*, 1865, pl. — Vacandard (E.). Vie de saint Ouen (641-684). *Lecoffre*, 1902, planche.

d. — Maine, Touraine, Anjou, Poitou, Berry.

1426. ANJOU (Ouvrages relatifs à l'). 3 vol. in-4 et in-8, cartonn. toile et papier marb., tête dor., non rognés (*Pierson*).

Debidour (A.). La fronde angevine. *Thorin*, 1877. — Denais (Joseph). Monographie de la cathédrale d'Angers. *Laurens*, 1899, fig. — Procès-verbal de la session du Conseil général du département de Mayenne et Loire de 1791. *Angers, Mame*, 1791.

1427. BERRY (Ouvrages relatifs au). 3 vol. in-8, dos et coins veau jaune et cartonn. toile rouge et grise, tête dor., non rognés (*Pierson*).

Barral (Cte de). Notices sur les châteaux, abbayes et monuments du département du Cher. *Delhomme*, 1898, port. — Baudouin-Lalondre. Le Maréchal Claude de la Chastre (1536-1614). *Bourges*, 1895. — Histoire de Sancerre depuis son origine jusqu'à nos jours. *Sancerre*, 1877.

1428. BESLY (Jean). Histoire des comtes de Poictou, et ducs de Guyenne contenant ce qui s'est passé de plus mémorable en France depuis l'an 811, jusques au roy Louis le Jeune. Ensemble divers traictez historiques par Jean Besly (revue par P. Du Puys et publiée par le fils de l'auteur). *A Paris, chez Gervais Alliot*, 1647, in-fol., veau jasp., tr. rouges (*Rel. anc.*).

Reliure fatiguée.

1429. CHALMEL (J.-L.). Histoire de Touraine, depuis la conquête des Gaules par les Romains, jusqu'à l'année 1790 ; suivie du dictionnaire biographique de tous les hommes célèbres nés dans cette province. *Paris, H. Fournier*, 1828, 4 vol. in-8, demi-rel. veau violet, tr. marb.

1430. DENIAU (L'abbé). Histoire de la Vendée, d'après des documents nouveaux et inédits. *Angers, Lachèse et Dolbeau, s. d.*, 6 vol. in-8, papier vergé, demi-rel. mar. rouge, tête dor., non rognés (*Pierson*).

1431. FARCY (Louis de). Monographie de la cathédrale d'Angers. Le Mobilier. *Angers, Josselin*, 1901, in-4, texte encadré, cartonn. toile verte, tête dor., non rogné, couvert. illust. (*Pierson*).

Nombreuses illustrations dans le texte et hors texte.

1432. LÉRY (Jean de). Histoire mémorable de la ville de Sancerre contenant les entreprises, siège, approches, bateries, assaux et autres efforts des assiégeans ; les résistances, faits magnanimes, la famine extrême et délivrance notable des assiégez ; le nombre des coups de canons par iournées distinguées. Le catalogue des morts et blessez à la guerre, etc., etc., le tout fidèlement recueilly sur le lieu. *S. l.*, 1574, pet. in-8, mar. vert, fil., tr. dor.

Livre rare. L'auteur était avec les protestants qui défendaient Sancerre contre les troupes royales.

1433. MAINE. 2 vol. in-8, cartonn. toile grise et bleue, tête dor., non rognés (*Pierson*).

Briand (François). Nouelz nouveaux de ce présent an 1512... publiés par H. Chardon. *Champion*, 1904. — Triger (Robert). La maison dite de la reine Bérengère au Mans. *Le Mans*, 1892, nombreuses gravures hors texte et dans le texte.

1434. POITOU. 2 vol. in-8 et in-12, dont 1, cartonn. toile grise, tête dor., non rogné, et l'autre veau marb., tr. marb. (*Rel. anc.*).

Delfour (J.). Les Jésuites à Poitiers (1604-1762). *Hachette*, 1902. — Histoire des diables de Loudun ou de la possession des religieuses ursulines, et de la condamnation et du supplice d'Urbain Grandier. *Amsterdam*, 1716 (aux armes de François de Chateauneuf de Rochebonne, évêque de Noyon).

1435. PORT (Célestin). La Vendée Angevine. Les origines, l'insurrection (janvier

1789-31 mars 1793) d'après des documents inédits et inconnus. *Paris, Hachette et Cie*, 1888, 2 vol. in-8, dos et coins mar. rouge jans., tête dor., non rognés (*Pierson*).

1436. RICHARD (Alfred). Histoire des comtes de Poitou. 778-1204. *Paris, Alph. Picard et fils*, 1903, 2 vol. gr. in-8, demi-rel. mar., La Vall., tête dor., non rognés, couvert. (*Pierson*).

Petit cachet sur les titres.

1437. TOURAINE. 6 vol. in-8 et in-12, demi-rel. ou dos et coins mar. vert, brun et grenat et cartonn. toile de diverses couleurs, tête dor., non rognés (*Pierson*).

La Saussaye (L. de). Le Château de Blois; Blois et ses environs. *Blois*, 1840-1873, 2 vol. — Mahon (Alfred M.). Chroniques de Touraine. *Dumoulin*, 1847. — Rémy (Ch.). L'Abbaye de Notre-Dame de Moutiers. *Tours*, 1876. — Spont (A.). Semblançay. La bourgeoisie financière au début du xvie siècle. *Hachette*, 1895. — Tourlet (E.-A.). Histoire du collège de Chinon. *Chinon*, 1904.

1438. VENDÉE. 4 vol. in-8 et in-12, dos et coins cartonn. toile bleue et grise (*Pierson*).

Merland (C.). Biographies vendéennes. *Nantes, Vincent Forest*, 1883, 3 vol., port. — Vendée (Paul de). Journal 1611-1623, précédée d'une notice sur le Bois-Chapeleau et sur les familles de Vendée et d'Appelvoisin par M. l'abbé A. Benoni Brochon. *Niort, Clouzot*, 1880.

1439. VOYAGE PITTORESQUE dans le Boccage de la Vendée, ou vues de Clisson et de ses environs, dessinées d'après nature, et publiées par C. Thienon, peintre; gravées à l'aquatinta par Piringer. On y a joint une notice historique sur la ville et le château de Clisson. *Paris, P. Didot*, 1817, in-4, veau jasp., dent., dos orné, tr. marb. (*Rel. de l'époque*).

Portrait du Connétable de Clisson et 30 planches de vues. La notice historique est de M. Lemot, propriétaire du château.

e. — *Bretagne.*

1440. ALAIN BOUCHARD. Les grandes annales ou chronicques, parlans tant de la Grant Bretaigne à présent nommée Angleterre que de nostre petite Bretaigne de présent érigée en duché, commençantz au Roy Brutus, premier fondateur de Tours, et comme il conquist ledict royaulme de Bretaigne, lequel a esté toujours gouverné par gens preux, hardis et vaillans, et leurs faictz recueilliz par gens sages et discretz d'an en an depuis ledict Brutus et son nepveu Turnus jusques aux ans de présent et du règne du très preux et magnanime roy Françoys premier de ce nom et pareillement recueilly et rédigé par escript plusieurs faictz advenuz tant ès royaulmes de France, d'Angleterre, d'Espaigne, d'Escosse, d'Arragon, Navarre es Ytalies, en Lombardie, en Jherusalem, etc., jusques en l'an de présent mil V cens XLI (A la fin :) *Cy finissent les correctes et additionnées Annales ou Cronicques de Bretaigne nouvellement reveües et corrigées avec plusieurs adioustemens et ont esté achevées de imprimer le neufiesme jour de juillet mil cinq cens quarante ung* (1541). Pet. in-fol., gothique, fig. sur bois, veau fauve, dent. à froid (*Rel. anglaise*).

Édition la plus complète des Chroniques d'Alain Bouchard. C'est la même que celle de

1532 décrite au *Manuel du Libraire* sauf le titre qui a été réimprimé et les continuations qui commencent au feuillet CCLXII, lequel était le dernier du cahier 33, a été supprimé et réimprimé. L'erreur de pagination de CXX à CXXV signalée par Brunet se retrouve dans cette édition de 1541, qui ne constitue pas ainsi une réimpression, mais un *état particulier* de l'édition de 1532, ainsi arrangée, complétée et conduite jusqu'au feuillet chiffré CCLXXVI. — La table qui n'a pas été remaniée et qui ne va que jusqu'au folio CCLXI, prouve péremptoirement qu'on s'est servi de l'ancien tirage avec lequel elle concorde exactement. — Quant au lieu d'impression, les lettres ornées et les gravures sur bois, dénotent une origine normande. C'est donc à Rouen ou plutôt à Caen qu'on peut en attribuer avec beaucoup de vraisemblance l'exécution typographique, et c'est probablement pour le compte des Macé que l'édition de 1532 a été entreprise. — L'exemplaire est assez court de marges. Il y a un léger raccommodage au bas du titre et quelques mouillures.

1441. BAUDRY (J.). Étude historique et biographique sur la Bretagne à la veille de la Révolution. A propos d'une correspondance inédite (1782-1790). *Paris, Honoré Champion, s. d.*, 2 vol. in-8, cartonn. toile bleue, tête dor., non rognés, couvert. (*Pierson*).

1442. BRETAGNE (Ouvrages relatifs à la). 11 vol. in-8 et in-12, cartonn. toile ou demi-toile, demi-rel., ou dos et coins mar. de diverses couleurs, tête dor., non rognés (*Pierson*).

AUDOUYN DE POMPERY (Mme). Un coin de la Bretagne pendant la Révolution. Correspondance. *Lemerre*, 1884, 2 vol. — CARRÉ (Henri). Le Parlement de Bretagne après la Ligue (1598-1610). *Quantin*, 1888. — CATALOGUE du musée archéologique et du musée des anciens costumes bretons. *Quimper*, 1885. — COSNEAU (E.). Le Connétable de Richemont (Artur de Bretagne). *Hachette*, 1886. — DERENNES (Vte). Guy-La-Fontenelle. *Lemerre*, 1882. — HERPIN (E.). Noces et baptêmes en Bretagne. *Rennes*, 1904. — LA GRIMAUDIÈRE (H. de). La Commission Brutus Magnier à Rennes. *Nantes*, 1879. — LA GUÈRE (Comte de). Le procès des 132 nantais avec une relation inédite de leur voyage à Paris. *Vannes*, 1894. — LEFÈVRE (Théodore). Les événements historiques et les bretons du Finistère de 1805 à 1813. *Morlaix*, 1902. — TEXIER (Ernest). Étude sur la Cour ducale et les origines du Parlement de Bretagne. *Rennes*, 1905.

1443. DARU. Histoire de Bretagne. *Paris, Firmin Didot*, 1826, 3 vol. in-8, demi-rel. veau fauve, dos orné, non rognés (*Rel. de l'époque*).

1444. GUYOT DESFONTAINES (P. Fr.). Histoire des ducs de Bretagne, et des différentes révolutions arrivées dans cette province. *A Paris, chez Nion*, 1739, 6 vol. in-12, veau brun, dos orné, tr. marb. (*Rel. anc.*).

Aux armes du duc de MORTEMART.

Les tomes III et IV contiennent l'*histoire de la ligue de Bretagne*, par de Rosnivinen, marquis de Pirey, et les tomes V et VI, une *dissertation historique sur l'origine des Bretons* par l'abbé Gallot; cachets sur les titres.

1445. LE BRAZ (Anatole). Au pays des pardons. *A. Lemerre*, 1894. — La légende de la mort chez les bretons armoricains. *H. Champion*, 1902, 2 vol. — Ens. 3 vol. in-16, dos et coins mar. bleu et toile grise, tête dor., non rognés, couvert. (*Pierson et Carayon*).

1446. LEVOT (P.). Biographie bretonne; Recueil des notices sur tous les bretons qui se sont fait un nom, soit par leurs vertus ou leurs crimes, soit dans les arts, dans les sciences, dans les lettres, etc., etc., depuis le commencement de l'ère chrétienne jusqu'à nos jours. *Vannes, Cauderan*, 1852, 2 vol. gr. in-8, à 2 col., dos et coins mar. rouge, dos semé d'hermines, tr. marb.

Armoiries sur les plats de la reliure.

1447. LOBINEAU (Dom Gui-Alexis). Histoire de Bretagne, composée sur les titres et les auteurs originaux; enrichie de plusieurs portraits et tombeaux en taille-douce; avec les preuves et pièces justificatives, accompagnées d'un grand nombre de sceaux. *A Paris, chez Michel David*, 1707, 2 vol. in-fol., veau jasp., dos orné, tr. rouges (*Rel. anc.*).

Ouvrage estimé.

1448. POÈMES des bardes bretons du VIe siècle, traduits pour la première fois, avec le texte en regard, revu sur les plus anciens manuscrits, par Th. Hersart de la Villemarqué. *A Paris, Jules Renouard*, 1850, in-8, demi-rel., chag. noir, tête dor., non rogné (*Pierson*).

1449. TAYLOR (J.). Voyages pittoresques et romantiques dans l'ancienne France. Bretagne. *A Paris, de l'Imp. Firmin Didot frères*, 1845-1846, 2 tomes en 1 vol. in-fol. de texte et 2 vol. de planches. Ens. 3 vol. in-fol., dos et coins mar. vert, dos orné d'un semis d'hermines, tête dor., non rognés (*Allô*).

353 lithographies tirées sur Chine.
Bel exemplaire.

f. — Champagne.

1450. ARDENNES (Ouvrages relatifs au département des). 7 vol. in-8, cartonn., toile de diverses couleurs, tête dor., non rognés, et brochés.

Chardron (L'abbé J.). Monographie de l'abbaye de Bonnefontaine. *Desclée*, 1885. — Jadart (H.). Le Bourget et l'ancienne abbaye de Chaumont-Porcien. *Reims*, 1904. — Jadart (H.). Une église rurale du moyen âge à nos jours. *Arcis-sur-Aube*, 1896. — Péchenart (l'abbé). Château-Regnault-Bogny. *Charleville*, 1897. — Poirier (Jules). Correspondance de Nicolas-Memmie Mogue. *Reims*, 1901. — Portagnier (l'abbé Th.). Le Chatelet-sur-Retourne, Bergnicourt, Alincourt, Mondrégicourt et Epinois. *Reims*, 1874. — Rayeur (J.-A.). La trouée des Ardennes. Histoire militaire d'un département français. *Charleville*, 1894.

1451. AUBE (Ouvrages relatifs au département de l'). 4 vol. in-8, cartonn., toile de diverses couleurs, dos et coins mar. rouge, tête dor., non rognés.

Histoire des nobles prouesses et vaillances de Gallien, restauré. *Troyes, Garnier, s. d.* — Pétel (L'abbé). La maison de Villers-les-Verrières; Essoyes pendant la Révolution et pendant les Invasions de 1814 et de 1815; les Templiers à Sancey, aujourd'hui Saint-Julien (Aube). *Troyes*, 1895-1902, ens. 3 vol.

1452. AVIS pour la conduite d'un jeune homme, par M^r le M. D*****. *A Vitri, chez Jean-François Jobart*, 1748, pet. in-12, front. gravé par Gobin, cartonn. toile verte, non rogné.

Petit livre rare imprimé à Vitry-le-François.

1453. BAILLET (Dom P.). Documents inédits sur l'histoire de la Champagne, 1070-1750. Chronique de l'abbaye de St-Martin-de-Huiron. Publiée par le Dr Mongin. (Édition avec notes, plans et armoiries dans le texte.) *Châlons-sur-Marne, A. Denis*, 1879, in-8, dos et coins mar. bleu, tête dor., non rogné (*Pierson*).

Tiré à 120 exemplaires numérotés.

1454. BERGIER (Nicolas). Le Dessein de l'histoire de Reims. Avec diverses curieuses remarques touchant l'establissement des peuples, et la fondation des villes de France. *A Reims, chez François Bernard,* 1635, in-4, veau marb., tr. rouges (*Rel. anc.*).

Exemplaire complet du portrait de l'auteur et des 6 planches, représentant des arcades de l'arc de triomphe romain de Reims, le tombeau de Saint-Remi et une très belle vue de Reims, dessinées par *G. Baussonnet* et gravées par *E. Moreau.*

1455. BIOGRAPHIES de Champenois célèbres. 6 vol. et plaquettes in-8, demi-rel. veau, cartonn., toile ou demi-toile.

Biographie générale des Champenois célèbres, morts et vivants. *Paris,* 1836. — Dacier. Eloge historique de M. Levesque de Burigny. 1786. — Pelissery (A. de). Eloge politique de Colbert. *Londres,* 1777, 2 vol. — Prieur (Ch.). La Patrie d'Eustache Deschamps. *Picard, s. d.* — Vroil (J. de). Etude sur Clicquot-Blervache. *Guillaumin,* 1870.

1456. BRIE. (Ouvrages relatifs à la). 3 vol. in-8, dos et coins mar. rouge, cartonn., toile grenat, tête dor., non rognés, et broché (*Pierson*).

Boitel (l'abbé). Histoire de Montmirail-en-Brie. *Montmirail,* 1862. — Grésy (Eugène). Iconographie de Saint-Loup. *Meaux,* 1867. — Matagrin (F.). Le château de Graville et ses propriétaires. *Melun,* 1906.

1457. CALENDRIERS DE REIMS de l'année 1779 à l'an XIII (1805). Réunion de 31 calendriers in-4.

Il y a quelques lacunes dans les années.
On y joint : 2 calendriers : le premier pour l'année 1810 est orné de 12 petites vignettes représentant les marchands de Paris, le second pour 1818 contient 9 vues d'optique : le Palais de Justice, l'Hôtel de Ville, l'Arc de l'Etoile, la Fontaine Saint-Sulpice, etc.

1458. CHALONS-SUR-MARNE : 3 vol. in-4, et in-8, broché, dos et coins mar. La Vall. et 9 pièces diverses, in-4.

Barthélemy (E. de). Armorial des élections de Châlons, Ste-Menehould, Epernay, etc. *Aubry,* 1862. — Inventaire des archives de l'intendance de Champagne. *Châlons,* 1884. — Misset (E.). Notre-Dame de l'Epine, près Châlons-sur-Marne. *Champion,* 1902. — Décret de la Convention nationale relatif à l'école d'artillerie de Châlons. 1793. — Arrêtés, procès-verbaux, discours. 1790-1793, etc., etc.

1459. CHAMPAGNE (Ouvrages relatifs à la). 5 vol. in-8, cartonn. toile verte et grise, tête dor., non rognés, demi-rel. veau ou broché.

Revue littéraire et artistique de la Champagne, 2 vol. — Poterlet. Mémoire sur les différentes couvertures de bâtiments, en usage dans la province de Champagne. *Paris,* 1790. — Roux de Rochelle. Histoire du régiment de Champagne. *Didot,* 1839. — Le même Ouvrage, non rogné, avec la couverture. Exemplaire très frais.

1460. CHASTELAIN (Dom). Journal de Dom Pierre Chastelain, bénédictin rémois 1709-1782. Avec ses remarques sur la température et la vigne, suivies d'un autre journal et d'observations analogues jusqu'en 1848, publiés sur les documents originaux de la Bibliothèque de Reims, avec une introduction et des notes, par Henri Jadart. Douze dessins, par E. Auger. *Reims, F. Michaud,* 1902, in-8, demi-rel., mar. noir, tête dor., non rogné, couvert. (*Pierson*).

Un des 12 exemplaires imprimés sur papier vergé.

1461. COUTANS (Dom G.). Description historique et topographique de la grande route de Paris à Reims ; avec le plan de cette dernière ville orné d'allégories.

A Paris, chez Vente et Vignon, 1775, in-4, veau fauve, fil., dos orné, dent. int., tête dor. (*Pierson*).

Dédicace gravée avec vignette allégorique représentant le Roi partant pour Reims, 22 planches doubles pour le tracé topographique de la route, 1 vignette représentant l'entrée du Roi à Reims et 1 plan de la ville.

1462. DUVIVIER PÈRE. Réunion de 18 cahiers manuscrits autographes de M. Duvivier père, conservateur des antiquités du département des Ardennes. In-4 et petit in-fol. dans 2 cartons.

Recherches et notices sur les anciens peuples, sur le langage de nos ancêtres, sur l'héraldique, les armoiries, etc.

Notices et remarques sur les archevêques de Reims, sur les Ardennes, etc. Extraits et copies, de notes d'après Montfaucon, Famin, etc.

1463. ÉPERNAY ET SES ENVIRONS (Ouvrages relatifs à). 7 vol. et plaquettes in-4 et in-8, demi-rel. veau et chagrin, cartonn. toile ou demi-toile de diverses couleurs et brochés.

Bertin du Rocheret. Nobiliaire de l'élection d'Epernay (1724). — Legras. Histoire de Vandières. *Reims*, 1877. — Mainard (Mlle C.). Bavardages. *Epernay*, 1887. — Mémoires à consulter pour M. Paris contre le procureur du roi d'Epernay... 1834. — Nicaise (Aug.). Œuvres choisies de Bertin du Rocheret. *Aubry*, 1865. — Viollart (P.). Mes loisirs. *Epernay*, 1885, etc.

1464. FICHOT (Ch.). Statistique monumentale du département de l'Aube; accompagnée de chromolithographies, de gravures à l'eau-forte et de dessins sur bois, dessinés et gravés par l'auteur. *Troyes, Lacroix*, 1881-1894, 4 vol. gr. in-8, en fascicules et br.

Les livraisons 49-50-52 et 53 manquent.

1465. FLODOARD. L'Histoire de l'Église métropolitaine de Reims. Premièrement escrite en latin (non encores imprimé) par Floard (Flodoard) iadis chanoine d'icelle Eglise : Et maintenant traduite en françois par Maistre Nicolas Chesneau, doyen et chanoine de saint Symphorian audit Reims. *A Reims, Imprimée par Jean de Foigny*, 1580, in-4, veau fauve, fil., dos orné, tr. jasp. (*Rel. anc.*).

Le titre est doublé.

1466. GANNERON (Dom). Annales. Centuries du pays des Essuens, publiées par Paul Laurent. *Paris, Alphonse Picard et fils*, 1894, in-8, demi-rel. mar. bleu, tête dor., non rogné (*Pierson*).

Extrait de la *Revue de Champagne et de Brie*, tiré à 95 exemplaires.

1467. GOSSET (Dr Pol). Les Bataillons de Reims, 1791-1794. Essai suivi d'une précieuse liste des Rémois morts pour la patrie. *Reims, L. Michaud*, 1905, in-8, demi-rel. mar. vert, tête dor., non rogné, couvert. illust. (*Pierson*).

Exemplaire (n° 2) imprimé sur papier du Japon.

1468. HUGUES (Clovis). Le Vin de Champagne. Manuscrit de 5 ff. in-4, cartonn., mar. grenat, titre or sur le premier plat de la reliure.

Pièce de vers que l'auteur a fait copier, et à laquelle on a joint la lettre autographe pour l'envoi de cette pièce.

1469. HULOT (H.-L.) Attigny et ses dépendances, son palais, ses conciles et autres evènemens qui ont contribué à son illustration et à sa décadence. *Attigny et Reims, s. d.*, in-8, demi-rel. bas. verte, tr. jasp.

1470. INVENTAIRE des papiers et titres laissés par « feu Pierre Braux, sieur de Florent », conseiller du roi, ancien trésorier général de France en Champagne, dressé, en 1618, à la demande de ses héritiers, par Dubois et Roget, notaires, demeurant à Chalons (Marne). — Petit in-fol., couv. parchemin.

Original sur papier, composé de 140 feuillets de texte et de 17 feuillets de tables. Les inventaires de ce genre sont plus rares et généralement plus intéressants que ceux qui portent sur l'ensemble des biens meubles d'une succession.

1471. JEANTIN (M.) Les Chroniques de l'Ardenne et des Woëpvres ou revue et examen des traditions locales antérieures au XIe siècle, pour servir à l'histoire de l'ancien comté de Chiny. *Paris et Nancy*, 1851, 2 vol. in-8, cartes, plans et figures, veau jasp., dent., dos orné, dent. int., tr. marb.

1472. KNOPS (l'abbé). Histoire de Mouson-sur-Meuse. Manuscrit de 284 ff., écrit vers 1850, pet. in-4, demi-rel. bas. bleue.

Travail qui paraît inachevé, destiné sans doute à servir pour une histoire plus complète de Mouson-sur-Meuse, il s'arrête à l'année 1784.

A la suite du manuscrit, on remarque des notes d'une autre écriture, sur l'église de Mézières, la cathédrale de Reims, l'église de Mouson, etc.

1473. LEBEUF (L'abbé). Mémoires concernant l'histoire ecclésiastique et civile d'Auxerre. *Paris, chez Durand*, 1743, 2 vol. in-4, demi-rel. veau rac., tr. rouges (*Rel. anc.*).

Contenant l'histoire des Evêques, avec plusieurs catalogues qui ont rapport à l'histoire de l'Eglise Cathédrale, les actions des comtes d'Auxerre, ou des comtesses qui ont administré le Comté; les événements arrivés de leur temps dans le pays, et depuis que ce Comté fut réuni à la couronne jusqu'à l'an 1610, suivi du catalogue des dignités séculières de la ville, des écrivains auxerrois et des illustres du pays.

1474. LEGRAND (N.-E.). Le Vin de Champagne. *Reims, Matot-Braine*, 1896, pet. in-8, cartonn. toile jaune, tête dor., non rogné, couvert. (*Pierson*).

Exemplaire (n° 2) imprimé sur PAPIER du JAPON; contenant un envoi autographe de l'auteur à M. le Comte A. Werlé.

1475. MOITHEY. Recherches historiques sur la ville de Reims, avec le plan, assujetti à ses nouveaux accroissements, embellissements et projets. *A Paris, Mérigot, Vve Duchesne*, 1775, in-4, de 20 pp., cart. demi-toile verte, non rogné.

Très beau plan de Reims.

1476. MONITEUR OFFICIEL du gouvernement général à Reims. Lundi 10 octobre 1870 au Vendredi 31 mars 1871. *Reims*, 1870-1871, 54 livraisons en un vol. in-fol. demi-rel., cartonn. toile verte.

1477. PERSONNAGES RELIGIEUX DE LA CHAMPAGNE. 10 vol. in-8, dont 3 demi-rel. ou dos et coins mar. grenat, 2 demi-rel. bas. et les autres cartonn. toile ou demi-toile grise, bleue et rouge, tête dor., non rognés.

GOUSSET (Le chanoine). Le Cardinal Gousset. Sa vie, ses œuvres, son influence. *Besançon*, 1903. — GILLET (l'abbé). Camille Le Tellier de Louvois, chanoine de N.-D. de Reims. *Hachette*, 1884. — GUILLEMIN (J.-J.). Le Cardinal de Lorraine. Son influence religieuse et politigue au XVIe siècle. *Joubert*, 1857. — HANESSE (L'abbé). Vie de Nicolas Roland. *Reims*, 1888. — PAULOT. Urbain II. *Lecoffre*, 1903. — PÉCHENART (L'Abbé L.). Mgr. Marie-Louis Baye. Sa vie, ses œuvres. *Reims*, 1902. — POQUET (L'abbé). Vie de St. Rigobert, archevêque de Reims. *Reims*, 1876. — TRIDUUM rémois en l'honneur du bienheureux J.-B. de La Salle. *Reims*, 1883. — Éloges funèbres de Mgr. de Prilly, notices sur Noël, sur l'abbé Aubert, sur Mg. Landriot, sur M. Lambert, sur Mgr. Gousset, etc., etc. 1 vol.

1478. PREGNON (Abbé). Histoire du pays et de la ville de Sedan, depuis les temps les plus reculés jusqu'à nos jours. *Charleville, Pouillard*, 1856, 3 vol. in-8, portraits et plans, demi-rel. veau vert, tr. jasp.

1479. REIMS (Ouvrages relatifs aux environs de). 3 vol. in-8, dont 2 cartonn. toile verte, tête dor., non rognés et 1 broché.

CHEVALLIER (L'abbé). La vallée de l'Ardres. *Reims, Matot*, 1897. — GIVELET (Ch.). Le Mont-Notre-Dame. Histoire et description. *Limé*, 1893. — PÉCHENARD (L'abbé P.-L.). Histoire de l'abbaye d'Igny, de l'ordre de Citeaux. *Reims*, 1883.

1480. REIMS (Livres liturgiques du diocèse de). 4 vol. in-4, in-8 et in-18, veau fauve, cartonn. toile et mar. rouge (*Rel. anc.*).

ORDRE pour les inhumations, imprimé par ordre de Mgr. de Talleyrand-Périgord. *Reims*. 1821. — RITUEL de la province de Reims augmenté par Mgr. Ch.-Maurice Le Tellier, archevêque, duc de Reims. *Paris*, 1677. — STATUTA synodi diœcesanae ab Eminentiss. et Reverendis. T. M. J. Gousset. *Reims*, 1851. — VÉRITABLE ESPRIT de la confrérie du Saint Rosaire à l'usage de St. Maurice de Reims. *Reims*, 1822.

1481. REIMS (Ouvrages relatifs à). 4 vol. in-8, dont 1 demi-rel. veau bleu et cartonn. toile grise, verte ou bleue, tête dor., non rognés (*Pierson*).

ACADÉMIE DE REIMS. Revue de 50 ans (1841-1891). *Reims*, 1891. — CAMUS-DARRAS. Essais historiques sur la ville de Reims. *Reims*, 1825. — JADART (H.). Chronique rémoise de la fin du XVIIIe siècle. *Reims*, 1895. — POIRIER (Jules). Rôle militaire de Reims pendant la campagne de 1814. *Reims*, 1905.

1482. REIMS. 7 vol. in-8, in-12 et in-32, dos et coins mar. et cartonn. toile et 2 vol. br. (*Pierson*).

BARTHELÉMY (Édouard de). Histoire des archers, arbalétriers et arquebusiers de la ville de Reims. *Reims, Giret*, 1873. — GOSSET (Pol). La société populaire de Reims, 1790-1795. — JADART (Henri). La population de Reims et de son arrondissement. *Reims, Renart*, 1882. — Jovin ou le héros rémois. *Reims, Gérard, s. d.* — Mémoire sur les propriétés hygrométriques de la laine. *Reims, Régnier*, 1849. — Recueil des statuts et réglements tant généraux que particuliers. *Reims, Jeunehomme*, 1758. — Remensiana. Historiettes, légendes et traditions du pays de Reims. *Reims, Jacquet*, 1845.

1483. REIMS (Théâtre et fêtes à). 7 pièces in-4 et in-8, dont 2 cartonn. toile grise et rouge, les autres brochées.

GOSSET. Considérations sur l'architecture théâtrale. Application au théâtre de Reims. *Reims*, 1867. — MENU (H.). La Russie et le pays rémois. Fêtes franco-russes. *Reims*, 1893. — SAULX (de). Explications des emblèmes et des devises héroïques inventez et mises en vers pour la décoration des arcs de triomphe érigés au passage de Louis XV à Reims. *Reims*, 1744. — Laodice, reine de Capadoce, tragédie. *Reims*, 1667. — MÉMOIRE concernant le concert. *Reims*, 1791, etc., etc.

1484. SIRES DE NARCY (Les). Extraits de documents concernant la maison de Nettancourt. *Paris, Firmin Didot et Cie*, 1899, in-4, demi-rel. mar. La Vall., jans., tête dor., non rog. (*Pierson*).

Cet ouvrage n'a été tiré qu'à 60 exemplaires sur papier vergé de Hollande.

1485. TAPISSERIES de la cathédrale de Reims. Histoire du Roy Clovis (xve siècle). Histoire de la Vierge (xvie siècle). Reproduction en héliogravure par les procédés de la Maison Goupil et Cie d'après les clichés de MM. Aug. Marguet et Ad. Dauphinot. Texte par Ch. Loriquet. *Paris, A. Quantin* et *Reims, F. Michaud,* 1882, in-fol., 20 reproductions en héliogravure hors texte, dos et coins mar. vert, non rogné (*Champs*).

Un des 50 exemplaires imprimés sur papier de Hollande contenant les figures en 2 états: AVANT LA LETTRE sur Chine et avec la lettre, tirées en bistre.

g. — *Bourgogne et Franche-Comté.*

1486. BARANTE (de). Histoire des ducs de Bourgogne de la Maison de Valois. 1364-1477. *Paris, Delloye,* 1839, 12 vol. in-8, demi-rel. chagrin vert, tr. jasp.

Nombreuses cartes et figures tirées sur Chine.

1487. BAUDOT. Recherches sur l'infanterie dijonnaise, ou étude sur les confréries de fous en Bourgogne, par Baudot, archiviste de la ville de Dijon. Manuscrit de 247 pp. in-4, dessins de médailles, demi-rel. bas.

Ce travail inédit, écrit en 1791, est des plus consciencieux; aussi les renseignements qu'il fournit sont aussi variés qu'intéressants; il complète les mémoires de du Tilliot, dijonnais comme l'auteur du présent recueil; dans lequel on a inséré 7 gravures coloriées représentant les costumes des fous.

1488. BOURGOGNE. 4 vol. in-8, dos et coins mar. rouge et cartonn. toile, tête dor., non rognés (*Pierson* et *Carayon*).

DEBERRE (Émile). La Vie littéraire à Dijon au XVIIIe siècle. *Picard,* 1902. — GARNIER (Joseph). L'Artillerie des ducs de Bourgogne. *Champion,* 1895. — LA VALLÉE (J.). Voyage dans les départemens de la France: Bourgogne. *Paris, Desenne,* 1793, pl. — LUCOTTE (J.-B.) Monographie de la commune de Chanceaux (Côte-d'Or). *Citeaux,* 1884, pl.

1489. BOURGOGNE. 5 vol. in-8, dont 2 demi-rel. chagrin et cartonn. toile grise, et 3 brochés.

CHÉREAU (A.). Journal de Jean Grivel, seigneur de Perrigny. *S. l. n. d.* — GAUTHIER (Léon). Les Lombards dans les Deux-Bourgognes. *Champion,* 1907. — LAUER (Ph.). Collections manuscrites sur l'histoire des provinces de France. Inventaire. Tome I. Bourgogne-Lorraine. *Leroux,* 1905. — JACOB (Louis). Le royaume de Bourgogne sous les Empereurs Franconiens (1038-1125). *Champion,* 1906. — POUPARDIN (René). Le Royaume de Bourgogne (888-1038). Étude sur les origines du royaume d'Arles. *Champion,* 1907.

1490. CATALOGUES et Armoiries des gentilshommes qui ont assisté à la tenue des États généraux du duché de Bourgogne depuis l'an 1548 jusqu'à 1682, tirés des registres de la chambre de la noblesse. *A Dijon, chez Jean François-Durand,* 1760, in-fol., veau marb., fil. et dent., dos orné, dent. int., tr. dor. (*Champs*).

1 frontispice gravé par *Cochin* et 36 planches de blasons gravés par *Durand.*
Exemplaire imprimé sur GRAND PAPIER contenant les 4 planches de blasons des additions faites pour les années 1760 à 1778.

1491. CHIFFLET (Le P. Pierre-François). Lettre touchant Béatrix, comtesse de Chalon, laquelle déclare quel fut son mary, quels ses enfans, ses ancestres, et ses armes; envoyée à M. Lautin, conseiller du roy, et maistre ordinaire en sa chambre des comptes à Dijon. Avec une table généalogique qui fait descendre du comte Lambert, cette princesse, aussi bien que son mary. *A Dijon, chez Philibert Chavance,* 1656, in-4, vélin blanc (*Rel. anc.*).

Armoiries sur les plats de la reliure.

1492. DUNOD DE CHARNAGE (F.-J.). Histoire de l'Église, ville et diocèse de Besançon, qui comprend la suite des prélats de cette métropole depuis la fin du second siècle, leur vie, leurs actions... *A Besançon, chez C.-L. Daclin,* 1750, 2 vol. in-4, veau marb., tr. rouges (*Rel. anc.*).

1493. FRANCHE-COMTÉ. 8 vol. in-8, dos et coins et demi-rel. mar. vert et grenat, demi-rel. veau fauve, et cartonn. toile ou demi-toile bleue, grise et rouge, tête dor., non rognés (*Pierson*).

Baille (Ch.). Le Cardinal de Rohan-Chabot, archevêque de Besançon, 1788-1833. *Champion,* 1896. — Beauquier (Ch.). Chansons populaires recueillies en Franche-Comté. *Leroux,* 1894. — Boussey (A.). La Franche-Comté sous Louis XIV. *Besançon,* 1891. — Deschamps. Souvenirs militaires, persécutions sous la restauration, songe, etc. *Pontarlier,* 1835. — État de l'Académie des sciences de Besançon en l'année 1776. *Besançon,* 1776. — Girod (Ed.). Esquisse historique, légendaire et descriptive de la ville de Pontarlier, du fort de Joux et de leurs environs. *Pontarlier,* 1857. — Pidoux (A.). Histoire de la confrérie de Saint-Yves des avocats de la Sainte-Hostie miraculeuse et de la confrérie du Saint-Sacrement de Dôle. *Dôle-du-Jura,* 1902. — Lods (A.). Un conventionnel en mission. Bernard-de-Saintes et la réunion de la principauté de Montbéliard à la France. *Fischbacher,* 1888.

1494. LABBEY-DE-BILLY (Nicolas-Antoine). Histoire de l'Université du comté de Bourgogne et des différens sujets qui l'ont honorée; pour faire suite aux ouvrages historiques de M. Dunod. *A Paris, chez F[ois] Scherff, s. d.,* 2 tomes en 1 vol. in-4, demi-rel. bas., tr. jasp.

1495. HOTEL-DIEU DE BEAUNE (L'), 1443-1880, par M. l'abbé E. B. d'après les documents recueillis par M. l'abbé Boudrot. *Beaune, Ed. Batault-Morot,* 1881, in-8, pap. de Holl., planches, dos et coins mar. bleu, dos orné, tête dor., non rogné (*Pierson*).

Ouvrage tiré à 360 exemplaires et contenant 34 planches hors texte.

1496. MÉMOIRE concernant la province de Bourgogne. Manuscrit de 78 ff., in-4, veau fauve, fil., dos orné, tr. rouges (*Rel. anc.*).

Manuscrit d'une bonne écriture du xviie siècle, provenant de la bibliothèque du prince de Condé, gouverneur de Bourgogne et Bresse, dont le cachet se trouve sur le premier feuillet et son bel ex-libris sur la garde du volume. Cachets de l'école militaire royale de Soreze et trois autres cachets sur le premier feuillet.

Aux armes de Louis-Bénigne de Bauffremont.

1497. PALLIOT (Pierre). Le Parlement de Bourgogne; son origine, son établissement et son progrès : avec les noms, surnoms, qualités, armes et blasons des présidents, chevaliers, conseillers; advocats et procureurs généraux, et greffiers, qui y ont esté jusques à présent. *A Dijon, ches ledit Palliot,* 1649, in-fol., veau fauve, fil., dos orné, tr. jasp. (*Rel. anc.*).

Nombreux blasons gravés.
Bel exemplaire.

1498. PILATE-PRÉVOST (H.). Notice sur Philippe-le-Bon, duc de Bourgogne et comte de Flandre, considérée sous les rapports des faits généraux de l'histoire, et principalement des actes particuliers qui intéressent la ville de Douai ; suivie de strophes, de notes sur le programme de la seconde fête historique, et ornée de lithographies représentant tous les personnages du cortège rangés suivant l'ordre de la marche, par Félix Robaux. *A Douai, chez F. Robaux, s. d.*, in-4, oblong, dos et coins mar. rouge, tête dor., non rogné (*Pierson*).

10 grandes planches pliées, gravées au trait.

1499. PLANCHER (Dom Urbain) et MERLE (D.). Histoire générale et particulière de Bourgogne, avec des notes, des dissertations et les preuves justificatives. Composée sur les auteurs, les titres originaux, les registres publics... et enrichie de vignettes, de cartes géographiques, de divers plans, de plusieurs figures, de portiques, etc., etc. *A Dijon, chez Ant. de Fay*, 1739-1781, 4 vol. in-fol., cartonn.

Bel exemplaire NON ROGNÉ.

1500. TAYLOR (J.). Voyages pittoresques et romantiques dans l'Ancienne France. Franche-Comté. *Paris, J. Didot l'aîné*, 1825, in-fol., cartonn., non rogné.

160 planches lithographiées, tirées sur Chine.

h. — Lyonnais, Beaujolais, Bresse et Forez, Dauphiné.

1501. DAUPHINÉ. 5 vol. in-8, cartonn. toile verte et grise, et demi-rel. mar. brun, tête dor., non rognés (*Pierson*).

BELLET (l'abbé Charles). Histoire du cardinal Le Camus, évêque et prince de Grenoble. *A. Picard*, 1886. — BOYER D'AGEN. Bruno de Cologne et la Grande Chartreuse. *Rudeval*, 1902. — CAISE (Albert). Cartulaire de Saint-Vallier. *Valence*, 1870. — VISSAC (Raoul de). Les Barons de Châteauneuf-de-Mazenc. *Champion*, 1899. — GASPARD (F.) et PIOLLAT. Étude historique sur la famille des Beauvoir-de-Marc, du Viennois-en-Dauphiné. *Lyon*, 1900.

1502. DIJON (Dom H.). L'Église abbatiale de Saint-Antoine en Dauphiné. Histoire et archéologie. *Grenoble et Paris, A. Picard*, 1902, pet. in-4, demi-rel. mar. noir, jans., tête dor., non rogné, couvert. (*Pierson*).

Nombreuses gravures hors texte et dans le texte.

1503. GUICHENON (Samuel). Histoire de Bresse et de Bugey, contenant ce qui s'y est passé de mémorable sous les romains, les roys de Bourgongne et d'Arles, empereurs, Sire de Beaugé... avec les fondations des abbayes, prieurés, chartreuses et églises collégiales... *A Lyon, chez Jean-Ant. Huguetan et M.-A. Ravaud*, 1650, 4 parties en 1 vol. in-fol., veau brun, fil., tr. jasp. (*Rel. anc.*).

Ouvrage estimé et rare, orné de nombreux blasons gravés.
Exemplaire de Rigoley de Juvigny avec son ex-libris.
Reliure fatiguée.

1504. LABORDE (Le Comte Alexandre de). Voyage pittoresque de la France. Gouvernement du Dauphiné. *A Paris, chez Lamy, s. d.*, in-fol., cartonn., demi-toile grise.

Texte et 42 planches gravées.
La planche 17 manque.

1505. LA MURE (Jean-Marie de). Histoire des ducs de Bourbon et des comtes de Forez en forme d'annales sur preuves authentiques servant d'augmentation à l'histoire du pays de Forez et d'illustration à celles des pays de Lyonnois, Beaujolois, Bourbonnois, Dauphiné et Auvergne, et aux généalogies tant de la Maison royale que des plus illustres maisons du royaume. Publiée pour la première fois d'après un manuscrit de la bibliothèque de Montbrison portant la date de 1675. Revue, corrigée et augmentée de nouveaux documents et de notes nombreuses, et ornée de vues, portraits, sceaux, monnoies, fac-simile et autres figures dessinées d'après des monuments authentiques. *A Paris, chez Potier*, 1860-1868, 3 vol. in-4, dos et coins mar. rouge, fil., tête dor., non rognés (*Champs*).

Tirage à 400 exemplaires sur papier vergé.

1506. LA ROCHE LA CARELLE (Le Baron Ferdinand de). Histoire du Beaujolais et des sires de Beaujeu, suivie de l'armorial de la province. *Lyon, Louis Perrin*, 1853, 2 vol. gr. in-8, demi-rel. chagrin noir, plats toile, fil. et fleurons, tr. jasp. (*Rel. de l'éditeur*).

Tirage à petit nombre. Ouvrage orné de nombreux blasons et fac-simile.

1507. LE LABOUREUR (Claude). Les masures de l'Abbaye royale de l'isle Barbe les Lyon ; ou recueil historique de tout ce qui s'est fait de plus mémorable en cette église, depuis sa fondation iusques à présent : avec le catalogue de tous ses abbez, tant réguliers que séculiers. *A Lyon, de l'Imp. de Claude Galbit*, 1665, *et à Paris chez Jean Couterot*, 1861, 2 vol. in-4, veau jasp., fil., dos orné, dent int., tr. rouges.

Ouvrage peu commun et recherché. Exemplaire dont les 6 derniers feuillets du tome premier sont réimprimés, ils contiennent *la liste de quelques moines de l'Isle* et les *Additions*. On y a ajouté : 1° Supplément aux mazures de l'Abbaye de l'Isle-Barbe-lez-Lyon de C. Le Laboureur. *Lyon, Rivoire*, 1846, vi et 32 pp. (Ce supplément contient la « Table des Maisons nobles »). — 2° Epistola Leydradi, Lugdunensis archiepiscopi ad Carolum magnum imperatorem, 28 pp. — 3° Roux (l'abbé). Notice historique sur l'Ile-Barbe. 1843, 17 pp.

1508. LYONNAIS. 3 vol. in-8 et et in-12, dos et coins mar. bleu, vert et un vol. br. (*Champs*).

L'accueil de Madame de la Guiche à Lyon, le lundy vingt-septiesme d'Avril, 1598. *Lyon*, 1861. — Jamot (C.). Inventaire général du vieux Lyon, maisons, sculptures, inscriptions. *Lyon*, 1906, pl. — Sénéclauze (Adrien). Les conifères, monographie descriptive et raisonnée classée par ordre alphabétique de la collection complète des conifères tant indigènes qu'exotiques cultivés à Bourg-Argental (Loire). *Lahure*, 1867.

1509. MARTIN (F.). Notice sur la fondation du monastère de la Trappe de Notre-Dame des Dombes. *Bourg*, 1866. — Vingtrinier (Aimé). Études populaires sur la Bresse et le Bugey. *Lyon*, 1902. — Ens. 2 vol., pet. in-8, cartonn. toile rouge et grise, tête dor., non rognés, couvert. (*Pierson*).

On y a joint : Jussieu (A. de). La Sainte-Chapelle du château de Chambéry. *Chambéry, Perrin*, 1868, in-8, 10 planches lithographiées.

Cet exemplaire contient une lettre autographe de Mme Adèle de Jussieu à M. Werlé, maire de Reims où elle mande de recommander à Mr Le Clercq les candidatures de MM. de Jussieu et Vallin.

1510. REY (Dr E.). Monographie historique et descriptive de Notre-Dame d'Espérance de Montbrison. *Montbrison, chez Lafond,* 1885, in-4, figures, dos et coins mar. bleu, dos orné, tête dor., non rogné, couvert. (*Pierson*).

Tiré à petit nombre.

i. — Limousin et Auvergne.

1511. AUVERGNE (Ouvrages relatifs à l'). 6 vol. in-8, dont 5 cartonn. toile ou demi-toile de diverses couleurs et 1 demi-rel. mar. bleu, tête dor., non rognés (*Champs* et *Pierson*).

Boudet (M.) La Jacquerie des Tuchins, 1363-1384. *Champion,* 1895. — Forestier (L'Abbé). L'Église et la paroisse de Saint-Nectaire. *Clermont,* 1878. — Dumas-Audergier (Dr). Traitement spécial à Saint-Nectaire, 1869. — Gobin (Léon). Essai sur la géographie de l'Auvergne. *Hachette,* 1896. — Ideville (Cte H. d'). Les châteaux de mon enfance. *Palmé,* s. d. — Ribier (Dr L.). Charlus-Champagnac et ses seigneurs. *Champion,* 1902.

1512. FLÉCHIER. Mémoires sur les Grands-jours tenus à Clermont en 1665-1666, publiés par B. Gonod. *A Paris, chez Porquet,* 1844, in-8, dos et coins mar. vert., tête dor., non rogné (*Vogel*).

Exemplaire de Monmerqué, dans lequel il a ajouté : Examen critique des mémoires attribués à Fléchier, sur les grands jours tenus à Clermont-Ferrand en 1665 et 1666, et publiés par M. Gonod, par le comte de Résie. *Paris,* 1845. — Réponse à l'examen critique des mémoires de Fléchier, par B. Gonod. — Cet exemplaire contient en outre plusieurs lettres de MM. Gonod et Tallandier, relatives à cette édition, de nombreuses notes historiques de Monmerqué, et le portrait de Fléchier gravé par *A. de Saint-Aubin* en 2 épreuves : eau-forte et épreuve avec la lettre grise.

1513. LIMOUSIN. 2 vol. in-4 et pet. in-8, cartonn. toile verte et bleue, tête dor., non rognés (*Pierson*).

Jarrige (Pierre de). Journal historique (1560-1574) continué par Pardoux de Jarrige (1574-1591). *Angoulême,* 1868. — Lasteyrie (Charles de). L'Abbaye de Saint-Martial de Limoges. *Picard,* 1901, in-4.

1514. MARVAUD (F.). Histoire des vicomtes et de la vicomté de Limoges. *A Paris, chez J. B. Dumoulin,* 1873, 2 vol. in-8, papier vergé, demi-rel. mar. bleu, tête dor., non rognés (*Pierson*).

1515. TAYLOR (J.). Voyages pittoresques et romantiques en France. Auvergne. *A Paris, de l'Imp. de A. Firmin-Didot,* 1829-1833, 2 tomes en 1 vol. pour le texte et 2 de planches. Ens. 3 vol. in-fol., dos et coins mar. grenat, plats toile, tête dor., non rognés (*Allô*).

255 planches lithographiées, tirées sur Chine.

j. — Guyenne et Gascogne, Béarn.

1516. ARCHIVES MUNICIPALES de Bayonne. Livre des Établissements. *Bayonne, Imp. A. Lamaignère,* 1892, in-4, papier vergé, demi-rel. mar. noir jans., tête dor., non rogné, couvert. (*Pierson*).

1517. BEARN. 7 vol. in-8 et in-12, demi-rel., bas. rouge et cartonn. toile, tête dor., non rognés (*Pierson*).

Blanchet (J.). Histoire monétaire du Béarn. *Leroux,* 1893, 2 vol. — Description et histoire du château de Pau et du pays de Béarn. *Pau, s. d.* — Lagrèze (G. B. de). La société et les mœurs en Béarn. *Pau,* 1886. — Petit (Raymond). Action thérapeutique de Salies-de-Béarn contre l'évolution chronique des maladies. *Lecrosnier,* 1890.

1518. BERGOING (M.). Recherches sur l'ancien gouvernement politique du pays des Lannes. *A Dax, chez R. Leclercq,* 1789, pet. in-8 de 82 pag. et un feuillet d'errata, veau marb., fil., dos orné, tr. rouge (*Rel. anc.*).

1519. BIGORRE (Ouvrages relatifs au pays de). 5 vol. in-8, demi-rel. ou dos et coins mar. vert, bleu et grenat, tête dor., non rognés (*Carayon* et *Champs*).

Cardaillac (X. de). Le Cloître de Saint-Sever de Rustan. *Toulouse,* 1891. — Cardaillac (X. de). Les sculptures de l'abbaye de Larreule. *Tarbes,* 1892. — Froidour (L. de). Mémoire du pays et des états de Bigorre. *Pau,* 1892. — Ricaud (L'abbé L.). La Bigorre et les Hautes-Pyrénées pendant la Révolution. *Tarbes,* 1894. — Rosapelly (N.) et Cardaillac (X. de). La cité de Bigorre. *Paris, Champion,* 1890.

1520. GUYENNE ET GASCOGNE. 9 vol. in-4 et in-8 demi-rel. mar. et cartonn. toile de diverses couleurs, tête dor., non rognés (*Pierson*).

Agos (Louis de Fiancette d'). Vie et miracles de Saint Bertrand avec une notice historique sur la ville et les évêques de Comminges. *Saint-Gaudens,* 1854. — Beaurain (Georges). Le portail de l'Église de Mimizan. *Champion, s. d.,* pl. — Breuils (l'abbé A.). Saint Austin, archevêque d'Auch (1000-1068) et la Gascogne au xie siècle. *Auch,* 1895, pl. — Druilhet (P.). Archives de la ville de Lectouré. *Champion,* 1885. — Mémoires du Marquis de Franclieu (1680-1745). *Id.,* 1896, pl. — Histoire de l'église de Sarlat. *Lecoffre, s. d.* — Joantho (Louis de). Biarritz illustré. *Biarritz,* 1885, pl. — Pothier (Général). Les Tumulus du plateau de Ger. *Champion,* 1900. — Forest de Lemps. Souvenir d'une excursion pittoresque dans le Querci. *Barraud,* 1871, sur Chine.

1521. LABRONE (Émile). Le Livre de vie. Les seigneurs et les capitaines du périgord blanc au xive siècle. *Paris, Alphonse Lemerre,* 1891, in-8, carré, planches, dos et coins mar. bleu, tête dor., ébarbé, couvert. (*Pierson*).

1522. MONCAUT (Cénac). Histoire des peuples et des états Pyrénéens (France et Espagne) depuis l'époque celtibérienne jusqu'à nos jours. Seconde édition augmentée de l'étymologie des noms de lieux et de l'archéologie complète des Pyrénées françaises et espagnoles, ornée de 55 gravures. *Paris, Amyot,* 1860, 5 vol. in-8, demi-rel. veau gris, tr. jasp.

1523. MOUSTIERS MÉRINVILLE (Mis des). Un Évêque ambassadeur au xvie siècle. Jean des Moustiers, seigneur du Fraisse, évêque de Bayonne. *Limoges,* 1895. — Ricard (Mgr.). Vie de mgr. de la Bouillerie, évêque de Carcassonne. *Palmé,* 1887. — Ens. 2 vol. in-8, dos et coins mar. brun, et cartonn. toile grise, tête dor., non rognés (*Pierson*).

1524. PÉRIGORD (Ouvrages relatifs au). 5 vol. in-8, demi-rel. mar., cartonn. toile grise et vélin blanc, tête dor., non rognés (*Pierson*).

Carles (Alcide). Histoire du Saint-Suaire de Notre-Seigneur Jésus-Christ. *Poussielgue,* 1875. — Labrone (Emile). Bergerac sous les Anglais. *J. Rouam,* 1893. — Monographie de Saint-Front. *Périgueux,* 1871, fig. — Quelques lettres relatives à l'histoire de la Fronde en Périgord. *Périgueux,* 1876. — Recherches sur la noblesse du Périgord. *Champion,* 1890.

1525. POEYDAVANT (abbé). Histoire des troubles survenus en Béarn dans le 16e et la moitié du 17e siècles. *A Pau, chez Tonnet,* 1819-1821, 3 vol. in-8, cartonn. toile grenat, tête dor., non rognés (*Pierson*).

1526. SCEAUX GASCONS du Moyen âge (gravures et notices), publiés pour la Société historique de Gascogne par la commission des archives historiques. *Paris, Honoré Champion,* 1888-1889, 2 vol. in-8, cartonn. toile grise, tête dor., non rognés (*Pierson*).

k. — Languedoc et Provence.

1527. ALBIOUSSE (Lionel d'). Histoire des ducs d'Uzès suivie d'une notice sur leur château ducal. *Champion,* 1887. — Teraube (Gustave). Histoire d'Uzès et de son arrondissement. *Paris, s. d.,* envoi autographe de l'auteur. — Ens. 2 vol. in-8, dos et coins et demi-rel. mar. rouge et bleu, tête dor., non rognés (*Pierson* et *Allô*).

1528. ALBIOUSSE (Lionel d'). Histoire des ducs d'Uzès, suivie d'une notice sur leur château ducal par Lionel d'Albiousse. *Paris, H. Champion,* 1887, in-8, fig., demi-rel. mar. bleu, tête dor., non rogné, couvert. (*Pierson*).

1529. ALPES MARITIMES ET VAR. 5 vol. in-8 et in-12, cartonn. toile de diverses couleurs et demi-rel. chagrin citron, tête dor., non rognés (*Pierson*).

Alliez (l'abbé). Les Iles de Lérins, Cannes et les rivages environnants. *Didier,* 1860. — Cais de Pierlas (E.). La ville de Nice pendant le premier siècle de la domination des princes de Savoie. *Turin,* 1898. — Girard (J. B.). Cannes et ses environs. Guide historique et pittoresque. *Garnier,* 1859. — L'Ile et l'abbaye de Lérins. *Lérins,* 1895. — Liotard (l'abbé). Vie édifiante et populaire de Ste. Rosine de Villeneuve. *Draguignan,* 1873.

1530. GERMAIN (A.). Histoire de la Commune de Montpellier, depuis ses origines jusqu'à son incorporation définitive à la monarchie française ; rédigée d'après les documents originaux, et accompagnée de pièces justificatives, presque toutes inédites. *Montpellier, Jean Martel,* 1851, 3 vol. in-8, cartonn. toile grenat, tête dor., non rognés (*Pierson*).

1531. LAMBERT (Gustave). Histoire de Toulon. *Toulon,* 1886-1892, 4 vol. in-8, dos et coins mar. grenat, tête dor., non rognés (*Pierson*).

Extrait de l'*Académie du Var,* tiré à 100 exemplaires.

1532. LANGUEDOC : 2 vol. pet. in-4, cartonn. toile bleue et in-8, cartonn. demi-mar. bleu, tête dor., non rognés (*Pierson*).

Peyre (Roger). Nimes, Arles, Orange, Saint-Rémy. *Laurens,* 1903, illustrations. — Vogüé (Vte E. M. de). Notes sur le Bas-Vivarais. *Champion,* 1893, papier vergé.

1533. PROVENCE. 7 vol. in-4, in-8 et in-12, dos et coins mar. vert et cartonn. toile rouge et grise, tête dor., non rognés (*Pierson*).

Baudier (Michel). Histoire de l'incomparable administration de Romien grand ministre d'Estat en Provence lorsqu'elle estoit en souveraincté. *Paris, Jean Camusat,* 1635, réimpression faite en 1841. — BERTIN (Horace). Les Heures marseillaises avec portrait gravé à l'eau-forte par A. Moutte. *Laveirarie*, 1878. — ODDO (Henri). La Provence, usages, coutumes, idiomes depuis les origines. *Le Soudier*, 1902. — OPPÈDE (Forbin d'). La bienheureuse Delphine de Sabran et les Saints de Provence au XIVe siècle. *Plon*, 1883. — SAINT-YVES ET JOSEPH FOURNIER. Le Département des Bouches-du-Rhône de 1800 à 1810. *Champion*, 1899. — VITROLLES (Amélie de). Sa vie et sa correspondance. *Perrin*, 1890, 2 vol.

1534. VIC (dom Cl. de) et dom VAISSETTE. Histoire générale de Languedoc, avec des notes et des pièces justificatives, composée sur les auteurs et les titres originaux, et enrichie de divers monumens ; par deux religieux bénédictins de la Congrégation de S. Maur. *A Paris, chez Jacques Vincent*, 1730-1745, 5 vol. in-fol., veau rac., dos orné, tr. rouges (*Rel. anc.*).

Une des meilleures histoires particulières des provinces.

1535. VIC (dom Cl. de) et dom VAISSETTE. Histoire générale de Languedoc, avec des notes et les pièces justificatives. Édition accompagnée de dissertations et notes nouvelles contenant le recueil des inscriptions de la province antiques et du moyen âge, des planches, des cartes géographiques et des vues de monuments, publiée sous la direction de M. Édouard Dulaurier, annotée par Em. Mabille et Edward Barry, continuée jusques en 1790 par Ernest Roschach. *Toulouse, Ed. Privat*, 1862-1892, 11 vol. in-4, cartonn., non rognés.

Les tomes 9, 10, 13 et 14 manquent.

I. — Barrois, Lorraine et Alsace, les trois évêchés.

1536. ALSACE (Ouvrages relatifs à l'). 7 vol. in-4 et in-8, cartonn. toile ou demi-toile de diverses couleurs, et dos et coins mar. olive et bleu, tête dor., non rognés (*Pierson*).

COLLIGNON (Ch.). Rapport fait au Conseil municipal de Nancy sur le tracé du chemin de fer de Strasbourg. *Nancy*, 1841. — CONTES D'ALSACE sur les âges de la pierre et du bronze. *Berger-Levrault*, 1886. — FOURNIER (A.). Du Donon au ballon d'Alsace. Illustrations par Franck. *Ollendorff*, s. d. — GÉRARD (Ch.). L'Alsace ancienne à table. *Colmar*, 1862. — MÉMOIRE pour servir à l'histoire de l'ordre de la boisson. *Nancy*, 1864. — RABANY. Les Schweighaeuser. *Berger-Levrault*, 1884. — SÉE (Julien). Journal d'un habitant de Colmar (juillet à novembre 1870). *Nancy*, 1884.

1537. BARRÈS (Maurice). Pages lorraines. *Charmes-sur-Moselle*, 1903, in-8, papier vergé, dos et coins cartonn. toile bleue, tête dor., non rogné, couvert. (*Pierson*).

Tiré à 300 exemplaires.

1538. BARROIS. 7 vol. in-4 et in-8, cartonn. toile de diverses couleurs, tête dor., non rognés (*Pierson*), demi-rel. chagrin et broché.

LALLEMEND (Marcel). L'École des Richier, *Bar-le-Duc*, 1887. — MATHIEU (Cardinal). L'ancien régime en Lorraine et Barrois. *Champion*, 1907. — SAULCY (F. de). Recherches sur les monnaies des comtes et ducs de Bar. *Didot*, 1843. — RECUEIL des armes et blasons des familles nobles actuellement existantes et établies en la ville de Bar et dans l'étendue de son district, 1771. — WERLY (Maxe). Histoire numismatique du Barrois. *Bruxelles*, 1895. — WERLY (Maxe). Notes et documents pour servir à l'histoire de l'art et des artistes dans les Barrois. *Champion*, 1900. — WERLY (Maxe). Études sur les différents Pagi, qui au Xe siècle formèrent le comté du Barrois. *Bar-le-Duc*, 1899.

1539. BENOIT (le P.). Histoire ecclésiastique et politique de la ville, du diocèse de

Toul par le révérend père Benoit de Toul, prêtre capucin de la province de Lorraine. *Toul, Alexis Laurent,* 1707, in-4, veau brun.

1540. CALMET (Dom Augustin). Histoire ecclésiastique et civile de Lorraine, qui comprend ce qui s'est passé de plus mémorable dans l'archevêché de Trêves, et dans les évêchez de Metz, Toul et Verdun, depuis l'entrée de Jules César dans les Gaules, jusqu'à la mort de Charles V, duc de Lorraine, arrivé en 1690, avec les pièces justificatives à la fin. *A Nancy, chez Jean-Baptiste Cusson,* 1728, 3 vol. in-fol. veau brun, dos orné, tr. rouges (*Rel. anc.*).

Première édition, ornée de 11 cartes et plans, 13 planches de sceaux, 8 de monnaies et 13 de monuments.

Les pièces justificatives sont reliées à la fin de chaque volume.

1541. CLÉMENT (Nicolas). Les rois et ducs d'Austrasie depuis Théodoric premier, fils aîné de Clovis jusque à Henri de Lorraine II à présent régnant, faict par Nicolas Clément et traduict en françois par Guibaudet, dijonnois. Manuscrit in-4, de 80 ff., demi-rel. bas., dos orné.

Copie manuscrite d'une bonne écriture du XVIIe siècle. Le livre a été publié à Épinal en 1617.

La seconde partie de ce manuscrit contient un abrégé de la vie et l'histoire des rois d'Espagne depuis Athanaric, roi des Visigoths jusqu'à présent (1693) extraite des historiens tant anciens que modernes, et qui semble inédite.

1542. CORBERON (de). Recueil d'ordonnances du roy et réglemens du Conseil souverain d'Alsace depuis sa création jusqu'à présent (1657-1737). *Colmar, H. Decker,* 1738, 2 parties en 1 vol. pet. in-fol., veau marb., tr. rouges (*Rel. anc.*).

De Corberon était premier président du Conseil souverain d'Alsace.

1543. DENIS (Lieutenant Ch.). Inventaire des registres de l'État civil de Lunéville (1562-1792). *Nancy, Berger-Levrault,* 1899, in-4, demi-rel. mar. brun, tête dor., non rogné, couvert. (*Pierson*).

Tirage à 280 exemplaires numérotés (n° 161).

1544. ERNOUF (Baron). Histoire de Waldrade, de Lother II et de leurs descendants, d'après Frodoard, Léon d'Ostie, Benoit de Saint-André. *Paris, Techener,* 1858, in-8, dos et coins mar. rouge, tête dor., non rogné.

Exemplaire imprimé sur PAPIER VERGÉ.

1546. LAGUILLE (Louis). Histoire de la province d'Alsace, depuis Jules César jusqu'au mariage de Louis XV. *A Strasbourg, chez Jean Renauld-Doulssecker,* 1727, 2 parties en un vol. in-fol., figures, veau fauve, dos orné, tr. rouges (*Rel. anc.*).

Bel exemplaire.

1546. LAPAIX (C.). Armorial des villes, bourgs et villages de la Lorraine, du Barrois et des trois évêchés. Texte, dessin, gravure par C. Lapaix. Seconde édition, revue, corrigée et augmentée. *Nancy, Grosjean-Maupin,* 1877, gr. in-8, dos et coins mar. grenat, fil., dos orné, tête dor., non rogné (*Champs*).

Exemplaire imprimé sur PAPIER DE HOLLANDE.

1547. LORRAINE. 2 vol. in-8, cartonn. toile grise, tête dor., non rognés (*Pierson*).

NOEL (B. O. E.). Histoire de Sornéville en Lorraine et de Jean Aubry. *Malzéville,* 1899.—

Sechéret-Cellier. Études historiques sur Raucourt et Haraucourt et la région avoisinante. *Sedan*, 1896.

1548. LORRAINE. 7 vol. in-8, cartonn. toile ou demi-toile de diverses couleurs, vélin blanc, tête dor., non rognés, broché et mar. rouge anc.

Beaupré. De la prison de Ferry III dans la tour de Maxéville. *Nancy*, 1839. — Didier-Laurent. Dom Didier de la Cour de la Vallée et la réforme des bénédictins de Lorraine. *Nancy*, 1904. — Moisson. Éloge funèbre des soldats qui ont péri dans l'affaire de Nancy. *S. l.*, 1790. — Martin (l'abbé Eug.). La persécution et l'anarchie religieuse en Lorraine. *Nancy*, 1903. — Noël. Du domaine ducal. *S. l.*, 1828. — Nollet-Fabert (Jules). Les Généraux Buquet. *Nancy*, 1851. — Thiébaut (C.). Tableau moral du département de la Meurthe. *Nancy, s. d.*

1549. LORRAINE ET BARROIS. 4 vol. in-8, dos et coins demi-rel. mar., cartonn. toile et un vol. br., tête dor., non rognés (*Pierson*).

Germain (Léon). Mélanges historiques sur la Lorraine. *Nancy*, 1889. — Mathieu (Cardinal). L'Ancien régime en Lorraine et Barrois (1698-1789). *Champion*, 1907. — Meunier-Jolain (J.). L'Ancien régime dans une bourgeoisie lorraine. *Berger-Levrault*, 1885. — Pimodan (Marquis de). La réunion de Toul à la France. *Lévy*, 1885, figures.

1550. LUDRES (Le Comte de). Histoire d'une famille de la chevalerie lorraine. *Paris, Champion*, 1893-1894, 2 vol. in-8, cartonn. toile grise, tête dor., non rognés, couvert. (*Pierson*).

1551. MARTIN (L'Abbé Eug.). Histoire des diocèses de Toul, de Nancy et de Saint-Dié. *Nancy, Crépin-Leblond*, 1900-1903, 3 vol. in-8, figures, cartonn. toile grise, tête dor., non rognés, couvert. (*Pierson*).

1551 *bis*. MÉMOIRES de la société des lettres, sciences et arts de Bar-le-Duc. De l'origine 1871 à 1900 inclus. *Bar-le-Duc, Contant-Laguerre*, 1871-1901, 30 vol. in-8, brochés.

1552. MESSIN (Ouvrages relatifs au pays). 3 vol. in-4 et in-8 demi-rel. chagrin bleu et rouge, et demi-rel. veau fauve.

Klipffel (Henri). Les Paraiges messins. Étude sur la république messine du XIIIe au XVIe siècle. *Metz*, 1863. — Les trois évêchés. Metz, Toul. Verdun (Extrait). — Recueil de dissertations, mémoires, et notices archéologiques concernant la Lorraine et particulièrement le pays messin. *Metz, s. d.*

1553. MEURISSE (Le R. P.). Histoire des Evesques de l'Eglise de Metz. *A Metz, par Jean Anthoine*, 1634, pet. in-fol., veau brun, fil., dos orné, tr. rouges (*Rel. anc.*).

Un feuillet est remmargé et le haut du titre a la marge coupée.

1554. MEUSE (Ouvrages relatifs au département de la). 7 vol. in-8 et in-12, dos et coins mar. et cartonn. toile de diverses couleurs, tête dor., non rognés (*Pierson*).

Beller (J.). La Meuse. *Lille*, 1902. — Bigot (Léon). Le Pays verdunois. *Verdun, Marchal*, 1903. — Buzy (J. B.). Dom Mangérard histoire d'un bibliographe lorrain. *Chalons-sur-Marne*, 1882. — L'Eglise de Saint-Didier de Clermont en Argonne. *Verdun*, 1901. — Notice historique et militaire sur la ville de Montmédy. *Montmédy*, 1860, pl. — Pionnier (Edmond). Le Collège de Verdun après le départ des jésuites, 1762-1803. *Verdun*, 1906. — Stein (Henri) et Léon le Grand. La frontière d'Argonne (843-1659). Procès de Claude de la Vallée (1535-1561). *Picard*, 1905.

1555. MICHEL (Emmanuel). Biographie du parlement de Metz. *Metz, Nouvian,* 1853, in-8, veau marb., fil., dos orné, tr. marb.

Volume recherché, devenu très rare.

1556. MURAILLES D'ALSACE-LORRAINE. Metz, Sarreguemines, Strasbourg, Haguenau, Saverne, Nancy, etc. *Paris, Le Chevalier,* 1874, in-4, demi-rel. chagrin bleu, tr. jasp.

Reproduction des affiches placardées pendant la guerre de 1870-1871.
On y joint : Nystrom (D[r] A). L'Alsace-Lorraine. Trad. du suédois. *Paris, Ollendorff,* 1903, in-8, cartonn. toile verte, tête dor., non rogné (*Pierson*).

1557. NANCY (Ouvrages relatifs à). 3 vol. in-8, demi-rel. mar. La Vall. et rouge, tête dor., non rognés, et demi-rel. veau bleu.

Lapaix (Constant). Description illustrée de Nancy et de ses environs. *Nancy,* 1874, figures sur Chine, tirage en grand papier. — Lepage (Henri). Histoire de Nancy, ville-vieille et ville-neuve. *Nancy,* 1838. — Palais ducal (Le) et le musée lorrain en 1878. *Nancy,* 1875.

1558. PERRIN (de Dommartin). Le héraut de Lorraine. *Nancy, A. Crépin-Leblond,* 1902. — Chapitres (Les) nobles de Lorraine. *S. l. n. d.* — Ens. 2 vol. in-8, cartonn. toile grise, tête dor. et broché.

1559. POIRIER (L'abbé F. J.). Metz, documents généalogiques, armée, noblesse, magistrature, haute bourgeoisie, d'après les registres des paroisses, 1561-1792. Ouvrage couronné par l'Académie de Metz. *Paris, Lamulle et Poisson,* 1899, gr. in-8 à 2 col., cartonn. toile grise, tête dor., non rogné, couvert. (*Pierson*).

1560. SAINT-MAURIS (Victor de). Etudes historiques sur l'ancienne Lorraine. *Nancy, Wagner,* 1861, 2 vol. in-8, demi-rel. mar. rouge, tr. jasp.

1561. THIBAULT (François-Timothée). Histoire des loix et usages de la Lorraine et du Barrois, dans les matières bénéficiales, suivie d'une dissertation sur la manière d'accomoder ces loix et usages à l'indult du pape Clément XII, de 1740, et aux ordonnances et maximes de France. *A Nancy, chez Pierre Antoine,* 1763, in-fol. veau marb., fil., dos orné, tr. rouges (*Rel. anc.*).

Exemplaire du Cardinal de Choiseul, avec son ex-libris.

1562. VOSGES (Ouvrages relatifs au département des). 6 vol. in-4 et in-8, cartonn. toile et demi-rel. mar. de diverses couleurs, tête dor., non rognés (*Pierson*).

Antoine (P.). Carte de l'arrondissement de Saint-Dié, 4 feuilles in-fol. collées sur toile et pliées. — Bouvier (Félix). Les Vosges pendant la Révolution. *Berger-Levrault,* 1885. — Didier-Laurent (L'abbé). Saint-Romary. *Saint-Dié,* 1901. — Didier-Laurent (L'abbé). L'Abbaye de Remiremont. *Nancy,* 1898, papier vergé. — Fournier (A.). Du Donon au ballon d'Alsace. Les Vosges. Illustrations par V. Franck. *Ollendorff, s. d.,* in-4. — Gravier (N. F.). Histoire de la ville épiscopale et de l'arrondissement de Saint-Dié. *Epinal,* 1836. — Extrait du catalogue des abbesses de Remiremont et des Empereurs, rois et ducs sous lesquels elles ont vécu... Manuscrit de 13 ff.

m. — *Flandre et Artois.*

1563. ARTOIS. 5 vol. in-4 et in-8 demi-rel. et dos et coins mar. grenat et cartonn. toile, grise, verte et bleue, tête dor., non rognés.

Cavrois (Louis). Cartulaire de Notre-Dame-des-Ardents, à Arras. *Arras,* 1876, fig. —

Deschamps de Pas (L.). Sceaux des comtes d'Artois. *Didron,* 1857. — Guimann. Cartulaire de l'abbaye de Saint-Vaast d'Arras. *Arras,* 1875. — Mailly-Couronnel. Souvenirs d'une ancienne famille. *Limoges,* 1889. — Richard (J. Marie). Mahaut comtesse d'Artois et de Bourgogne. *Champion,* 1887.

1564. DERODE (Victor). Histoire de Lille et de la Flandre wallonne. *Lille, Vanackere,* 1848, 3 vol. gr. in-8, cartes, plans et vues, demi-rel. mar. vert, tête dor., non rognés (*Pierson*).

1565. FLANDRE. 6 vol. et brochures in-4 et in-8, cartonn. toile de diverses couleurs et dos et coins mar. vert., tête dor., non rognés (*Pierson*).

Baecker (Louis de). Château de la Motte-au-Bois. *Douai,* 1843, 2 lithographies. — Dasenbergh (A.). Esquisse sur les tendances politiques et sur les élections de l'arrondissement de Dunkerque de 1789 à 1848. *Dunkerque,* 1860. — Roussel-Defontaine (Ch.). Histoire de Tourcoing. *Lille,* 1855. — Duthillœul (H. R.). Eloge historique de Francqueville. *Douai, s. d.* — Lille en vers burlesques. Les Embarras du jour de l'an, les mœurs des lillois. *Lille,* 1724 (réimpression). — Recueil de pièces diverses du xviiie siècle (mémoires, réfutations, etc., etc.).

1566. FLANDRE ET ARTOIS. Factums, ordonnances, comptes rendus, etc., 16 pièces diverses, in-fol. et in-4.

Mémoire pour l'abbé de Saint-Bertin contre l'évêque de St. Omer, 1736. — Mémoire pour les Etats d'Artois contre les Fermiers généraux, 1740. — Compte rendu aux Chambres assemblées par M. Roussel de la Tour concernant l'administration du collège que les soidisans Jésuites occupoient à Arras, 1764. — Ordonnance de M. de Calonne contre le nommé Latour, 1780. — Liste générale et alphabétique des principales matières contenues tant aux registres, aux mémoires qu'en ceux aux consaux de la ville de Douai reposans au greffe de l'hôtel de la dite ville depuis la conquête de Douai par Louis XIV (1667) jusqu'à 1750. Manuscrit de 151 pp., in-4, etc., etc.

1567. HOUDOY (Jules). Histoire artistique de la cathédrale de Cambrai, ancienne église métropolitaine Notre-Dame. Comptes, inventaires et documents inédits avec une vue et un plan de l'ancienne cathédrale. *Paris, Damascène Morgand et Charles Fatout,* 1880, gr. in-8, vue de la cathéd., demi-rel., mar. violet, tête dor., non rogné, couvert. (*Pierson*).

Imprimé à 225 exemplaires sur papier de Hollande.

1568. LAPLANE (Henri de). L'abbaye de Clairmarais. *Saint-Omer, Fleury-Lemaire,* 1863. — Les Abbés de Clairmarais. *Id.,* 1868. — Giry. Histoire de la ville de Saint-Omer et de ses institutions jusqu'au xive siècle. *Paris, Vieweg,* 1877, in-8. Ens. 3 vol. in-8, figures demi-rel., chag. bleu et brun, tête dor., non rognés et tr. jasp.

1569. LE CARPENTIER (Jean). Histoire généalogique des Pays-Bas, ou histoire de Cambray et du Cambresis, contenant ce qui s'est passé sous les Empereurs, et les rois de France et d'Espagne;... *A Leide, chez l'autheur,* 1664, 4 parties en 3 vol. in-4, veau brun, tr. rouges (*Rel. anc.*).

Ouvrage estimé et rare. La 4e partie contient les *Preuves*. Cachet sur les titres. Reliure fatiguée.

1570. LE GLAY (A.). Recherches sur l'église métropolitaine de Cambrai. *Paris, Firmin-Didot,* 1825, in-4, dos et coins, mar. violet, tête dor., non rogné.

12 planches hors texte, lithographiées par Engelmann.

1571. MÉMOIRE général sur la place de Lille. An 1813. Manuscrit, petit. in-fol. de 121 pp., d'une bonne écriture de l'époque, cartonn.

Intéressant manuscrit ayant appartenu au comte Dejean; il contient un historique de la place de Lille depuis l'an 1030, des renseignements sur l'enceinte, les ouvrages extérieurs, les écluses, les poternes, sur la défense des places, le bombardement, les magasins d'habillement et à fourrages, etc., etc.

Curieux au point de vue militaire.

G. — *HISTOIRE DES PAYS ÉTRANGERS*

1. — BELGIQUE ET HOLLANDE

1572. BELGIQUE (Ouvrages relatifs à la). 5 vol. in-8, dont 2 demi-rel., mar. La Vall. et 3 cartonn., toile de diverses couleurs, tête dor., non rognés (*Pierson*).

Duthéillet de Lamothe (Lieut.-Colonel). Mémoires. *Bruxelles*, 1899, 2 héliogravures et plan. — Guillaume (Le Colonel). Histoire des gardes wallonnes au service de l'Espagne. *Bruxelles*, 1858. — Le Glay (Édouard). Histoire du bienheureux Charles le Bon, comte de Flandre. *Lille*, 1884. — Mémoires militaires sur la campagne de l'armée belgique pendant la Révolution de 1790 (par Vilain XIIII). *Londres, s. d.* — Van der Meere. mémoires. *Bruxelles*, 1880.

1573. BOUSSU (Gilles-Joseph de). Histoire de la ville de Mons, ancienne et nouvelle; contenant tout ce qui s'est passé de plus curieux depuis son origine 650 jusqu'à présent 1725; la chronologique des comtes de Hainau, la liste des grands-baillis, des conseillers... *A Mons, chez Jean-Nicolas Varret*, 1725, in-4, front. et figures, veau rac., dos orné, tr. rouges (*Rel. anc.*).

1574. CHOTIN (A.-G.). Histoire de Tournai et du Tournésis, depuis les temps les plus reculés jusqu'à nos jours. *Tournai, Massart et Janssens*, 1840, 2 tomes en 1 vol. in-8, demi-rel., veau brun, tr. rouges.

1575. COUSIN (Jean). Histoire de Tournay ou quatre livres des chroniques, annales, ou démonstration du christianisme de l'Evesché de Tournay. *A Douay, de l'Imp. de Marc Wyon*, 1619-1620, 4 tomes en 2 vol. in-4, figures, demi-rel., veau fauve, dos orné, tr. rouges.

Les deux premiers volumes sont plus courts de marges.

1576. CRUYPLANTZ (Capitaine E.). Histoire de la cavalerie belge au service d'Autriche, de France, des Pays-Bas et pendant les premières années de notre nationalité. *Bruxelles, Spineux et Cie*, 1883, in-8, cartonn., toile rouge, tête dor., non rogné (*Pierson*).

6 planches coloriées de costumes militaires.

1577. DINAUX (Arthur). Les Trouvères brabançons, hainuyers, liégeois et namurois. *Paris, Techener*, 1863, in-8, demi-rel., mar. bleu, dos orné, tête dor., non rogné (*Pierson*).

1578. GRAMAYE (Joan.-Bapt.). Antiquitates illustrissimi comitatus Flandriae, in quibus singularum urbium initia, incrementa, respublicae, privilegia, opera, laudes :

Cœnobiorum fundationes, propagationes, sacri thesauri, encomia, viri clari : Ecclesiarum patronatus, monumenta, reliquiae sanctorum, collatores : pagorum dominia, domini, familiae, quantum quidem nunc fieri potuit, speciatim descripta ; ex oppidorum Cœnobiorumque archivis, ex privatorum plurium schedis collecta. *Lovanii, apud Ægidium Denique, Bruxellis, apud fratres Tserstevens,* 1708, in-fol., vélin blanc, encad. de fil. et plaque à froid, tr. jasp. (*Rel. anc.*).

1579. GUILLAUME (G.). Histoire des régiments nationaux belges pendant la guerre de sept ans et pendant les guerres de la Révolution française, 1792-1801, d'après des documents officiels. *Bruxelles, Stapleaux,* 1854-1855, 2 parties en 1 vol. in-8, demi-rel., bas. violette, tr. jasp.

7 figures coloriées de costumes.

1580. HELLENS (Franz). En ville morte. Les Scories. Couverture et 11 dessins hors texte de Jules de Bruycker. *Bruxelles, Van Oest et Cie,* 1906, gr. in-8, dos et coins mar. bleu, tête dor., non rogné, couvert. (*Champs-Stroobants*).

1581. HISTOIRE DES TROUBLES et guerres civiles du Pays-Bas, autrement dict la Flandre. Contenant l'origine et progrès d'icelle, les stratagèmes de guerre, oppugnations et expugnations des villes et forteresses, aussi la barbare tyrannie et cruauté de l'Espaignol, et des espaignolisez. Ensemble l'estat et faict de la religion, espécialement depuis l'an 1559, jusques à l'an 1581. Avec ce plusieurs missives, placards, contracts de paix, unions et pactions, publiez esdites provinces. *S. l.,* l'an 1582, in-12, veau jasp., dos orné, tr. rouges (*Rel. anc.*).

La dédicace est signée Théophile D.-L.
Livre rare. Le titre est doublé.

1582. LE BEL (Jehan). Les Vrayes Chroniques de messire Jehan Le Bel. Histoire vraye et notable des nouvelles guerres et choses avenues l'an mil CCCXXVI jusques à l'an LXI, en France, en Angleterre, en Escoce, en Bretaigne, etc., publiées par M. L. Polain. *Bruxelles, F. Heussner,* 1863, 2 vol. in-8, papier vergé, demi-rel. mar. vert, dos plat orné, tête dor., non rognés (*Pierson*).

Publié par l'Académie Royale de Belgique.

1583. LEFÈVRE PONTALIS (A.). Vingt années de république parlementaire au XVIIe siècle. Jean de Witt, grand pensionnaire de Hollande. *Paris, Plon,* 1884, 2 vol. in-8, portrait, demi-rel. mar. grenat, tête dor., non rognés (*Pierson*).

1584. L'ESPINOY (Philippe de). Recherche des antiquités et noblesse de Flandres, contenant l'histoire généalogique des comtes de Flandres, avec une description curieuse dudit pays, la suitte des gouverneurs de Flandres, des grands-baillys, maistres des eaues et autres officiers principaux des villes ; un recueil des nobles et riches chastellenies, etc. *A Douay, de l'imp. de la Vve Marc Wyon,* 1632, in-fol., veau brun, tr. rouges (*Rel. anc.*).

Front. gravé et nombreux blasons gravés sur bois et sur cuivre. On remarque dans cet ouvrage une grande planche représentant les pairs et les officiers héréditaires de Flandre.

1585. MÉMOIRES de Frédéric Henri, prince d'Orange, qui contiennent ses expéditions militaires depuis 1621 jusqu'à l'année 1646, enrichis du portrait du prince et de figures représentant ses actions les plus mémorables dessinées et gravées par Bernard Picart. *A Amsterdam, chez Pierre Humbert,* 1733, in-4, veau jasp., tr. jasp. (*Rel. anc.*).

Exemplaire dans lequel on a ajouté 6 portraits divers.
On y joint : Rousset. Relation historique de la grande révolution arrivée dans la république des provinces-unies en 1747. *Amsterdam, s. d.,* in-4, cartonn. demi-toile grise, tête dor., non rogné.

1586. MERODE-WESTERLOO (Comte de). Souvenirs. *Bruxelles, Greuse,* 1845, 2 vol. gr. in-8, dos et coins chagrin grenat, tr. marb.

L'auteur de ces « Souvenirs » était l'arrière petit-fils du feld-maréchal, comte de Merode-Westerloo, capitaine des trabans de l'empereur Charles VI.

1587. MIRAEI (Auberti) Opera diplomatica, et historica, in quibus continentur chartae fundationum ac donationum piarum, testamenta, privilegia, fœdera principum, et alia tum sacrae tum profanae antiquitatis monumenta, à pontificibus, imperatoribus, regibus, etc. Editio secunda auctior et correctior Joannes Franciscus Foppens... *Lovanii, typis Aegidii Denique,* 1723-1748, 4 vol. in-fol à 2 col., veau marb., tr. rouges (*Rel. anc.*).

1588. NOTRE PAYS, 1905. Ouvrage publié sous le patronage du gouvernement. *Bruxelles, Oscar Schepens et Cie, s. d.* (1905), 4 fascicules en feuilles.

Nombreuses illustrations hors texte et dans le texte par *Constantin Meunier, H. Meunier, Cassiers, Jacobs, Stouffs,* etc. Texte par Verhaeren, Valère Gille, Jean d'Ardenne, Braun, etc., etc.

1589. OUDEGHERST (Pierre d'). Les Chroniques et annales de Flandres : contenantes les héroicques et très victorieux exploits des forestiers, et comtes de Flandres, et les singularités et choses mémorables advenues audict Flandres, depuis l'an de Nostre Seigneur Jésus Christ VIe et XX, jusques à l'an 1476. *A Anvers, chez Christophe Plantin,* 1571, in-4, demi-rel. veau fauve, tr. marb.

1590. POSWICK (Eugène). Histoire des troupes liégeoises pendant le XVIIIe siècle. *Liège, L. Grandmont-Donders,* 1893, in-4, cartonn., non rogné.

Exemplaire numéroté imprimé sur papier de Hollande. Portrait en héliogravure et grande planche en couleurs de costumes militaires.

1591. SAINT-RENÉ TAILLANDIER. Le roi Léopold et la reine Victoria. Récits d'histoire contemporaine. *Paris, Hachette et Cie,* 1878, 2 vol. in-8, dos et coins mar. grenat, tête dor., non rognés (*Pierson*).

1592. TABLEAU de l'état politique et civil des Pays-Bas, ordonné par S. M. Marie-Thérèse d'Autriche lors de son avènement en 1756, depuis l'époque gauloise jusqu'à la Révolution politique dirigée par M. le Comte de Kaunitz, laquelle changea le système politique de l'Europe. Manuscrit de 201 ff. in-4, cartonn. demi-toile grise, tête dor., non rogné (*Pierson*).

Manuscrit d'une bonne écriture du milieu du XVIIIe siècle.

1593. VILAIN XIV (Le Comte). Mémoires militaires sur la campagne de l'armée belgique dans les Pays-Bas autrichiens, pendant la Révolution de 1790, par un officier de l'armée. *A Londres, de l'Imp. de T. Spilsbury et fils*, 1791, in-8, veau rac., dos orné, tr. jasp. (*Rel. anc.*).

5 vues à l'aquatinte, 8 plans et 1 fac-similé.

1594. VINCHANT (François). Annales de la province et comté d'Haynau, où l'on voit la suitte des comtes depuis leur commencement, les antiquitez de la religion, et de l'estat depuis l'entrée de Jules César dans le pays. Ensemble les évesques de Cambray qui y ont commandé, les fondations pieuses des églises et monastères, et leur descentes de la noblesse... augmentées et achevées par le R. P. Ant. Ruteau. *A Mons en Haynau, de l'Imp. de Jean Havary*, 1648, in-fol., frontispice gravé, vélin blanc à recouv. (*Rel. anc.*).

1595. WASSEBOURG (Richard de). Premier (et second) volume des antiquitez de la Gaule Belgique, royaume de France, Austrasie et Lorraine, avec l'origine des duchez et comtez de l'ancienne et moderne Brabant, Tongre, Ardenne, Haynnau... extraite soubs les vies des evesques de Verdun ancienne cité d'icelle Gaule... Fut achevé d'Imprimer le 13 novembre 1549. *On les vend à Paris, par Vincent Sertenas, et aussi se vendent en la cité de Verdun*, 1549, 2 tomes en 1 vol. in-fol., veau brun (*Rel. anc.*).

Ouvrage intéressant et rare.
Exemplaire fatigué, incomplet de 6 ff. de table qui ont été remplacés par une copie manuscrite ; plusieurs ff. sont remontés.

2. — ITALIE

1596. ABRÉGÉ de l'histoire du pays d'Aoste 178... Manuscrit in-4, de 120 ff. d'une bonne écriture de la fin du XVIIIe siècle, veau rac., tr. rouges (*Rel. anc.*).

Intéressante compilation faite d'après les anciens auteurs et les Archives du duché d'Aoste, destinée sans doute à l'impression.

1597. BURCKHARDT (Jacob). La civilisation en Italie au temps de la Renaissance. Traduction de M. Schmitt sur la seconde édition annotée par L. Geiger. *Paris, Plon, Nourrit et Cie*, 1885, 2 vol. in-8, demi-rel. mar. bleu, dos orné, tête dor., non rognés (*Champs*).

1598. CANTU (César). Les Hérétiques d'Italie. Discours historiques de César Cantù, traduits de l'italien par Anicet Digard et Ed. Martin. *Paris, Putois-Cretté*, 1869-1870, 5 vol. in-8, demi-rel., veau gris, tr. jasp.

Les précurseurs de la réforme. — Le Concile de Trente. — L'Hérésie scientifique. — L'Hérésie dans la Révolution.

1599. CASTELNAU (Albert). Les Médicis. *Paris, Calman-Lévy*, 1879, 2 vol. in-8, dos et coins mar. rouge jans., tête dor., non rognés (*Pierson*).

1600. COSTA de BEAUREGARD (Mis). La jeunesse et les dernières années du roi Charles-Albert. *Paris, Plon, Nourrit et Cie*, 1892-1895, 2 vol. in-8, portraits, demi-rel. mar. vert, tête dor., non rognés (*Pierson*).

1601. FERRARI (J.). Histoire des révolutions d'Italie ou guelfes et gibelins. *Paris, Didier et Cie*, 1858, 4 vol. in-8, cartonn. dos et coins toile rouge, tête dor., non rognés (*Pierson*).

1602. HUILLARD-BRÉHOLLES (A.). Recherches sur les monuments et l'histoire des Normands de la maison de Souabe dans l'Italie meridionale. Publiées par les soins de M. le duc de Luynes. Dessins par Victor Baltard. *Paris, C. L. J. Panckoucke,* 1844, in-fol., cartonn. demi-toile, non rogné.

35 grandes planches gravées en taille-douce.

1603. ITALIE (Ouvrages relatifs à l'). 7 vol. in-8, demi-rel. mar. et chag., et cartonn. toile (*Pierson*).

Dantier (Alphonse). L'Italie. *Didier,* 1874, 2 vol. — Ferrer (Cte D.). Mémoires d'un ancien capitaine italien sur les guerres et les intrigues d'Italie de 1806 à 1821. *Paris,* 1845. — Gauthiez (Pierre). Jean des bandes noires, 1498-1526. *Ollendorff,* 1901, port. — Klaczko (Julian). Jules II. *Plon,* 1898, 10 pl. — Renée (Amédée). La grande italienne (Mathilde de Toscane). *Didot,* 1869, port. — Zeller (J.). Italie et Renaissance. *Didier,* 1869.

1604. MÉMOIRE POLITIQUE sur la Cour de Turin. Manuscrit de 151 pp. in-4, cartonn.

Manuscrit d'une bonne écriture du milieu du xviiie siècle ; il est divisé en trois parties : la première contient le tableau fidèle de la Cour de Turin, les caractères de la famille royale et des personnes qui ont part à l'administration et à l'organisation intérieure du gouvernement ; la seconde expose le système suivi du cabinet relativement à la politique extérieure, l'appréciation des forces de l'Etat et les moyens par lesquels ces forces peuvent s'accroître ; dans la troisième partie, l'auteur expose ses idées relativement à la politique que devrait suivre la France avec la Cour de Turin, etc. etc.

On a joint à ce manuscrit une note autographe du sénateur Deviry, qui attribue le manuscrit à M. de Chauvelin qui dit-il ne respire qu'haine et vengeance contre le comte De-Viry, qui à la suite de quelques discussions vives avec les ambassadeurs de France relativement à ses intrigues et à ses dettes à Turin demanda en 1763 son rappel au duc de Choiseul avec qui il avait des rapport très intimes.

Sur la garde du manuscrit on lit « Ce mémoire a été fait et remis dans l'année 1766 ».

Ex-libris de M. Henry du Rosnel.

1605. NALBERT (Alfred). Lettre adressée au R. P. Guarini, supérieur des Lazaristes à Rome. *Paris,* 25 octobre 1860. Manuscrit in-8, de 15 ff., cartonn., demi-vélin blanc (*Pierson*).

Alfred Nalbert était volontaire pontifical de la 4e Cie du bataillon des Franco-Belges. Cette lettre est relative au combat de Castelfidardo, 19 7bre 1860.

1606. ONGANIA. Rues et canaux de Venise et des îles des lagunes. Calli, canali e isole della laguna. *Ferd. Ongania, edit. Venezia,* 1890-1895, 20 fascicules in-fol., couvertures, dans des cartons.

200 héliogravures.

1607. PARTOUNEAUX (T. de). Histoire de la conquête de la Lombardie par Charlemagne et des causes qui ont transformé dans la haute Italie la domination française en domination germanique sous Othon-le-Grand. *Paris, Jules Renouard et Cie,* 1842, 2 vol. in-8, demi-rel. chag. rouge, tête dor., non rognés (*Pierson*).

1608. PERL (Henry). Venezia, avec 211 illustrations originales, par Ettore Tito, Tony Grubhofer, Luigi Cima, Mainardo Pagani, Cesare Laurenti, etc., etc. *Paris, Per Lamm, s. d.,* in-4, br. (*Couvert. illust.*).

1609. REGUM NEAPOLITANORUM vitae et effigies. Auctore B. G. *S. l.*, 1605, pet. in-fol., demi-rel. veau bleu, dos orné en long, tr. jasp.

Titre gravé, 6 tableaux généalogiques et 25 portraits.
Exemplaire interfolié, contenant une traduction française manuscrite du XIXe siècle.

1610. RENAISSANCE. 3 vol. in-4 et in-8, cartonn. toile grise, tête dor., non rognés, et veau brun, encad. de fil. et dent., dos orné, tr. dor.

Bonnaffé (Edmond). Etudes sur la vie privée de la Renaissance. *Henry-May*, 1898. — Burckhardt (Jacob). Geschichte der Renaissance in Italien. *Stuttgart*, 1891. — Molmenti (P.). Carpaccio, son temps et son œuvre. *Venise*, 1893.

1611. SISMONDI (Simonde de). Histoire des républiques italiennes du moyen âge. *Bruxelles, Aug. Wahlen*, 1826, 12 vol. in-8, demi-rel. veau fauve, tr. jasp.

1612. YRIARTE (Charles). Florence. L'histoire. Les Médicis. Les Humanistes. Les Lettres. Les Arts. Orné de 500 gravures et planches. *Paris, J. Rothschild*, 1881, gr. in-4, cartonn. illust. de l'éditeur.

1613. YRIARTE (Charles). Françoise de Rimini dans la légende et dans l'histoire, avec vignettes et dessins inédits d'Ingres et d'Ary Scheffer. *Paris, J. Rothschild*, 1883, pet. in-8, carré, mar. vert, dent. int., tête dor., non rogné, couvert. (*Pierson*).

Exemplaire imprimé sur papier du Japon.

3. — SUISSE

1614. BARBEY (Frédéric). La Route du Simplon. Illustrations de Fréd. Boissonnas. *Genève, Atar*, 1906, in-4, br. (*Couvert. illust.*).

Nombreuses illustrations dans le texte.

1615. CHARRIÈRE (Louis de). Chronique de la ville de Cossonay. *Lausanne, Georges Bridel*, 1847. — Recherches sur les Sires de Cossonay et sur ceux de Prangins issus de leur famille. *Id.*, 1845. — Les Fiefs nobles de la baronnie de Cossonay, étude féodale. *Id.*, 1858. — Ens. 3 vol. in-8, cartonn. toile verte, tête dor., non rognés (*Pierson*).

1616. MAY DE ROMAINMOTIER. Histoire militaire de la Suisse, et celle des Suisses dans les différens services de l'Europe, composée et rédigée sur des ouvrages et pièces authentiques. *A Lausanne, chez J.-P. Heubach*, 1788, 8 vol. in-8, cartonn., non rognés.

1617. MULLER (Jean de), GLOUTZ-BLOZHEIM (Robert) et HOTTINGER (J.-J.). Histoire de la Confédération suisse, traduite de l'allemand et continuée jusqu'à nos jours par MM. Charles Monnard et Louis Vulliemin. *Paris et Genève*, 1837-1851, 18 vol. in-8, demi-rel. bas. brune, tr. bleues.

4. — ESPAGNE

1618. AARSENS DE SOMMERDYCK (F.). Voyage d'Espagne, curieux, historique et politique, fait en l'année 1655, dédié à S. A. R. Mademoiselle. *A Paris, chez Charles de Sercy*, 1665, in-4, veau brun, tr. rouges (*Rel. anc.*).

Première édition.

1619. BERNARD (Marius). Les côtes latines. L'Espagne. De Tanger à Port-Vendres. *Laurens, s. d.*, 120 illustrations. — CARDAILLAC (Xavier de). Fontarabie. *Bordeaux*, 1896, nombreux dessins. — Ens. 2 vol. gr. et pet. in-8, dos et coins mar. rouge et cartonn. toile verte, tête dor., non rognés (*Champs* et *Pierson*).

1620. COXE (William). L'Espagne sous les rois de la Maison de Bourbon, ou mémoires relatifs à l'histoire de cette nation, depuis l'avènement de Philippe V en 1700, jusqu'à la mort de Charles III en 1788..... Traduits en français, avec des notes et des additions, par Don Andrès Muriel. *A Paris, chez de Bure*, 1827, 6 vol. in-8, demi-rel. veau brun, dos orné de fil., tr. jasp.

1621. D'ORLÉANS (Le P. Joseph). Histoire des révolutions d'Espagne, depuis la destruction de l'Empire des Goths, jusqu'à l'entière et parfaite réunion des royaumes de Castille et d'Arragon en une seule monarchie; reveue et publiée par les PP. Rouillé et Brumoy. *Paris, chez Rollin fils*, 1734, 3 vol. in-4, veau fauve, dos orné, dent int., tr. rouges (*Rel. anc.*).

Petits cachets sur les titres.

1622. DU PRAT (Le marquis). Histoire d'Élisabeth de Valois, reine d'Espagne (1545-1568). *Paris, Techener*, 1859, in-8, dos et coins mar. rouge, non rogné (*Lanne*).

Un des quelques exemplaires imprimés sur PAPIER DE HOLLANDE.

1623. ESPAGNE (Ouvrages relatifs à). 9 vol. in-8, demi-rel. ou dos et coins mar. de diverses couleurs, demi-rel. veau fauve et cartonn. toile, tête dor., non rognés (*Pierson*).

AULNOY (C^sse d'). La Cour et la ville de Madrid vers la fin du XVIIe siècle. Relation du voyage d'Espagne. *Plon*, 1874. — BRÉMOND D'ARS (Guy de). Jean de Vivonne. Sa vie et ses ambassades près de Philippe II et à la cour de Rome. *Plon*, 1884. — HOUGTHON (A.). Les Origines et la Restauration des Bourbons en Espagne. *Plon*, 1890. — Lettres inédites de Duché de Vanci, contenant la relation historique du voyage de Philippe d'Anjou, appelé au trône d'Espagne. *Lacroix*, 1830. — LETTRES de Fernand Cortès à Charles-Quint sur la découverte et la conquête du Mexique. *Hachette*, 1896. — MARIAGE ROYAL d'Espagne (Le). *Plon*, 1878. — MARIÉJOL (J.-H.). L'Espagne sous Ferdinand et Isabelle. *Quantin, s. d.* — MOREL-FATIO (A.). Études sur l'Espagne. Deuxième série. *Bouillon*, 1890. — NERVO (B^on de). Isabelle la catholique, 1451-1504. *Lévy*, 1874.

1624. FLÉCHIER (Esprit). Histoire du cardinal Ximenès. *A Paris, chez Jean Anisson*, 1694, in-4, portrait gravé par Edelinck, veau brun, tr. marb. (*Rel. anc.*).

Édition originale.

1625. FORNERON (H.). Histoire de Philippe II. *Paris, E. Plon et Cie*, 1881-1882, 4 vol. in-8, demi-rel. mar. vert, tête dor., non rognés (*Pierson*).

1626. MARSOLIER. Histoire du ministère du Cardinal Ximenés, archevesque de Tolède et régent d'Espagne, par M. de Marsolier, chanoine de l'église cathédrale d'Uzez. Nouvelle édition corrigée et augmentée par l'auteur. *A Paris, Louis Dupuis fils*, 1739, 2 tomes en 1 vol. in-12, mar. rouge, dos orné, tr. marb. (*Rel. anc.*).

1627. MOREL-FATIO (A.). Études sur l'Espagne. Édition revue et augmentée. *Paris, E. Bouillon et Honoré Champion*, 1895-1906, 3 vol. pet. in-8, brochés.

1628. NERVO (Baron de). Histoire d'Espagne depuis ses origines. *Paris, Michel Lévy frères*, 1870-1873, 4 vol. in-8, demi-rel. chagrin vert, tr. jasp.

1629. TARGE. Histoire de l'avènement de la maison de Bourbon au trône d'Espagne. *A Paris, chez Saillant et Nyon*, 1772, 6 vol. in-12, veau fauve, fil., dos orné, dent. int., tr. dor. (*Rel. anc.*).

Bel exemplaire.

1630. VILLARS (Marquis de). Mémoires de la cour d'Espagne sous le règne de Charles II, 1670-1682. *Londres, Trübner et Cie*, 1861, in-8, port., cartonn. de l'éditeur, non rogné.

Cent exemplaires seulement ont été mis dans le commerce.

5. — ALLEMAGNE ET AUTRICHE

1631. ADAM (Madame). La patrie Hongroise, souvenirs personnels. *Paris*, 1884. — BERNARD (Marius). Autour de la Méditerranée. L'Autriche et la Grèce. *Laurens*, fig. — THOMAS (Gabriel). Du Danube à la Baltique. *Berger-Levrault*, 1888. — Ens. 3 vol. in-4, in-8 et in-12, demi-rel. mar. vert et bleu, tête dor., non rognés (*Allô* et *Pierson*).

1632. ALLEMAGNE (Ouvrages relatifs à l'). 6 vol. in-8, dos et coins et demi-rel. mar. de diverses couleurs, tête dor., non rognés et brochés (*Allô* et *Pierson*).

JANSSEN (Jean). L'Allemagne à la fin du Moyen-âge, depuis la fin de la révolution sociale jusqu'à la paix d'Augsbourg, et depuis la proclamation du formulaire jusqu'au commencement de la guerre de trente ans. 3 vol. *Plon*, 1887. — ZELLER (Jules). L'Empire germanique et l'église au moyen-âge. *Didier*, 1876. — L'empire germanique sous les Hohenstauffen. *Id.*, 1881. — L'Empereur Frédéric II et la chute de l'empire germanique du moyen-âge. *Id.*, 1885. — Ens. 3 vol.

1633. ALLEMAGNE (Ouvrages relatifs à). 6 vol. in-8, demi-rel. mar. et cartonn. toile de diverses couleurs, tête dor., non rognés (*Pierson*).

CHERBULIEZ (V.). L'Allemagne politique depuis la paix de Prague. *Hachette*, 1870. — COHEN. Études sur l'Empire d'Allemagne. *Lévy*, 1879. — DENIS (E.). La fondation de l'empire allemand. *Colin*, 1906. — DENIS (E.). L'Allemagne 1789-1810. *Quantin, s. d.* — DIDON (Le père). Les Allemands. *Lévy*, 1884. — MILHAUD (Edgard). La démocratie socialiste allemande. *Alcan*, 1903.

1634. ALLEMAGNE ET PRUSSE. 5 vol. in-8, dont 3 demi-rel. chagrin vert, 1 demi-rel. mar. La Vall. et 1 cartonn. toile grenat. tête dor., non rognés (*Pierson*).

BENEDETTI (Le Comte). Ma mission en Prusse. *Plon*, 1871. — BRENET (Lieut.). La France et l'Allemagne devant le droit international pendant les opérations militaires de la guerre de 1870-71. *Lavauzelle*, 1902. — GONTAUT-BIRON (Vte de). Mon ambassade en Allemagne (1872-1873). *Plon*, 1906. — GRAMONT (duc de). La France et la Prusse avant la guerre.

Dentu, 1872. — Stoffel (Colonel). Rapports militaires écrits de Berlin, 1866-1870. *Garnier,* 1871.

1635. BISMARCK (Prince de). Pensées et souvenirs, seule édition française autorisée par E. Jaeglé; avec portrait de l'auteur. *Paris, H. Le Soudier,* 1899, 2 vol. in-8, demi-rel. mar. noir, tête dor., ébarbés (*Pierson*).

1636. BISMARCK (Ouvrages relatifs à). 4 vol. in-8 et in-12, demi-rel. mar. et cartonn. toile, tête dor., non rognés (*Pierson*).

Correspondance diplomatique de M. de Bismarck (1851-1859). *Plon,* 1883, 2 vol. — Lubomirski (Prince). Beust et Bismarck (1865-1868). *Lévy,* 1893. — Welschinger (Henri). Bismarck. *Félix Alcan,* 1900.

1637. BROGLIE (Le Duc de). Frédéric II et Marie-Thérèse (1740-1742), 2 vol. — Frédéric II et Louis XV (1742-1744). *Paris, Calmann-Lévy,* 1883-1885, ens. 4 vol. in-8, demi-rel. mar. brun et cartonn. vélin blanc à recouv., tête dor., non rognés (*Pierson*).

1638. CAVAIGNAC (Godefroy). La formation de la Prusse contemporaine. *Hachette,* 1891. — Lavisse (Ernest). Études sur l'histoire de Prusse. *Id.,* 1879. — Ens. 2 vol. in-8, dos et coins et demi-rel. mar. noir et vert, tête dor., non rognés. (*Henry-Joseph*).

1639. COXE (William). Histoire de la maison d'Autriche, depuis Rodolphe de Hapsbourg jusqu'à la mort de Léopold II (1218-1792). Traduite de l'anglais par P.-F. Henry. *A Paris, chez H. Nicolle,* 1810, 5 vol. in-8, demi-rel. veau fauve, dos plat orné, tr. marb.

Tableaux généalogiques.

1640. DIARIUM, Vollständiges, alles dessen was vor in und nach denen höchstansehnlichsten Wahl-und Crönungs-Solennitaeten des Herrn Caroli des VI., Erwehlten Römischen Kaysers, sowol im gantzen Heil. Römischen Reich. als auch insonderheit in dieser Freyen Reichs-und Wahl-Stadt Franckfurth am Mayn vom Anfang bis zum Ende passiret ist: Nicht weniger was diesesmal bey denen gegebenen Visiten, gehabten Audienzien vor Curialien beobachtet worden mit hierzubehorigen Contrefaiten und andern zu besserm Verstand der Sachen dienlichen Kupferstichen unter Sr. Churf. Durchlaucht zu Pfaltz Privilegio. *Franckfurt a. M., J. D. Zunners Erben,* 1712. In-folio, vélin (*Rel. anc.*).

Description du sacre de l'empereur Charles VI à Francfort-sur-le-Mein, avec 4 tableaux, 10 planches de la grandeur d'une page, gravées par *Jos. a Montalegre,* reproduisant les portraits des Electeurs et des princes assistants, 5 planches gravées, dont 4 doubles, avec des vues de cérémonies. L'une d'elles, donnant la vue du cortège solennel, est fatiguée et raccommodée.

1641. FRÉDÉRIC II (Ouvrages relatifs à). 4 vol. in-8, demi-rel. mar., tête dor., non rognés, et chag., tr. jasp. (*Allô* et *Pierson*).

Catt (Henri de). Mes entretiens avec Frédéric le Grand. *Vieweg,* 1885. — Frédéric II. Mémoires de Frédéric II, roi de Prusse, écrits en français par lui-même. *Plon,* 1866, 2 vol. — Lavisse (Ernest). Le grand Frédéric avant l'avènement. *Hachette,* 1893.

1642. GOLDAST (Melchior). Rerum alamannicarum scriptores aliquot vetusti, a quibus alamannorum, qui nunc partim suevis, partim Helvetiis cessere, historiae tam saeculares quam ecclesiasticae traditae sunt... Editio tertia prioribus emendatior. Cura Henrici Christiani Senckenberg. *Francofurti et Lipsiae, Impensis Johan. Friderici Fleischeri*, 1730, 3 tomes en un vol. in-fol., veau fauve, dos orné, tr. rouges (*Rel. anc.*).

1643. HERRGOTT (R. P. Marquard). Genealogia diplomatica Augustae gentis Habsburgicae, qua continentur vera gentis hujus exordia, antiquitates, propagationes, possessiones, et praerogativae, chartis ac diplomatibus, n° CMLIV, maxima parte hactenus ineditis, asserta ; adjectis sigillis, aliisque monumentis aeri incisis, mappa item geographica, et indicibus locupletissimis... *Viennae Austriae, ex typ. Leopoldi Joannis Kaliwoda*, 1737, 2 tomes en 3 vol. in-fol., veau jasp., dos orné, tr. rouges (*Rel. anc.*).

Ouvrage estimé, d'une grande importance pour l'histoire de la maison d'Autriche, orné de nombreuses et belles planches.

1644. HOLTZENDORFF (Le Baron de). Campagne du roi de Prusse, de 1778 à 1779. *A Genève, chez Mérigot*, 1784, in-8, veau marb., fil., dos orné, dent. int., tr. rouges (*Rel. anc.*).

Aux armes de Charles-Claude Andrault, marquis de Langeron, lieut.-général des armées du roi, chevalier du St. Esprit en 1784.

Cet exemplaire ne contient que 2 plans. Portrait ajouté.

1645. HONTHEIM (Joan. N. Ab.). Historia Trevirensis diplomatica et pragmatica, inde a translata Treveri praefectura praetorio Galliarum, ad haec usque tempora... *Augustae Vind. et Herbipoli, sumpt. Martini Veith*, 1750, 3 vol. in-fol., veau marb., dos orné, tr. rouges (*Rel. anc.*).

Tomes I à III seuls.

1646. LA MOTHE FOUQUÉ. Mémoires du Baron de La Motte Fouqué, général d'infanterie prussienne, dans lesquels on a inséré la correspondance intéressante avec Frédéric II, roi de Prusse. *A Berlin, chez François de la Garde*, 1788, 2 vol. in-12, portrait, cartonn. toile olive, tête dor. (*Pierson*).

Exemplaire non rogné.

1647. LEFAIVRE (Albert). Les Magyars pendant la domination ottomane en Hongrie (1526-1722). *Paris, Didier et Cie*, 1902, 2 vol. in-8, demi-rel. mar. La Vall., tête dor., non rognés, couvert. (*Pierson*).

Petit cachet sur les titres.

1648. LUDEN. Histoire d'Allemagne. Traduite et continuée jusqu'à nos jours d'après Schmidt, Pfefel, Menzel, Schiller, Posselt, etc., etc., par M. Aug. Savagner. *Paris, Béthune et Plon*, 1844, 5 vol. gr. in-8 à 2 col., demi-rel. mar. grenat, dos orné, tête dor., non rognés (*Champs*).

Bel exemplaire.

1649. MÉMOIRE sur les campagnes de Prusse pendant la guerre de 1756 à 1762. Manuscrit de 72 ff. in-4, cartonné.

Copie manuscrite d'une écriture de la fin du XVIIIe siècle. Principaux événements des campagnes du roi de Prusse pendant les années 1756 à 1762.

1650. MÉMOIRES de la Cour de l'Empereur en l'année 1670 et 1671. Manuscrit de 146 ff. in-4, d'une bonne écriture de l'époque, veau brun, dos orné, tr. rouges (*Rel. anc.*).

Manuscrit relatif à Léopold I, fils de Ferdinand III, empereur d'Allemagne. On y remarque une lettre sur la prise de Bude, des mémoires sur la Cour d'Espagne contenant des détails piquants sur les mœurs à cette époque, et enfin des renseignements intéressants sur les conseils et tribunaux de Madrid.

1651. METTERNICH. Mémoires, documents et écrits divers laissés par le prince de Metternich, chancelier de Cour et d'État, publiés par son fils, le prince Richard de Metternich, classés et réunis par M. A. de Klinkowstrœm. *Paris, Plon et Cie*, 1880-1884, 8 vol. in-8, portrait, dos et coins mar. rouge jans., tête dor., non rognés (*Pierson*).

Les deux premiers volumes sont imprimés sur Whatman, les autres volumes sont sur Hollande.

1652. NACHRICHT von den Fränkischen Craistrouppen. Nebst einem Anhang von den schwäbischen Craisregimentern. *Nürnberg, G. N. Raspe*, 1782, in-8, demi-veau bleu.

Renseignements sur les troupes du cercle de Franconie avec un supplément sur les troupes Souabes Wurtembergeoises. Avec 37 planches de costumes gravées et coloriées; l'une est raccommodée dans une marge.

1653. PISTORIUS (Joan.). Rerum germanicarum scriptores aliquot insignes, qui historiam et res gestas Germanorum medii potissimum aevi, inde a Carolo M. ad Carolum V usque, per annales litteris consignarunt, primum collectore Joanne Pistorio Nidano... Editio tertia emendatori et locupletiori ad usus publicos reducti, curante Burcardo Gotthelff, Struvio. *Ratisbonae, sumptibus Joannis Conradi Peezii*, 1726, 3 vol. in-fol., veau marb., tr. rouges (*Rel. anc.*).

1654. REUBER (Just.). Veterum scriptorum, qui Caesarum et Imperatorum germanicorum res per aliquot saecula gestas litteris mandarunt, tomus unus a Justo Reubero olim editus, nova hac editione diligenter recognitus, et luculentis accessionibus auctus, curante Georgio Christiano Johannis. *Francofurti ad Mœnum, Impensis viduae B. Johan. Maximil. A Sande* 1726, 1 tome en 2 vol. in-fol., veau jasp., dos orné, tr. marb. (*Rel. anc.*).

Bonne édition, augmentée de la vie de Reuber, de notes et de variantes,
Petites mouillures.

1655. ROO (Gerard de). Annales rerum belli Dominique ab Austriacis Habspurgicae gentis principibus, à Rudolpho I, usq.; ad Carolum V, gestarum : ex optimis quibusque cum typo eusis tum manuscriptis authoribus, publicis item ac privatis rerum monumentis, summo studio conquisiti, et in libros XII. *Œniponti, excud. Joannes Agricola*, 1592, pet. in-fol., veau jasp., dos orné, tr. rouges (*Rel. anc.*).

Portrait de Ferdinand, archiduc d'Autriche, arbre généalogique avec les portraits des empereurs et blasons gravés.

1656. SAYOUS (Édouard). Histoire générale des Hongrois. *Paris, Didier et Cie*, 1876, 2 vol. in-8, dos et coins mar. grenat, tête dor., non rognés (*Champs*).

1657. SCHÖNHALS (Le général). Souvenirs d'un vétéran autrichien sur la guerre d'Italie dans les années 1848-1849. Trad. de l'allemand par Rodolphe de Steiger.

Paris, Corréard, 1854-1855, 2 vol. in-8, carte, demi-rel. mar. grenat jans., non rognés.

1658. STACKE (L.). Deutsche Geschichte. In Verbindung mit Anderenherausg. von L. Stacke. *Bielefeld und Leipzig, Verlag von Velhagen & Klafing*, 1880-1881, 2 vol. in-8, dos et coins mar. rouge jans., tête dor., non rognés.

Nombreuses reproductions hors texte et dans le texte, en noir et en couleurs.

1659. THIÉBAULT (Dieudonné). Mes souvenirs de vingt ans de séjour à Berlin ; ou Frédéric le Grand, sa famille, sa cour, son gouvernement, son académie, ses écoles et ses amis littérateurs et philosophes. *A Paris, chez F. Buisson*, an XIII (1805), 5 vol. in-8, veau vert, fil. et pet. dent., dos orné, dent. int., tr. marb. (*Courteval*).

Reliure de l'époque bien conservée.

6. — GRANDE-BRETAGNE ET IRLANDE

1660. ANDERSON (Aenas). Journal of the forces wich sailed from the Downs, in april 1800, on a secret expedition under the command of Lieut-gen. Pigot, till their arrival in Minorca ; an continued through all the subsequent transactions of the army under the command of the Right Hon. General sir Ralph Abercromby in the Mediterranean and Egypt ; and the latter operations under the command of Lieut. general lord Hutchinson. *London, J. Debrett*, 1802, in-4, cartonn., non rogné.

2 plans et 6 vues gravées.

1661. ANGLETERRE (Ouvrages relatifs à l'). 5 vol. in-8 et in-12, dont 4 demi-rel. ou dos et coins mar. vert et grenat, et 1 cartonn. toile citron, tête dor., non rognés (*Pierson* et *Champs*).

Beljame (A.). Le public et les hommes de lettres en Angleterre au xviiie siècle. *Hachette*, 1881. — Craven (Mme Aug.). Lady Georgiana Fullerton. Sa vie et ses œuvres. *Perrin*, 1888, portrait. — Filon (A.). La Caricature en Angleterre. *Hachette*, 1902. — Jusserand (J.-J.). Histoire littéraire du peuple anglais. Des origines à la Renaissance. *Didot*, 1894. — Du Boys (A.). Catherine d'Aragon et les origines du schisme anglais. *Palmé*, 1880.

1662. ANGLETERRE (Ouvrages relatifs à l'). 5 vol. in-8, dos et coins et demi-rel. mar. de diverses couleurs, tête dor., non rognés (*Allô* et *Pierson*).

Baillon (Cte de). Henriette-Anne d'Angleterre, Duchesse d'Orléans, sa vie et sa correspondance avec son frère Charles II. *Perrin*, 1886, port. — La Ferrière (Hector de). Les deux cours de France et d'Angleterre. *Ollendorff*, 1895. — Franqueville (Charles de). Les institutions politiques, judiciaires et administratives de l'Angleterre. *Hachette*, 1863. — Prévost (l'abbé). Histoire de Marguerite d'Anjou reine d'Angleterre. *Leblanc*, 1810. — Victoria (S. M. la reine). Mémoires. Feuillets détachés de mon journal en Ecosse, 1862-1882. *Rouveyre*, 1884, pl.

1663. ANGLETERRE ET IRLANDE. 3 vol. pet. in-12 reliés.

Ancien batard (L') protecteur du nouveau, ou la prostitution de la reine pour la protection du prince de Galles. Trad. de l'anglois. *S. d.*, 1702, in-12, mar. rouge, fil., tr. dor. — Aulnoy (Mme d'). Nouvelles d'Elisabeth, reine d'Angleterre. *Paris, Barbin*, 1680, 2 parties en 1 vol. in-12, veau fauve, dent. int., tr. dor. (*Thouvenin*). — Histoire de la révolution d'Irlande, arrivée sous Guillaume III. *Amsterdam, Mortier*, 1692, in-12, demi-rel. veau fauve, tr. marb.

1664. BRIALMONT (A.). Histoire du duc de Wellington. *Paris et Bruxelles,* 1856-1857, 3 vol. gr. in-8, cartes et portraits, demi-rel. chagrin grenat, tr. jasp.

1665. ESCOTT (T. H. S.). L'Angleterre, le pays, les institutions, les mœurs. Ouvrage traduit de l'anglais par René de Lubersac, avec un index alphabétique et analytique. *Paris, Dreyfous, s. d.,* 2 vol. in-8, dos et coins mar. vert foncé, tête dor., non rognés (*Pierson*).

1666. GAUTHIER (Jules). Histoire de Marie Stuart. Deuxième édition, revue, corrigée et augmentée. *Paris, E. Thorin,* 1875, 2 vol. in-8, demi-rel. mar. La Vall., tête dor., non rognés.

1667. GREEN (John Richard). Histoire du peuple anglais. Trad. de l'anglais par Auguste Monod et précédée d'une introduction par Gabriel Monod. *Paris, Plon, Nourrit et Cie,* 1888, 2 vol. in-8, demi-rel. mar. bleu, tête dor., non rognés (*Pierson*).

1668. GUIZOT. Histoire de la révolution d'Angleterre, depuis l'avènement de Charles Ier jusqu'à sa mort. *Paris, Didier,* 1841-1851, 7 vol. — Sir Robert Peel. *Paris, Didier,* 1856, 1 vol. — Le prince Albert. Son caractère, ses discours. *Paris, Lévy,* 1863. — Essais littéraires, par Macaulay, traduits par M. Guil. Guizot. *Paris, Lévy,* 1865. — Ens. 10 vol. in-8, demi-rel. mar. La Vall., veau fauve et cartonn. toile grise.

1669. HENRI VIII, ÉLISABETH ET MARIE STUART. 6 vol. in-8, demi-rel. mar. bleu, et cartonn. toile grise, tête dor., non rognés (*Pierson*).

Bapst (Edmond). Deux gentilshommes-poètes de la cour de Henry VIII. *Plon,* 1891. — Chantelauze (R.). Marie Stuart, son procès et son exécution. *Plon,* 1876. — Doreau (Dom V.-M.). Henri VIII et les martyrs de la Chartreuse de Londres. *Retaux,* 1890. — La Ferrière (H. de). Deux drames d'amour. Anne Boleyn-Elisabeth. *Ollendorff,* 1894. — Wiesener (L.). Marie Stuart et le comte de Bothwell. *Hachette,* 1863. — Wiesener (L.). La jeunesse d'Élisabeth d'Angleterre (1533-1558).

1670. HUME (David). Histoire d'Angleterre, par David Hume, continuée jusqu'à nos jours, par Smollett, Adolphus et Aikin. Traduction nouvelle précédée d'un essai sur la vie et les écrits de Hume par M. Campenon. *Paris, Furne et Cie,* 1839-1840, 13 vol. in-8, figures, demi-rel. veau fauve, trad. jasp.

1671. IRLANDE (Ouvrages relatifs à l'). 6 vol. in-8, dont 3 demi-rel. mar. ou dos et coins mar. vert et La Vall., et 3 cartonn. toile, tête dor., non rognés (*Pierson* et *Carayon*).

Beaumont (Vte de). L'Irlande sociale, politique et religieuse. *Gosselin,* 1840, 2 vol. — Byrne (Miles). Mémoires d'un exilé irlandais de 1798. *Bossange,* 1864, 2 vol. — Domenech (L'abbé). Voyages légendaires en Irlande. *Lyon,* 1894. — Prévost (J.-J.). L'Irlande. *Paris, Curmer,* 1845, nombreuses gravures sur acier ; cartonn. de l'éditeur, tr. dor.

1672. LETTRES DE HENRI VIII à Anne Boleyn avec la traduction, précédées d'une notice historique sur Anne Boleyn. *Paris, Crapelet,* 1827, port. — Le Combat de trente bretons contre trente anglois. *Id., s. d.,* figure et blasons coloriés. — Ens. 2 vol. gr. in-8, cartonn. papier, non rognés.

De la « Collection Crapelet ».

1673. MACAULAY (Lord). Histoire d'Angleterre depuis l'avènement de Jacques II. Trad. par le Vte Jules de Peyronnet. 3 vol. — Histoire du règne de Guillaume III, pour faire suite à l'histoire de la Révolution de 1688. Trad. par Amédée Pichot, 4 vol. *Paris, Perrotin*, 1861. — Ens. 8 vol. in-8, demi-rel. chagrin grenat, tr. jasp.

1674. MAC CARTHY. Histoire contemporaine d'Angleterre depuis l'avènement de la reine Victoria jusqu'aux élections générales de 1880. Traduit de l'anglais par Léopold Goirand. *Paris, Perrin*, 4 vol. in-8, cartonn. toile grenat, tête dor., non rognés (*Pierson*).

1675. MATHIEU PARIS. Grande chronique de Mathieu Paris traduite en français par A. Huillard-Bréholles, accompagnée de notes, et précédée d'une introduction, par M. le duc de Luynes. *Paris, Paulin*, 1840-1841, 9 vol. in-8, demi-rel. veau fauve, dos orné, tr. jasp.

1676. MAZURE (F.-A.-J.). Histoire de la Révolution de 1688, en Angleterre. *Paris, Ch. Gosselin*, 1825, 3 vol. in-8, demi-rel. mar. rouge, dos orné, tête dor., non rognés (*Champs*).

1677. ROVEREA (F. de). Mémoires de F. de Roverea, colonel d'un régiment de son nom, à la solde de S. M. Britannique, écrits par lui-même et publiés par G. de Tavel. *Paris, F. Klincksieck*, 1848, 4 vol. in-8, portrait, cartonn. toile, tête dor., non rognés, couvert. (*Pierson*).

Petit cachet sur les titres.

1678. WILSON (Robert-Thomas). History of the british expédition to Egypt to which in subjoined a sketch of the présent state of that country and its means of defence. Illustrated with maps, and a portrait of Sir Ralph Abercromby. *London, T. Egerton*, 1803, in-4, cartonn., tr. rouge.

7. — RUSSIE ET POLOGNE

1679. ANECDOTES sur le règne du Czar Pierre premier, 1789. Manuscrit de 175 pp. in-4, veau fauve, fil., dos orné, tr. dor. (*Rel. anc.*).

Manuscrit d'une bonne écriture de la fin du XVIIIe siècle dans lequel on trouve des détails piquants sur la vie du czar Pierre Ier et les véritables causes de sa mort, un abrégé de la vie de la czarine Eudochia Feodorowna, première femme de Pierre Ier, de l'impératrice Catherine, sa seconde femme, du prince Pierre Minchikoff et de ses enfants jusqu'en 1734.

1680. HISTOIRE et mort tragique d'Ivan VI, empereur de Russie, par M. Le C., auteur de l'histoire physique, morale..... de la Russie (Nicolas-Gabriel Le Clerc). Manuscrit de 36 pp. gr. in-4, cartonn. toile grise, tête dor., non rogné (*Pierson*).

Manuscrit autographe de Le Clerc, contenant de nombreuses additions ou corrections, auquel il a été ajouté un dessin original à la sépia représentant la forteresse de Scheluseebourg où Ivan VI fut assassiné le 4 juillet 1764, et une courte généalogie de la famille de cet empereur.

1681. KARAMSIN (de). Histoire de l'Empire de Russie. Traduite par M. de Divoff.

St-Thomas et Jauffret. *Paris, Bossange et A. Belin,* 1819-1826, 11 vol, in-8, cartonn., toile verte, tête dor., non rognés.

Bel exemplaire de cette histoire estimée, qui n'a pas été terminée.

1682. LAVEAUX (J. C.). Histoire de Pierre III, empereur de Russie, imprimée sur un manuscrit trouvé dans les papiers de Montmorin... avec des éclaircissements et des additions importantes ; suivie de l'histoire secrète des amours et des principaux amants de Catherine II, par l'auteur de la vie de Frédéric II, roi de Prusse (J. C. Laveaux). *A Paris, Maison La Brisse,* an VII, 3 vol. in-8, 3 figures par Huot, mar. vert, fil. et pet. dent., dos orné, dent. int., tr. dor. (*Rel. anc.*)

Bel exemplaire.

1683. LE CLERC. Histoire physique, morale, civile et politique de la Russie ancienne et moderne. *A Paris, chez Froullé,* 1783-an II, 6 vol. in-4, demi-rel., bas. rouge, non rognés.

Nombreux portraits, grandes vues dessinées par le Chevalier de Lespinasse, tableaux, planches de médailles, etc.

1684. LEVESQUE (Pierre-Charles). Histoire de Russie, et des principales nations de l'empire russe. Quatrième édition revue et augmentée d'une vie inédite de Catherine II, par l'auteur, continuée jusqu'à la mort de Paul Ier et publiée avec des notes, par MM. Malte-Brun et Depping. *Paris, Fournier,* 1812, 8 vol. in-8, veau rac., fil. et pet. dent., dos orné, tr. jaunes, et atlas in-4, de 61 planches de portraits et 1 grande carte de Russie, cartonn.

1685. NOAILLES (Marquis de). Henri de Valois et la Pologne en 1572. *Paris, Michel Lévy frères,* 1867, 3 vol. in-8, demi-rel., chagrin bleu, tr. jasp.

1686. POLOGNE. 4 vol. in-8, demi-rel., veau fauve ou orange, et demi-rel., chagrin.

Salvandy (A. de). Histoire du roi Jean Sobieski et du royaume de Pologne. *Didier,* 1863, 2 vol. — Sayve (Aug. de). Souvenirs de Pologne et scènes militaires de la campagne de 1812. *Dufart,* 1834. — Sobieski (Jean). Lettres à la reine Marie Casimire. *Michaud,* 1826.

1687. RÈGNE DE CATHERINE II. 7 vol. in-8 et in-12, cartonn., toile et veau fauve (*Pierson*).

Catherine II (Impératrice). Mémoires écrits par elle-même. *Londres, Trübner,* 1859. — Mémoires secrets sur la Russie et particulièrement sur la fin du règne de Catherine II et le commencement de celui de Paul I. *Pougens,* an VIII (1800)-1802, port. — Rousset. Mémoires du règne de Catherine. *La Haye, Alberts,* 1728, port. — Storch (Henri). Tableau historique et statistique de l'Empire de Russie à la fin du xviiie siècle. *Pougens,* 1801, 2 vol.

1688. RÈGNE DE PIERRE-LE-GRAND. 7 vol. in-8 et in-12, veau marb., tr. rouge, et cartonn., toile verte.

Manstein (Général de). Mémoires historiques, politiques et militaires sur la Russie. *Leipzig,* 1771. — Mémoires secrets pour servir à l'histoire de la cour de Russie. *Paris, E. Dentu,* 1853. — Staehlin. Anecdotes originales de Pierre Le Grand. *Strasbourg,* 1787. — Journal de Pierre le Grand, depuis l'année 1698 jusqu'à la conclusion de la paix de Nystadt, par Simon Stchepotief. *Londres,* 1773, 2 vol. (ex-libris du duc de Richelieu). — Voltaire. Histoire de l'Empire de Russie sous Pierre le Grand, édition de 1761 et 1772, port.

1689. RUSSIE (Ouvrages relatifs à la). 3 vol. in-8, demi-rel. ou dos et coins mar., bleu et La Vall., tête dor., non rognés, couvert. (*Allô* et *Pierson*).

Notovitch (N.). L'Empereur Alexandre III et son entourage. *Ollendorff,* 1893. — Pin

GAUD (Léonce). Les Français en Russie et les Russes en France. *Perrin*, 1886. — STEPNIAK. La Russie sous les Tzars. *Paris*, 1887.

1690. RUSSIE (Ouvrages relatifs à la). 3 vol. in-4 et in-12, veau fauve et brun, et cartonn., toile brune, tête dorée, non rogné.

DAMSEAUX (B^on de). Guerre des russes, contre les turcs. *Londres*, 1774. — GUINEMENT DE KERALIO. Histoire de la guerre entre la Russie et la Turquie, et particulièrement de la campagne de 1769, avec 9 cartes. *Saint-Pétersbourg*, 1773. — LETTRES du comte Algarotti, sur la Russie. *Neuchatel*, 1770.

1691. RUSSIE (Ouvrages relatifs à la). 4 vol. in-16, mar. rouge, demi-rel. chag. et cartonn. toile, tête dor., non rognés (*Pierson*).

Discours merveilleux et véritable de la conqueste faite par le jeune Demetrius. *Techener*, 1858. — Histoire de l'origine du Prince Menzikow et de Dom Alvar del Sol. *Amsterdam, chez Charles le Cene*, 1728, port. — MARGERET (Capitaine). Estat de l'Empire de Russie et grande duché de Moscovie. *Potier*, éditions de 1855 et 1860.

1692. RUSSIE (Ouvrages relatifs à la). 6 vol. in-8, dont 3 cartonn. toile verte, 2 demi-rel. veau et 1 mar. vert à longs grains, fil., tr. dor.

CHOISEUL-GOUFFIER (C^sse de). Mémoires historiques sur l'empereur Alexandre et la Cour de Russie. *Leroux*, 1829. — DES COSAQUES ou détails historiques sur les mœurs, coutumes, etc., de ce peuple. *Lebègue*, 1814. — CZARTORYSKI (Adam). Mémoires et correspondance avec Alexandre Ier. *Plon*, 1887, 2 vol. — LE COINTE DE LAVEAU. Description de Moscou. *Moscou*, 1835, 2 tomes en 1 vol., figures. — RÉVÉLATIONS sur la Russie, ou l'Empereur Nicolas et son Empire en 1844, par un résident anglais. *Labitte*, 1845.

1693. RUSSIE (Ouvrages relatifs à la). 9 vol. in-8 et in-12, dos et coins et demi-rel. mar., cartonn. toile de diverses couleurs, tête dor., non rognés (*Pierson*).

BAYE (Baron de). Kiev la mère des villes russes. *Nilsson*, 1896. — Causerie devant quelques toiles de l'Ecole moderne en Russie. *Id.*, 1897, pl. — Au sud de la chaîne du Caucase, souvenirs d'une mission. *Id.*, 1899, ens. 3 vol. — BURNIER (Charles). En Russie. *Lemerre*, 1893. — MORNY (Duc de). Une Ambassade en Russie 1856. *Ollendorff*, 1892. — OBERKICH (Baronne). Mémoires. *Charpentier*, *s. d.*, 2 vol. — PARDIELLAN (P. de). La vie militaire en Russie. *Lavauzelle*, *s. d.* — TISSOT (Victor). La Russie et les Russes. *Dentu*, 1882.

1694. WALISZEWSKI (Ouvrages sur la Russie de). *Paris, Plon, Nourrit et Cie*, 1893-1906, 6 vol. in-8, demi-rel. mar. La Vall., brun ou bleu, et cartonn. toile de diverses couleurs, tête dor., non rognés (*Pierson*).

Autour d'un trône. Catherine II de Russie, 1894. — La Crise Révolutionnaire (1584-1614). 1906. — La dernière des Romanow. Elisabeth Ier de Russie, 1902. — Pierre le Grand, 1897. — L'Héritage de Pierre le Grand, 1900. — Le Roman d'une Impératrice. Catherine II de Russie, 1893.

1695. WALLACE (D. Mackenzie). La Russie. Le pays, les institutions, les mœurs. Ouvrage traduit de l'anglais par Henri Bellenger. *Paris, G. Decaux*, 1877, 2 vol. in-8, demi-rel. bas. verte, tête dor., non rognés (*Pierson*).

Petit cachet sur les faux-titres.

1696. CHRISTINE DE SUÈDE (Ouvrages relatifs à). 6 vol. in-8, dont 4 cartonn. toile de diverses couleurs, et 2 dos et coins mar. grenat, tête dor., non rognés (*Pierson*).

BILDT (B^on de). Christine de Suède et le conclave de Clément X. *Plon*, 1906. — CATTEAU-

Calleville (J.-P.). Histoire de Christine, reine de Suède. *Pillet,* 1815, 2 vol. — Heidenstam (de). Une sœur du grand Frédéric. Louise-Ulrique de Suède. *Plon,* 1897. — Mémoires de Christine de Suède. *Dehay,* 1830, 2 vol.

1697. TOUCHARD-LAFOSSE. Histoire de Charles XIV (Jean Bernadotte), roi de Suède et de Norvège. *Paris, Gustave Barba,* 1858, 3 vol. in-8, demi-rel. mar. vert, dos orné, tête dor., non rognés (*Champs*).

1698. TURQUIE (Ouvrages relatifs à la). 4 vol. in-8, dos et coins et demi-rel. mar. de diverses couleurs, tête dor., non rognés, couvert. (*Pierson*).

Baker (James). La Turquie, le pays, les institutions, les mœurs. *Dreyfous, s. d.* — Bibesco (Georges). Histoire d'une frontière, la Roumanie sur la rive droite du Danube. *Plon,* 1883. — Schopoff (A.). Les réformes et la protection des chrétiens en Turquie, 1673-1904. *Id.,* 1904. — Thouvenel (L.). Trois années de la question d'Orient, 1856-1859. *Lévy,* 1897.

1699. MALLAT (Joseph). La Serbie contemporaine. Études, enquêtes statistiques. *Paris, Maisonneuve,* 1902, 2 vol. in-8, cartonn. toile verte, tête dor., non rognés, couvert. (*Pierson*).

Petit cachet sur les titres.

8. — ASIE

1700. ARÈNE (Jules). La Chine familière et galante. *Paris, Charpentier,* 1876, in-12, cartonn. demi-toile citron, tête dor., non rogné (*Pierson*).

Édition originale.

Un des 17 exemplaires (n° 4) imprimés sur papier de Chine.

1701. BOUSQUET (Georges). Le Japon de nos jours et les Échelles de l'Extrême-Orient, ouvrage contenant trois cartes. *Paris, Hachette et Cie,* 1877, 2 vol. in-8, dos et coins mar. bleu, tête dor., non rognés.

1702. KAEMPFER (Engelbert). Histoire naturelle, civile et ecclésiastique de l'Empire du Japon, traduite en françois sur la version anglaise de Jean-Gaspar Scheuchzer (par Desmaizeaux ou Naudé). Ouvrage enrichi de quantité de figures dessinées d'après le naturel par l'auteur même. *A La Haye, chez P. Gosse et J. Neaulme,* 1729, 2 vol. in-fol., veau brun, dos orné, tr. marb. (*Rel. anc.*).

Armoiries de Henry, comte de Borcke, frappées sur les plats de la reliure.

1703. LANDON (Perceval). A Lhassa, la ville interdite. Description du Tibet central et des coutumes de ses habitants, relation de la marche de la mission envoyée par le gouvernement anglais (1903-1904). *Paris, Hachette et Cie,* 1906, in-8, demi-rel. mar. rouge, tête dor., non rogné, couvert. illust. (*Pierson*).

Nombreuses planches hors texte en héliogravure.

9. — AFRIQUE

1704. ÉGYPTE (Ouvrages relatifs à l'). 4 vol. in-8, dont 3 demi-rel. mar. vert et brun et 1 cartonn. toile grise, tête dor., non rognés (*Pierson*).

Borelli (Oct.). Choses politiques d'Égypte, 1883-1895. *Flammarion, s. d.* — Gordon (Général). Journal. Siège de Khartoum. *Didot*, 1886. — Milner (Sir Alfred). L'Angleterre en Égypte. *Plon, s. d.* — Vingtrinier (A.). Soliman-Pacha. Colonel Sève, ou histoire des guerres de l'Égypte. *Didot*, 1886.

1705. GUERRE DU TRANSVAAL. 3 vol. in-8, demi-rel. mar. rouge et veau fauve, tête dor., non rognés (*Pierson*).

Kruger (Le Président). Mémoires. *Juven, s. d.* — Raoul-Duval (Roger). Au Transvaal et dans le Sud-Africain avec les attachés militaires. *Delagrave, s. d.* — Wet (Général de). Trois ans de guerre. *Juven, s. d.*

1706. GUIDE DE L'IMMIGRANT à Madagascar. Ouvrage publié au gouvernement général, avec le concours du Comité de Madagascar, à l'aide des rapports des chefs de services, administrateurs, officiers, rassemblés et mis en ordre par le capitaine Nèple. *Paris, Armand Colin et Cie*, 1899, 3 vol. gr. in-8, cartonn., toile grenat, tête dor., non rognés (*Pierson*).

Sans l'Atlas.

1707. OLIVER (Samuel Pasfield). Madagascar. An historical and descriptive account of the island and its former dependencies. *London, Macmillan et Co*, 1886, 2 vol. in-8, figures et cartes, cartonn. toile verte, tête dor., non rognés.

Ouvrage recherché, devenu rare.

10. — AMÉRIQUE

1708. AMÉRIQUE (Ouvrages relatifs à l'). 6 vol. in-8, demi-rel. mar. et cartonn. toile (*Pierson* et *Allô*).

Histoire véridique de la conquête de la nouvelle Espagne écrite par le Capitaine Bernal Diaz del Castillo. *Masson*, 1877. — Rouhaud (Hippolyte). Les régions nouvelles, histoire du commerce et de la civilisation au Nord de l'Océan pacifique. *Dentu*, 1868. — Salone (Émile). La colonisation de la nouvelle France. *Guilmoto, s. d.* — Santa-Anna Nery. Le pays des amazones. L'El-Dorado, les terres à caoutchouc. *Frinzine*, 1885, fig. — Trobriand (Régis de). Quatre ans de campagne à l'armée du Potomac. *Lacroix*, 1867-1868, 2 vol.

1709. AMÉRIQUE (Ouvrages relatifs à l'). 6 vol. in-8, demi-rel. et dos et coins mar. rouge et vert, cartonn. toile bleue, tête dor., non rognés (*Allô* et *Pierson*).

Chambrun (Adolphe de). Droits et libertés aux États-Unis. *Thorin*, 1891. — Cortambert (L.) et F. de Tranaltos. Histoire de la guerre civile américaine, 1860-1865. *Amyot*, 1867, 2 vol., port. — Noailles (Vicomte de). Marins et soldats français en Amérique pendant la guerre de l'indépendance des États-Unis (1778-1783). *Perrin*, 1903, port. — Roselly de Lorgues (Cte). Christophe Colomb, serviteur de Dieu, son apostolat, sa sainteté. *Plon*, 1884, port. — Villiers du Terrage (Bon Marc de). Les dernières années de la Louisiane française. *Guilmoto, s. d.*, fig. et cartes.

1710. BRACKENRIDGE (H.-M.). Histoire de la guerre entre les États-Unis d'Amérique et l'Angleterre, pendant les années 1812 à 1815. Traduite sur la seconde édition par A. de Dalmas. *Paris, chez Corbet,* 1820, 2 vol. in-8, cartonn. toile marron, tête dor., non rognés (*Pierson*).

Carte du théâtre de la guerre.

1711. DOMENECH (Emmanuel). Histoire du Mexique. Juarez et Maximilien. Correspondances inédites des présidents, ministres et généraux Almonte, Santa-Anna, Gutierrez, Miramon, Marquez, Mejia, Woll, etc., etc., de Juarez, de l'empereur Maximilien et de l'impératrice Charlotte. *Paris, A. Lacroix,* 1868, 3 vol. in-8, demi-rel. chag. vert, tr. jasp.

1712. DONIOL (Henri). Histoire de la participation de la France à l'établissement des États-Unis d'Amérique. Correspondance diplomatique et documents. *Paris, Imp. nationale,* 1886-1892, 5 vol. in-4, brochés.

1713. GARCILLASSO DE LA VEGA. Histoire des Incas, rois du Pérou ; contenant leur origine, depuis le premier Ynca Manco Capac, leur établissement, leur idolâtrie, leurs sacrifices, leurs loix... Traduite de l'espagnol par J. Baudoin. *A Amsterdam, chez Gérard Kuyper,* 1704, 2 vol. in-12, front., fig. et carte, veau brun, dos orné, tr. rouges (*Rel. anc.*).

Aux armes de Marie-Auguste de Sultzbach, femme du comte palatin du Rhin et avec son ex-libris à l'intérieur du premier volume.

1714. GOURAUD (J.-B.-G. Fauvel). L'Hercule et la favorite ou la capture de l'Alexandre de Bordeaux et des pirates bordelais effectuée à New-port, Rhode-Island, États-Unis de l'Amérique du Nord, le 21 mai 1838. Suivi d'un aperçu sur les mœurs, les institutions américaines, les grands bateaux à vapeur, etc., etc. ; orné d'un portrait de l'auteur et de plusieurs jolies vignettes. *Paris, chez l'auteur,* 1840, 2 vol. in-8, cartonn. demi-toile bleue, non rognés.

1715. GOUVERNEUR MORRIS. Mémorial de Gouverneur Morris, homme d'État américain, ministre plénipotentiaire des États-Unis en France de 1792 à 1794, suivi d'extraits de sa correspondance et de ses papiers, contenant des détails nouveaux sur la Révolution française, la révolution d'Amérique et l'histoire des États-Unis. Traduit de l'anglais, de Jared Sparks, avec annotations par Augustin Gandais. *Paris et Leipzig, Jules Renouard et Cie,* 1841, 2 vol. in-8, cartonn. toile grise, tête dor., non rognés (*Pierson*).

Petit cachet sur les titres.

1716. MEXIQUE (Le) au début du xxe siècle, par MM. le Prince Roland Bonaparte, Léon Bourgeois, Jules Claretie, d'Estournelles de Constant, A. de Foville, Hippolyte Gomot, O. Gréard, Albin Haller, Camille Krantz, Michel Legrave, Louis de Launay, P. Leroy-Baulieu, E. Levasseur, le général Niox, Alfred Picard, Elisée Reclus. *Paris, Ch. Delagrave, s. d.,* 2 vol. gr. in-8, plans et cartes, demi-rel. mar. gren., tête dor., non rognés, couvertures (*Pierson*).

1717. MOIREAU (Auguste). Histoire des États-Unis de l'Amérique du Nord, depuis la découverte du Nouveau Continent jusqu'à nos jours. *Paris, Hachette et Cie,* 1892, 2 vol. gr. in-8, cartonn. toile grise, tête dor., non rognés (*Pierson*).

1718. PARIS (Comte de). Histoire de la guerre civile en Amérique. *Paris, Michel*

Lévy frères, 1874-1890, 7 vol. in-8, dos et coins mar. bleu, fil., dos orné, tête dor., non rognés (*Pierson*).

Les tomes 5, 6 et 7 sont brochés.

1719. PRESCOTT (William-H.). History of the conquest of Peru, with a preliminary view of the civilisation of the Incas. *London, Bentley*, 1857, 3 vol. in-8, port. et fac-simile, veau fauve, dos orné, tr. marb.

Bel exemplaire.

1720. WASHINGTON. Fondation de la République des États-Unis d'Amérique. Vie de Washington. Histoire de la guerre de l'indépendance et de la fondation de la République des États-Unis d'Amérique. Traduite de l'anglais de M. Jared-Sparks, par M. Ch..., et précédée d'une introduction sur le caractère de Washington et son influence dans la Révolution des États-Unis d'Amérique par M. Guizot. *Paris, Didier*, 1851, 6 vol. in-8, demi-rel. veau vert, tr. jasp.

Vie de Washington. Correspondance et écrits.

H. — NOBLESSE. — ART DU BLASON

1721. ANNUAIRE DE LA NOBLESSE DE FRANCE et des maisons souveraines de l'Europe, publié par M. Borel d'Hauterive. Années 1870 à 1903. *Paris, Dentu*, 1870-1903, ens. 20 vol. in-12, dont 8 vol. demi-rel. bas., chag., mar. et cartonn. toile de diverses couleurs (*Pierson*).

Moins les années 1878, 1879, 1880, de 1882 à 1889 inclus, 1897, 1898 et 1902.

1722. ANSELME (Le P.). Le Palais de l'honneur ou les généalogies historiques des illustres maisons de France, et de plusieurs nobles familles de l'Europe. Ensemble un traité particulier pour apprendre parfaitement la science du blason... les cérémonies observées aux sacres des roys et reynes, leurs entrées solemnelles, etc., etc. *A Paris, chez Estienne Loyson*, 1668, in-4, veau brun, chiffre aux angles, dos orné, tr. rouges (*Rel. anc.*).

Frontispice dessiné et gravé par F. Chauveau, et nombreuses planches de blasons.
Chiffre du Collège de Sorbonne Plessis sur les plats.

1723. ARMORIAL DES TOURNOIS. Jouste faicte a Tournay l'an mil trois cens trente. Fac-simile d'après un mss. par Victor Bouton peintre héraldique et paléographe. *Paris, chez l'auteur*, 1870, gr. in-4, cartonn. papier gris, non rogné.

Un des 20 exemplaires imprimés sur papier vergé de cette édition tirée en tout à 42 exemplaires. Blasons enluminés à la main.

1724. ARMORIAL GÉNÉRAL des ordres royaux, militaires et hospitaliers de Notre-Dame du Mont Carmel et de Saint Lazare de Jérusalem, fait en 1744 par les ordres de Monsgr. le duc d'Orléans, premier prince du sang et grand maître de l'ordre. Manuscrit de l'époque en 2 vol. in-fol., veau fauve, fil., fleurs de lis aux angles, emblèmes du St. Esprit sur les plats, dos orné, tr. rouges (*Rel. anc.*).

Important manuscrit d'une belle écriture du XVIIIe siècle.
Il est orné de 1900 blasons coloriés avec soin ; il contient les noms de tous les membres

des ordres royaux du Mont Carmel et de Saint Lazare de Jérusalem, avec les dates de promotion depuis 1609.

Les qualités, blasons, ordre de promotion de tous les personnages cités dans cet armorial ont été recherchés et recueillis par les soins de Claude Dorat de Chameulles, chevalier commandeur, greffier secrétaire général de l'ordre.

1725. BALUZE. Histoire généalogique de la Maison d'Auvergne justifiée par chartes, titres, histoires anciennes, et autres preuves authentiques. *A Paris, chez Antoine Dezallier*, 1708, 2 vol. in-fol., veau marb., dos orné, tr. rouges (*Rel. anc.*).

Nombreux blasons et figures gravées.
Bel exemplaire.

1726. BEAUJON (M. de). Titres de la Maison de Rarécourt de la vallée de Pimodan, avec continuation jusqu'à nos jours par Alphonse Roserot. Avec des gravures, hors texte. *Paris, Plon-Nourrit et Cie*, 1903, in-4, demi-rel. mar. grenat, tête dor., non rogné, couverture (*Pierson*).

Ouvrage contenant 8 planches hors texte.

1727. BELLEVAL (Marquis de). Nobiliaire de Ponthieu et de Vimeu. Deuxième édition revue, corrigée et augmentée. *Paris, Bachelin-Deflorenne*, 1876, in-4 à 2 col., papier vergé, dos et coins mar. La Vall. jans., tête dor., non rogné (*Pierson*).

1728. BLOCK (Prince Édouard de). Armorial des princes du sang royal de Hainaut et de Brabant. *Paris, s. d.*, gr. in-8, papier vergé, portrait et nombreux blasons, demi-rel. mar. rouge jans., tête dor., non rog., couvert. (*Pierson*).

1729. BOREL D'HAUTERIVE. Armorial de Picardie, généralité de Soissons. Recueil officiel dressé par les ordres de Louis XIV. Publié d'après les registres manuscrits de la Bibliothèque nationale, par M. Borel d'Hauterive. *Paris, Dentu*, 1878, gr. in-8, cartonn. toile marron, tête dor., non rogné.

Tome 3e de l'*Armorial général de la France*.

1730. BOUILLET (J.-B.) Nobiliaire d'Auvergne. *Clermont-Ferrand, Perol*, 1846-1853, 7 tomes en 4 vol in-8, demi-rel. veau fauve, chiffre au dos, tr. jasp.

Nombreux blasons. Exemplaire de Paulin Paris, avec son chiffre au dos des volumes; envoi autographe de l'auteur.

1731. BOUTON (Victor). Nouveau traité des armoiries ou la science et l'art du blason expliqués. *Paris, Dentu*, 1887, gr. in-8, nombreux blasons dans le texte, dos et coins mar. rouge, tête dor., non rogné (*Allô*).

1732. BOUTON (V.). Pierre Cauchon, recteur de l'Université de Paris, vidame de Reims, évêque temporel et non spirituel de Beauvais et de Lisieux. Son origine et ses armoiries. *Paris, 16 janvier*, 1890, in-8, cartonn., peau souple.

20 pp. autographiées. Envoi autographe de l'auteur à M. le comte A. Werlé.

1733. CARAMAN (Duc de). La Famille de la M^ise^ de Pompadour. Étude généalogique. *Paris, Henri Leclerc*, 1901, pet. in-4, demi-rel. mar. grenat, tête dor., non rogné, couvert. (*Pierson*).

Tirage à petit nombre sur papier vergé.

1734. COLLECTION complète des portraits des grands-aigles et des grands-officiers de la Légion d'Honneur..., publiée par M. Meyer, peintre, et précédée du calendrier de l'année 1810. *Paris,* 1810, in-8, monté sur onglets, demi-rel., mar. rouge jans., tête dor., non rogné (*Pierson*).

60 portraits en buste, avec légendes imprimées à part sur papier fin.

1735. CRITIQUE DU NOBILIAIRE DE PROVENCE, composé par l'abbé Rosat de Briançon, contenant l'épurement de la noblesse du païs, la différence des gentilshommes de sang, d'origine, de nom et d'armes, d'avec les nobles de race, des annoblis et de la noblesse de robbe, la différence sur les diverses espèces de noblesse; les nottes sur les familles nobles éteintes dont d'autres ont pris le nom et les armes; les observations sur les usurpateurs de la noblesse, que l'auteur du nobiliaire a employés comme vrais gentilhommes, les moyens pour éviter les usurpations et le mélange dans la noblesse, et pour finir une fois pour toujours les recherches contre les véritables nobles; le catalogue des gentilshommes de sang, de nom et d'armes, celui des nobles de race, celui des annoblis, celui des nobles de robbe, et celui des familles éteintes; l'abrégé de l'histoire des Juifs de Provence; le catalogue des nouveaux chrétiens de race judaïque de ce païs, avec les observations pourquoi ils sont en si grand honneur. Manuscrit de 451 pp. in-fol., veau rac., dos orné, tr. jaunes (*Rel. anc.*).

Intéressant manuscrit d'une bonne écriture du XVIIIe siècle, contenant également : un nobiliaire de Provence en 1693 (d'une écriture plus moderne), le rôle de ceux qui ont obtenu des lettres de noblesse, de confirmation et de réhabilitation (extrait des archives de la Cour des Comptes), un répertoire des jugements de noblesse rangés par lettres alphabétiques rendus en 1667 et enfin un état de ceux qui ont volontairement payé en Provence l'amende de 50 livres pour avoir usurpé le titre et qualité de noble suivant l'arrêt du Conseil du 29 mars 1667.

1736. DESORMEAUX. Histoire de la maison de Bourbon. *Paris, Imprimerie royale,* 1772-1788, 5 vol. in-4, veau écaille, fil., dos orné, tr. dor. (*Rel. anc.*).

Ouvrage orné d'un frontispice par *Boucher,* gravé par *Saint-Aubin,* dédicace et 5 fleurons sur les titres par *Choffard,* 14 portraits par *Fragonard, Lemonnier* et *Vincent,* gravés par *Gaucher* et *Miger,* 21 vignettes par *Moreau* et 21 culs-de-lampe par *Choffard.*

1737. DESORMEAUX. Histoire de la maison de Montmorenci. *A Paris, chez Desaint et Saillant,* 1764, 5 vol. in-12, veau marb., fil., dos orné, tr. rouges (*Rel. anc.*).

1738. D'HOZIER (Louis-Pierre) ET D'HOZIER DE SERIGNY. Armorial général des registres de la noblesse de France résumé et précédé d'une notice sur la famille d'Hozier, d'après des documents inédits par Édouard de Barthélemy. *Paris, E. Dentu,* 1867, in-8, demi-rel. chag. bleu, tr. jasp.

1739. DULAURE (Jacq.-Ant.). Liste des noms des ci-devant nobles. Nobles de race, robins, financiers, intrigans et tous les aspirans à la noblesse, ou escrocs d'icelle. Avec des notes sur leurs familles. *A Paris, chez Garnery, l'an second de la Liberté,* 32 listes en un vol. in-8, demi-rel. mar. rouge, tête dor. (*Pierson*).

1740. GÉNÉALOGIE de la famille des fondateurs du collège de Boissy ou de la lignée de Chalo Saint Mard. Reproduction en fac-simile par photogravure des éditions originales, précédée d'une notice explicative par Alfred Besnard. *Paris, Champion*, 1899, in-fol., cart. toile grise, tête dor., non rogné, couvert. (*Pierson*).

Tirage à 100 exemplaires.
L'un des fondateurs du collège de Boissy fut Étienne Vidé de Boissy le Sec, chanoine de Laon.

1741. GEORGEL (J. Alcide). Armorial historique et généalogique des familles de Lorraine titrées ou confirmées dans leurs titres au XIXe siècle renfermant les titres impériaux et royaux, les pairs héréditaires, les majorats, ainsi que les généraux, les préfets et les évêques qui commandèrent ou administrèrent cette province, comprenant en outre : 1° un extrait chronologique de la législation sur les titres, depuis 1806 ; 2° un traité de la composition des armoiries sous l'Empire ; 3° une notice complète sur l'arc de triomphe de l'Étoile ; 4° un armorial des maréchaux et amiraux de France au XIXe siècle et divers autres documents historiques concernant la Lorraine moderne. *Elbeuf, chez l'auteur*, 1882, in-4, figures, demi-rel. mar. vert, tête dor., non rogné (*Pierson*).

Ouvrage orné de 300 écussons dessinés par l'auteur et gravés par E. Deschamps ainsi que de nombreux fleurons, culs-de-lampe et têtes de chapitres.

1742. GRUNENBERG. Des Conrad Grunenberg, ritters und Burgers zu Coltenz Wappenbuch. Volbracht am nünden tag des Abrellen, do man zalt tusend vierhundert drü und achtzig jar. In Farbendruck neu herrusgegeben von Dr R. Graf Stillfried-Alcántara und Ad. M. Hildebrandt. *Gorlitz, C.-A. Starke*, 1875, 4 vol. in-fol., montés sur onglets, tête rouge, non rognés.

1 vol. de texte et 3 vol. de planches reproduites en chromolithographie.

1743. HERAUT D'ARMES (Le), revue illustrée de la noblesse. Novembre 1861 à janvier 1863. *Paris*, 1863, 13 livraisons en un vol. in-8, cartonn. toile rouge, tête dor., non rogné (*Pierson*).

Nombreux blasons dans le texte.

1744. HISTOIRE de la Pairie de France. Des pairies d'Angleterre, des pairies femelles d'Angleterre. Origine des grands d'Espagne, par M. L. A. L. L. Manuscrit pet. in-fol. de 499 feuillets, veau brun, dos orné, tr. rouges (*Rel. anc.*).

Copie manuscrite d'une belle écriture du XVIIIe siècle.
Cet ouvrage pourrait être la copie du livre de Jean Le Laboureur intitulé « *Histoire de la pairie de France et du parlement de Paris* » (Barbier, *Anonymes*, tome II, col. 705).

1745. HOZIER (d'). Armorial général de la France. *Paris, typographie Firmin Didot frères et fils, s. d.*, 25 vol. in-fol., brochés (*Couvert.*).

Fac-simile de l'édition de Jacques Collombat, 1738.

1746. LA CHENAYE-DESBOIS (De) ET BADIER. Dictionnaire de noblesse, contenant les généalogies, l'histoire et la chronologie des familles nobles de France, l'explication de leurs armes..... Troisième édition, entièrement refondue conformément au texte des auteurs, etc. *A Paris, chez Schlesinger frères*, 1863-1876, 19 vol. in-4, papier vergé, cartonn. toile verte, tête dor., non rognés (*Pierson*).

1747. LE BRUN (Eugène). Les Ancêtres de Louise de la Vallière. Généalogie de la maison de la Baume le Blanc. *Paris, Honoré Champion*, 1903, gr. in-8, port., fig.

et fac-simile demi-rel. mar. La Vall., fil., dos orné, tête dor., non rogné, couvert. (*Pierson*).

Un des 15 exemplaires (n° 12) imprimés sur PAPIER DU JAPON.

1748. L'HERMITE-SOULIERS (Le Chevalier). Histoire généalogique de la noblesse de Touraine, enrichie des armes en taille-douce de chaque famille, et de plusieurs portraits des plus illustres qui en sont sortis ; le tout tiré sur les originaux des chartes, titres, et trésors des maisons, et par toutes les preuves qui servent à la vérité de cet ouvrage. *A Paris, chez Jacques Langlois,* 1665, in-fol., carte, port. et blasons, veau brun, tr. rouges (*Rel. anc.*).

Livre recherché devenu très rare.

1749. MAGNY (Mis de). Nouveau traité historique et archéologique de la vraie et parfaite science des armoiries. *Paris, Aubry,* 1856, 2 vol. in-4, dos et coins chagrin violet, tr. dor.

Nombreux blasons en chromolithographie.

1750. MAGNY (Mis de). Livre d'or de la noblesse européenne. *Paris, Aubry,* 1856, 4 vol. gr. in-4, demi-rel. mar. vert, dos orné, tête dor., non rognés, couvert. (*Champs*).

Nombreux blasons en noir dans le texte et en chromolithographie hors texte.

1751. MAGNY (Vicomte de). Le Nobiliaire universel ou recueil général des généalogies historiques et véridiques des maisons nobles de l'Europe. *Paris,* 1854-1861, 7 vol. in-4, demi-rel. mar. vert, dos orné, tête dor., non rognés (*Champs*).

Nombreux blasons, en noir dans le texte et en chromolithographie hors texte.

1752. MENESTRIER (Le P. C. F.). La nouvelle méthode raisonnée du blason, pour l'apprendre d'une manière aisée ; réduite en leçons, par demandes et par réponses. *A Lyon, chez les frères Bruyset,* 1734, in-12, veau jasp., tr. rouges (*Rel. anc.*).

Nombreuses planches gravées. On y a joint l'édition de 1718, in-12, demi-rel.

1753. MICHON (Léonard). Armorial général des présidents, chevaliers d'honneur, trésoriers généraux de France, avocats et procureurs du roy au bureau des finances de la généralité de Lyon, grands voyers, juges et directeurs du Domaine, chevaliers et conseillers du Roy, depuis leur établissement 1577 jusqu'en 1790 publié d'après le manuscrit original. *Lyon, Legendre,* 1903, in-4, cartonn. veau marb., non rogné.

Un des 15 exemplaires (n° 2) imprimés sur GRAND VÉLIN A LA CUVE de Rives, texte réimposé, et blasons enluminés à la main.

1754. NOBLESSE et ordres de chevalerie (Ouvrages relatifs à la). 7 vol. gr. in-8 et in-8, demi-rel. mar. et cartonn. toile de diverses couleurs, tête dor., non rognés (*Pierson*).

Annuaire général héraldique pour 1904. *Paris,* 1904, pl. — GEOFFRAY (Stéphane). Répertoire des procès-verbaux des preuves de la noblesse des jeunes gentilshommes admis aux écoles royales militaires, 1751-1792. *Le Vasseur,* 1894. — LAVIGERIE (Olivier de). L'ordre de Malte depuis la Révolution française. *Bourloton,* 1889. — LAVOCAT. Procès des frères et de l'ordre du Temple. *Plon,* 1888. — ROGER (P.). La noblesse de France aux croisades. *Dumou-*

lin, 1845, pl. — Royer (Vte A. de). Nous avons une noblesse française. *Paris, s. d.* — Toison d'or. Noblesse de contrebande. *Paris,* 1883.

1755. NOMS, SURNOMS ET DEMEURES des nobles de la généralité de Caen certiffiés et trouvés estre tels par nous, Guy de Chamillard, consᵉʳ du Roy en ces conseils, mʳᵉ des reqᵗᵉˢ ordinaire de son hottel, intendant de justice et police et finances, commissaire departy par S. M. pour l'exécution de cest ordres en la province de Normandie généralité de Caen, ensemble pour l'exécution de l'arrest du Conseil d'État du 22 mars 1666 et autre suivant, pour la recherche de la noblesse et usurpateurs de la qualité des nobles renvoies par les tailles en ladite généralité par part. sergenterie et ellections suivant la commission du 30 avril aud. an cy après inséré. Manuscrit in-4, de 67 ff. d'une bonne écriture du xviiᵉ siècle, veau marb., dos orné, tr. rouges (*Rel. anc.*).

Important document manuscrit revêtu de la signature autographe de Chamillart et certifié par lui conforme à l'original.

1756. ORLERS (Jean). La Généalogie des illustres comtes de Nassau nouvellement imprimée avec la description de toutes les victoires lesquelles Dieu a octroiées aux nobles, haults et puissants seigneurs, messeignʳˢ les estats des provinces unis des Païs-bas, sous la conduite et gouvernement de S. E. le prince Maurice de Nassau. *A Leyden, chez Jean Orlers,* 1615, in-fol., veau fauve (*Rel. anc.*).

Ouvrage orné de portraits, de tableaux généalogiques et héraldiques, de cartes, plans et vues. Exemplaire fatigué ; le bas du titre est coupé.

1757. POPLIMONT (Ch.). La France héraldique. *Saint-Germain, Eug. Heutte et Cⁱᵉ,* 1874-1875, 8 tomes en 4 vol. in-8, demi-rel. chagrin bleu, dos orné, tête dor., non rognés.

1758. POTIER DE COURCY (Pol). Nobiliaire et armorial de Bretagne. *Rennes, Plihon et Hervé,* 1890, 3 vol. — Recueil des blasons de Bretagne contenant 360 planches et 6 750 blasons dessinés par Alexandre de la Bigne. Complément du nobiliaire et armorial de Bretagne de M. Pol Potier de Courcy. *Rennes, Plihon et Hervé,* 1895, 2 vol. — Ens. 5 vol. in-4, demi-rel. mar. bleu jans., tête dor., non rognés. (*Pierson*).

Bel exemplaire.

1759. RÉVÉREND (Vicomte A.). Armorial du premier Empire, titres, majorats et armoiries concédés par Napoléon Iᵉʳ. *Paris, Picard et fils, H. Champion,* 1894-1897, 4 vol. gr. in-8, brochés.

1760. SAINT-ALLAIS. Nobiliaire universel, ou recueil général des généalogies historiques des maisons nobles de ce royaume. *Paris, Bachelin-Deflorenne,* 1872-1875, 20 vol. in-8, papier vergé, dos et coins mar. bleu jans., tête dor., non rognés.

1761. SIEBMACHER (J.). Das grosse und vollständige, anfangs Siebmacherische, hernacher Fürstische und Helmerische, nun aber Weigelische Wappen-Buch. *Nurnberg, Weigel,* 1734, 6 parties en 2 vol. — Supplément, 12 parties en 1 vol. — Ens. 3 vol. in-fol., veau brun, plats mosaïqués de veau fauve et noir, comp. de fil. et fleurons, dos orné, tr. jasp. (*Rel. anc.*).

Bel exemplaire bien complet des 1549 planches de blasons coloriés.

Les planches du supplément sont noires. Le premier plat de chaque volume porte les armes du Comte Vandelin Mniszech.

1762. SIMON (Henry). Armorial général de l'Empire français, contenant les armes de Sa Majesté l'Empereur et Roi, des princes de sa famille, des grands dignitaires, princes, ducs, comtes, barons, chevaliers et celles des villes de 1re, 2e et 3e classes, avec les planches des ornemens extérieurs des signes intérieurs et l'explication des couleurs et des figures du blason, pour faciliter l'étude de cette science. *A Paris, chez l'auteur,* 1812, in-fol., dos et coins mar. grenat, tête dor., non rognés (*Champs*).

Tome Ier seul contenant 70 planches de blasons.

1763. THEZAN (Denis de). Histoire généalogique de la maison de Ploëuc. *Beauvais, Eug. Laffineur,* 1873, in-4, demi-rel. parch. blanc, ébarbé.

Le faux-titre manque et le titre a été découpé et remonté.

I. — ARCHÉOLOGIE

1764. AGOSTINI (Leonardo). Gemmae et sculpturae antiquae depictae ab Leonardo Augustino Senensi Addita earum enarratione, in latinum versa ab Jacobo Gronovio. *Franequerae, apud Leonardum, Strik,* 1694, 2 parties en 1 vol. in-4, vélin blanc à recouv. (*Rel. anc.*).

Cette édition, faite d'après la première, contient une préface savante de l'éditeur : la première partie comprend un front. gravé par Van Houten, 4 planches dont un portrait d'Agostini et 214 autres planches ; la seconde partie contient 51 planches.

1765. BERGIER (Nicolas). Histoire des grands chemins de l'empire romain, contenant l'origine, progrès et étendue des chemins militaires, pavez depuis la ville de Rome jusques aux extrémitez de son empire, où se voit la grandeur et la puissance incroyable des Romains ; ensemble l'éclaircissement de l'itinéraire d'Antonin et de la carte de Peutinger. Nouvelle édition, revue avec soin et enrichie de cartes et de figures. *Bruxelles, Jean Léonard,* 1736, 2 vol. in-4, veau brun, tr. rouges (*Rel. anc.*).

Portrait de N. Bergier par *F. Pilsen* et 13 figures et cartes par *B. Picart* et *F. Pilsen.*

1766. BERTHELÉ (Jos.). Enquêtes campanaires. Notes, études et documents sur les cloches et les fondeurs de cloches du VIIIe au XXe siècle. *Montpellier, Imp. Debord-Boehm et Martial,* 1903, illustrations dans le texte, in-8, demi-rel. mar. brun, tête dor., non rogné, couvert. (*Pierson*).

1767. CAYLUS (comte de). Recueil d'antiquités égyptiennes, étrusques, grecques et romaines. *A Paris, chez Desaint et Saillant,* 1752-1767, 7 vol. in-4, veau porph., dos orné, dent. int., tr. dor. (*Rel. anc.*).

Frontispices allégoriques, fleurons et culs-de-lampe non signés et environ 825 planches d'antiquités.

Exemplaire avec le premier volume à la date de 1752 et portant la jolie étiquette du relieur VENTE.

1768. COLLECTION Caranda aux époques préhistorique, gauloise, romaine et franque. Album des principaux objets recueillis dans les Sépultures de Caranda (Aisne) par M. Frédéric Moreau, pendant les années 1873, 1874 et 1875. *Saint-Quentin, Imprimerie Ch. Poette,* 1877, in-4, planches, dos et coins mar. brun, fil., dos orné, tête dor., ébarbé (*Champs*).

69 planches hors texte en chromolithographie.

1768 *bis*. CONGRÈS ARCHÉOLOGIQUE de France, 1874-1906, 14 vol. in-8, dont 4 cartonn. toile verte, 1 dos et coins mar. grenat, tête dor., non rognés (*Pierson*).

De : 1873 à 1905 inclus, moins 1875-1877 à 1885-1889-1896-1899 et 1900.

1769. DAREMBERG (Ch.) et SAGLIO (Ed.). Dictionnaire des antiquités grecques et romaines d'après les textes et les monuments... avec 3000 figures d'après l'antique. *Paris, Hachette et Cie*, 1873-1906, 37 fascicules in-4, brochés.

De la lettre A à Principatus. Les fascicules 13 et 14 manquent et les fasc. 4 et 11 sont en double.

1770. HEEREN (A. H. L.). De la politique et du commerce des peuples de l'antiquité. Trad. de l'allemand sur la quatrième et dernière édition, enrichie de cartes, de plans et de notes inédites de l'auteur par W. Suckau et A. Schütte. *Paris, Firmin-Didot frères,* 1830-1844, 7 vol. in-8, demi-rel. chagrin brun, tr. jasp.

1771. LE POIS (Antoine). Discours sur les médalles et graveures antiques, principalement romaines. Plus une exposition particulière de quelques planches ou tables estans sur la fin de ce livre, esquelles sont monstrées diverses médalles et graveures antiques, rares et exquises. *A Paris, par Mamert Patisson,* 1579, in-4, vélin blanc (*Rel. mod.*).

Ouvrage orné de 20 planches de médailles gravées en taille-douce et de 5 figures gravées sur bois, dont celle du dieu Priape à la page 146. Cette dernière page est en parfait état. Nombreuses notes marginales à l'encre et tache d'huile dans la marge de plusieurs feuillets.

1772. ROBIOU (Félix). Mémoire sur l'économie politique, l'administration et la législation de l'Égypte au temps des lagides, avec une carte. *Paris, Imp. nationale,* 1875, in-8, demi-rel. mar. rouge, tête dor., non rogné (*Pierson*).

1773. SPANHEMIUS (Ezechiel). Dissertationes de praestantia et usu numismatum antiquorum. Editio secunda, priori longe auctior et variorum numismatum iconibus illustrata. *Amstelodami, apud Danielem Elsevirium,* 1671, in-4, portrait et figures de monnaies, veau brun, tr. marb. (*Rel. anc.*).

Aux armes de Jacques-Théodore DE BRYAS, 11e archevêque de Cambrai, prédécesseur de Fénelon.
Le titre est réparé.

1774. VAILLANT (J.). Numismata imperatorum romanorum praestantiora a Julio Caesare ad postumum et tyrannos. *Lutetiae Parisiorum, sumpt. Jombert,* 1692, 2 tomes en 1 vol. in-4, veau fauve, tr. rouges (*Rel. anc.*).

Exemplaire de Moreau de Mautour, célèbre antiquaire, contemporain de Vaillant, qui l'a couvert de notes manuscrites en indiquant les prix des médailles à son époque. Un supplément manuscrit de 48 pages a été ajouté à cet exemplaire en 1790.

J. — HISTOIRE LITTÉRAIRE

1775. CHAMPFLEURY. De la littérature populaire en France. Recherches sur les origines et les variations de la légende du bonhomme Misère. *Paris, Poulet-Malassis et de Broise,* 1861, in-8, demi-rel. mar. vert, fil., tête dor., non rogné.

Tiré à 200 exemplaires sur papier vergé.

1776. DINAUX (Arthur). Les Sociétés badines, bachiques, littéraires et chantantes, leur histoire et leurs travaux. Ouvrage posthume de M. Arthur Dinaux revu et classé par M. Gustave Brunet. Avec un portrait à l'eau-forte par G. Staal. *Paris, Bachelin-Deflorenne,* 1867, 2 vol. in-8, cartonn. toile orange, tête dor., non rognés (*Pierson*).

1777. HISTOIRE LITTÉRAIRE de la France... par des religieux bénédictins de la Congrégation de S. Maur (D. Rivet, D. Taillandier et D. Clémencet). *A Paris, chez Osmont, Huart et autres,* 1733-1773, 13 vol. in-4, veau marb., dos orné, tr. rouges (*Rel. anc.*).

Le XIIIe vol. : *Histoire littéraire de S. Bernard et de Pierre le Vénérable* (par D. Clémencet), sert de suite à l'histoire littéraire de France.

1778. HISTOIRE LITTÉRAIRE. 3 vol. in-8, dont 2, demi-rel. mar. bleu et La Vall., et 1 cartonn. toile grise, tête dor., non rognés.

Chambrun (Le Comte de). Ses études politiques et littéraires. *Lévy,* 1889. — Fialon (Eug.). Leçons d'histoire littéraire... *Reims,* 1869. — Rossel (Virgile). Histoire des relations littéraires entre la France et l'Allemagne. *Fischbacher,* 1897.

1779. LE MOINE. Diplomatique pratique ou traité de l'arrangement des archives et trésors des Chartes... *A Metz, chez J. Antoine,* 1765, in-4, veau marb., tr. marb. (*Rel. anc.*).

12 planches gravées.
Exemplaire sans le supplément.

1780. MONNIER (Philippe). Le Quattrocento. Essai sur l'histoire littéraire du XVe siècle italien. *Paris, Perrin et Cie,* 1901, 2 vol. in-8, cartonn. toile grenat, tête dor., non rognés (*Pierson*).

1781. MONTEIL (Amans-Alexis). Traité de matériaux manuscrits de divers genres d'histoire. Nouvelle édition, augmentée de la manière de considérer ce traité et de s'en servir. *Paris, E. Duverger,* 1836, 2 vol. in-8, dos et coins mar. La Vall., tête dor., non rognés (*Pierson*).

1782. RIVAIN (Camille). Table générale par ordre alphabétique des matières contenues dans les quinze premiers volumes de l'histoire littéraire de la France. Dictionnaire encyclopédique de l'état des sciences, des lettres, depuis les temps les plus reculés, jusqu'au XIIIe siècle exclusivement. *Paris, Palmé,* 1875, in-4, dos et coins veau brun, tête dor., non rogné.

1783. ROZIÈRE (Eugène de) et CHATEL (Eugène). Table générale et méthodique des mémoires contenus dans les recueils de l'Académie des inscriptions et belles-lettres et de l'Académie des sciences morales et politiques. *Paris, Aug. Durand,* 1856, in-4, dos et coins chagrin rouge, fil., ébarbé.

1784. SCHŒLL. Histoire de la littérature grecque profane, depuis son origine jusqu'à la prise de Constantinople par les Turcs ; suivie d'un précis de l'histoire de la transplantation de la littérature grecque en Orient. Seconde édition refondue sur un nouveau plan et enrichie de la partie bibliographique. *Paris, Gide,* 1823-1825, 8 vol. in-8, cartonn., non rognés.

Ouvrage estimé.

1785. TAINE (H.). Histoire de la littérature anglaise. *Paris, Hachette et Cie,* 1863-1864, 4 vol. in-8, demi-rel. chag. La Vall. poli, tr. jasp.

1786. VAINES (Dom de). Dictionnaire raisonné de diplomatique, contenant le règles principales et essentielles pour servir à déchiffrer les anciens titres, diplômes et monuments, ainsi qu'à justifier de leur date et de leur authenticité. On y a joint des planches rédigées aussi par ordre alphabétique et revues avec le plus grand soin..... *A Paris, chez Lacombe,* 1774, 2 vol in-8, veau marb., dos orné, tr. marb. (*Rel. anc.*).

K. — BIOGRAPHIE

1787. AUMALE (Ouvrages relatifs au duc d'). 4 vol. in-8 et in-12, dont 2 cartonn. toile rouge, 1 demi-rel. mar. rouge et 1 chagrin brun, tr. dor.

Grandin (Le Ct). Le duc d'Aumale. Le prince, le soldat, l'historien. *Halon, s. d.* — Le duc d'Aumale, prince, soldat. *Tours,* 1899. — Paillet (Eug.). S. A. R. Henri d'Orléans, duc d'Aumale chez les amis des livres. *Paris, Imprimé pour les amis des livres,* 1898. — Zouaves (Les) et les chasseurs à pied. *Lévy,* 1855.

1788. BIOGRAPHIE UNIVERSELLE, ancienne et moderne, ou histoire, par ordre alphabétique, de la vie publique et privée de tous les hommes qui se sont fait remarquer par leurs écrits, leurs actions, leurs talents, leurs vertus ou leurs crimes... rédigé par une Société de gens de lettres et de savants. *Paris, Michaud frères,* 1811-1862, 85 vol. in-8, demi-rel. veau fauve, dos orné, tr. marb. (*Rel. de l'époque*).

Le Supplément est incomplet du dernier volume ; il s'arrête à Villeneuve.

1789. BIOGRAPHIES. 6 vol. in-16, dos et coins mar. brun et cartonn. toile de diverses couleurs, tête dor., non rognés (*Pierson* et *Pouillet*).

Bernard (Thalès). La Lisette de Béranger souvenirs intimes. *Bachelin-Deflorenne,* 1864. port. — Claudin (Gustave). Méry sa vie intime anecdotique et littéraire. *Id.,* 1868, port. — Delvau (Alfred). Henry Murger et la Bohême. *Id.,* 1866, port. — Poisle Desgranges. Rouget de Lisle et la Marseillaise. *Id.,* 1864, port. — France (Anatole). Alfred de Vigny. *Id.,* 1868, port. — Heilly (Georges). Madame E. de Girardin. *Id.,* 1869.

1790. BOUHOURS (Le P.). Histoire de Pierre d'Aubusson grand maître de Rhodes.

A Paris, chez Seb. Cramoisy, 1676, in-4, frontispice, portrait de Mahomet II, vue de Rhodes, et vignettes par Sevin, veau fauve, dos orné, tr. marb. (*Rel. anc.*).

Bel exemplaire.

1791. BUFFENOIR (H.). La Comtesse d'Houdetot. Une amie de J.-J. Rousseau. *Paris, Lévy, s. d.*, in-8, demi-rel. mar. olive, tête dor., non rogné (*Pierson*). — BUFFENOIR (H.). La Comtesse d'Houdetot. Sa famille, ses amis, avec 9 portraits et illustrations. *Paris, Henri Leclerc*, 1905, gr. in-8, demi-rel. mar. bleu jans., tête dor., non rogné, couvert. (*Champs*).

1792. COSTE (Hilarion de). Les Eloges et vies des reynes, princesses, dames et damoiselles illustres en piété, courage et doctrine, qui ont fleury de nostre temps, et du temps de nos pères. Avec l'explication de leurs devises, emblèmes, hyéroglíphes, et symboles. *Paris, chez Seb. Cramoisy*, 1630, in-4, veau brun, dos orné, tr. dor. (*Rel. anc.*).

Aux armes de CAUMARTIN, intendant de Champagne.
Sur le feuillet de garde se trouve la signature de M[de] la D[sse] de Luxembourg.

1793. JOACHIM DU BELLAY. 1560. Manuscrit in-fol de 26 pp., cartonn. demi-toile olive, non rogné (*Pierson*).

Copie écrite vers la fin du XVIIIe siècle, extraite du manuscrit de Guillaume Colletet intitulé « *Histoires des poètes français* », lequel fut brûlé pendant la commune.

1794. GRANDS ÉCRIVAINS FRANÇAIS. *Paris, Hachette et Cie*, 1887-1900, 39 vol. in-12, dont 23 vol. dos et coins et mar. rouge, jaune, grenat, etc., et 16 cartonn. toile, tête dor., non rognés (*Pierson* et *Allô*).

Beaumarchais. — Boileau. — Bossuet. — Chateaubriand. — André Chénier. — Corneille. — Victor Cousin. — D'Alembert. — Descartes. — Diderot. — Fénelon. — Froissart. — Théophile Gautier. — Guizot. — Victor Hugo. — Lacordaire. — Mme de La Fayette. — La Fontaine. — La Rochefoucauld. — Lesage. — Joseph de Maistre. — Malherbe. — Marivaux. — Mirabeau. — Montaigne. — Alfred de Musset. — Pascal. — Rabelais. — Royer-Collard. — Rutebeuf. — Bernardin de Saint-Pierre. — Saint-Simon. — Mme de Sévigné. — Mme de Staël. — Stendhal. — A. Thiers. — Turgot. — Vauvenargues. — Alfred de Vigny.

1795. HARRISSE (Henry). Le président de Thou et ses descendants. Leur célèbre bibliothèque, leurs armoiries et les traductions françaises de J. A. Thuani historiarum sui temporis, d'après des documents nouveaux. *Paris, Henri Leclerc*, 1905, in-8, portraits et fac-simile, demi-rel. mar. grenat, tête dor., non rogné, couvert. (*Pierson*).

Un des quelques exemplaires imprimés sur PAPIER DE HOLLANDE.

1796. HISTOIRE de Médard Bonnart, chevalier des ordres royaux et militaires de Saint-Louis et de la Légion d'honneur, capitaine de gendarmerie en retraite. *A Epernay, chez Mme Vve Fiévet*, 1828, 2 vol. in-8, cartonn., non rognés.

Exemplaire contenant le portrait de Bonnart et les 12 planches de costumes militaires en 2 états, au trait et coloriés.

1797. JODE (P.). Theatrum Pontificum, imperatorum, regum, ducum, principum, etc., etc., pace et bello illustrium sereniss. archiduci Leopoldo Guilielmo dedicatum. *Antverpiae, apud Petrum de Jode*, 1651, 2 vol. in-4, cartonn.

Titre, frontispice et 241 portraits gravés en taille-douce par *P. de Jode, G. de Hollander, Waumans, Meyssens* et *Crispin de Passe*.

1798. LA TRÉMOILLE (Louis de). Les La Trémoille pendant cinq siècles, 1343-1839. *Nantes, Emile Grimaud*, 1890-1896, 5 vol. in-4, demi-rel. mar. grenat, tête dor., non rognés (*Pierson*).

Belle publication imprimée à petit nombre sur papier de Hollande.

1799. MÉMOIRES pour servir à la vie de Mr. de Voltaire, écrits par lui-même. Manuscrit in-4, de 165 ff. d'une bonne écriture du XVIIIe siècle, vélin vert, tr. rouges.

Manuscrit, donnant de curieux renseignements sur le séjour de Voltaire à Cirey avec Mme du Chatelet, et en général sur son époque.

1800. MONTGAILHARD (Guy de). Lecomte du Noüy. *Paris, A. Lahure*, 1906, in-4, broché.

Nombreuses reproductions hors texte et dans le texte en photogravure.

1801. MORERY (Louys). Le Grand dictionnaire historique, ou le mélange curieux de l'histoire sacrée et profane... *A Amsterdam, chez George Gallet*, 1698, 4 vol. in-fol., front. gravé, veau marb., dos orné, dent. int., tr. rouges (*Rel. mod.*).

Bel exemplaire.

1802. MULLIÉ (C.). Biographie des célébrités des armées de terre et de mer de 1789 à 1850. *Paris, Poignavant et Cie, s. d.*, 2 vol. in-8 à 2 col., cartonn. toile grenat, tête dor., non rognés (*Pierson*).

1803. NOUVELLE BIOGRAPHIE UNIVERSELLE depuis les temps les plus reculés jusqu'à nos jours, avec les renseignements bibliographiques et l'indication des sources à consulter; publiée par MM. Firmin Didot frères, sous la direction de M. le Dr Hoefer. *Paris, F. Didot frères*, 1852-1866, 46 vol. in-8, demi-rel. veau fauve, tr. jasp.

Bel exemplaire.

1804. PAILHÈS (G.). Chateaubriand, sa femme et ses amis. Ouvrage orné de cinq gravures. *Paris, Honoré Champion*, 1896, gr. in-8, demi-rel. mar. bleu, tête dor., non rogné (*Pierson*).

1805. PORTALIS (Baron Roger). Bernard de Requeleyne. Baron de Longepierre (1659-1721). Avant-propos par M. Stéphen Liégeard. *Paris, Henri Leclerc*, 1905, in-8, papier de Holl., demi-rel. mar. bleu, fil., dos orné, tête dor., non rogné, couvert. (*Pierson*).

Imprimé à petit nombre.

1806. TERREBASSE (Alfred de). Histoire de Pierre Terrail, seigneur de Bayart, dit le bon Chevalier sans peur et sans reproche, suivie de recherches généalogiques, pièces et lettres inédites. *Paris, Librairie Ladvocat*, 1828, in-8, veau fauve, fil., chiffre sur les plats, dos orné, dent. int., tr. dor.

1807. VALLERY-RADOT (René). La Vie de Pasteur. *Paris, Hachette et Cie*, 1900, gros vol. in-8, demi-rel. mar. bleu, tête dor., non rogné, couvert. (*Pierson*).

1808. VIE DE RICHER (La), docteur de Sorbonne. Manuscrit de 230 ff. in-4, parch. vert, tr. rouges.

Manuscrit d'une bonne écriture du commencement du XVIIIe siècle.

L'auteur de cette vie de Richer est Adrien Baillet ; l'ouvrage a été publié à Amsterdam en 1715 ; ce manuscrit contient le catalogue des ouvrages de Richer et 39 pp. qui n'ont pas été publiées dans la Vie de Richer. Le texte de ce manuscrit a subi des changements à l'impression.

Note de Villenave sur le feuillet de garde.

1809. VIE ET AVENTURES du fils de Balthasar de Fargues. Manuscrit de 680 pp. in-4, veau brun.

Manuscrit d'une bonne écriture du commencement du XVIIIe siècle.

C'est, croyons-nous, le récit de la vie et des aventures du fils de Balthazar de Fargues ce gentilhomme qui fut pendu en 1665 pour « péculat, larcins, faussetés, abus, etc... », mais en réalité c'est parce qu'il avait pris part à la Fronde que Louis XIV le fit juger et exécuter.

1810. YRIARTE (Charles). César Borgia. Sa vie, sa captivité, sa mort d'après de nouveaux documents des dépôts des Romagnes, de Simancas et des Navarres. Avec portraits, médailles, monuments et cartes. *Paris, Rothschild,* 1889, 2 vol. in-8, dos et coins mar. rouge, tête dor., non rognés, couvert. (*Pierson*).

L. — *BIBLIOGRAPHIE. — HISTOIRE DE L'IMPRIMERIE*

1811. ALMANACH DU BIBLIOPHILE pour les années 1899 et 1900. *Paris, Edouard Pelletan,* 1899-1900. Ens. 2 vol., pet. in-8, fig. de Steinlen, dos et coins et demi-rel., mar. noir, dos orné, tête dor., non rognés, couvert. illust. (*Pierson*).

Un des 50 exemplaires imprimés sur PAPIER de CHINE.

1812. ALMANACH DU BIBLIOPHILE pour les années 1899 et 1903. *Paris, Pelletan,* 1899 et 1905, 2 vol., petit in-8, figures, cartonn. toile verte, tête dor., non rogné, couvert., et broché.

1813. ALMANACH DU BIBLIOPHILE pour l'année 1900, contenant trente et une compositions de Steinlen, gravées par les deux Froment. *Paris, Edouard Pelletan,* 1900, in-8, demi-rel., mar. vert, fil., dos orné, tête dor., non rogné, couvert. illust. (*Pierson*).

Un des 50 exemplaires (n° 40) imprimés sur PAPIER de CHINE.

1814. ANNALES LITTÉRAIRES et administratives des Bibliophiles contemporains, Académie des beaux-livres, pour les années 1889-1890, 1892 à 1894. *Paris,* 1889-1894. Ens. 3 vol. in-8, dos et coins de mar. de diverses couleurs, tête dor., non rognés (*Champs* et *Pierson*).

On y a joint les statuts et règlement de la Société des bibliophiles contemporains.

1815. ASHBEE (H.-S.). A Bibliography of Tunisia from the earliest times to the end of 1888 (in two parts) including, Utica and Carthage, the punic wars, the roman occupation, the arab conquest, the expéditions of Louis IX, and Charles V and the french protectorate. *London, Dulau et C°,* 1889, gr. in-8, carte, dos et coins mar. bleu, tête dor., non rogné (*Champs*).

1816. BIBLIOGRAPHIE. 4 vol. in-8, demi-rel., mar. chag. et cartonn., toile rouge (*Pierson*).

COHEN (Henry). Guide de l'amateur de livres à vignettes du XVIIIe siècle, *Rouquette,* 1873. —

Denome. Les éditions originales des romantiques. Les œuvres d'Henri Heine, de Gérard de Nerval et de la Bohême, causerie d'un ami des livres. 1886. — Harrisse. Histoire du Chevalier des Grieux et de Manon Lescaut, bibliographie et notes pour servir à l'histoire du livre. *Id.*, 1875. — Renouvier (J.). Jehan de Paris, valet de chambre et peintre ordinaire des rois Charles VIII et Louis XII, avec la bibliographie complète des œuvres de Renouvier. *Aubry*, 1861.

1817. BIBLIOTHÈQUE de la reine Marie-Antoinette au château des Tuileries. Catalogue authentique publié d'après le manuscrit de la Bibliothèque nationale par E. P. B. (Quentin-Bauchart). *Paris, Morgand*, 1884. — Livres du boudoir de la reine Marie-Antoinette. Catalogue authentique et original publié pour la première fois avec préface et notes par Louis Lacour. *Paris, J. Gay, s. d.* Ens. 2 vol., pet. in-12, papier vergé, demi-rel. et dos et coins mar. rouge et vert, tête dor., non rognés.

1818. BIBLIOTHÈQUE de la reine Marie-Antoinette au Petit Trianon, d'après l'inventaire original dressé par ordre de la Convention. Catalogue avec des notes inédites du marquis de Paulmy, mis en ordre et publié par Paul Lacroix. *Paris, Jules Gay*, 1863, petit. in-12, demi-rel., chagrin bleu foncé, tête dor., non rogné.

Tirage à 300 exemplaires sur papier de Hollande.

1819. BIBLIOTHÈQUES. 4 vol. in-8 et pet. in-8, dos et coins mar. et cartonn., toile grise, tête dor., non rognés (*Pierson*).

Bibliothèque nationale. Catalogue alphabétique des livres imprimés mis à la disposition des lecteurs suivi de la liste des catalogues usuels du département des manuscrits. *Paris*, 1895. — Département des imprimés. Répertoire alphabétique des livres mis à la disposition des lecteurs. *Id.*, 1896. — Franklin (Alfred). Précis de l'histoire de la bibliothèque du roi aujourd'hui bibliothèque nationale. *Willem*, 1875 (sur *Hollande*). — Vachon (Marius). La Bibliothèque du Louvre et la collection bibliographique Motteley. *Quantin*, 1879, pl.

1820. BLADES (William). Les livres et leurs ennemis. *Claudin*, 1883, port. (sur Hollande). — Labessade (Léon-Félix de). L'amour du livre. *Paris*, 1904 (sur papier à la forme). — Mouravit (Gustave). Le livre et la petite bibliothèque d'amateur. *Aubry, s. d.* — Richard (Jules). L'art de former une bibliothèque. *Rouveyre*, 1883. — Ens. 4 vol. in-8, dos et coins et demi-rel., mar. de diverses couleurs, tête dor., non rognés.

1821. BOUCHOT (Henri). Les Ex-libris et les marques de possession du livre. *Paris, Édouard Rouveyre*, 1891, pl. — Lescure. Les autographes et le goût des autographes en France et à l'étranger. *Paris, Gay*, 1865. — Ens. 2 vol. in-8 et in-12, demi-rel., mar. vert et noir (*Pierson*).

1822. BRISSART-BINET. Cazin, sa vie et ses éditions, par un Cazinophile. Réimpression de l'édition de 1863. *Cazinopolis (Reims)*, 1876, in-8, pap. de Holl., dos et coins mar. grenat, tête dor., non rogné (*Champs*).

Exemplaire imprimé sur grand papier.

1823. BRUNET (Gustave). Fantaisies bibliographiques. *Gay*, 1864 (sur *Hollande*). — Recherches sur diverses éditions elzéviriennes faisant suite aux études de MM. Bérard et Pieters. *Aubry*, 1866. — Ens. 2 vol. — Livres payés en vente publique 1 000 francs et au-dessus depuis 1866 jusqu'à ce jour. *Bordeaux*, 1877. — Livres perdus, essai bibliographique sur les livres devenus introuvables. *Bruxelles*,

1882. — Ens. 4 vol. in-8 et in-12, veau jaune, dos orné, dent. int. et cartonn., toile de diverses couleurs (*Pierson* et *Petit*).

1824. BRUNET (Jacques-Charles). Manuel du libraire et de l'amateur de livres. *A Paris, chez Silvestre,* 1842-1851, 5 tomes en 10 vol. in-8, papier vergé, demi-rel., cuir de Russie, tête dor., non rognés (*Gruel*).

Bel exemplaire.

1825. CATALOGUE ILLUSTRÉ des livres précieux manuscrits et imprimés faisant partie de la bibliothèque de M. Ambroise Firmin-Didot. *Paris, Firmin-Didot et Cie,* 1878-1884, 7 vol. gr. in-8, demi-rel. et dos et coins mar. de diverses couleurs, tête dor., non rognés (*Pierson*).

Exemplaires imprimés sur PAPIER DE HOLLANDE, ornés de nombreuses planches.
On y joint le Catalogue illustré des dessins et estampes imprimé également sur papier de Hollande.
Tables et listes de prix pour les ventes des années 1878-1879-1883 et 1884 seulement.

1826. CHAMPION (Pierre). Les plus anciens monuments de la typographie parisienne. Préfaces typographiques des livres sortis des presses de Sorbonne. Recueil de fac-similés précédé d'une introduction par Pierre Champion. *Paris, H. Champion,* 1904, in-4, demi-rel. mar. vert jans., tête dor., non rogné (*Pierson*).

Envoi autographe de l'auteur à M. le comte Werlé.
86 fac-similés des premières impressions parisiennes.

1827. CLAUDIN (A.). Antiquités typographiques de la France. Origines de l'imprimerie en Albi en Languedoc (1480-1484). Les Pérégrinations de J. Neumeister, compagnon de Gutenberg, en Allemagne, en Italie et en France (1463-1484), son établissement définitif à Lyon (1485-1507). *Paris, A. Claudin,* 1880, gr. in-8, nomb. fac-similés, mar. grenat, large dent. int., tête dor., non rogné (*Pierson*).

Exemplaire imprimé sur PAPIER WHATMAN.

1828. CLAUDIN (A.). Les Origines et les débuts de l'imprimerie à Bordeaux, à Avignon et à Poitiers. *Paris, A. Claudin,* 1897-1898. — Ens. 3 plaq. in-8, cartonn. toile verte, tête dor., non rognées (*Pierson*).

On y joint le spécimen de l'histoire de l'Imprimerie en France au XVe et au XVIe siècle, par A. Claudin. *Imp. nat.,* 1900, in-fol., broché.

1829. CIM (Albert). Une bibliothèque, l'art d'acheter les livres, de les classer, etc. *Paris, Flammarion,* 1902 (sur *Hollande*). — Amateurs et voleurs de livres. Ouvrage orné de deux planches hors texte. *Paris, H. Daragon,* 1903 (sur *Japon*). — Ens. 2 vol. pet. in-8 et in-12, demi-rel. mar. grenat et dos et coins, cartonn. toile grise, tête dor., non rognés (*Pierson*).

1830. CLAUDIN (A.). Antiquités typographiques de la France. Monuments de l'imprimerie à Poitiers. Recueil de fac-similés des premiers livres imprimés dans cette ville (1479-1515), spécimens de caractères, lettres ornées, filigranes de papiers, etc., publié par A. Claudin. *Paris, A. Claudin,* 1897, in-8, demi-rel. mar. grenat, tête dor., non rogné, couvert. (*Pierson*).

Tiré à 200 exemplaires.
Fac-similés sur papier du Japon.
Le volume de texte est cartonné en toile brune.

1831. DUPONT (Paul). Histoire de l'imprimerie. *Paris, Édouard Rouveyre, s. d.*, 2 vol. in-12, demi-rel. mar. grenat, tête dor., non rognés, couvert. (*Pieson*).

1832. GELLI (Cav. Jacopo). Bibliografia generale della Scherma con note critiche, biografiche e storiche. Testo italiano e francese. Illustrazioni originali di Gelli-Ritratti in zincotipia. *Firenze, L. Niccolai*, 1890, in-8, cartonn. toile grenat, tête dor., non rogné (*Couvert.*).

Tirage à 600 exemplaires sur papier de Hollande.

1833. GRUEL (Léon). Manuel historique et bibliographique de l'amateur de reliures. *Paris, Léon Gruel et Henri Leclerc*, 1903, in-4, br. (*Couvert.*).

Nombreuses planches hors texte en héliogravure, figures, fers de reliure et fac-similés dans le texte.

1834. GUIGARD (Joannis). Nouvel Armorial du bibliophile. Guide de l'amateur des livres armoriés. *Paris, Émile Rondeau*, 1890, 2 vol. gr. in-8, demi-rel. mar. brun, tête dor., non rognés, couvert. (*Pierson*).

1835. JANMART DE BROUILLANT (Léonce). La Liberté de la presse en France au XVIIe et XVIIIe siècle. Histoire de Pierre du Marteau, imprimeur à Cologne, suivie d'une notice d'un livre intitulé : Histoire des amours du Grand Alexandre en laquelle, sous des noms empruntez, se lisent les advantures amoureuses d'un grand Prince du dernier siècle. *Paris, Quantin*, 1888, gr. in-8, mar. La Vall., chiffre sur les plats, large dent. int., tête dor., non rogné (*Allô*).

1836. LACOMBE (Paul). Bibliographie parisienne. Tableaux de mœurs (1600-1880). Avec une préface par M. Jules Cousin. *Paris, Rouquette*, 1887, in-8, dos et coins mar. grenat jans., tête dor., non rogné, couvert. (*Champs*).

Tirage à 500 exemplaires sur papier vélin et épuisé.

1837. LACROIX (Paul). Bibliographie molieresque. Seconde édition revue, corrigée et considérablement augmentée. *Paris, Aug. Fontaine*, 1875, in-8, dos et coins mar. grenat, jans., tête dor., non rogné.

1838. LACROIX (Paul). Bibliographie et iconographie de tous les ouvrages de Restif de la Bretonne, comprenant la description raisonnée des éditions originales, des réimpressions, des contrefaçons, des traductions, des imitations, etc., y compris le détail des estampes, etc., etc., par P. L. Jacob, bibliophile. *Paris, Aug. Fontaine*, 1875, in-8, dos et coins mar. grenat, tête dor., non rogné.

1839. LACROIX (Paul). Recherches bibliographiques sur des livres rares et curieux, par P. L. Jacob (bibliophile). *Paris, Édouard Rouveyre*, 1880, pet. in-8, mar. vert, fil., dos orné, dent. int., tête dor., non rogné (*Pierson*).

1840. LA CROIX DU MAINE (de) et DU VERDIER. Les Bibliothèques françoises : nouvelle édition, revue, corrigée et augmentée d'un discours sur le Progrès des lettres en France, et des remarques historiques, critiques et littéraires de M. de La Monnoye et de M. le Président Bouhier, de M. Falconet, par M. Rigoley de Juvigny. *A Paris, chez Saillant et Nyon*, 1772-1773, 6 vol. in-4, veau marb., dos orné, tr. marb. (*Rel. anc.*).

Ouvrage important pour l'histoire littéraire de la France antérieure à la fin du XVIe siècle.

1841. LE LIVRE, revue mensuelle, bibliographie rétrospective et bibliographie moderne, de l'origine 1880 à 1889 inclus. *Paris, Quantin,* 1880-1889, 21 vol. gr. in-8, dos et coins mar. vert, tête dor., non rognés, couvert. (*Champs*).

Nombreuses illustrations hors texte et dans le texte en héliogravure gravées à l'eau-forte et sur bois. Les 3 premiers vol. sont reliés en dos et coins de mar. rouge.

1842. LELONG (Jacques). Bibliothèque historique de la France, contenant le catalogue des ouvrages imprimés et manuscrits, qui traitent de l'histoire de ce royaume, ou qui y ont rapport ; avec des notes critiques et historiques. Nouvelle édition, revue, corrigée et considérablement augmentée par M. Fevret de Fontenette (Barbeau de La Bruyère, L. Th. Hérissant, Rondet, etc.). *A Paris, de l'Imp. de J. Th. Hérissant, Didot jeune,* 1768-1778, 5 vol. in-fol., veau marb., fil., dos orné, dent. int., tr. rouges (*Rel. anc.*).

Les 4 premiers volumes sont aux armes royales et la reliure du tome III est fatiguée.

1843. LE PETIT (Jules). Bibliographie des principales éditions originales d'écrivains français du XVe au XVIIIe siècle. Ouvrage contenant environ 300 fac-simile de titres des livres décrits. *Paris, Quantin,* 1888, in-8, mar. vert, jans., chiff. sur les plats, large dent. int., tête dor., non rogné (*Allô*).

1844. LE ROUX DE LINCY. Recherches sur Jean Grolier, sur sa vie et sa bibliothèque, suivies d'un catalogue des livres qui lui ont appartenu. *Paris, L. Potier,* 1866, gr. in-8, demi-rel. mar. orange, dos orné, tête dor., non rogné (*Champs*).

Imprimé sur papier de Hollande. Fac-simile de reliures et d'autographes, blasons, etc.

1845. LEX (Léonce). La Cité de Dieu de la bibliothèque de Macon. Pourchasse et recouvrance des très belles miniatures du XVe siècle dérobées à ce manuscrit. *Paris, A. Picard,* 1906, in-fol., pl., br. (*Couvert.*).

3 planches hors texte par l'héliogravure Dujardin.

1846. LORENZ (Otto). Catalogue général de la librairie française. *Paris, O. Lorenz,* 1876-1904, 18 fascicules in-8, br.

Catalogue : 1866-1875 (tomes V et VI), complet, 4 livraisons. — 1886-1890 (tome XII), 2e et 3e fascicules. — 1891-1899 (tome XIV, fasc. 1 et 2, et XV, fasc. 1 et 4). Tables : 1840-1875 (tomes VII et VIII), complet, 2 vol. — 1886-1890 (tome XIII), complet.

1847. MEUNIÉ (Félix). Bibliographie de quelques almanachs illustrés des XVIIIe et XIXe siècles. *Paris, Henri Leclerc,* 1906, gr. in-8, broché.

1848. NODIER (Charles), Mélanges tirés d'une petite bibliothèque ou variétés littéraires et philosophiques. *Paris, Crapelet,* 1829. — Description raisonnée d'une jolie collection de livres. *Paris, J. Techener,* 1844. — Ens. 2 vol. in-8, dos et coins mar. vert et cartonn. toile jaune, tête dor., non rognés (*Pierson*).

1849. NOTICE DES LIVRES composant la bibliothèque de la Malmaison, provenant de la succession de S. A. R. le prince Eugène et qui avait appartenu à Napoléon et à l'Impératrice Joséphine, dont la vente se fera au château de la Malmaison. *A Paris, chez Me Cas-Noel et chez P. Mongie,* 1829, in-8, de 32 pp., cartonn. dos et coins bas. grenat, tête dor., non rogné (*Champs*).

Catalogue peu commun.

1850. PICOT (Émile). Bibliographie cornélienne ou description raisonnée de toutes les éditions des œuvres de Pierre Corneille, des imitations ou traductions qui en ont été faites, et des ouvrages relatifs à Corneille et à ses écrits. *Paris, Aug. Fontaine,* 1876, in-8, dos et coins mar. La Vall. clair, tête dor., non rogné.

1851. QUÉRARD (J. M.). La France littéraire ou dictionnaire bibliographique des savants, historiens et gens de lettres de la France ainsi que les littérateurs étrangers qui ont écrit en français, plus particulièrement pendant les XVIIIe et XIXe siècles, etc. *Paris, Firmin-Didot,* 1827-1864, 12 vol. in-8, dos et coins toile verte, tête dor., non rognés (*Pierson*).

On y a joint: Le Quérard, archives d'histoire littéraire, de biographie et de bibliographie françaises, complètement périodique de la France littéraire. *Paris,* 1855-1856, 2 vol. in-8, dos et coins mar. brun, tête dor., non rognés (*Pierson*).

1852. QUÉRARD (J. M.). Les Supercheries littéraires dévoilées. *Paris,* 1847-1853, 5 vol. in-8, dos et coins mar. olive, jans., tête dor., non rognés (*Pierson*).

1853. QUÉRARD (J. M.). Œuvres posthumes, publiées par G. Brunet. Livres à clef. I. *Bordeaux, Charles Lefebvre,* 1873, in-8, cartonn. mar. citron, fil., dos orné, dent. int., tête dor., non rogné (*Reliure souple de Pierson*).

Imprimé à 300 exemplaires.

1854. RENOUARD (Ph.). Bibliographie des éditions de Simon de Colines, 1520-1546. Avec une notice biographique et 37 reproductions en fac-simile. *Paris, Em. Paul, L. Huard et Guillemin,* 1894, in-8, demi-mar. La Vall., tête dor., non rogné, couvert. (*Pierson*).

1855. RIGOLEY DE JUVIGNY. Les Bibliothèques françoises de la Croix du Maine et de Du Verdier, sieur de Vauprivas. Nouvelle édition, revue, corrigée et augmentée d'un discours sur le Progrès des Lettres en France, et des remarques historiques, critiques et littéraires de M. de La Monnoye et de M. le Président Bouhier, de M. Falconet. *A Paris, chez Saillant et Nyon, Michel Lambert,* 1772-1773, 6 vol. in-4, demi-rel. veau brun, tr. rouges (*Rel. anc.*).

1856. ROUVEYRE (Édouard). Connaissances nécessaires à un bibliophile, accompagnées de documents bibliographiques. *Paris, Rouveyre,* 1899, 8 vol. in-8, nombreuses figures, brochés (*Couvert.*).

Les tomes VII et VIII manquent.

1857. SCHIFF (Mario). La bibliothèque du Marquis de Santillane. *Paris, Émile Bouillon,* 1905, in-8, cartonn. toile grise, tête dor., non rogné, couvert. (*Pierson*).

De la *Bibliothèque de l'École des hautes études.*

1858. STEIN (Henri). Manuel de bibliographie générale (Bibliotheca bibliographica nova). *Paris, Alph. Picard et fils,* 1897, in-8, cartonn. toile, tête dor., non rogné (*Pierson*).

1859. TOURNEUX (Maurice). Bibliographie de l'histoire de Paris, pendant la Révolution française. *Paris, Imp. nouvelle*, 1890-1894, 2 vol., très gr. in-8, cartonn. toile grenat, tête dor., non rognés (*Pierson*).

Tomes I et II.

1860. VALLÉE (Léon). Bibliographie des bibliographies. *Paris, Terquem*, 1883, gr. in-8 à 2 col., demi-rel. mar. grenat jans., tête dor., non rogné. (*Champs*).

1861. VINSON (Julien). Essai d'une bibliographie de la langue basque. *Paris, J. Maisonneuve*, 1891, in-8, cartonn. toile de l'éditeur.

1862. WILLEMS (Alphonse). Les Elzéviers. Histoire et annales typographiques. *Bruxelles et Paris, Labitte*, 1880, in-8, fac-simile, cartonn. des éditeurs, non rogné.

M. — MÉLANGES ENCYCLOPÉDIQUES

1863. CHEVIGNI (de). La Science des personnes de Cour, d'épée et de robe, dans laquelle, outre les matières contenues dans les éditions précédentes, on trouve une instruction plus ample sur la religion, l'astronomie, la chronologie, la guerre, le blason, etc. 7e édition, par M. de Limiers. *A Amsterdam, chez Zacharie Chatelain*, 1729, 5 vol. in-12, veau brun, tr. rouges (*Rel. anc.*).

Le 5e vol. renferme des cartes, des tables chronologiques, des tableaux généalogiques, des plans, etc.

1864. DICTIONNAIRE de la conversation et de la lecture. Inventaire raisonné des notions générales les plus indispensables à tous, par une société de savants et de gens de lettres sous la direction de M. W. Duckett. *Paris, Firmin Didot frères*, 1864, 16 vol. gr. in-8 à 2 col., demi-rel. veau fauve, tr. marb. (*Galette*).

Bel exemplaire.

1865. MEYERS Konversations. — Lexikon. Eine encykopädie des allgemeinen Wissens. Vierte, gänzlich umgearbeitete Auflage, mit geographischen Karten, naturwissenschaftlichen und technologischen Abbildungen. *Leipzig*, 1885-1892, 19 vol. in-8, en fascicules.

N. — JOURNAUX

1866. COURRIER DE PROVENCE : de l'origine 2 mai 1789 au 23 septembre 1791. *Paris*, 1789-1791, 16 vol. in-8, demi-rel. veau fauve, tr. marb. (*Rel. anc.*).

Un des plus importants journaux de la Révolution dont Mirabeau fut le principal rédacteur.

Les deux premiers nos de ce journal portent en titre *États généraux*, puis *Lettres du comte de Mirabeau à ses commettans*. A partir du no 20 le journal prend pour titre *Courrier de Provence* qu'il conserve jusqu'à sa disparition.

Il manque les nos 41 à 60 et 349-350. (Hatin p. 121 et suivantes).

1867. DÉCADE (La) politique, philosophique et littéraire : du 10 floréal an II au

21 septembre 1807. *Paris,* an II-1807, 54 vol. in-8, demi-rel. vélin blanc, non rognés.

Collection complète de ce journal estimé, orné de figures et musique.
A partir du 10 vendémaire an XIII son titre est changé en celui de : « *La Revue ou décade philosophique* », puis il devient : « *La Revue philosophique littéraire et politique* ».

1868. DRAPEAU BLANC (Le), par A. Martainville et plusieurs hommes de lettres. *Paris, J.-G. Dentu,* 1819, 2 vol. in-8, demi-rel. basane fauve (*Rel. de l'époque*).

Première série de ce journal, qui fut fondé après la chute du ministère Decazes; il eut pour rédacteurs Lamennais, de Haller, Saint-Victor, Nodier, etc., etc.

1869. GAZETTE NATIONALE OU LE MONITEUR UNIVERSEL commencé le 5 mai 1789, précédé d'une introduction historique contenant un abrégé des anciens états généraux, des assemblées des notables et des principaux événemens qui ont amené la Révolution, 24 novembre 1789 à 1852, 147 vol. TABLES 1787 à 1799, 1815 à 1828 et 1837 à 1842, 4 vol. — Moniteur de Gand, 1815, 1 vol. — MONITEUR UNIVERSEL, journal de l'Empire français : du 1er janvier 1853 au 31 décembre 1867, 30 vol. — Ens. 181 vol. in-fol. et gr. in-fol., demi-rel. veau marb., dos orné, tr. rouges.

Bel exemplaire.
Le premier semestre de 1790 manque.
On y joint : RÉVOLUTION FRANÇAISE ou analyse complette et impartiale du Moniteur, suivie d'une table alphabétique des personnes et des choses. *Paris, Girardin,* an IX-1801 — an X-1802. 5 vol., dont 2 de table in-4, demi-rel. veau fauve.

1870. HOMME GRIS (Le nouvel). Éphémérides politiques et constitutionnelles (par Cugnet de Montarlot, Cauchois-Lemaire, et Brissot-Thivars). *Paris,* 1818-1819, 21 numéros en 2 vol. in-8, demi-rel. veau fauve, tr. jaunes (*Rel. de l'époque*).

Tout ce qui paru de ce journal piquant, qui fait suite à « l'*Homme Gris* » de Ferret et Creton. On y remarque une curieuse caricature coloriée.

1871. POLYBIBLION. Revue bibliographique universelle. Partie littéraire et partie technique : de 1888 à 1907. *Paris,* 1888-1907, 60 vol. in-8, cartonn. toile de diverses couleurs, tête dor., non rognés (*Pierson*).

Les années 1904 à 1907 des deux parties sont en fascicules.
On y a joint : BULLETIN DE LA SOCIÉTÉ BIBLIOGRAPHIQUE et des publications populaires : de 1884 à 1907 inclus (moins mars et mai 1894, août 1901, mai 1904, août et décembre 1907), 24 vol. in-8, dont 16 en cartonn. toile de diverses couleurs, tête dor., non rognés, les autres en fascicules.

1872. REVUE DES DOCUMENTS HISTORIQUES. Suite de pièces curieuses et inédites publiées avec des notes et des commentaires, par Étienne Charavay. *Paris, A. Lemerre,* 1873-1880. — Ens. 5 vol. in-8, dos et coins mar. vert, tête dor., non rognés (*Champs*).

Moins les années 1877-1878.

1873. REVUE DES ÉTUDES RABELAISIENNES. Publication trimestrielle consacrée à Rabelais et à son temps. De l'origine, 1903 à 1906 inclus. *Paris, Champion,* 1903-1906, 4 années en fascicules, in-8.

Contient comme supplément: RABELAIS. Pantagruel (édition de Lyon, Juste, 1533) réimprimé d'après l'exemplaire unique de la Bibliothèque royale de Dresde, par P. Babeau, J. Boulenger et H. Patry. *Paris, Champion,* 1904, in-8, papier vergé, broché.

1874. REVUE DES QUESTIONS HISTORIQUES. De l'origine, 1866 à 1879 inclus. *Paris, Palmé,* 1866-1904 (premier semestre), 74 vol. in-8, demi-rel. mar. vert, jans., tr. jasp. et demi-basane brune, ébarbés.

Le 2e semestre de 1873 manque.
On y a joint : le n° d'octobre 1873 et les nos du 1er juillet 1904 au 1er octobre 1907.

1875. REVUE ILLUSTRÉE. De l'origine, décembre 1885 au 20 novembre 1907 inclus. *Paris, Baschet,* 1885-1907, 40 vol. in-4, demi-rel. et dos et coins mar. La Vall., tête dor., non rognés (*Champs*).

Les années 1899 à 1907 sont en fascicules.
Il manque : l'année 1907 et les nos 15 et 18 de 1906.

O. — *SUPPLÉMENT*

1876. ACADÉMIE DES BIBLIOPHILES (Ouvrages publiés par l'). *Paris,* 1865-1878, 35 vol. in-32, papier vergé, cartonn. toile de diverses couleurs, tête dor., non rognés, couvert. (*Pierson*).

Lacour. La question des femmes. — Second (J.). Les baisers. — Salluste. Lettres à César. — Boufflers (de). Aline. — Janin (J.). La Sorbonne et les gazetiers. — Érasme. Le mariage. — Perse. Satires. — Second (J.). Julie. — Lacour (L.). Louange des vieux soudards. — Lettres des hommes obscurs, 3 vol. — Heinsius. Éloge du pou. — Hutten (de). Dialogue très facétieux. — Doléances d'un locataire. — Érasme. L'amant et la maîtresse. — Pétrarque. Griselidis. — Érasme. Les mendiants riches. — Etc., etc.

1877. ARDOUIN-DUMAZET ET GERS (Paul). Au régiment en escadre. Préface de M. A. Mézières. 350 illustrations dans le texte. *Paris, Berger-Levrault et Cie,* 1894, gr. in-8, demi-rel. mar. grenat, tête dor., non rogné, couvert. illust. (*Pierson*).

1878. ARMOIRIES et décorations, par Jules Martin, de Montalbo et Raymond Richebé. Illustrations de Joseph Van Driesten. *Paris, Librairie des Contemporains,* 1896, in-16, mar. rouge, encad. de 3 fil., dos orné, dent. int., tr. dor.

Exemplaire imprimé pour M. le Cte A. Werlé.

1879. BARDOUX (A.). La Comtesse de Beaumont. Pauline de Montmorin. *Lévy,* 1884. — Madame de Custine, avec un portrait gravé à l'eau-forte. *Id.,* 1888. — Ens. 2 vol. in-8, dos et coins mar. rouge et bleu, fil., dos orné, tête dor., non rognés (*Allo* et *Reymann*).

1880. BARRAL (Comte de). Étude sur l'histoire diplomatique de l'Europe de 1648 à 1791. *Paris, Plon,* 1880. — Zeller (Jean). La Diplomatie française vers le milieu du xvie siècle. *Paris, Hachette,* 1881. — Ens. 2 vol. in-8, dos et coins mar. vert et grenat, tête dor., non rognés (*Pierson*).

1881. BARTHÉLEMY (Cte Édouard de). Les Correspondants de la marquise de Balleroy, d'après les originaux inédits de la Bibliothèque Mazarine, avec des notes et une introduction historique sur les maisons de Caumartin et de Balleroy. *Paris,*

Hachette et Cie, 1883, 2 vol. in-8, demi-rel. mar. brun, tête dor., non rognés (*Pierson*).

Petit cachet sur les faux-titres.

1882. BASCHET (Armand). Les Princes de l'Europe au XVIe siècle. — Histoire du dépôt des archives des Affaires étrangères. — Le Roi chez la Reine ou Histoire secrète du mariage de Louis XIII. — Les Archives de Venise. — Histoire de la chancellerie secrète. *Paris, Plon,* 1862-1870. — Ens. 4 vol., demi-rel. mar. bleu et rouge et veau fauve.

1883. BELLEVAL (Mis de). Les derniers Valois. *Paris, Vivien,* 1900. — CHÉRUEL (A.). Marie Stuart et Catherine de Médicis. *Paris, Hachette,* 1858. — COIGNET (Mme C.). Un gentilhomme des temps passés, François de Scépeaux, sire de Vieilleville. *Paris, Plon,* 1886. — Ens. 3 vol. in-8, demi-rel. et dos et coins mar. grenat et bleu, tête dor., non rognés (*Champs* et *Pierson*).

1884. BERGERET (Gaston). Journal d'un nègre à l'Exposition de 1900. Soixante-dix-neuf aquarelles originales de Henry Somm. *Paris, L. Carteret et Cie*, 1901, pet. in-8, demi-rel. mar. La Vall., tête dor., non rogné, couvert. (*Pierson*).

Exemplaire offert par l'éditeur à M. le Comte A. Werlé.

1885. BONALD (M. le Vicomte de). Mademoiselle Aminte et Monsieur le Mareschal de Montendre. *Paris, Honoré Champion,* 1905, pet. in-4, dos et coins mar. vert, fil., dos orné, tête dor., ébarbé, couverture illust. (*Champs-Stroobants*).

2 héliogravures montées sur papier du Japon.

1886. BOYER D'AGEN. Les Parias de France. *Paris, F.-R. de Rudeval et Cie, s. d.*, gr. in-8, demi-rel. mar. olive, tête dor., non rogné, couvert. illust. (*Pierson*).

Ouvrage orné de nombreuses illustrations dans le texte.

1887. BROGLIE (Albert de). L'Église et l'empire romain au IVe siècle. *Paris, Didier et Cie*, 1867-1868, 6 vol. in-12, demi-rel. veau fauve, tr. marb.

1888. BROGLIE (Duc de). Marie-Thérèse Impératrice, 1744-1746, 2 vol. — L'Alliance autrichienne. — Histoire et politique. — Le dernier bienfait de la monarchie. *Paris, Calmann-Lévy,* 1888-1897. — Ens. 5 vol. in-8, brochés ou demi-rel. mar. grenat et cartonn. toile grenat, tête dor., non rognés (*Pierson*).

On y joint : FAGNIEZ (Gve). Le Duc de Broglie, 1821-1901. *Paris, Perrin,* 1902, in-12, cartonn. toile violette, tête dor., non rogné (*Pierson*).

1889. BULAU (Frédéric). Personnages énigmatiques, histoires mystérieuses, événements peu ou mal connus, traduit de l'allemand par W. Duckett. *Paris, Poulet-Malassis et de Broise,* 1861, 3 vol. in-12, cartonn. papier marb., non rognés.

1890. CAMPAGNE du duc de Brunswick contre les Français en 1792, avec des réflexions sur les causes, les progrès de la Révolution française, et son influence sur les destinées de l'Europe, publiée en allemand par un officier prussien, témoin oculaire (revue par Martial-Borde Desrenaudes, avec une préface par Gabr. Feydel) et traduite en français sur la 4e édition. *A Paris, chez A. Cl. Forget,* an III, in-8, veau marb. (*Rel. anc.*).

Exemplaire du général Beaufort, avec son nom doré sur le premier plat de la reliure.

1891. CAPEFIQUE (M.). Œuvres. *Paris, Amyot,* 1858-1869, 23 vol. in-12, dont 12 demi-rel. bas. bleue, 9 demi-rel. veau fauve, et 2 vol. cartonn. toile, tr. peig. et jasp.

La Comtesse du Barry. — La Marquise de Pompadour. — Mademoiselle de La Vallière. — Gabrielle d'Estrées. — Diane de Poitiers. — Agnès Sorel. — Anne d'Autriche. — Marie de Médicis. — La Duchesse de Portsmouth. — Aspasie. — Les déesses de la liberté. — Les cours d'amour. — L'Impératrice Marie-Thérèse. — La Comtesse de Parabère. — Marie-Thérèse. — Élisabeth d'Angleterre. — Ninon de Lenclos. — Les Bacchantes. — La Duchesse de Polignac. — La Baronne de Krudner. — La Duchesse de Bourgogne. — La Marquise du Chatelet. — Isabelle de Castille.

1892. CHRESTIEN (Florent). Herculis Ciofani Sulmonensis in P. Ovidii Metamorphosin observationes. *Venetiis, Aldus,* 1575, pet. in-8, vél.

Exemplaire bien conservé. On lit sur les premiers feuillets la note suivante : « Cet exemplaire d'un ouvrage peu commun est précieux à mes yeux, car il a appartenu à Florent Chrétien, précepteur de Henri IV, et il est probable même que ces commentaires, imprimés par Alde le jeune, ont fait partie des livres composant la bibliothèque peu nombreuse que les anciens Bourbons avaient à Vendôme, et que Henri le Grand confia à Florent Chrétien.

« Henri perdit La Gaucherie à l'âge de treize ans ; Florent Chrétien continua et perfectionna son ouvrage. Ce bon prince le conserva près de lui plusieurs années même après son mariage ; c'est alors qu'il le pria de partager ses soins entre lui et le jeune Rosny, à qui il le chargea spécialement d'enseigner l'histoire et les mathématiques (Voyez *Mémoires de Sully,* t. III, épître préliminaire, p. 7). Obligé pendant la guerre de se retirer à Orléans, sa patrie, et depuis de quitter cet asile, Florent Chrétien se réfugia à Vendôme, sous la sauvegarde de son élève. Henri, le servant selon son goût, lui confia la bibliothèque dont nous venons de parler, et que ses ancêtres avaient formée dans cette ville, l'une des principales de leur apanage ; mais, cette place ayant été assiégée et prise par les ligueurs, Chrétien fut fait prisonnier. « Son illustre et généreux disciple, dit de Thou, lui procura bientôt la liberté, en « payant libéralement sa rançon. »

« Florent Chrétien mourut à l'âge de cinquante-six ans : il écrivait parfaitement en grec, en latin et en français ; nous avons de lui un grand nombre de bons ouvrages en ces trois langues : on peut en voir la liste dans les *Additions aux éloges de de Thou,* par Teissier, t. II, p. 255 et 258.

« Ce précieux et rare volume appartint, après la mort de Florent Chrétien, à Claude-Florent Chrétien, son fils, qui le légua à son neveu Septimus-Florent Chrétien ; il est passé au séminaire de Cambrai je ne sais à quelle époque, et je l'ai acheté en 1820, à la vente des doubles de la bibliothèque de cette ville. Fasse le ciel que je le possède longtemps, et qu'après ma mort il tombe entre les mains d'un homme qui ait autant de vénération que moi pour la mémoire du bon Henri et de son digne précepteur.

« Cameraci, 1821. M. S. »

1893. CONDÉ (Louis-Joseph de Bourbon, prince de). Essai sur la vie du Grand-Condé. *A Londres, chez Dulau et Co.,* 1807, in-8, dos et coins veau fauve, tr. jasp.

1894. CORCELLE (de). Notice et souvenirs de famille par Blanche-Joséphine de Corcelle, comtesse Rœderer. Annotés et complétés par sa fille Hélène, Madame de Barbercy, et publiés par sa petite-fille, la comtesse Édouard de Liedekerke. *Bruxelles,* 1899, in-8, demi-rel. mar. grenat, tête dor., non rogné, couvert. (*Pierson*).

Imprimé à petit nombre sur papier vergé.

1895. CORONELLI. Atlante Veneto, nel quale si contiene la descrittione geografica, storica, sacra, profana, et politica, dell' Imperii, regni, provincie, e stati dell' universo... *In Venetia*, 1690, 2 vol. in-fol., vélin blanc (*Rel. anc.*).

Frontispice gravé et 121 cartes. On y a ajouté : 1 carte d'Espagne par G. de l'Isle, 1 carte de Portugal par T.-C. Lotter et 1 carte de Perse par Vignola.

Quelques cartes sont un peu fatiguées et réenmargées.

1896. DELEPIERRE (Octave). Tableau de la littérature du Centon chez les anciens et chez les modernes. *Londres, N. Trubner et C°*, 1874, 2 vol. in-8, demi-rel. mar. La Vall., tête dor., non rognés (*Champs*).

1897. DELVAU (Alfred). Les Sonneurs de sonnets, 1540-1866. *Paris, Bachelin-Deflorenne*, 1867, in-18, dos et coins mar. rouge, tête dor., non rogné.

Edition originale imprimée sur papier vergé.

1898. DILKE (Sir Charles Wentworth). L'Europe en 1887. *Paris, Quantin*, 1887. — Seignobos (Ch.). Histoire politique de l'Europe contemporaine. Évolution des partis et des formes politiques. 1814-1896. *Paris, A. Colin et Cie*, 1897. Ens. 2 vol. in-8, demi-rel. mar. vert, et cartonn. toile grise, tête dor., non rognés (*Pierson*).

1899. ELZEVIER (Ouvrages imprimés par les Elzévier ou se joignant à la collection des). 5 vol. pet. in-12, mar. rouge, veau fauve, dos et coins chagrin bleu, tr. dor.

Abrégé de la vie de M. de Turenne ou réflexions sur quelques affaires du temps. *Ville Franche*, 1680. — Discours merveilleux de la vie, actions et déportements de la reyne Catherine de Médicis. *Suivant la copie imprimée à la Haye*, 1663. — Mémoires de la reyne Marguerite. *Paris, Barbin*, 1661. — Mémoires de M. D. L. R. (La Rochefoucauld). *Cologne*, 1662. — Perefixe (Hardouin de). Histoire du roy Henri le Grand. *Amsterdam*, 1661.

1900. ESQUIROU DE PARIEU. Traité des impôts considérés sous le rapport historique, économique et politique en France et à l'étranger. Deuxième édition revue et augmentée par l'auteur. *Paris, Cotillon*, 1866-1867, 4 vol. in-8, demi-rel. mar. La Vall., tr. jasp.

1901. FEUILLET DE CONCHES. Causeries d'un curieux, variétés d'histoire et d'art tirées d'un cabinet d'autographes et de dessins. *Paris, Henri Plon*, 1864-1868. Ens. 4 vol. in-8, demi-rel. veau fauve, dos orné, tr. jasp.

1902. FEUILLET DE CONCHES. Souvenirs de première jeunesse d'un curieux septuagénaire. *S. l. n. d.* — Souvenirs d'un curieux octogénaire. *S. l.*, 1882. — Ens. 2 vol. in-8 et gr. in-8. demi-rel. mar. bleu, tête dor., non rognés (*Pierson*).

Tirés pour l'auteur à cent exemplaires, — Envoi autographe à chaque volume.

1903. FRANCE (Anatole). Jean Gutenberg, suivi du Traité des phantosmes de Nicole Langelier ; compositions de G. Bellenger, Bellery-Desfontaines, F. Florian et Steinlen gravées par Deloche, Ernest et Frédéric Florian, Froment, Mathieu. *Paris, Édouard Pelletan*, 1900, pet. in-4, demi-rel. mar. La Vall., tête dor., non rogné, couvert. illust. (*Pierson*).

Édition tirée à 113 exemplaires (n° 42) imprimés sur papier vélin à la cuve des Papeteries du Marais.

1904. FRANCE (Frédéric de). Edmond Van Offel. *Paris, L. Borel,* 1902, in-4 oblong, cartonn., demi. mar. vert, tête dor., non rogné, couvert. (*Pierson*).

Un des 15 exemplaires imprimés sur Papier de Hollande.

1905. GANTEZ. L'entretien des musiciens, par le sieur Gantez, Maître de Chapelle à Marseille, Aix, Arles, Avignon, Grenoble et Auxerre. Publié d'après l'édition rarissime d'Auxerre, 1643, avec préface, notes et éclaircissements, par Ern. Thoinan. *Paris, A. Claudin,* 1878, in-16, frontispice fac-simile de 1643, veau fauve, fil., dent. int., tête dor., non rogné (*Rel. souple*).

Un des 4 exemplaires (n° 1) imprimés sur Papier du Japon, contenant le frontispice en six épreuves.

1906. GIULIANI (Antoine de). Essai politique sur les révolutions inévitables des sociétés civiles. Traduit de l'italien par E. T. Simon de Troyes. *A Paris, chez J. Claude Molini,* 1791, in-8, mar. rouge, fil. à froid, dent. int., tr. dor. (*Rel. anc.*).

Exemplaire imprimé sur grand papier vélin.

1907. GROSS (Henri). Gallia judaica, dictionnaire géographique de la France d'après les sources rabbiniques. Traduit sur le manuscrit de l'auteur par Moïse Bloch. *Paris, Léopold Cerf,* 1897, in-8, cartonn. toile bleue, tête dor., non rogné (*Pierson*).

Publications de la *Société des études juives*.

1908. GUILLAUME DE TYR et ses continuateurs. Texte français du XIIIe siècle, revu et annoté par M. Paulin Paris. *Paris, Firmin-Didot,* 1879, gr. in-8, dos et coins mar. grenat, tête dor., non rog., couvert. (*Champs*).

Un des 100 exemplaires (n° 2) imprimés sur papier a la forme.

1909. HUBNER (Baron de). A travers l'Empire britannique (1883-1884). *Paris, Hachette et Cie,* 1886, 2 vol. in-8, dos et coins mar. rouge, fil., dos orné, tête dor., ébarbés (*Afferni*).

1910. HUGO (Victor). Lettres à la fiancée, 1820-1822. Avec deux portraits et un autographe. *Paris, Charpentier,* 1901, in-8, demi-rel. mar. violet, tête dor., non rogné, couvert. (*Pierson*).

Un des 20 exemplaires (n° 11) imprimés sur papier de Hollande.

1911. KOHN (J. Charles). Histoire des seigneurs et de la seigneurie de La Grange. *Luxembourg, P. Worré-Mertens,* 1899, 2 vol. in-4, cartonn. toile saumon, tête dor., non rognés, couvert. (*Pierson*).

Nombreux tableaux généalogiques.

1912. LA CHENAYE DESBOIS. Dictionnaire militaire, ou recueil alphabétique de tous les termes propres à l'art de la guerre, sur ce qui regarde la tactique, le génie, l'artillerie... *A Paris, chez Gissey,* 1745-1746, 3 vol. in-12, veau marb., tr. rouges (*Rel. anc.*).

Aux armes du prince d'Arenberg.
On y joint: Laurens de Ville. La Justice militaire de l'infanterie..., *A Paris, chez Ant. Sommaville,* 1633, in-8, vélin blanc (*Rel. anc.*).

1913. LAIR (J.). Études critiques sur divers textes des xe et xie siècles. I. Bulle du pape Sergius IV. Lettres de Gerbert II. Historia d'Adémar de Chabannes. *Paris, Alph. Picard et fils,* 1899, 2 vol. in-4, fac-simile, demi-rel. mar. La Vall., tête dor., non rognés, couvert. (*Pierson*.).

1914. LANÇON (A.). Les Trappistes, 10 dessins gravés à l'eau-forte par A. Lançon. *Paris, A. Quantin,* 1883, in-fol. en feuilles dans un carton, dos et coins toile verte.

Exemplaire imprimé sur papier de Hollande, contenant une suite des eaux-fortes.

1915. LEFÈVRE (Émile). Histoire économique de la laine. Ouvrage couronné par l'Académie des sciences morales et politiques. *Reims, H. Leroy,* 1906, gr. in-8, broché.

1916. LESCURE (de). Les Maîtresses du Régent. Les confessions de l'abbesse de Chelles, fille du Régent. *Paris, Dentu,* 1860-1863, 2 vol. in-12, demi-rel. chagrin vert et cartonn. toile grise, tête dor., non rogné (*Pierson*).

Le premier volume est imprimé sur PAPIER ROSE.

1917. LIGNE (Prince Ch. de). Coup d'œil sur Belœil. *A Belœil, de l'Imp. du P. Charles de — (Ligne),* 1781, in-8, de 150 pp. encadrées, demi-rel. veau fauve, dos orné, tête dor., non rogné (*Pierson*).

Première édition avec le fleuron gravé en taille-douce.
Ouvrage intéressant donnant des études sur une grande partie des jardins de l'Europe.

1918. LIMAIRAC. Le Royalisme, ou mémoires de Du Barri de Saint-Aunez et de Constance de Cezelli, sa femme. Anecdotes héroïques sous Henri IV, par M. de L... (Limairac). *A Paris, chez Valade,* 1770, in-8, cartonn. bas. foncée, non rogné.

Joli portrait de Madame Du Barry, gravé par *Le Grand.*

1919. MARCILLAC (Louis de). Histoire de la guerre entre la France et l'Espagne pendant les années de la révolution française, 1793, 1794 et partie 1795. *A Paris, chez Magimel,* 1808, in-8, portrait, bas. jasp., fil. et pet. dent., dos orné, tr. jaunes (*Rel. de l'époque*).

1920. MASSON (Frédéric). Les diplomates de la Révolution. Hugou de Bassville à Rome. Bernadotte à Vienne. *Charavay,* 1882. — Le Marquis de Grignan, petit-fils de Madame de Sévigné. *Plon,* 1882. — Le Cardinal de Bernis depuis son ministère. *Plon,* 1884. — Jadis. *Ollendorff,* 1905. — Ens. 4 vol. in-8 et in-12, cartonn. toile rouge et dos et coins mar. vert et rouge, tête dor., non rognés (*Pierson*).

1921. MÉLANGES DE MUSICOLOGIE critique. Les Proses d'Adam de Saint-Victor. Texte et musique. Précédées d'une étude critique, par l'abbé E. Misset et Pierre Aubry. *Paris, H. Welter,* 1900, in-4, demi-rel. mar. bleu, fil., dos orné, tête dor., non rogné (*Pierson*).

1922. MÉRAY (Antony). La Vie au temps des libres prêcheurs ou les devanciers de Luther et de Rabelais. Croyances, usages et mœurs intimes des xive, xve et xvie siècles. Seconde édition entièrement refondue et considérablement augmentée.

Paris, Claudin, 1878, 2 vol. in-8, papier vergé, front., dos et coins mar. vert, tête dor., non rognés (*Champs*).

Papier de Hollande.

1923. MICHELET (J.). Histoire du dix-neuvième siècle. Édition définitive, revue et corrigée. *Paris, Flammarion, s. d.,* 3 vol. in-8, cartonn. toile grenat, tête dor., non rognés, couvert. (*Pierson*).

1924. MUSÉE DES ARCHIVES DÉPARTEMENTALES, recueil de fac-simile héliographiques de documents tirés des archives des préfectures, mairies et hospices. *Paris, Imp. nationale,* 1878, gr. in-4, dos et coins mar. rouge, jans., tête dor., non rogné.

Texte seul.

1925. NISARD (Charles). Histoire des livres populaires ou de la littérature du colportage. *Dentu,* 1864, 2 vol. — Des chansons populaires chez les anciens et chez les français. *Dentu,* 1867, 2 vol Ens. 4 vol. in-12, figures, demi-rel. mar. La Vall. et vert, tr. jasp.

1926. NOËL (Octave). Histoire du commerce du monde depuis les temps les plus reculés. Ouvrage enrichi de planches et de cartes hors texte. *Paris, Plon, Nourrit et Cie,* 1891-1894, 2 vol. gr. in-8, demi-rel., mar. noir et olive, tête dor., non rognés (*Pierson*).

Temps anciens. — Moyen âge. — Depuis les découvertes maritimes du XVe siècle jusqu'à la Révolution de 1789.
Les volumes sont de taille inégale.

1927. RICHERMOZ (Esteban de). Au pays des gorilles. Revue satirique. Dessins de Ch. Clérice, musique par A. Josset. *Paris, Dentu,* 1883, in-4, dos et coins mar. grenat, tête dor., non rogné, couvert. (*Champs*).

1928. SAINTE-BEUVE (Ouvrages de ou relatifs à). 10 vol. in-8 et in-12, demi-rel. mar., chag., veau et cartonn. toile (*Pierson*).

Haussonville (Vte d'). C.-A. Sainte-Beuve, sa vie et ses œuvres. *Lévy,* 1875. — Lemaître (E.). Le livre d'amour. Sainte-Beuve à Victor-Hugo. *Michaud,* 1895, in-8. — Pons (J.). Sainte-Beuve et ses inconnues. *Ollendorff,* 1879. — Sainte-Beuve. Portraits de femmes. *Didier,* 1854. — Portraits littéraires. *Id.,* 1854, 2 vol. — Nouveaux lundis. *Lévy,* 1870. — Lettres à la Princesse. *Id.,* 1873. — Troubat (J.). Les cahiers de Sainte-Beuve. *Ollendorff,* 1876. — Vattier (G.). Galerie des Académiciens. *Amyot,* 1863.

1929. SAYN-WITTGENSTEIN-BERLEBOURG (Émile de). Souvenirs et correspondance, 1841-1878. *Paris, Calmann Lévy,* 1888, 2 vol. in-8, demi-rel. mar. rouge, tête dor., non rognés.

1930. STEDINGK. Mémoires posthumes du feld-maréchal comte Stedingk, rédigés sur des lettres, dépêches et autres pièces authentiques laissées à sa famille, par le général comte de Bjornstjerna. *Paris, Arthus-Bertrand,* 1844-1847, 3 vol. in-8, cartonn. toile grenat, tête dor., non rognés (*Pierson*).

1931. TAINE (H.). Les Origines de la France contemporaine. *Paris, Hachette et Cie,* 1878-1894, 6 vol. in-8, demi-rel. mar. grenat, tête dor., non rognés (*Pierson*).

Ancien régime, 1 vol. — Révolution, 3 vol. — Régime moderne, 2 vol.
Le vol. « *Ancien régime* » est en demi-rel. chagrin vert, tr. jasp.

1932. TITRES de la famille de M. de Harville. 27 pièces manuscrites sur parchemin et sur papier.

Testament de Mr. de La Chapelle, 28 juin 1483. — Baux de la terre de Moutiers, 17 mars 1513, 22 janvier 1524. — 20 pièces de procédure pour M. de Harville contre M. Claude d'Angenne, seigneur des Essarts, avril 1580.

1933. VASILI (Comte Paul). La société de Londres, de Madrid, de Rome, de Paris (Le grand monde), de Saint-Pétersbourg, de Vienne (3e et 6e éditions). *Paris, Nouvelle Revue*, 1885-1887. — Ens. 6 vol. gr. in-8, demi-rel. ou dos et coins mar. vert, bleu foncé, orange et grenat, tête dor., non rognés (*Champs* et *Pierson*).

1934. VIGENERE (Blaise de). L'Histoire de Geoffroy de Villehardouyn, mareschal de Champagne et de Romenie ; de la conqueste de Constantinople par les barons françoys associez aux venitiens, l'an 1204, d'un costé en son vieil langage, et de l'autre en un plus moderne et intelligible. *A Paris, chez Abel L'Angelier*, 1584, in-4, dos et coins vélin blanc, tr. rouges (*Rel. mod.*).

1935. PORTRAITS de personnages des règnes de Louis XV à Louis XVIII. Rois de France et personnages divers.

87 portraits gravés par *Hubert, Allais, Deveria, Croutelle, Couché fils, Mariage, Bonneville*, etc., etc.

1936. PORTRAITS de députés à l'Assemblée nationale et membres de la Convention.

132 portraits gravés par *Le Beau, Canu, Hubert, Vérité, Sandoz, Girardet, Michon, Courbé, Massard, Bonneville, Fiesinger*, etc., etc.

1937. PORTRAITS de personnages du temps de l'Empire ; famille impériale, maréchaux et généraux, diplomates français et étrangers, souverains, etc., etc.

114 portraits gravés par *Pradier, Potrelle, Cathelin, Denon, Gros, Bonneville, Herhan, Godefroy, Tassaert*, etc., etc.

TABLE DES MATIÈRES

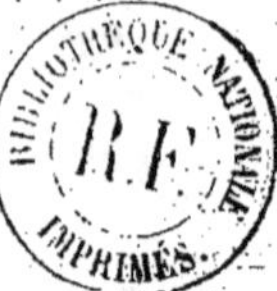

ORDRE DES VACATIONS

Première vacation. — *Jeudi* 22 *Octobre* 1908.
Nos 1 à 201.

Deuxième vacation. — *Vendredi* 23 *Octobre* 1908.
Nos 202 à 422.

Troisième vacation. — *Samedi* 24 *Octobre* 1908.
Nos 423 à 648.

Quatrième vacation. — *Lundi* 26 *Octobre* 1908.
Nos 649 à 862.

Cinquième vacation. — *Mardi* 27 *Octobre* 1908.
Nos 863 à 1087.

Sixième vacation. — *Mercredi* 28 *Octobre* 1908.
Nos 1088 à 1294.

Septième vacation. — *Jeudi* 29 *Octobre* 1908.
Nos 1295 à 1510.

Huitième vacation. — *Vendredi* 30 *Octobre* 1908.
Nos 1511 à 1720.

Neuvième vacation. — *Samedi* 31 *Octobre* 1908.
Nos 1721 à 1937.

La fin de la vente de la Bibliothèque de M. le Cte A. Werlé aura lieu, salle Silvestre, rue des Bons-Enfants, les 11 et 12 novembre prochain, à 8 heures du soir. On vendra de nombreux ouvrages, anciens et modernes, non catalogués, et plusieurs milliers de livres en lots. Tous ces livres sont, pour la plupart, en excellente condition.

CHARTRES. — IMPRIMERIE DURAND, RUE FULBERT.

BULLETIN
DU
BIBLIOPHILE

REVUE MENSUELLE FONDÉE EN 1834

Par J. TECHENER

COLLABORATEURS DU *Bulletin du Bibliophile* :

MM. **Marius Barroux**, archiviste de la Seine; **Henri Béraldi**, président de la Société des Amis des livres; **Jean Berleux**; **P. Berthet**, de la Bibliothèque de Grenoble; **Paul Bonnefon**, de la Bibliothèque de l'Arsenal; **Abbé H.-M. Bourseaud**; **Paul Chollet**; **Marquis de Clapiers**, de la Société des Bibliophiles françois; **Henri Clouzot**; **Henri Cordier**, professeur à l'École spéciale des langues orientales vivantes; **Paul Cottin**, de la Bibliothèque de l'Arsenal; **Ernest Courbet**; **A. Decauville-Lachênée**, de la Bibliothèque de Caen; **Léopold Delisle**, membre de l'Institut, administrateur général honoraire de la Bibliothèque Nationale; **Joseph Denais**; **Victor Déséglise**; **Félix Desvernay**, ancien administrateur de la grande Bibliothèque de Lyon; **Léon Dorez**, de la Bibliothèque Nationale; **Émile Droit**; **Joseph Dumoulin**; **Dupré-Lasale**, conseiller honoraire à la Cour de Cassation; **Gaston Duval**; **Prince d'Essling**, de la Société des Bibliophiles françois; **Paul d'Estrée**; **Alfred Franklin**, administrateur honoraire de la Bibliothèque Mazarine; **Pierre Gauthiez**; **Tony Genty**; **R. P. Eugène Griselle, S. J.**; **Vicomte de Grouchy**; **Léon Gruel**; **Antoine Guillois**; **Gabriel Hanotaux**, de l'Académie française; **Maurice Henriet**; **Henry Houssaye**, de l'Académie française; **Ernest Jovy**, professeur au Collège de Vitry-le-François; **Comte Alexandre de Laborde**, de la Société des Bibliophiles françois; **Paul Lacombe**, bibliothécaire honoraire à la Bibliothèque Nationale; **Frédéric Lachèvre**; **Pierre de Lacretelle**; **Abel Lefranc**, professeur au Collège de France; **Gustave Macon**, conservateur-adjoint du Musée Condé; **Ch. Malherbe**, archiviste de l'Opéra; **Paul Marais**, de la Bibliothèque Mazarine; **L. Marcheix**, conservateur des collections de l'École des Beaux-Arts; **Henry Martin**, administrateur de la Bibliothèque de l'Arsenal; **Abbé J.-B. Martin**, correspondant du Ministère de l'Instruction publique et des Beaux-Arts; **Fernand Mazerolle**, archiviste-paléographe; **Edmond Maignien**, de la Bibliothèque de Grenoble; **Georges Monval**, archiviste de la Comédie-Française; **A. Morel-Fatio**, professeur au Collège de France; **Louis Morin**, de la Bibliothèque de Troyes; **Léon-Gabriel Pélissier**; **Émile Picot**, membre de l'Institut et de la Société des Bibliophiles françois; **Lucien Pinvert**, docteur ès lettres; **Baron Roger Portalis**, de la Société des Bibliophiles françois; **Ernest Quentin-Bauchart**, de la Société des Bibliophiles françois; **Ph. Renouard**; **Vicomte de Savigny de Moncorps**, de la Société des Bibliophiles françois; **Gaston Schéfer**, de la Bibliothèque de l'Arsenal; **Henri Stein**, archiviste aux Archives Nationales; **Paulin Teste**, de la Bibliothèque Nationale; **Abbé Tougard**; **Maurice Tourneux**; **Abbé Ch. Urbain**; **Ad. van Bever**; **Georges Vicaire**, de la Bibliothèque Mazarine, de la Société des Bibliophiles françois, etc.

Le Bulletin du Bibliophile publie régulièrement la liste des prix d'adjudication de toutes les ventes de livres et d'ex-libris faites à Paris et en Province.

www.ingramcontent.com/pod-product-compliance
Lightning Source LLC
LaVergne TN
LVHW010551110826
845149LV00003B/625

9782019931193